U0360015

总顾问
序作者 | 马天旗

# IP论坛之
# 道可道，术可术

房晓俊 丁志新 吴 帅 ◎ **主 编**

凌赵华 张恒超 韦志刚 ◎ **副主编**

上海交通大学出版社
SHANGHAI JIAO TONG UNIVERSITY PRESS

**内容提要**

2021年新《专利法》的颁布和实施，对加强知识产权保护、提高自主创新能力具有引领作用，在此背景下，中国科技创新企业和高端专利技术服务机构的多位IP经理人和IP总监，把自身在市场一线进行知识产权管理、风险控制、技术挖掘、专利布局、专利运营等操作实践的心得体会和思索结晶汇集成册，从理论与实践、宏观和微观各个层面对现有经济条件下的专利技术问题进行探讨。

本书可供知识产权实践和研究人员阅读、参考。

**图书在版编目（CIP）数据**

IP论坛之道可道，术可术/房晓俊，丁志新，吴帅
主编.—上海：上海交通大学出版社，2022.7
ISBN 978-7-313-26671-2

Ⅰ.①I… Ⅱ.①房…②丁…③吴… Ⅲ.①知识产权-研究-文集 Ⅳ.①D913.04-53

中国版本图书馆CIP数据核字（2022）第041105号

**IP 论坛之道可道，术可术**

**IP LUNTAN ZHI DAOKEDAO，SHUKESHU**

| | |
|---|---|
| 主　　编：房晓俊　丁志新　吴　帅 | |
| 出版发行：上海交通大学出版社 | 地　　址：上海市番禺路951号 |
| 邮政编码：200030 | 电　　话：021-64071208 |
| 印　　制：上海新艺印刷有限公司 | 经　　销：全国新华书店 |
| 开　　本：787mm×1092mm　1/16 | 印　　张：18.25 |
| 字　　数：303千字 | |
| 版　　次：2022年7月第1版 | 印　　次：2022年7月第1次印刷 |
| 书　　号：ISBN 978-7-313-26671-2 | |
| 定　　价：48.00元 | |

# 编委会名单

**总顾问**

马天旗　北京智专北斗知识产权咨询有限公司执行董事兼总经理、国家知识产权局专利局机械发明审查部　原副处长

**成员**（按姓氏首字母排序）

丁志新　南部知光（深圳）技术转移有限公司　副总经理

董世蕊　上海智臻智能网络科技股份有限公司（小 i 机器人）　IP 总监

樊　磊　北京集创北方科技股份有限公司知识产权与标准部　负责人

房晓俊　链盟（上海）数字科技有限公司　IP 总监、2020 年"匠新奖"年度创新影响力人物

顾文君　同济大学医学院专利研究与转化中心　常务副主任

郭　超　上海新净信知识产权服务股份有限公司知识产权运营事业部　总经理

华　冰　"华冰聊专利"公众号　创始人、北京智乾知识产权代理事务所　合伙人

韩清川　"百科君的 IP 杂谈"公众号　创始人

郝先先　北京搜狗科技发展有限公司　法务总监

黄海霞　上海恒锐知识产权服务有限公司　总经理

黄李华　上海市肺科医院　副主任护师

李银惠　广东科才律师事务所　主任、双证律师

梁秀敏　北醒（北京）光子科技有限公司　IP 总监、2016 中国杰出知识产权经理人

凌赵华　水滴公司（WDH）　IP 总监、2020 年中国"40 位 40 岁以下知识产权精英"

刘　婵　深圳市商汤科技有限公司　知识产权总监、2019 中国杰出知识产权经理人

刘　超　小米集团　法务副总监、2020 年中国"40 位 40 岁以下知识产权精英"

刘　谦　河海大学商学院知识产权研究所　研究员、博士

龙明涛　"专利茶馆"公众号　创始人

# 序　言

我清晰记得2021年6月的一天，房晓俊总监给我打电话，想让我为他们的一本书写个序，我当时感觉受宠若惊。我和晓俊年纪相仿，而且晓俊在知识产权圈里的阅历和光环不比我少，找我作序实在是太抬爱我了，这也是我迟迟不敢下笔的原因。

这一拖半年就过去了。一周前晓俊向我催稿，我才意识到作序一事是躲不掉了，必须直面和正视了。

认真看了看这本书的作者团队，阵容之强大在IP界堪称"前无古人、后无来者"，里面也有很多我熟悉的朋友。另外，让我感到欣喜和期待的是，还有很多我想结识和学习的人。

晓俊自不必多说，01-IP咖啡馆（IP写作群）创始人，发表多篇极具思想价值的IP文章，在多家企业做过IP经理或负责人，还作为发明人申请专利近30项，晓俊洞察力强、思维缜密、站位高远。凌赵华入选"2020中国40位40岁以下企业知识产权精英"，我有幸与他合作过多部书籍，他满腹经纶、朴实谦逊，专利布局挖掘实务经验已炉火纯青。丁志新长期从事专利尽职调查、企业知识产权管理咨询等工作，我亦有幸与他合作过多部书籍，他精力充沛、口才极佳、为人厚道。张恒超多次为大中型企业提供整体知识产权解决方案，实务经验非常丰富。樊磊在集成电路、半导体领域深耕多年，实务经验积极丰富。华冰为"华冰聊专利"公众号创始人，善于讲IP故事。韩清川兄为"百科君的IP杂谈"公众号创始人，发表极具影响力的IP雄文超百篇。李银惠律师我们尊称其为"专利神教掌门"。龙明涛为"专利茶馆"公众号创始人，人脉极广。赵礼杰律师在知识产权诉讼及应对方面颇有经验。赵佑斌律师是"佑斌"公众号创始人，亦有IP雄文百篇，且为多家企业知识产权顾问。其他诸位编委成员也均是我学习的榜样和日后要请教的对象，在此恕我不能一一罗列。

本书收集了IP雄文数十篇，皆是各位作者思想精华之淬炼、实务道术之芬芳。首先，本书站位高远，有探讨科技成果转化与IP的，有分析中国专利前景的，有总结企业知识产权战略的。其次，本书立意深远，有分析无人商店专利布局的，有解析集成电路布图设计专有权判定之必要布图配置的，有探析中小企业专利分级管理模型的。最后，本书着眼平远，有丰富AR专利的意识流布局的，有梳理企业常用的十八种专利分析的，有归纳专利诉讼的七种武器。

展卷观文，这些文章集合在一起，犹如大珠小珠落玉盘，犹如品鉴王希孟之《千里江山图》，横看成岭侧成峰，远近高低皆风景。犹如你亲临一场大咖云集的 IP 界的沙龙，思想碰撞，业务交流，谈笑有鸿儒，往来无白丁。时而小桥流水，曲水流觞，时而管弦动听，轻舞衣裳，幸哉！值此中国之盛世，叠加知识产权之大势，品读各位青年才俊文章之气势，快哉！

最后，承蒙各位俊杰抬爱，得附骥尾，勉添为序，幸甚至哉！

**马天旗**

北京智专北斗知识产权咨询有限公司执行董事兼总经理

天启黑马信息科技北京有限公司联合 CEO、联合创始人

智专学院院长

国家知识产权局专利局机械发明审查部原副处长

国家知识产权运营公共服务平台原副总经理

2021 年 12 月 19 日

# 前　言

2019 年,我与凌赵华老师共同发起建立 IP 界一线实践派经理人写作群,旨在向业界分享知识产权的前沿进展、观察思考和实践认知,本书便是大家齐心协力共同完成的一项成果。时至今日,我们共收到 60 多篇文章,共计 30 万余字,聚焦了知识产权最新的热点和最前沿的研究成果。其中大部分文章已在 IPRdaily 网站、思博论坛、知产前沿网站、"专利轩"公众号、"专利分析师"公众号、"华冰聊专利"公众号、"专利茶馆"公众号、"百科君的 IP 杂谈"公众号、"知识产权一言堂"公众号、"佑斌"公众号、"首席知识产权官"公众号等发表,阅读和转发量较为可观,影响较为广泛。

书中一部分文章是论道——离实操比较远,务虚;另一部分文章讲术——离实操比较近,务实。因此,本书取名《IP 论坛之道可道,术可术》。

《道德经》中记载:道可道非恒道;名可名非恒名。我国 1984 年出台的《专利法》至今已经历四次大的修订,对于这样一部体系完备、经过时间检验的法律,我们又怎么敢言 IP 恒道? 但初心又让我们不得不道,希望继前辈们的《IP 之道:30 家国内一线创新公司的知识产权是如何运营的》一书之后,能有一部体现一线 IP 实践者的最新心得体会和思索结晶的著述。诸篇文章的作者思想独特、各抒己见、百花齐放,显示了作者们的人格魅力和视角眼光,思想相互碰撞出的火花四射,感召周边,共同推进社会进步和变革。也希望日后有更多有识之士投入到对 IP 的思索和推广事业之中。老子曰:有道无术,术尚可求也;有术无道,止于术。故而道与术,都是需要被探索的,两者非但不矛盾冲突,反而相互影响和促进。道为术之灵,术为道之体;以道统术,以术得道。在书名语境下,"道"可以被理解为"IP 理论"或"IP 的某种内在规律","术"可以被理解为"具体的实践方法或模型"。"道"不当吃,也不当喝,不如"术"那般可以直接用于解决具体问题,将技能变现,但认知"道",就是为了能打开通往真理的窗户,让人看到不一样的东西,听到不一样的声音,有不一样的觉悟与思考。庄子曰:以道驭术,术必成;离道之术,术必衰。

相信本书中诸篇文章里蕴含的思想火花、经验总结、思维模式、方法实践、心得体会,与创新保护紧密相关的智慧成果,不论是引起共鸣还是相左的观点,抑或是引发读者的进一步思考或实践,能够触动读者,便是我们这些作者的创作初衷。这是最好的时代,是创新及创新相关工作者的黄金时代。整个创新、创造、科研、维护的 01 产业链和 IP 产业链正释放出宏大的资本和"知本"吸纳能力。国家需要创新之科技成果，企业需要创新之人才，市场需要创新之产品……这是创新及创新保护以及创新运营等相关工作者千载难逢的发展机会。希望读者和作者都能通过修行到达知行合一、道术兼修、内圣外王的崇高境界。

最后致我的IP作家朋友们：我从远方赶来，恰好你们也在。我深感荣幸！——《生如夏花》

房晓俊

2022 年 2 月

# 目　录

## 道　篇

# 术　篇

# 道 篇
## DAO PIAN

# 中国专利前景探讨①

房晓俊

房晓俊，专利作家、职业IP经理人、专利代理师、专利管理工程师、中国发明协会会员、上海技术交易所特聘专家智库专家、中国科协专家人才库成员、OI-IP咖啡馆（IP写作群）创始人、"IP元宇宙-超右脑学IP课程"创始人。现任链盟（上海）数字科技有限公司IP总监。

2006年，全国科技大会提出自主创新、建设创新型国家战略。创新型国家建设的关键在于提升国家科技竞争力，加强国家文化软实力，扩大国家品牌影响力，而这三个方面的实力都与知识产权密切相关。从某种意义上说，上述实力集中表现为自主知识产权的数量和质量。可以说，世界未来的竞争就是知识产权的竞争，中国未来的发展需要知识产权事业的发展作为基石。

目标明确，路却要靠摸着石头过河走出来。

## 一、政府"过河"

中国制造向中国智造转变是大势所趋，是在综合国力竞争白热化背景下必须走的一步棋。因为在中国，土地成本和劳动力成本的优势已经不存在了，曾几何时，大家还认为中国的劳动力供应无穷大，意味着其供求价格可以压得很低。现在沿海地区企业普遍面临用工荒。土地则更不用多说了，有学者已经把土地、房产、政府、发展规律以及横向发展对比都研究遍了。笔者直接引用结论，土地价格上涨是近期不可逆转的趋势。

土地、劳动力、资本和企业家才能这四大生产要素中的两大基本要素的价格优势基本丧失，导致中国外贸行业也逐渐丧失其成本优势，外加本币升值，导致日子越来越难过。中国经济在2008、2009年的四万亿经济刺激之下，确实出现了短期的复苏，但这样大手笔的投资是不可持续的，其弊端也很明显。投资和出口两驾马车出现了停滞，就只有消费这一驾

---

① 本文2013年1月19日发表在思博论坛上，迄今阅读点击量超过30万。

马车可以用作经济引擎了。

促进内需的政策既出，配套政策也跟着出笼了，食品安全机制、医疗保险机制、养老保险机制、国民收入倍增计划等与大众切身利益最密切的产业结构升级国策相继出台。所谓产业结构升级，就意味着得有自主知识产权。有人说，没有自主知识产权不一样可以进行产业升级吗？没有自主的关键技术，就只能走模仿的老路，久而久之中国企业在国际市场上就会丧失竞争力，这条路在全球化的今天根本就行不通。

## 二、企业"过河"

政府认识很清楚了，企业呢？

人分三六九等，企业也是。不过企业的生存和发展是以盈利为目的的。创新对于某些企业来说，光有投入没有产出，企业进行自主创新的积极性不高，长此以往，必定会拖累政府的大棋局。因此，以国家科技部为首的国家863等课题项目也纷纷出台，国家、省级、市级、区级科委和知识产权局开出了很多"处方"，信息委和财政局的配套措施也跟上了。一时间，争当高新技术领头羊、争做"小巨人"的企业如雨后春笋般涌现。

## 三、代理业"过河"

企业要过河，相关的专业机构当然也要出手相扶。

知识产权代理属于高端服务业，卖的是知识服务，企业有需求，代理机构自然乐意提供服务。国家政策这么好，代理大有发展的舞台。不过竞争还是有必要的，比质量而不是比数量，比服务而不是比价格，这是代理需要认识到的。不然，大家都卖成白菜价，菜贱会伤农的，大家都好过不到哪去。

## 四、IPer"过河"

政府、实体都要"过河"，知识产权从业者（IPer）自是逃不过，企业专利管理工程师（IPME）更是其中的一支中坚力量。

为什么研发工程师我没算上，因为研发工程师关心的是技术和市场，其中技术更多些，比如功能开发或者技术趋势。而IPer则是技术、法律、市场三位一体的定位。市场消费不多说了，不然就没有后续的研发投入资金了；技术也不多说了，技术开发不是IPME的主要工作内容；还是说说法律吧，有难度的是，真的只说法律是说不清的，还是会涉及技术和市场。对IPME来说，专利布局和地雷埋设其实是一回事，没有市场的眼光和技术趋势的把握，就布不好局。埋地雷是为战争准备的，布局也是为IP战争准备的，别以为专利布局很时髦，真的爆炸可是一场战争的开始。

但现阶段，大多数企业还没有会布局的IPME，只为专利申请费和维持费发愁的企业，它们的IPME现在能做的是能多获得点专利资助和项目资助。

## 五、结语

总体来讲，中国长期处于社会主义初级阶段，而中国的IP事业也起步不久，也属于初级阶段,和"玩"了 100 多年的西方国家当然没法直接抗衡,关键是 IP 的发展已经装上了强劲的引擎,如果 IP 的生存环境能改善些,国家知识产权的相关法律法规更完善些,那 IP 事业的发展前景更值得期待!

# 专利属于生产关系，还是生产力

房晓俊

这是最好的时代，当前，全球新一轮科技革命正在兴起，正在深刻影响世界发展格局，深刻改变人类的生产和生活方式。这是最坏的时代，在灰犀牛横冲直撞、黑天鹅天花乱坠的时代大背景之下，中国将要发生巨变的行业之一就是知识产权业。而有一个问题，需要所有国人重新审视——专利属于生产关系，还是生产力？

## 一、生产关系说

中国《专利法》第十一条　发明和实用新型专利权被授予后，除本法另有规定的以外，任何单位或者个人未经专利权人许可，都不得实施其专利，即不得为生产经营目的制造、使用、许诺销售、销售、进口其专利产品，或者使用其专利方法以及使用、许诺销售、销售、进口依照该专利方法直接获得的产品。

外观设计专利权被授予后，任何单位或者个人未经专利权人许可，都不得实施其专利，即不得为生产经营目的制造、许诺销售、销售、进口其外观设计专利产品。

从该法条讲，专利是一种生产关系，它严厉制约着没有专利权的生产制造商、使用者、经销商和进口商等。但是翻遍整部《专利法》，都没有条款赋予专利权的拥有者直接拥有制造权、使用权、许诺销售和销售权、进口权等权利。由此，人们得出结论，专利权是带有约束属性的生产关系，而不是生产许可证、使用许可证、销售许可证或者进口许可证等。可以预料的是，随着第四次修改的《专利法》的最终颁布，侵权违法的"填平式损失赔偿原则"，将被"3~5倍惩罚式损失赔偿原则"所取代，如此专利将进一步强化生产关系的约束属性。

随着社会城市化进程的加快，后工业化城市人口和企业大量向郊区迁移，产生郊区化和逆城市化现象，形成卫星城镇以及城市地域互相重叠和连接的城市群和大城市集群区。这是由于现代社会信息技术的发展带动第三产业发展，导致整个产业结构发生变化。按照工业化发展速度，人类社会可分为前工业化、工业化和后工业化三个时期。发达国家的后工业化时期一般从20世纪40年代开始，特点是城市的中枢管理职能更加强化，城市消费者的要求更加多样化，电脑技术和数据通信网络所构成的物质机制使城市的经济状态和生活方式不断发生变革。再加上全球化浪潮的趋势，发达国家有选择地保留金融、科技研发、文化创意和高端服务等行业，并将低端制造业向亚洲、非洲进行转移，同时也带动了资本和技术的转移。形成全新的产业链、供应链模式以及全世界创意、生产、贸易、消费的分工格局。

这个时候，发达国家必须要求发展中国家实行知识产权制度，以保护它们输出的无形资产或智慧财产。比如苹果手机，制造生产主要在中国，销售地主要在美国，苹果手机卖到中国，对于美国而言称为出口。有好事者拆解一部 iPhone X 手机做了硬件测算，发现总硬件成本不超过 2 000 元人民币，但是该款手机在中国上市之初的售价高达 8 000 元人民币以上。差价中至少包括专利技术成本均摊，以及品牌营销成本均摊、软件版权成本均摊等。差价中的软硬件以及品牌的知识产权，成就了苹果这样科创公司的核心竞争力，是苹果等高科技企业极力需要保护的东西。

讲到这里，不得不说明一下"资产和负债"的概念。资产能给其拥有者带来现金流，负债能给其拥有者带走现金流。在这个定义下，资产和负债就可作为真假无形资产的照妖镜来使用了。试问，贵公司的专利权，有给贵公司带来现金流吗？贵公司的专利权，能帮贵公司打赢官司、扫清市场山寨产品吗？

## 二、生产力说

马克思在《资本论》里把人类改造自然的能力叫作生产力。生产力就是人类运用各类专业科学工程技术，制造和创造物质文明和精神文明产品，满足人类自身生存和生活的能力。

怎么衡量一个地区/国家的生产力，有很多指标，其中最常被用到的是国内生产总值（GDP），GDP 是指在一定时期内（一个季度或一年），一个国家或地区的经济中所生产出的全部最终产品和服务的价值，常被公认为衡量国家经济状况的最佳指标。它不但可以反映一个国家的经济表现，还可以反映一国的国力与财富。

值得一提的是，国内生产总值是用最终产品和服务来计量的，即最终产品和服务在该时期的最终出售价值。一般根据产品的实际用途，可以把产品分为中间产品和最终产品。所谓最终产品，是指在一定时期内生产的可供人们直接消费或者使用的物品和服务。这部分产品已经到达生产的最后阶段，不能再作为原料或半成品投入其他产品和劳务的生产过程中去，如消费品、资本品等，一般在最终消费品市场上进行销售。GDP 必须按当期最终产品计算，中间产品不能计入，否则会造成重复计算。

20 世纪 80 年代初，我国沿海地区试行一种中外合资企业经营模式。外商采取来料加工、来样加工、来件组装，与国内企业进行合作。国内企业只能赚取微薄的加工费。故而，到了 2005 年就有了"8 亿件衬衫换一架空客飞机"的说法。

为什么会这样？因为没有附加值，尤其是没有技术附加值的制造环节得不到更高的估值和对价。什么是中间产品？中间产品是指为了再加工或者转卖用于供别种产品生产使用的物品和劳务，如原材料、燃料等。什么是附加值？雷曼（M. R. Lehman）把附加值称为"创造价值"（Created Value），就是以专利、商标、版权和 Knowhow[①] 等智慧财产介入计量，充实了中间产品的数量、种类和估值，进而导致最终产品和服务的价值提升。再以 iPhone X 手机为例，除了销售环节的利润外，差价部分就是技术附加值、企业商誉附加值等。可见，创新无疑是提高附加值的根本途径。

---

① Knowhow 是指属于商业秘密，但没有专利保护，具有无形资产性质的技术诀窍、专业知识和私家配方。

对比一下，在欧美发达国家，因为产业的空心化，大多数的实体制造业已经在全球化的浪潮下被转移出去了，所以专利、商标、版权和 Knowhow 等智慧财产必须要在完成后的这个环节，实现可量化、可估值，为后续的专利技术等的转移、转化、出口打下基础。于是很大一部分智慧财产作为最终产品和服务来计量，即这些智慧财产被直接计入了欧美发达国家的 GDP。

众所周知，技术先于专利，专利先于（科技）产品。在欧美国家，出口的主要是专利技术，在中国，出口的主要是最终产品。这就是发达国家与发展中国家，在现阶段的主要区别——前者重点放在第三产业，后者重点放在了第二产业。现代的工业体系中，所有的工业总共可以分为 39 个工业大类、191 个中类、525 个小类。中国成为全世界唯一拥有联合国产业分类中全部工业门类的国家，中国几乎可以生产出自身以及全世界所需要的所有产品。

再往前看，中国社会主义改革开放和现代化建设的总设计师邓小平在马克思观点的基础上，就曾进一步表述：科学技术是第一生产力。这也明确了，科学技术对生产资料的使用指导、对生产资料本身的改造升级、对生产制造能力的大幅提升，都具有巨大的影响和作用。中国改革开放以来，不论是深海还是深空，不论是 5G 还是 5 纳米半导体刻蚀，不论是民用核能还是超导特高压……科技发展的具体实践也证明了这点。而专利恰好是科技发展权的有效载体，专利数量和专利质量的双提升，也从侧面印证了这个变化过程。因此可见，继生产资料、劳动对象和劳动者之后，科技能力成了生产力的基本要素。

## 三、结语

18 世纪 60 年代—19 世纪中叶，牛顿的力学公式引导出了蒸汽机时代，以及第一次工业革命。19 世纪下半叶—20 世纪初，对电的认知和应用引导出了电气时代，以及第二次工业革命。到了 20 世纪四五十年代—21 世纪前 10 年，以计算机为代表的信息技术引发了第三次工业革命。当下，在第四次工业革命的前夜，各国都在人工智能、区块链、物联网、先进材料和生物技术等方向上发力比拼，都铆足劲寄希望于本国的科研有所突破，率先拿到第四次工业革命的入场券。

2019 年，中国发生了几件大事：年人均 GDP 首次超过 1 万美元；有中国纳斯达克之称的科创板证券市场建立。年人均 GDP 突破 1 万美元后，中国紧接着就面临怎么不陷入"中等收入陷阱"的问题。再做进一步分析，"中等收入陷阱"实际上包括了三个"陷阱"，即"发展制度陷阱""社会危机陷阱"和"技术陷阱"。限于笔者的知识结构和水平，只能对"技术陷阱"的跨越给点建议：技术上要有重大突破，必须有尖端的科研和技术人才，必须重视和尊重知识产权，必须有完备的知识产权保护机制和交易许可市场。给天才之火添加利润之油，鼓励高科技企业上市融资和知识产权质押融资，加快科技研发和企业发展壮大。

所谓生产关系的梳理，背后是资产关系，是现金流流向谁口袋的问题。所谓生产力的明晰，当下看，核心是专利技术是否可以单独估值。也就是说，专利技术是否可以脱离传统的生产资料而单独存在，以及它能否自由流动，能否受市场机制调节而（再）组合（再）分配？

段国刚先生说："中国专利交易有三个层次：第一个层次是基于专利证书的交易；第二

个层次是基于专利法律权利的交易；第三个层次是基于专利技术本身的交易。交易者的出发点不同，对专利的估值就不同。"

由于专利权的唯一性，决定了真正的专利技术本身的交易，一定是卖方市场。追求财富是人类社会进化的本质动力，专利的特殊之处就在于，它是带有生产关系约束属性的生产力。

在中美两国达成的第一阶段经贸协议中，知识产权的内容占了相当的篇幅。随着中国从主要的知识产权的消费国转变为主要的知识产权的生产国，中国认识到了建立和实施全面的知识产权保护和执法体系的重要性，只有加强对知识产权的重视、尊重和保护，才能建设创新型国家，促进发展创新型企业，促进高质量经济增长，从"中国制造"转变为"中国创造"，跨过"中等收入的技术陷阱"。从存量小闭环①层面讲，建立专利估值体系的共识，将理顺现有专利产业链；但从增量大闭环②层面讲，高校的高质量高价值专利技术的转移和转化，多种转移和转化模式的创建，在科创企业破产清算时，银行信贷兜底措施的形成，一头一尾做好一进一出，这样才能真正完成整个知识链体系③，才能释放出知识链体系中蕴藏的强大生产力。现在是创新及创新相关工作者的黄金时代，整个创新创造科学研究产业链（也称 0-1 产业链）正释放出宏大的资本和"知本"吸纳能力。这是创新及创新相关工作者千载难逢的发展机会。

笔者探求专利和专利制度的进阶规律，试图看清专利和专利制度的脉络和态势，不是为求真，而是为专利和专利制度求存、求进化。所思所想无他，全是因为，专利和专利制度已经与中国的国运前所未有地捆绑在了一起。除了改革和发展，我们别无选择；除了前进和胜利，我们无路可走。

---

① 小闭环：从创意到专利申请或专利授权的过程，就给到这个专利申请或授权专利一定的估值界定。

② 大闭环：从创意开始，经过专利授权后，继续产品小试、中试、大试、量产直至商业销售完成，根据更多的数据反馈，（再次）给到这个专利申请或授权专利一定的估值界定。

③ 知识链体系：具体内容请参见《创新，也是可以玩的》一文中的图示。

# 国内外主流专利指数探析

凌赵华

凌赵华，专利代理师、知识产权管理体系审核员。现为水滴公司(WDH)IP总监。入选2020年中国"40位40岁以下企业知识产权精英"、2019年度强国知识产权论坛"企业资深经理人"、2018年度强国知识产权论坛"优秀企业总监"。

当今社会，知识已成为生产要素的重要组成部分，以此为标志的知识经济已然成为21世纪的主导型经济形态。在知识经济时代，知识、智力、无形资产等投入将会在企业的发展过程中起着越来越重要的作用。

有数据表明，在企业尤其是技术驱动型企业中，无形资产在企业价值中的占比越来越大，不少企业已经占到80%以上。以专利和商标为代表的知识产权是现代企业无形资产的重要组成部分，其中，专利资产往往能体现企业的硬实力（技术），而商标资产则能体现企业的软实力（品牌）。

如何从专利角度来建立一套统一的评价指标，用于分析和展示企业的技术实力、创新能力和成长潜力，是不少机构一直在努力的方向。"专利指数"是一种很好的尝试，它可以较为客观、公正地展示出企业整体的专利实力，反映出企业的技术与创新能力，从而映射出一家高科技企业的核心竞争力。本文选取了当前国内外主流的五种专利指数，探析了各专利指数的指标设计和功能特色，并提出了笔者个人的一些粗浅看法。

国外方面，本文选取的是美国Ocean Tomo公司发布的OT300专利指数（Ocean Tomo 300 Patent Index）、美国电子和电气工程师协会（IEEE）旗下《科技纵览》（*IEEE SPECTRUM*）杂志发布的专利实力记分卡（Patent Power Scorecard）以及美国IPIQ Global公司发布的专利记分卡（Patent Scorecard）等三个专利指数；国内方面，本文选取的是德高行（北京）科技有限公司发布的国证德高行专利领先指数（CNI-TEKGLORY Patent Index）和中国专利技术开发公司主导发布的上市公司专利记分牌等两个专利指数。

## 一、OT300专利指数

OT300专利指数由美国Ocean Tomo公司和美国证券交易所于2006年9月联合发

布,这一指数是全球第一个基于公司知识产权资产价值的股票指数,目前这一指数主要在纽约泛欧证券交易所发布(NYSE Euronext:OTPAT)。除了 OT300 专利指数,Ocean Tomo 公司同时还在纽约泛欧证券交易所发布 OT300 专利成长指数(NYSE Euronext:OTPATG)和 OT300 专利价值指数(NYSE Euronext:OTPATV)。OT300 专利指数通过回归分析法建立创新率(创新率=专利维持价值/企业资产)评估模型,从 1 000 多家流通性最好的美国上市公司中分析筛选出创新率最高的 300 家公司(50 个行业×6 家公司)。OT300 专利指数的主要价值就在于在市场对专利技术予以认可之前对公司技术创新的价值进行预测。

Ocean Tomo 公司是美国较早开展专利价值评估研究的公司,其自行开发了一套叫作 Patent Ratings 的专利价值分析系统,这一系统号称是世界上第一个能客观、准确分析专利价值的软件系统平台。OT300 专利指数正是利用 Patent Ratings 这个工具来分析大量公司的授权专利的,从而保障了对不同公司不同专利技术评价的客观性和一致性。

在指标设计上,OT300 专利指数堪称目前市场上最为全面的专利指数,其既有有效专利数量、专利平均维持年限、专利放弃比例等一些基本指标,又有专利单向引证率、专利积累引证率等一些能反映专利质量的指标,还有专利衰退率等能反映专利市场价值的指标,有效专利季度净收入变化、替代旧专利所需新专利数量等一些能反映公司财务发展状况的指标,以及一些能反映公司技术分布情况的指标等。

综上所述,OT300 专利指数是全球第一个较为成熟的专利指数,也是第一个基于专利价值分析的股票指数,其创造性地将上市公司的专利价值与股票价格结合了起来,为其在专利指数的研究领域奠定了领先地位。

## 二、专利实力记分卡

专利实力记分卡由 *IEEE SPECTRUM* 杂志自 2007 年开始每年发布一次,到 2017 年 12 月 13 日共发布了 11 期榜单。专利实力记分卡的评选对象是全世界范围内的公司、大学、研究机构和政府机构等组织。专利实力记分卡是完全按照组织所在的行业来进行分类评比的,其每次发布 17 个榜单:航空航天和国防、汽车及零部件、生物医药、化学、通信/网络设备、通信/网络服务、计算机设备和存储、计算机软件、计算机系统、电子产品、医疗器械、科学仪器、半导体设备制造、半导体制造、综合型企业、政府机构、大学/教育/培训。

专利实力记分卡各榜单上的组织是根据专利综合实力进行排名的,其综合考量了专利组合的数量和技术价值,由于采用了技术加权后的专利组合规模作为衡量依据,专利实力记分卡可以较全面准确地评价某个组织的技术实力。

专利综合实力是对专利数量及专利成长性、技术影响力、技术原创性和技术通用性进行组合运算后的综合性指数,其计算公式为:专利综合实力(Pipeline Power)=上一年度授权专利数量(Number of Last Year's Patents)×专利增长指数(Pipeline Growth Index)×校正后的技术影响指数(Adjusted Pipeline Impact)×技术原创指数(Pipeline Originality)×技术通用指数(Pipeline Generality)。

以 2017 年专利综合实力的计算为例,公式中各参数的含义为:上一年度授权专利数量,指的是 2016 年美国专利授权数量。专利增长指数,用于衡量某组织专利活动量的变化趋势,进而反映某组织的创新能力。其计算方法为:某组织上一年度美国专利授权量(2016年)除以前五年期间(2011—2015 年)每年平均授权量。如果该指数大于 1,则表明该组织的专利活动量正在增长中。校正后的技术影响指数,用于衡量某组织的专利组合对后续技术发展的影响力。其计算方法为:首先计算技术影响指数基础值,再根据自引率对技术影响指数基础值进行校正,以消除极端自引的影响。其中,技术影响指数基础值的计算方法为:某组织前五年(2011—2015 年)所有美国授权专利被上一年(2016 年)全美所有授权专利引用的次数,除以与该组织专利组合处于同时期、同领域的所有美国授权专利被上一年全美所有授权专利引用次数的平均值。技术原创指数,用于衡量某组织专利组合所引用的在先技术的领域宽泛程度。通常来说,改进型发明倾向于参考来自单一领域的现有技术,而原创型发明则倾向于参考多个不同领域的在先技术进而形成新的发明创造。技术通用指数,用于衡量引用某组织专利组合的专利技术的领域宽泛程度。技术通用指数越大,意味着某组织专利技术的通用性越好,对后续技术创新的影响范围越大。

可以看到,与 OT300 专利指数的指标设计不同,专利实力记分卡更注重对公司技术实力的评价,因而在指标设计上更偏重专利的技术价值体现,却忽略了专利的市场价值体现和公司的财务表现等指标的设计。另外,专利实力记分卡中的技术类指标在打分上会存在一定程度的主观性,并不完全是客观数据的展现。

### 三、专利记分卡

专利记分卡由 IPIQ Global 公司自 1992 年开始对外发布,曾先后刊登在《商业周刊》(*Business Week*)、《麻省理工技术评论》(*MIT Technology Review*)和《华尔街日报》(*The Wall Street Journal*)上。专利记分卡实际上共发布了 7 个榜单,分别为:行业记分卡(Industry Scorecard)、全球专利记分卡(Global Patent Scorecard)、IPIQ 500 记分卡(IPIQ 500 Scorecard)、大学记分卡(University Scorecard)、政府机构记分卡(Government Scorecard)、研究机构记分卡(Research Institution Scorecard)和创新机构记分卡(Innovation Anchor Scorecard)。

行业记分卡是 IPIQ Global 公司发布的最核心的专利记分卡产品。行业记分卡共选取17 个行业进行评价分析,主要评价对象为全球顶尖的 2 700 多家技术型企业。针对每个行业,行业记分卡都是基于专利质量、技术强度以及影响广度等指标来对公司进行排名。该行业记分卡每月更新一次。行业记分卡中设计的具体指标有技术强度(Technology Strength)、行业影响力(Industry Impact)、授权专利数量(Patents Granted)、科学强度(Science Strength)以及研究强度(Research Intensity)等 5 个。其中,技术强度用于从公司专利组合的角度,通过综合考量专利的质量和数量,对公司的专利和创新进行一个总体评价;行业影响力用于对一个公司的专利组合对行业内其他公司的技术发展的影响力进行量化评价;科学强度用于从总体上去衡量一个公司的专利组合与核心科学的关联度;研究强度用于评价一个公司在特定行业中相比于其他公司在基础研究上的水平。

全球专利记分卡通过分析全球 59 个国家自 1980 年以来的授权专利来综合评价这些国

家的技术能力。在数据分析过程中,全球专利记分卡使用了三种专利分类体系,分别为美国标准工业分类体系(SIC)、国际专利分类体系(IPC)以及 IPIQ Global 公司自己的分类体系。全球专利记分卡中的具体指标包括在特定技术领域的强度、本国专利对其他国家的影响力、国家创新与科学研究的关联度以及创新的速度等 4 个。

IPIQ 500 记分卡基于一个标准化的技术强度指数对全球的技术型公司进行比较并排名,最终给出一个 500 强的名单。由于对排名指数进行了标准化处理,IPIQ 500 记分卡实现了公司之间的跨行业比较,从而能够在不考虑所属行业的情况下识别出全球范围内的高创新公司。IPIQ 500 记分卡采用的具体指标有技术强度、行业影响力、授权专利数量、科学强度、研究强度以及创新周期(Innovation Cycle Time)等 6 个,其中前 5 个指标与行业记分卡的指标相同,其第 6 个指标创新周期用于评价一个公司将其前沿技术和核心研究转化为专利资产的速度,一般以年计算。

大学记分卡是专门针对全球超过 140 所大学进行排名的榜单,与行业记分卡一样,该大学记分卡也是每月更新一次。另外,大学记分卡也是基于专利质量、技术强度和影响广度等指标来进行评价的,基本与行业记分卡相同。政府机构记分卡和研究机构记分卡均与大学记分卡类似,不同之处仅在评价对象上。而创新机构记分卡则是打破了评价对象的限制,融合了大学、政府机构和研究机构,其评价指标和更新周期均与大学记分卡一样。

可以看到,专利记分卡在评价对象上做得比较细致,既有机构类型的区分,又有行业的区分,还有不区分对象的综合榜单。在指标设置上,专利记分卡与专利实力记分卡在总体上有些相似,都重点考量了专利的数量及其技术价值,值得注意的是,专利记分卡相较于专利实力记分卡更注重一个公司的基础研究和科学实力,上述实力与专利之间的关联度,以及创新转化为专利的速度。

## 四、国证德高行专利领先指数

国证德高行专利领先指数(代码:399427)由深圳证券信息有限公司与德高行(北京)科技有限公司于 2015 年 2 月 17 日在深圳证券交易所正式发布。该指数既是一个专利指数,又是一个股票指数。该指数的评估对象是中国大陆 A 股市场上 2 700 多家上市公司,并最终筛选出 100 家投资潜力最佳的公司作为样本股。

国证德高行专利领先指数的核心基础是通过专利大数据的指标萃取、加工及演算,构建出以专利指标预测股价的股价预测公式,即专利领先公式。专利领先公式由德高行公司自行开发,其演算法核心采用 2003 年诺贝尔奖的经济学模型,通过严格的统计鉴定,并达到 95%的置信区间。

在上述专利领先公式中,共设计了两类指标:专利指标和财务指标。其中,专利指标有将近 50 个,这些专利指标都是可以被计算机自动运算的数量指标,如专利总数、平均专利寿命、专利平均审查期、当期的专利公开数量、专利授权数量、专利 IPC 分类号总数、专利 IPC 分类号平均数、专利说明书总页数、专利说明书平均页数、专利的权利要求总数、专利的权利要求平均数、专利的独权总数、专利的独权平均数、专利说明书的附图张数、专利说明书的附图平均数等。财务指标是指能表达企业经营绩效的指标,包括偿债能力指标、运营能力指标、获利能力指标、发展能力指标以及股价指标等。其中，获利能力指标又包括了净资产收益率 ROE、资产报酬率 ROA、每股收益 EPS 以及市净率 MTB 等。

可以看到，与 OT300 专利指数类似，国证德高行专利领先指数选取的均是可量化指标，且包含了专利指标和财务指标两类，因此，在指标设计上保证了数据的客观性，另外在演算法的采用上也保持了严谨的态度。目前，国证德高行专利领先指数设计的专利指标的数量还在增加中，其专利领先公式也在不断优化中，相信未来其在证券市场上会有更出色的表现。

### 五、上市公司专利记分牌

上市公司专利记分牌由中国专利技术开发公司旗下全资子公司华智数创于 2017 年 7 月 13 日在中国专利网上首次发布，该专利记分牌是华智数创基于以专利为核心的大数据资源，以专利价值为核心关注点，以主板、中小板、创业板、新三板、区域股权市场等上市/挂牌公司为对象，提供的企业专利资产实力客观量化评分结果，已成为全面衡量上市公司技术研发和创新实力的最佳晴雨表，将为公司基本面分析和价值投资提供重要数据参考。

上市公司专利记分牌共发布 1 个总榜单（不分行业）、4 个板块分榜单（主板、创业板、中小板、新三板）以及 19 个行业子榜单。

在指标设计上，上市公司专利记分牌采用了两类指标，分别是市场验证前的指标和市场验证后的指标。这些指标综合反映了上市公司专利资产价值及其在利润创造过程中的效力，也反映了公司运用专利构筑竞争优势、创造经营效益的能力。

市场验证前的指标包括专利维持度（有效发明专利拥有量、有效发明专利维持年限分布）、全球覆盖度（在中国主要贸易对象国/地区的专利布局）、技术影响力、市场影响力、跨界影响力等五项。其中，在中国主要贸易对象国/地区的专利布局指标又包括四方（中/美/欧/日）专利数量和具有美/日/欧同族的中国发明专利数量等几项。技术影响力指标主要基于专利被引用数据计算获得，具体包括发明专利被引次数、发明专利平均被引次数、近 3 年发明专利被引次数、发明专利 h 指数等四项指标。

市场验证后的指标包括专利无效（无效程序后仍维持有效的专利数量）、诉讼（公司是否对外发起专利诉讼）、转让（公司专利对外转让数量）、许可（公司专利是否对外许可）、质押（公司专利质押数量）、进入标准（公司专利进入技术标准数量）、获得奖励（公司专利获得专利奖项数量）等多项。

上市公司专利记分牌在指标设计上其既考虑了专利数量又考虑了专利质量，并创造性地加入了专利许可、无效、诉讼、质押等市场验证类指标。上市公司专利记分牌的一个缺憾是没有将专利数据与财务数据有机地融合起来。

### 六、结语

据笔者了解，北京合享智慧科技有限公司（incoShare）也已自主研发推出了合享创新指数（incoIndex），该指数旨在基于上市公司的技术、研发和知识产权竞争力，结合财务、市场等指标，综合评价上市公司的创新能力、自主知识产权竞争优势，引导资本市场的优化配置。另悉，知识产权出版社有限责任公司也正在研究开发专利强度指数。

但整体而言，国内对专利指数方面的研究和实践起步较国外晚了许多，目前正处于方兴未艾的状态，希望国内的同行们能借着国家这股"大众创业、万众创新"的东风奋起直追，早日赶超国外同行们。

# 对企业专利预警机制的研究[①]

## 丁志新

丁志新,专利代理师、国际技术转移经理人。现为南部知光(深圳)技术转移有限公司副总经理、国家知识产权运营公共服务平台高校平台副主任。入选首批全国专利信息实务人才。

企业建立知识产权预警机制是一项涉及面广并且需要持久推进的系统工程。企业必须加强知识产权风险防范意识,在充分整合、利用信息资源的基础上,针对风险展开分析判断,发现各类潜在风险,评估风险带来的损失,进而制定规避风险的具体措施,将未知风险转变成已知风险,通过措施把风险可能带来的损失降到最低。

知识产权预警,可以简单地划分为专利预警、商标预警、其他知识产权类型预警。本文以企业专利预警机制为研究方向,概括形成以下内容。

### 一、建立企业专利预警机制的基本原则

企业建立专利预警机制,确保预警工作有效运作,必须遵循以下四项原则:[1]

1. 目的性原则

企业应当根据经营的需要,明确针对专利预警的某一具体目标,发出快速相应的前瞻性预示信号,尽力降低各类潜在风险的危害,实现效益的最大化。

专利预警的工作涉及面广量大,如同医生开具的药方,预警分析的结论可增加企业抵御专利风险的能力,协助决策层做出决策,最终达到预期的目的。

2. 系统性原则

专利预警工作是一个系统工程,需要整合企业内外的各方力量进而参与和有效配合。由于专利预警涉及众多跨领域的相关知识,应当组织知识产权、竞争情报、相关技术三方面的专家发挥各自所长,组成项目团队。建立的预警机制应当是动态的,不仅要反映过去和

① 本文刊登于《中国发明与专利》杂志 2017 年第 10 期,第 77 - 80 页。鸣谢深圳市知识产权研究会会长鄢汉藩、《中国发明与专利》杂志编辑唐宇。

现在专利的状况,而且还应当随着时间序列的变化,合理预测未来重点竞争对手专利活动的发展趋势。

### 3. 科学性原则

专利信息检索工作是预警的基础,收集各类专利信息数据完整、及时、全面。信息筛选、统计、挖掘、分析的过程,要与预警工作的具体目标要求相一致。对风险的预警判断需要灵活应用各类宏观和微观的分析方法,以偏概全和按图索骥的最终结果都会形成误导。

### 4. 预测性原则

企业搭建预警机制的作用是搭建了预警的分析模型,通过预警咨询报告的形式提出预报警示,提前做好应对准备,提高企业对于本技术领域专利发展趋势的敏感度和应对突发专利诉讼的反应能力。预警分析出的风险规避措施应当贯彻落实,如实施过程中发现不合理之处,需要随时修正。

## 二、企业专利预警机制的作用对象

企业专利预警机制的主要作用对象是企业在生产经营中,遇到的各类专利风险。对于各类风险简要概括如下:

### 1. 研发项目中的专利风险

企业在研发活动的全流程周期管理过程中,都需要开展专利预警工作。避免研发的技术路线和技术方案落入在先申请专利的保护范围,或重复研发造成研发投入的巨大浪费。

### 2. 新产品上市前的专利风险

在新产品投放市场前,对于产品的各项技术特征,企业都有专利侵权的风险。即使企业已进行了专利申请和保护,在实施自己的专利权前,也需要开展风险排查,也可以称为技术的自由实施(Freedom to Operate 或 FTO)。

### 3. 企业整体上市前的潜在风险

企业在整体上市的过程中,是最有可能被诉侵权的,需要针对潜在的专利侵权风险开展尽职调查,提前准备应对措施。例如,2017 年 4 月 17 日、18 日,"无固定取还点的自行车租赁运营系统及其方法"(专利申请号 201010602045.8)专利权人顾泰来在永安行 IPO 上市前发起专利诉讼的案件。[2]

### 4. 技术引进风险

企业在与高校、科研院所进行技术转移转化,以及跨国的技术引进和输出的过程中,都需要开展针对技术的专利风险监控和预警。例如,河北卡布尔碳素制品销售有限公司在与天津大学教授张卫江进行硼同位素分离技术转移的过程中发生了纠纷和诉讼,前者的法定代表人王增良实际控制的中邯硼业投资 2.6 亿元,现在成了烂尾工程。[3]

### 5. 产品海外出口的专利侵权风险

国内企业在将产品出口海外以及境外参展时,也同样面临着巨大的知识产权侵权风险,由于专利保护的地域性,对于出口的目标国需要开展专利预警分析,按照当地的法律和相关政策进行风险调查,避免侵犯目标国授权的相关专利,造成无法出口和销售的严重后果。

6. 企业并购中的潜在风险

企业在并购过程中需要对并购的对象开展专利尽职调查和风险评估,避免重大投资失误。

7. 人才引进时的知识产权风险

技术人才的引进需要对人才开展知识产权评议,对拟引进人才的研发方向、技术创新能力、研发成果、是否涉及知识产权纷争和诉讼等进行调查,避免由于人才流动带来的知识产权风险。

8. 企业生产经营活动中的其他专利风险

企业在生产经营活动中还有很多形式的风险,比如专利申请风险、专利权属风险、参加专利池风险、专利标准化风险、专利信息管理风险等。不再一一说明。[4]

### 三、建立专利预警机制的资源

企业内建立专利预警机制需要配置的资源包括:人力资源、财务资源、软件和数据库工具。[5]

1. 人力资源

开展专利预警工作,首先是要由专业的人员来完成专利检索分析工作。因此企业需要逐步培养专利检索分析人员来专门负责相关工作。从国内外企业的知识产权部门的设置可以发现,专利检索分析人员通常需要理工科的背景,对企业的研发技术具有一定的了解,可以作为本领域的技术人员检索、阅读、筛选专利文献。通常定向招聘相关技术专业的新员工或者从企业的研发团队中选拔出合适人选来开展专利预警的相关工作。

同时,专利检索分析人员,也在提升专利的质量过程中起到不可或缺的作用。可以说,专利检索分析人员的检索工作贯穿专利全生命周期过程的始终。在内部的团队工作量饱和或者能力欠缺的情况下,企业可以将部分或全部的专利检索分析即预警工作外包给可信赖的并且能够完成相关工作的外部顾问专家来完成。在委托时还需要通过保密协议来确保安全。外部顾问可以是专利代理人、专利律师或从事过专利审查的顾问等。

2. 财务资源

企业围绕专利预警的投入费用,短期内不会立即得到回报,但从长期来看,是非常重要和必要的投入。相关费用主要用于购买外部的专利信息检索分析软件和平台,搭建企业专利专题数据库、开展预警分析的相关人员劳务费用,以及针对风险防控措施的实施费用。此外还包括外出培训、调研、资料、翻译等其他费用。部分企业在规划专利预警工作时,还会专门设置风险准备金。

3. 软件和数据库工具

"工欲善其事,必先利其器",企业选择合适的专利检索分析软件和平台,在内部按照需要定制和长期维护专题专利数据库,可以起到事半功倍的作用。目前可供选择的专利检索分析软件和平台供应商有很多,在选择时,既要考虑费用和功能,也要考虑售后服务和未来的长期需要。其中专题专利数据库的用户应是企业的研发人员,让数据库内的专利文献更多地协助企业研发工作,因此专利检索分析的用户应是企业的专利检索分析人员。

## 四、企业专利预警系统的搭建

企业知识产权预警系统和专利信息分析系统的作用是对企业外部的知识产权进行风险管理（Risk-ERP），是构成企业知识产权管理系统（IP-ERP）的重要组成部分。专利预警须通过专利信息和市场信息的检索、收集、整理，作为分析、判断结论的依据，将各公开专利数据库作为基础信息源，结合企业的实际情况和实际需求逐步搭建，并长期维护和使用。

1. 专利信息

专利信息是科技文献中的重要组成部分，对专利信息进行检索、筛选、统计、分解，可以挖掘具有价值的经济、技术和法律情报，是开展专利预警工作的基础。

由于专利权具有专有性、时间性、地域性的特点，因此公告的专利文献法律信息是动态的，在进行风险评估和侵权诉讼预判工作中，要特别注意法律状态的确权。

2. 专利信息数据库

商业加工的数据库通常较昂贵，而且互联网平台让用户登录指定网站，账号一旦过期数据就会遗失。因此，建议企业还应当在企业内部搭建自己的专利数据库，通过对文献资料的定期检索整理和持续更新，将专利数据搬到自己公司内部。

1）专利信息数据库的建立

建立企业专利信息数据库要围绕关键产品和关键技术搭建，重点项目还需要建立特定数据库。建库更新等工作需要由知识产权部门统筹安排和完成。基本信息库应当收集与企业相关的专利信息和市场产品流通信息，建立主要竞争对手的专利数据库和企业自己申请的专利数据库，形成本技术领域的专利文献的"图书馆"，能够快速检索到企业所需要的信息，供研发技术人员随时查阅，这也是知识产权部门开展专利预警项目分析的基础。

规划子数据库：企业可以根据需要，建立研发项目、工艺项目的整体、部件、零配件、材料、工艺、设备、试验等主题的子数据库。

2）建库步骤

（1）制定规划，申请建库费用。

（2）结合整理技术树确定数据库结构框架，各子数据库内的技术分支。

（3）收集关键词，编辑逻辑检索式。

（4）全球范围收集下载。

（5）按子数据库分类分组，重点子库的专利还要进行标引。

（6）及时更新信息数据库，定期更新需要监控的技术关键字，以保证分析平台监控内容的准确性。

## 五、专利预警分析项目的实施

开展和实施专利预警项目，可以分为需求分析阶段、数据采集阶段、调查分析阶段、报告实施阶段。

对专利信息的筛选和标引，可以通过对具体的技术关键词、竞争对手、法律状态等进行二次检索和标引归类。为了达到查全和查准的均衡，筛选重要/障碍专利的过程需要基于大量的人工阅读后进一步地靠人工来判断。目前人工智能的发展和应用为专利检索分析软件和平台的聚类分析功能带来许多改进，已能逐步简化和提升筛选标引的效率，但仍然需要继续完善和提升。

筛选专利时还可以通过最新公开和申请的专利、发明实用新型或外观设计专利、同族数量多的专利、重点竞争对手的专利、引证被引证次数多的专利、授权或失效的专利等条件来排序。

分组归类和筛选后的专利信息资料，经过整理、加工、综合和归纳，以数据的形式整理制成 Excel 统计表，再转换成为具有类似地图指向功能的专利地图，供定量分析和定性分析之用。

专利地图是采取不同形式图表反映统计的结果，越复杂的图表其实解读起来越烦琐。解读图表的基本思路，需要具备宏观归纳的眼光和洞察微观的能力，定量的统计只展现了表象，而定性的分析才能揭示事物的本质。在解读图表时可以通过描述内容、说明纠错、解释变化、联想原因、相互印证、比较对比、推理预测等方法，进行风险危机评价或专利挖掘。

专利预警分析项目通过相互印证，对潜在的风险进行判断和评估，从而提出规避风险的具体措施和战略建议。

涉及具体风险规避措施和战略决策，可从以下方面提出：

（1）诉讼维权策略。

（2）许可、转让策略。

（3）技术转移转让。

（4）专利无效/公众意见请求。

（5）外围专利的挖掘申请和保护。

（6）技术规避设计和改进。

（7）商业运营方向的调整。

（8）风险应急策略等。

企业内形成的专利预警分析成果，尤其是涉及具有高度保密要求的风险分析评估报告，不宜公开。

## 六、结语

形成的企业专利预警分析报告，在向企业管理层汇报预警结果时，应当说明预警工作的过程和使用的方法，以及存在的数据缺陷和分析的局限性。同时应对提出的各项风险规避措施方案进行对比，评价优劣。与技术研发人员共同研究提出技术发展路线，规避障碍专利和挖掘出新的技术方案。

专利预警机制只有通过长期持续的专利信息检索分析，将未知风险变成已知风险，并对已知风险进行有效控制，形成并执行各种控制风险的措施，才能消除和降低风险的危害。

## ❧ 参考文献 ❧

［1］深圳市知识产权研究会.高新技术产业发展与知识产权预警机制的研究课题报告［Z］.2009.

［2］永安行声明［EB/OL］.(2017-05-04)［2017-07-23］.http://finance.sina.com.cn/roll/2017-05-04/doc-ifyexxhw2249826.shtml.

［3］刘万永.学术造假,技术骗局:一场发人深省的高科技骗局［N］.中国青年报,2017-06-27(04).

［4］王晋刚,刘旭明.企业专利风险管理手册［M］.北京:知识产权出版社,2014.

［5］张勇.专利预警——从管控风险到决胜创新［M］.北京:知识产权出版社,2015:43.

# 浅谈企业知识产权管理的基本思路

赵礼杰

赵礼杰，律师、专利代理师。现任北京瀛和律师事务所知识产权部主任，中国知识产权研究会理事、北京市知识产权专家库专家。曾供职于京东方、旷视等科创企业和多家律所，获 2018 中国杰出知识产权经理人称号。

数字经济时代，知识产权成为广大企业参与市场竞争与合作的核心要素。如何做好知识产权管理，客观上已经成为广大企业不得不积极面对的关乎自身生存与发展的关键问题。在本文中，笔者结合自己过去十多年在初创企业、独角兽企业、上市公司以及律师事务所等不同类型单位的知识产权从业经验，以及担任企业专利主管、知识产权总经理、总法律顾问、律师、专利代理人等不同角色的实务体会，就企业知识产权管理的基本思路谈几点自己的看法，希望可以抛砖引玉。

笔者认为，要想科学把握企业知识产权管理的基本思路，就应当充分了解和掌握企业知识产权管理的五项基本要素，即企业知识产权管理的目标、对象、理念、原则、抓手。本文将针对前述五项企业知识产权管理的基本要素逐一展开探讨，试图通过厘清该五项基本要素的具体内容，帮助广大读者系统性地掌握企业知识产权管理的基本思路。

## 一、目标：提升企业的商业竞争力

谈及企业知识产权管理，首先要解决和回答的问题就是企业知识产权管理的目标是什么。笔者认为，从本质上讲，任何一家对股东以及自身负责任的企业，进行知识产权管理的目标都应当是提升企业的商业竞争力。

诚然，每家企业由于发展阶段（如初创、成熟等）、企业规模（如小型、大型等）、研发实力（如引领型、跟随型等）、商业模式（如 to B，to C 等）、竞争环境（如激烈或不激烈等）、老板态度（如重视或不重视知识产权等）、知识产权团队风格（如稳健型、激进型等）等的不同，对于这一问题可能会给出不同的答案。然而，对于任何一家真正对股东以及自身负责的企业，其进行知识产权管理的目标在本质上都应当是为了提升企业在商业经营上的竞争力。作为企业经营管理的一环，知识产权管理天然地就应当适应和服务于企业的商业经营。"提升企业的商业竞争力"，不仅应当是企业知识产权管理的目标，也应当是企业全部知识产权工作的逻辑起点。

## 二、对象：权利和风险

企业知识产权管理的对象应当是"事"而非"人"。企业内林林总总的知识产权相关事项，都是企业知识产权管理的对象。而如果进行概括和归类，企业知识产权管理的对象其实就两个，一个是权利，另一个是风险，任何企业概莫能外。

### 1. 权利

权利，是指各种知识产权以及基于知识产权衍生出的其他相关权利。需要强调的是，此处的权利为广义，也包括知识产权无形资产。企业知识产权管理中的权利管理，是指与知识产权的权利产生、维持、运用、转让和放弃等相关的全部事项的管理活动。通常包括但不限于如下事项：知识产权的申请与布局、知识产权的维护和放弃、知识产权的自行实施、知识产权对外许可、知识产权转让、知识产权维权、知识产权评估、知识产权质押融资、知识产权作价入股、知识产权证券化、根据企业会计准则对知识产权进行无形资产确认等。

### 2. 风险

风险，是指与知识产权本身以及知识产权工作相关的各种风险。企业知识产权管理的风险管理，是指对与知识产权相关的各种风险的防控相关的全部事项的管理活动，通常包括但不限于知识产权权属风险防控、知识产权侵权风险防控、知识产权布局风险防控等。

## 三、理念：赋能、共赢、前瞻

企业知识产权管理的理念，是指企业在进行知识产权管理时所秉持的基本观念。笔者认为，对于真正希望利用知识产权提升企业商业竞争力的当代企业，在进行知识产权管理时应当秉持三个理念：赋能、共赢、前瞻。

### 1. 赋能

以赋能的理念进行企业知识产权管理，就是要求知识产权管理应当以为人力、研发、采购、市场、财务、投融资等部门的相关工作提供助力为出发点。企业知识产权的赋能管理，本质就是利用知识产权成就业务，从而最终助力企业的商业经营。因此，就要求企业知识产权管理部门要想业务部门之所想，急业务部门之所急，把知识产权工作做在业务部门提出需求之前，把知识产权工作落到实处。例如，在赋能的管理理念之下，知识产权部除了主动做好专利申请和风险防控等本职工作外，还应当主动利用知识产权协助财务部门进行税收筹划（比如软件产品增值税即征即退等），主动利用知识产权帮助销售部门争取客户，主动利用知识产权帮助融资部门提振投资人信心等。

赋能是比管控更具人情味的管理方式，通过赋能人力、财务、研发、采购、市场、投融资等各个业务部门，可以促使各个部门更愿意支持和配合知识产权工作，因而更利于保障企业知识产权管理的质量和效率。当然，企业在进行知识产权的赋能管理时应坚持两个基本原则，即价值务实和风险可控。其中，价值务实是指任何知识产权管理活动都应当为了切实地成就业务从而给企业创造价值。风险可控是指任何知识产权管理活动都不能逾越合理防控知识产权风险的底线。建议所有企业,特别是业务部门对知识产权工作配合意愿度低的企业,尝试一下以赋能的理念推动知识产权管理。变管控为赋能,将非常有助于提升企业知识产权管理的质量和效率。

### 2. 共赢

共赢,就是要在企业知识产权管理过程中秉持与合作伙伴互利互惠、共享价值的理念。这里的合作伙伴,既包括企业内部的人力、采购、财务、研发、市场、投融资等各个业务部门,即内部合作伙伴,也包括客户、供应商、代理商等外部合作伙伴。

与内部合作伙伴的共赢,就是要在与内部兄弟部门的协同中完成相关知识产权管理事项,共同分享相关事项对各自部门的价值。例如,在研发项目管理中帮助研发部门进行专利挖掘和布局,既有助于帮助研发部门防控专利风险,也有助于知识产权管理部门实现自身的关键绩效指标(KPI)。与外部合作伙伴的共赢,就是要在与外部伙伴的合作中平衡好知识产权相关利益,避免零和游戏。关于共赢的例子,比如与客户、供应商、代理商、其他合作伙伴实现共赢。例如:在采购合同的知识产权条款磋商中,要平衡好企业自身与供应商各自承担知识产权风险的能力,结合谈判地位等因素去做一个共赢的条款安排,而不能仅仅为了完全规避风险而不做生意。实际上,外部合作伙伴在某些情况下甚至还可以包括竞争对手。商场如战场,没有永远的敌人,只有永远的利益,在某些情况下为了共同的利益与竞争对手进行合作实现特定事项(例如,共同应对第三方发起的337调查等)的双赢,其实不失为一种明智的选择。

### 3. 前瞻

前瞻,就是要在企业知识产权管理工作中坚持向前看,并相应提前做好应对预案。以知识产权布局为例,企业知识产权管理人员要有能力结合公司商业战略等信息预测公司的商业拓展趋势,提前在未来可能开展业务的商品和服务类别进行商标申请,提前在未来可能进入的目标市场国家进行商标和专利布局。以知识产权风险管控为例,企业知识产权管理人员要及时跟进立法司法执法动态,根据法律的修改及时调整相关知识产权工作(比如数据安全与隐私保护工作),并积极参与立法修法的意见征求等活动,及时向相关机构反馈企业的合理意见和诉求。

凡事预则立不预则废,前瞻的理念在企业知识产权管理中绝对值得给予足够的重视。

## 四、原则:全业务、全流程、全嵌入、聚焦关键

管理活动的科学开展,均应遵循一定的管理原则。企业知识产权管理,除遵循管理学通用的基本原则外,还应遵守知识产权管理所特有的一些基本原则。笔者认为,企业知识产权管理应当坚持如下四项基本原则,即全业务、全流程、全嵌入、聚聚关键。

### 1. 全业务

全业务,是指企业知识产权管理应当覆盖知识产权的全部类别以及相应的全部业务类型。其中,知识产权的类别包括但不限于商标、专利、软件著作权、普通作品著作权、商业秘密、集成电路布图设计、域名、商号、企业字号、商品包装及装潢等。知识产权的业务类型包括但不限于知识产权申请、知识产权布局、知识产权维护、知识产权运营、知识产权风险防

范、知识产权纠纷处理等。只有将知识产权相关全部业务都科学地管理起来,才有可能切实做好企业知识产权管理工作。

### 2. 全流程

全流程,是指企业知识产权管理应当对与知识产权相关的全部流程进行管理。全流程管理要求流程管理覆盖企业知识产权的创造、管理、保护、运用的全过程,以专利为例,涉及的流程包括但不限于专利提案流程、专利申请流程、专利分析流程、专利诉讼流程、专利许可与转让流程等。只有把每项知识产权的全部流程管理起来,才有可能真正做好相应的权利管理和风险防控工作。

### 3. 全嵌入

全嵌入,是指企业知识产权管理应当嵌入与知识产权相关的全部企业经营活动中。包括但不限于采购、研发、制造、市场、人力管理、投融资等企业经营的各个环节,均应当在相应节点嵌入知识产权管理活动。例如,在采购环节嵌入知识产权审查、保密管理等事项;在研发环节嵌入专利目标设定、专利风险预警、开源软件管理、转许可管理等事项;在制造环节嵌入商标标识管理、专利标识管理、保密管理等事项;在市场环节嵌入知识产权风险审查、知识产权纠纷处理等事项;在人力管理环节嵌入职务发明归属、保密协议签订、竞业限制管理等事项;在投融资环节嵌入对被投对象的知识产权尽职调查等事项。只有把知识产权工作嵌入企业生产经营的各个环节,才有可能与相关业务部门一道做好知识产权的权利管理和风险防控工作。

### 4. 聚焦关键

聚焦关键,是指企业知识产权管理应当把优势管理资源用在对企业商业经营最重要的关键事项上。

聚焦关键,要坚持狠抓重点工作,切忌胡子眉毛一把抓。例如,很多初创企业的商业秘密保护都存在一定风险,应当予以重点关注。再例如,对于技术驱动型的高科技企业,技术创新是其核心竞争力,应当重点关注相关的专利保护与布局工作。很多时候,聚焦关键其实就是要把80%的资源用在对公司最重要的20%的关键事项上。

通过在企业知识产权管理中践行全业务、全流程、全嵌入和聚焦关键的原则,对企业经营管理环节相关的各个知识产权类型、各种知识产权事项以及相应的管理流程进行有效管理,可以基本保证企业知识产权管理的质量。

## 五、管理抓手:团队、文化、制度、资源和工具

在进行企业知识产权管理时,应重点关注文化、制度、团队、资源和工具等五大抓手。通过科学开展知识产权团队建设、知识产权文化建设、知识产权制度建设、知识产权外部资源维护和知识产权管理工具配置等活动,可以有效保障企业知识产权管理的质量和效率。

### 1. 知识产权团队

企业知识产权团队是企业知识产权管理的推动者,团队的素质直接决定了企业知识产权管理的水平和成败。因此,知识产权团队就成为企业知识产权管理最关键的抓手之一,而知识产权团队建设就相应成为企业知识产权管理最关键的工作之一。对于知识产权团

队组建，一方面，企业应当在选聘知识产权人员时根据实际需求选择相关实务经验比较丰富的专业人才，比如专利申请人才、专利分析人才、专利诉讼人才、专利运营人才等，打造专业型知识产权团队；另一方面，企业应当善于利用内外部资源，通过培训、研讨、交流等方式，不断提升知识产权团队的实务能力。需要重点指出的是，企业在选聘或培养知识产权团队时，除了考察或培养在专利、商标、版权等专业上的能力外，还应当注意商业思维的考察或培养。一个合格的企业知识产权从业人员，除了具备知识产权专业能力外，还应当具有一定的商业思维，能够从商业经营的视角思考和开展知识产权管理工作。

### 2. 知识产权文化

文化是组织的灵魂，知识产权文化是企业知识产权管理最重要的抓手之一。企业知识产权管理的一大要务就是要在公司全员范围内打造一个以创新为导向、尊重和重视知识产权的企业文化。开展知识产权文化建设的第一要务是培养包括老板在内的管理层的知识产权意识。只有包括老板在内的管理层真正重视知识产权，企业知识产权管理工作才能做到实处。在知识产权文化建设方面，应当积极采取各种可行的企业文化建设措施。例如，通过知识产权培训、专利申请奖励、办公室知识产权软装、专利之星表彰、专利授权激励、知识产权宣传海报、知识产权信息简报、知识产权宣传月等各种举措，逐步打造全公司的知识产权文化，培养全体员工的知识产权意识。企业知识产权文化建设可以借鉴其他单位的先进经验，但应当注意结合企业自身实际情况，杜绝生搬硬套，并且应当对知识产权文化建设活动及时进行复盘，并在后续活动中不断借鉴在先活动的经验以及修正在先活动的不足。需要指出的是，知识产权文化建设不是一朝一夕的事，不可能一蹴而就。企业知识产权团队应当将知识产权文化建设作为一项长期工作，持续开展下去。

### 3. 知识产权制度

制度是科学进行企业知识产权管理的保障，因此，企业知识产权管理必须重视知识产权制度的制定。企业可以从权利管理和风险防控两个视角出发，针对企业经营中可能涉及的各类知识产权问题进行梳理并相应建立实体和程序两个方面的管理制度。这些制度可以包括但不限于：专利管理制度、商标管理制度、版权管理制度、商业秘密管理制度、知识产权纠纷处理管理制度、竞业限制管理制度、知识产权培训制度、知识产权合同管理制度等。企业可以参考《企业知识产权管理规范》（GB/T 29490－2013）以及其他企业的先进经验，结合自身实际情况，制定本企业的知识产权管理制度。并且，企业应当在制度执行过程中，及时根据实际情况对制度进行修订、调整和完善，使之更加符合本企业知识产权管理的需求。

### 4. 知识产权资源

"君子善假于物"。在开展企业知识产权管理工作时，应当善于借助并协同好各种内外部知识产权资源。其中，内部资源包括人力、采购、市场、财务、研发、投融资、政府关系等企业内部各个业务部门，外部资源包括专利代理机构、律师事务所、政府主管部门、行业协会、媒体等外部单位。

对于内部知识产权资源的利用，大家往往比较重视，却经常忽略与外部资源的协同。实际上，无论企业知识产权管理团队多么专业，代理机构和律师事务所都是开展企业知识产权管理工作不可或缺的外部资源。内外部分工协作是专业分工的必然要求，通过与优秀的代理机构和律师事务所合作,企业可以大大提高知识产权申请与布局质量以及知识产权争议的处理质量。除了代理机构、律师事务所等合作伙伴外,企业还应当加强与知识产权行政主管机构、法院、公安、检察院、海关以及知识产权相关行业协会等外部机构的沟通,以便及时了解国家的立法、执法和司法标准和动向,并把企业自身的困难及诉求合理地反馈给相关主管部门。

在企业知识产权管理工作中,应当注意处理好与内部各业务部门以及外部的代理机构、律师事务所、行政主管机构、法院、公安、检察院、海关、协会、媒体等的良好关系,在相关事项中做好必要的沟通、互动与协同,以切实保证知识产权管理工作的质量和效率。

5. 知识产权工具

"工欲善其事,必先利其器"。合适的知识产权管理工具是企业知识产权管理工作顺利开展的有力保障。这些管理工具包括但不限于:知识产权管理系统、知识产权年费管理工具、知识产权内部数据库、知识产权检索数据库、知识产权诉讼案例数据库等。通过选择并配置合适的管理工具,可以极大地提高知识产权生命周期管理、知识产权信息检索、知识产权风险排查等工作的效率和质量。企业应当根据自身情况,合理配置知识产权管理工具并适时进行升级和迭代,以保证知识产权管理的质量和效率。

## 六、结语

本文从企业知识产权管理的目标、理念、对象、原则和抓手等五个方面对企业知识产权管理的基本思路进行了一些初步探讨。笔者认为,任何企业,不论规模大小、处于何种行业以及处于何种发展阶段,如果希望良性发展,都应当重视知识产权并科学开展知识产权管理。而科学开展知识产权管理的关键,就在于牢牢把握企业知识产权管理的五项基本要素,即一个目标:提升企业的商业竞争力;两个对象:权利和风险;三个理念:赋能、共赢、前瞻;四个原则:全业务、全流程、全嵌入、聚焦关键;五个抓手:团队、文化、规范、资源、工具。

# 企业专利挖掘及专利布局和管理

## 梁秀敏

梁秀敏,专利代理师、企业知识产权管理规范培训内审员、北京知识产权法研究会企业IP专业委员会委员。现为北醒(北京)光子科技有限公司IP总监。荣获2016中国杰出知识产权经理人称号。

改革开放以来,我国的知识产权事业利好不断,在全民重视知识产权的良好形势下,越来越多的企业成立了专门的知识产权部门。企业知识产权部门的管理工作是综合且多元的,其可能包含专利、商标、版权、商业秘密甚至域名的综合管理,因本书想给大家呈现局部且具有实效的专题,因此笔者仅借此分享关于专利挖掘、布局和管理的冰山一角,希望能有幸给读者在具体工作中提供抓手,以便于开展企业相关知识产权工作。

众所周知,企业专利挖掘工作是企业知识产权部门日常的一项必须工作,同时也是一项非常重要的工作,专利挖掘工作开展的好坏,会直接影响到企业专利申请的数量和质量,因此专利挖掘工作不可小视,它也进一步影响企业专利布局和质量等管理。

### 一、目前很多国内企业的专利挖掘现状

1. 由企业的技术人员主动提供技术交底书

目前国内很多中小企业采用这种方式来进行专利挖掘,采用这种专利挖掘方式的企业,专利产出率低,专利质量难以保证。原因是:企业的技术人员往往不知道什么样的技术可以申请专利,专利点找不准,他们往往认为只有比较大的改进或创新点才能申请专利,这就会遗漏相当一部分挖掘专利点。企业的技术人员在提供技术交底时,一般不会主动提供可替换的实施方案,由此撰写而成的专利申请文件权利要求缺乏上位,保护范围小。

2. 由专利代理公司入驻企业代为挖掘

随着专利代理行业的发展,一些专利代理公司成立了专门的专利挖掘部门,可以进驻企业进行专利挖掘。这样的挖掘方式只能解决一时的问题,无法一直跟进企业的创新,无法对企业的产品进行实时、系统的专利挖掘,且一些专利代理公司只是以授权为目的进行专利代理,同样不能保证专利的质量。

### 二、如何进行有效的挖掘

企业应成立专门的知识产权部门,配备具有专利代理技能的知识产权工程师,且还应该配合系统有效的专利挖掘方法。何为系统有效的专利挖掘方法?是指已经具备一定知识产权工作素质的专利工作人员,结合全面的产品区别特征查找及专利检索和分析而完成的可专利性技术方案。

基本工作流程为:产品区别特征的全面细化查找 + 专利检索和分析 = 侵权风险预警 + 专利可申请立项方案。时间点要掌握在产品发布前。细化流程为:制作挖掘差异表、填写区别特征、区别特征讨论、专利性判断、立项(预警)、技术交底指导及完成。

当企业技术人员研发出新产品后,要将新产品的技术方案转化为专利申请时,技术人员往往感觉无从下手、力不从心。企业知识产权工程师可以为该新产品制作系统的差异表,如果能找到一个可以与新产品比对的参照产品最好,比如选择前一代产品或者市场上的竞品,系统的差异表主要包括新产品相对于参照产品的改进点,具体的改进点包括多方面:①外观方面——具体包括颜色、形状等改进;②性能指标方面——具体包括精度差异、功能差异、形状差异、应用环境差异、物理特性差异等;③机械结构方面——具体包括材料、制作工艺等改进;④电路结构方面——具体包括电路连接方式的改进、元器件选择的改进、电源控制器等方面的改进;⑤原理方法方面——具体包括控制方法的改进、校准方法的改进、计算原理的改进等。在人工智能产品上,重点关注在产品指标、各项功能、显示界面、操作方式、内外布局等方面存在的任何区别。如果不能找到可以与新产品比对的参照产品,也可以从上述多方面制作差异表,只是各项指标不再是针对旧产品的改进。

性能指标差异举例如表 1 所示。

表 1　性能指标差异

| 顺序 | 名称 | 参照产品指标说明 | 新产品指标说明 | 差异说明 |
|---|---|---|---|---|
| 1 | 采样率 | | | |
| 2 | 温度 | | | |
| 3 | 电源 | | | |
| 4 | 噪声 | | | |
| 5 | 线性范围 | | | |
| 6 | 交叉污染 | | | |

采用制作系统差异表的方式更能让技术人员容易接受,技术人员往往不知道什么样的技术可以申请专利,但他们最清楚辛苦研发的产品对比参照产品发生了什么样的变化,因此技术人员填写区别特征也就会得心应手,差异表中尽量列出所有的改进内容,技术人员尽量填写所有的区别特征。

而企业知识产权工程师的工作要点就集中在:区别特征讨论、专利性判断、立项(预警)、技术交底指导及完成。

研发技术人员填写完差异表中的区别特征后，企业知识产权工程师要与研发技术人员组织会议或者以其他形式对区别特征进行充分讨论，从差异点和区别特征入手，细致了解和记录实现差异的技术手段、技术效果及所解决的技术问题。企业知识产权工程师通过上述差异表和区别特征的讨论，重点要问差异点区别特征运用了怎样的技术改进，为什么要进行技术改进？用来判断是否解决了技术问题。还有哪些替换方案？用来判断技术特征点的准确位置以及上位和扩大。该技术改进借鉴了哪类产品的技术？便于检索和判断该项技术改进是否具有专利性。得到对应的多项技术方案后，需要对多项技术方案分别进行检索，没有检索到影响技术方案新颖性和创造性的现有技术，建议专利立项申请；检索到影响技术方案新颖性或创造性的现有技术，不建议专利立项申请，如果该现有技术是有权专利，需要分析权利要求，发出预警或规避提示。有些难以举证的技术点要作为技术秘密保留。

依据检索结果，判断技术方案是否具备新颖性和创造性。具备新颖性和创造性的技术方案就可以进行专利立项申请，不具备新颖性和创造性的技术方案还应该仔细阅读检索到的对比文件，如果有侵权风险需要形成针对企业产品的侵权风险预警报告，以规避侵权风险。

以上的系统专利挖掘方法能让技术人员有的放矢，由表及里找出引起指标变化的原因，更易被没有专利申请经验的技术人员接受。系统专利挖掘方法能够兼顾专利挖掘的数量和质量，同时具有较强的专利风险预警功能。

在专利挖掘过程中，有些技术人员会有这样的认识误区："我们一直在对老产品做维护，没有什么可以申请专利的技术……"恰恰相反，在对老产品的维护过程中，特别容易发现差异点；对老产品存在的各种问题进行解决或改进，本身就是差异。例如，修复因代码编写错误造成的问题、修复因原理设计造成的问题、增加新的功能、修正一些指标等。总之，找到差异就如同找到了开锁的钥匙。

完成所有立项点的查找后，企业知识产权工程师根据检索结果和技术方案指导研发技术人员完成技术交底书。当然，企业知识产权部门要定期对企业技术人员进行知识产权意识和技术交底等技能的培训，这对提高专利申请质量也是至关重要的。

### 三、系统专利挖掘对专利布局的重要意义

广义专利布局是指对企业全部专利申请的数量、申请的领域、申请覆盖的区域和申请覆盖的年限等进行的总体布局的行为。

如何布局，取决于企业的整体战略规划、知识产权法律法规及地域差异等多种因素。

例如，申请覆盖的区域(国家)，从法律所给予专利的权利进行思考：

中国《专利法》第十一条　发明和实用新型专利权被授予后，除本法另有规定的以外，任何单位或者个人未经专利权人许可，都不得实施其专利，即不得为生产经营目的制造、使用、许诺销售、销售、进口其专利产品，或者使用其专利方法以及使用、许诺销售、销售、进口依照该专利方法直接获得的产品。

　　因此,制造地区、使用地区、销售地区、出口地区等,都应该进行布局。优先从销售量大的地区进行专利布局,赔偿金较高,和解金、许可费、权利金也较高;其次从制造量大的地区进行专利布局,赔偿金较高;再次去诉讼费用高、赔偿金额大的地区进行布局,最好由败诉方支付胜诉方的诉讼费。研发地区与竞争对手所在地区不一定是最重要的考虑因素,还应考虑各国专利授权环境、诉讼环境、取证制度,考虑法规与制度的完整性。

　　狭义的专利布局是指对企业某一技术主题的专利申请进行系统筹划,以形成有效排列组合的精细布局行为。

　　狭义的专利布局又进一步分为五种模式:重点中心式布局、全面系统式布局、抢蛋糕式布局、占高地式布局和头脑风暴式布局。

　　重点中心式布局是指将实现某一技术目标之必需的一种或几种技术解决方案申请专利,形成重点技术专利的布局模式。此种布局方式最经济,比较适合资金还不充足的中小微企业。

　　全面系统式布局是指将实现某一技术目标之所有技术解决方案全部申请专利,形成全面系统式专利网的布局模式,比较系统和全面。只要企业资金充足,由前述系统专利挖掘方法便可得到这种布局模式,优点是可以对企业产品进行比较全面的保护。

　　抢蛋糕式布局是指在核心专利由竞争者掌握时,将围绕该技术主题的许多技术解决方案申请专利,形成外围专利群的布局模式。此种布局适合在主要竞争对手已经抢占主要竞争市场时,我方想抢占市场但无法规避基础核心专利的情况,通过这种布局,便可期待将来与占据主要市场的竞争对手达成交叉许可。

　　占高地式布局是指在核心专利由本企业掌握时,将围绕该技术主题的许多技术解决方案申请专利,形成外围专利群的布局模式。这种布局方式适用于基础核心专利已经掌握在手,通过布局外围专利进一步强化自己的核心竞争地位的情况。

　　头脑风暴式布局是指将实现某一技术目标之所有规避设计方案全部申请专利,形成防御系列专利的布局模式。如果这种模式与占高地式模式相结合,那将可以保证企业长期处于市场竞争优势地位,这些都离不开系统专利的挖掘。

### 四、布局的时间及专利公开的技巧

　　我国专利制度采用先申请制,即不管同样的发明创造是谁先完成的,以最先提交申请的时间来判断专利权归谁。基于这一原则考虑,企业一般要尽早申请专利。

　　但是,尽早申请并一定意味着必然选择提前公开,如果专利内容公开的时间越早也就意味着越早给竞争对手提供了技术启示,竞争对手可在此基础上进行研究,并通过变劣以及替代方案来规避专利侵权,当然也可以形成改进专利。那么,当本企业的产品出来时,竞争者的产品也可能同期出现在市场上和本企业竞争。因此,考虑技术本身研发难易程度以及技术发展趋势,同时考虑企业产品的开发进度,合理规划专利布局的时间,合理把握专利申请和公开时间,不仅可增加竞争对手的研发成本,保持自己技术上的竞争优势,还不会因竞争对手自主研发成功而抢先申请专利或技术公开,导致自己丧失专利权。这些因素都需要在专利布局时全局考虑。

挖掘专利系统不宜出现疏漏，这有利于提高专利申请的数量和质量，有利于提高专利授权率。利用检索出的专利对比文件，在立项申请的同时，还兼顾了风险预警。这是系统专利挖掘对以上广义专利布局和狭义专利布局在数量和范围上的影响。

另外，利用检索出的专利对比文件，可精确定位发明创造的技术要点，便于撰写技术交底指导书，便于代理人快速抓住发明的要点，建立恰当的专利保护范围。这是系统挖掘对专利质量布局的影响。个人认为好的专利布局不仅要在数量和范围上做好布局，在质量布局上更要谨慎，否则会出现拥有很多专利证书却无法维权的局面。

## 五、专利质量布局概要

### 1. 法定质量布局

专利申请文件满足专利法、专利实施细则和审查指南的相关规定，现在基本上所有的代理所都能达到这个层面要求。

### 2. 技术和市场质量布局

一定是在企业中实现的，布局时需要配合技术部门和市场部门同事，准确把握专利技术在本领域的技术位阶和专利产品在市场上的竞争力，重点前沿专利技术以及能使产品处于优势竞争地位的基础专利技术都要作为企业重点专利进行保护和维护，随时准备该专利后续可能出现的许可和维权。

### 3. 价值质量布局

价值质量布局也是体现企业知识产权部门和知识产权工程师价值的重点所在，在法定质量布局和技术市场质量布局的基础上，要求专利申请文件中所描述的全部技术特征，应当均可取证；权利要求应当保护了本公司的产品。权利要求应当去除非必要技术特征。权利要求区别特征的从属项应有足够的保护纵深等。最终使得专利申请文件取得一个比较合适的保护范围，既可以用于维权，也在专利无效中能够保持比较稳定的状态，达到进可攻退可守的局面。

以上是本人对企业专利挖掘、专利布局和管理的一些浅见，希望在全民重视知识产权的利好形势下，越来越多的企业能够建立起自己的知识产权部门，开展起扎实有效的知识产权管理工作。

# 浅谈专利布局

汪周礼

汪周礼,现为智合创新顾问有限公司 CEO、TRIZ 三级应用专家、TIVA(TRIZ Innovation Value Association)理事长。

笔者在产品开发、专利以及创新领域拥有 20 多年的工作经验,现整理出一些有关专利布局的内容,让更多人重视专利所创造出的知识经济价值。

## 一、什么是专利布局

专利布局简言之,就是专利申请人审度市场现况,运用技术优势,考虑自身资源,根据企业营运策略(研发、产品、市场营销/通路、法律、财务等),整合申请策略,让企业取得市场竞争优势的专利组合。

专利布局涉及的层面非常广泛,有效的专利布局可以为企业创造实际营收效益,例如,技术标准、产业标准、企业产品技术标准等技术授权模式,为企业带来实质效益,或从专利诉讼角度来看,更可让企业有效排除竞争而巩固市场,由此可知,专利布局对企业影响非常大,不仅要从专利申请的角度出发,还需要从企业经营管理的角度思考。

专利布局的核心思维是企业竞争策略,根据技术与资源优势,具体展现在专利布局策略上,专利布局策略影响层面很广,实际操作上也非常复杂,不能单单只从申请角度出发。

也有一种说法认为从专利申请角度出发的属于狭义专利布局,而从产品角度出发的属于广义专利布局。

## 二、为什么要进行专利布局

专利的用途非常多,根据过去的实务经验,至少有 30 种用途(见表 1),本文限于篇幅,仅介绍与布局相关的部分。

有效的专利布局可以转换成具体资产(如企业并购或技术交易),同时体现企业技术价值,让企业除了从产品上创造营收,更可以通过专利快速切入市场,创造不同程度的市场竞争优势。专利可以让企业发挥技术应用的最大价值,使得技术应用的速度和成本也相对比直接将技术导入市场更快和更低。

简而言之，就是通过专利布局让技术、产品与企业变得更有价值。

表 1　企业专利的用途

| 编号 | 企业部门 | 用　　途 |
|---|---|---|
| 1 | 研发（RD） | 评估研发绩效与成果 |
| 2 | RD | 鼓励研发创新(绩效指标、申请奖励)，累积企业智财 |
| 3 | RD | 让研发了解相似/近似专利技术，了解技术发展近况并减少研发资源(时间与成本)与提升技术强度，提升研发效率 |
| 4 | 产品（PD） | 成为标准技术专利 |
| 5 | PD | 成为行业特定产品标准技术专利 |
| 6 | PD | 成为企业产品技术 |
| 7 | 市场（MARKET） | 专利诉讼谈判筹码，吓阻市场竞争对手 |
| 8 | MARKET | 产品上标示专利，提升市场消费者信心 |
| 9 | MARKET | 获得市场产品技术发展监控数据 |
| 10 | MARKET | 对市场侵权对手提出诉讼 |
| 11 | MARKET | 排除市场侵权产品 |
| 12 | MARKET | 提高合作机会(客户或供货商) |
| 13 | 知识产权（IP） | 收取权利金与授权金 |
| 14 | IP | 发警告信/发动诉讼，吓阻竞争对手或被对手吓阻 |
| 15 | IP | 专利交互授权或被授权 |
| 16 | 知识产权/财务（IP/FN） | 专利交易拍卖 |
| 17 | IP/FN | 专利质押 |
| 18 | IP/FN | 专利入股 |
| 19 | 人力资源（HR） | 让发明人领取专利奖励金，提高研发士气 |
| 20 | HR | 提高发明人荣誉感 |
| 21 | HR | 提高发明人身价与知名度(被挖角机会) |
| 22 | 公司（COMPANY） | 便于公开技术方案参加展览 |
| 23 | COMPANY | 利于取得政策补助计划 |
| 24 | COMPANY | 与专利事务所打交道了解更多专利产业信息 |
| 25 | COMPANY | 取得专利权 |
| 26 | COMPANY | 参加创新比赛赚奖金(国家发明创作奖) |
| 27 | COMPANY | 提升企业形象 |
| 28 | COMPANY | 增加技术合作机会(客户和供货商，或独立发明人) |

（续表）

| 编号 | 企业部门 | 用　　途 |
|------|----------|----------|
| 29 | COMPANY | 申请企业科专补助（SBIR，CITD等） |
| 30 | COMPANY-RD | 表彰企业研发能力 |
| 31 | COMPANY-FN | 增加企业资产（IP资产） |
| 32 | COMPANY-FN | 彰显企业财务能力 |
| 33 | COMPANY-HR | 显示企业人才能力 |

### 三、如何进行专利布局

1. 布局思维

从企业专利管理者的角度来看，根据经验主要可以从四个思考角度快速切入：

（1）企业竞争策略。

（2）研发技术策略布局。

（3）市场经营策略布局。

（4）专利组合策略布局。

基本上所有的专利布局都离不开这四个方向。其中最重要也最关键的就是企业竞争策略。

1）企业竞争策略

企业竞争策略涉及层面非常广泛，从专利策略的角度来看，主要与企业产业定位有关。笔者曾经服务过不同类型企业，比如OEM（硅品）、ODM（绿点）、EMS（JABIL）及OBM（蒙恬科技），深刻了解到企业管理层在企业竞争策略思考方向上都会有所差异，自然在专利管理和相关资源整合及运用上会有所不同，左右企业专利管理制度与专利管理资源和方法。

2）研发技术策略布局

根据专利诉讼信息来看，专利申请后，在一般情况下，专利诉讼通常会在5～20年发生。例如，苹果的滑动解锁专利"slide-to-unlock"，2007年申请，2012年开始发动专利诉讼[1]，或是，苹果控告三星手机专利侵权的US6493002（1994年申请）[2]，又或是，VLSI控告英特尔芯片侵权2021年判赔21亿美金的专利（2006年申请）[3]等等。

从中我们可以发现一个信息，也就是当研发技术转换成实际产品技术进入市场，通常需要5年以上的市场化的时间。专利可以说是一种研发技术投资。

由过去工作经验得知，研发部门通常会根据企业产品开发方向提供3～5年不等的技术发展蓝图（Roadmap），根据技术发展蓝图，专利部门可以运用专利技术风险分析（Freedom-to-operate）监控市场技术发展并及时示警，甚至进一步和研发部门合作提供更缜密的技术发展方向策略。

从研发项目上，整合市场产品技术专利现况，研究和拟定出最适合研发技术蓝图的专利布局策略。

3）市场经营策略布局

通常这需要和业务单位（Business Unit，BU）合作，根据 BU 的需求与市场客户或供货商的条件，建构出符合客户或供货商合作要求的专利布局策略。例如，客户产品上自身技术可整合的部分，以及创造整合后的技术特色，并结合自身技术特色，对现在产品与未来可能产品进行布局，增加客户长期合作意愿以及提高其他供货商竞争门槛。

通常这需要在平常做好产品/技术的市场参与者（Market players）专利竞/合信息分析，了解市场上竞争对手或合作对手的优缺点和优劣势，导入企业研发策略与技术优势，整合出符合最佳效益的专利布局策略。

4）专利组合策略布局

根据经验，专利组合策略思考涉及的面向主要包括：申请策略、技术方案及特征组合、权利范围组合。

（1）申请策略。申请策略考虑因子通常与企业专利申请指标和专利申请方式有关。专利申请指标直接反映专利管理手段，将企业对专利的需求与企业可用资源进行整合，根据研究显示，专利申请指针可超过上百种，但依照笔者过去的工作经验，常使用的大概不会超过 30 种。申请方式主要就是根据不同专利局的规定，采用适合法规的申请方式，比如美国专利局的临时案申请、延续申请、分案申请，中国台湾专利局的一案两请或是专利合作条约（PCT）申请案或欧专局（EPO）申请案等等。通常最后就会形成所谓的专利家族（patent family）或专利组合（patent portfolio）。

（2）技术方案及特征组合。这个部分会与技术实施例方案数量以及技术方案与技术特征组合有关。笔者曾经将一件专利申请的软件技术方案，拆解成七种不同的技术流程，创造 200 多种技术特征组合方案。

（3）权利范围组合。这个部分是在技术方案与技术特征组合的基础上，根据专利检索分析结果，比对先前技术在技术差异与技术贡献的角度，设定出独立权利范围的类型与权利要求范围内的技术特征组合。这个部分也可以根据不同专利局对于进步性要件的要求，针对核驳答辩范围，调整权利要求项的配置组合。基本概念是从技术方案所要解决的问题难易度着手，技术方案-技术特征贡献组合配置进行专利权利范围设计，其主要核心是在技术方案与技术特征组合中配置出符合进步性要件的最佳权利要求范围，也就是在符合法规要见的情况下，适切地揭露技术方案与技术特征组合，剩下其他的部分，视市场对手现况调整，或不申请专利而转为企业产品技术的营业秘密。

2. 布局策略

在实务上，专利布局策略会根据企业面临的实际状况而有不同的需求与对应做法，没有特定形式，为了更容易理解，介绍瑞典查尔姆斯理工大学（Chalmers University of Technology）奥韦·格兰斯特兰德（Ove Granstrand）教授所撰写的 *The Economics and Management of Intellectual Property* 一书中，列举 6 种常用专利布局模式：

（1）特定的阻绝与回避设计（ad hoc blocking and inventing around）。

（2）策略型（strategic patent）。

（3）地毯式（blanketing and flooding）。

（4）围墙式（fencing）。

（5）包围式（surrounding）。

（6）组合式（combination）。

在这些方式中，可结合"技术生命周期曲线""研发成本""专利申请数量""专利成本""专利回避难度""权利布局难度"共六个初步评估方向作为选择适合布局使用方案的参考。

简言之，专利布局策略需要结合经营策略、研发产品技术开发方向、市场竞争现况、财务容许范围以及不同区域专利法规考虑决定。

3. 布局方法

实际上专利布局的方法有很多种，受布局思维所影响，不同面向切入，手段方法和效果也会有所差异。这里介绍笔者过去所采用过与分析竞争对手所归纳出来的一些方法，简述如下，包括有：

1）专利矩阵布局法

这是常用的布局方法，建立"技术组件-功效"矩阵，列出必要和最多容许范围的技术组件和技术特征与功效，以最少必要技术组件为技术系统布局法，拆解技术方案的组件组合，找出技术组件属性与功能特色，根据技术特征与其等效功能，在同样能解决技术问题的基础上，提供多种系统性的技术方案组合。这个布局方法再结合技术方案价值评估手段，前述六种专利布局策略都可以使用。

2）技术因果布局法

这是针对研发技术项目项目的部分，结合解决技术问题的工具，从定义问题开始挖掘问题组合，根据不同的问题提供对应的解决方案，再由这些解决方案切入，进行专利布局。适合的专利布局策略，比如前述的围墙型、包围型与组合型。

3）技术组合（问题-方案鱼骨双组合）布局法

这是将技术问题与技术特征整合的鱼骨图，从专利信息分析的角度反向运用而成。通常会根据市场现有情况进行分析与组合，再结合申请专利的技术特征进行配置，通常使用在资源较少的精准型布局策略上，比如前述的阻绝型、策略型与包围型。

4）技术趋势布局法

这是从技术发展方向与技术趋势的角度来看，进一步结合技术趋势预测法，可以更有效地进行专利布局，甚至给研发管理层提供有效的竞争策略依据，比如三星透过技术趋势分析预测竞争对手。技术趋势分析和技术趋势预测通常会结合一些技术发展模型，技术发展模型有数十种，不同的类型其改变特征与发展方向都会有所差异，结合市场专利信息分析，可以缩小预测差异，提供可靠的技术趋势预测精准度。适合的专利布局策略有前述的围墙型、包围型与组合型。

5）创新式专利回避布局法

这是在进行完整的自由实施检索（freedom-to-operate）分析后，才适合使用的手段。和传统专利回避手段不同的地方在于，这种创新式专利回避布局法难度较高，需要将侵权判断与创新工具整合，才有办法提供回避概念从而比传统产出更具体的回避方式（技术回避方案），评估并验证这些技术回避方案后，再进行专利布局。从产品技术开发的角度来看，这个方法需要的资源最少，效果最直接，速度最快，但需要熟悉专利侵权判断与创新工具应用实务经验的专家来执行。适合的专利布局策略，比如前面所提到的阻绝型、策略型和包围型。

## 四、结语

专利布局思考的层面可小可大，可缩小为专利申请中的权利范围，或是扩大为企业竞争层面，自然其所需要的资源和手段复杂程度也会有所差异。

专利布局直接反映专利价值与企业研发能量，越是有价值的专利，越是值得企业投入资源进行专利布局，有效地将研发技术转换成知识经济财产。

有效的专利布局需要建立在专利质量之上，根据不同的企业类型，结合专利管理制度，提供不同的专利布局策略，这样一来才能协助企业将专利价值最大化。

### ◇ 参考文献 ◇

[ 1 ] "slide to unlock"专利诉讼[EB/OL]. (2020 - 06 - 15)[2020 - 07 - 29]. https://9to5mac.com/2020/06/15/slide-to-unlock-patent/.

[ 2 ] 苹果与三星互告事件观察[EB/OL]. (2011 - 04 - 27)[2020 - 07 - 29]. https://iknow.stpi.narl.org.tw/Post/Read.aspx? PostID = 6175.

[ 3 ] 英特尔一场官司两件专利,输掉 21.75 亿美元[EB/OL]. (2021 - 03 - 03)[2021 - 04 - 21]. https://iknow.stpi.narl.org.tw/Post/Read.aspx? PostID = 17559.

# 无人零售便利店主要流派的专利问题及布局建议

房晓俊

2017 年开年以来,无人零售便利店俨然已经成为资本的风口,各路资本纷纷杀入不同类型的无人零售便利店,今天,笔者就给大家讲解讲解吧。

## 一、无人零售便利店的派别

现在做无人零售便利店的商家,有"便利蜂、F5、24i 购、缤果盒子、冷藏柜盒子、淘咖啡、take go 和 Amazon Go"这么几家店,从技术流派上分为扫码派、售货机派、RFID 派和 AI 机器视觉识别派,从感观上看,现有形式只有封闭式和开放式两种,从无人店设置空间上区分为无店堂的沿街式和有店堂模式,从无人店设置的区域上分为社区店、CBD 店、交通枢纽店、加油站店和人流密集的街口路面店等。

在上述无人零售便利店中,便利蜂属于扫码派,24i 购和 F5 属于自动售货机派,缤果盒子和淘咖啡属于 RFID 识别派,take go 和 Amazon Go 属于 AI 机器视觉识别派。

目前,从实施复杂度上来说,扫码派最容易实施,但并没有减少人工,只能属于准无人店;而 AI 机器视觉识别最难实施。

从无人店发展层级上看,如果扫码派算 1.0 版,那么自动售货机派算 2.0 版、RFID 识别派算 3.0 版、AI 机器视觉识别派算 4.0 版,四代产品同时代竞争。

从节省运营成本上来说,扫码派没有任何节省,该有的人还是有;AI 机器视觉识别对计算量的要求相当大,如果远程计算的话,流量成本会很高,如果在本地计算的话,系统软硬件的成本会很高,在国民人数相对少、国民收入相对高、人工成本较高的地区会有运营上的优势,但在国民人数相对多、国民收入相对低、普通劳动力成本还不算高的地区很难体现运营上的优势;自动售货机派和 RFID 识别派相对运营成本低些,随着开店数目的增加,运营成本会越来越低。

从顾客购物体验度上来说,RFID 识别派和 AI 机器视觉识别派最佳,扫码派其次,自动售货机派再次。

因此,在当下的无人零售便利店领域,扫码派的竞争力最弱;AI 机器视觉识别至今尚未商用,还在不断试验和学习阶段中;有市场竞争力的是自动售货机派和 RFID 识别派。RFID 识别在初期硬件投入上会少于自动售货机派,在购物体验上也远甚于自动售货机派,更重要的是如果店内的商品种类需要改造、升级或者改变,对于自动售货机派往往是灾难性的,适应性的改造成本太大了。

## 二、缤果盒子的运营方式及相关专利

由此，笔者确定 RFID 识别流派是当下最具爆发潜力的一款无人店，以缤果盒子为例，来了解一下这种流派。

1. 缤果盒子的运营方式

缤果盒子的定位是全球第一款可规模化复制的 24 小时开放式无人便利店，于 2016 年 8 月开始项目测试，缤果盒子是全新社区智能化项目，目的是为高端社区居民提供更高品质的生鲜及便利服务。

缤果盒子属于 RFID 识别派，进门需通过手机中的微信或者支付宝等进行身份验证。店堂中的每件商品上都附加一个 RFID 的电子标签，商品品类有饮料、常见日用品、保质期较长的食品等。价格上，和普通便利店商品基本上一致。顾客可以在店堂内随意走动浏览，因为商品种类和数量比 F5 等提供的更丰富，所以顾客可以不着急，把商品拿在手上慢慢看、慢慢选。只要不结账，多久都没人催促你的。挑选好商品后，怎么支付呢，找到收银台，把商品放到收银台商品识别区就能自动计算价格，然后顾客在旁边的屏幕上扫支付码后，进行移动支付。如果没有购物就离店的话，可以手动按开门按钮离开无人店。购物且支付完准备离店时，在出门区域会进行出门商品支付与否的识别扫描，对没有问题的顾客才会开门放行。

2. 缤果盒子的相关专利

让我们从相关专利来解读一下 RFID 识别派的缤果盒子，它申请的相关专利包括：发明 1 件、实用新型 13 件、外观设计 1 件。以下专利均隐去发明名称、申请号、申请日期。

1）实用新型 1

（1）独立权利要求。一种 RFID 粘贴标签，其特征在于：包括有标签部（1）以及与标签部（1）连接的粘贴部（2），所述标签部（1）包括有标签部防水底层（3），所述标签部防水底层（3）上顺次设有第一不干胶层（4）、RFID 芯片及天线层（5）、第二不干胶层（6）、文字印刷层（7）、光油层（8），所述粘贴部（2）包括有粘贴部防水层（9），所述粘贴部防水层（9）一端面上顺次设有第三不干胶层（10）、离型纸层（11）。

（2）问题与建议①。独权中"标签部（1）的文字印刷层（7）、光油层（8）"为非必要特征。退一步说，防印刷文字掉色和磨损不是印刷问题，而是油墨问题。如果选用防掉色油墨的话，就不需要光油层（8）了。

2）实用新型 2

（1）独立权利要求。一种应用于无人值守商店收银系统的新型 RFID 天线，其特征在于：包括有主天线面板（1）、副天线面板（2）以及导电连接帽（3），所述主天线面板（1）一端设有主天线面板定位斜槽（4），所述主天线面板（1）定位斜槽（4）内设有电连接沉孔（5），所述主天线面板（1）另一端设有导电连接轴（6），所述副天线面板（2）一端设有与主天线面板定位斜槽（4）卡合的副天线面板定位斜槽（7），所述副天线面板定位斜槽（7）内设有与电连接

---

① 本文只做针对性建议，不做 FTO，下同。

沉孔(5)配合的电连接阶梯轴(8),所述导电连接帽(3)盖合在导电连接轴(6)上。

(2) 问题与建议。该 RFID 天线主要由两部分组成,即定型部件和通信部件。定型部件做成 X 型(一次成型或者"X"左右成型)、建议使用其他非 X 型(如 A、B、H、K、P、R、T、W、Y 等型)。建议通信部件不设置在 X 的交叉处,比如 K 的交叉处。

3) 实用新型 3

(1) 独立权利要求。一种应用于无人值守商店的 RFID 标签回收系统,其特征在于:包括有后台服务器(1)以及多个与后台服务器(1)连接的 RFID 标签回收桶(2),所述后台服务器(1)包括有后台服务控制器(3),所述后台服务控制器(3)连接有用于存储消费者身份信息和 RFID 标签回收型号以及记录已回收 RFID 标签信息的后台服务存储器(4)、用于手持设备登录后台服务器(1)和后台服务器(1)反馈奖励信息的网络通信器(5)、用于与 RFID 标签回收桶(2)通信的路由器(6),所述 RFID 标签回收桶(2)包括桶体(7)和桶盖(8),所述 RFID 标签回收桶(2)内设有回收装置控制器(9),所述回收装置控制器(9)连接有设置于桶盖(8)上用于检测回收 RFID 标签型号的外 RFID 标签检测器(10)、用于在外 RFID 标签检测器(10)检测标签型号为后台服务存储器(4)中 RFID 标签回收型号时驱动桶盖(8)打开的桶盖驱动器(11)、设置于桶体(7)内用于检测已回收 RFID 标签信息的内 RFID 标签检测器(12)、用于与路由器(6)连接的 WIFI 模块(13)。

(2) 问题与建议。对于该独权来说,"用于手持设备登陆后台服务器(1)和后台服务器(1)反馈奖励信息的网络通信器(5)""设置于桶体(7)内用于检测已回收 RFID 标签信息的内 RFID 标签检测器(12)"为非必要特征,可以去除。

4) 实用新型 4

(1) 独立权利要求。一种应用于无人值守商店的门禁系统,其特征在于: 包括有门禁主机(100)、手持设备控制主机(200)以及后台服务器主机(300),所述门禁主机(100)包括有门禁控制器(101),所述门禁控制器(101)连接有用于开启大门的门禁驱动电路(102)、人体探测器(103)、用于在人体探测器(103)探测人体靠近时激活显示扫描图像的二维码显示器(104)、WIFI 通信电路(105),所述手持设备控制主机(200)包括有手持设备控制器(201),所述手持设备控制器(201)连接有用于存储用户信息的手持设备存储器(202)、用于扫描二维码显示器(104)的摄像头(203)、用于处理摄像头(203)扫描图像获取后台服务器主机(300)通信地址的图像处理器(204)、用于向后台服务器主机(300)发送开启大门信号和用户信息的开门按键(205)、手持设备网络通信电路(206),所述后台服务器主机(300)包括有后台服务控制器(301),所述后台服务控制器(301)连接有与 WIFI 通信电路(105)连接的路由器(302)、与手持设备网络通信电路(206)连接的后台服务器网络通信电路(303)、用于存储手持设备控制主机(200)用户信息和开门时间的后台服务存储器(304)。

(2) 问题与建议。①特征"与手持设备网络通信电路(206)连接的后台服务器网络通信电路(303)"限定了两者的直接连接关系(相当于一个特定的无人店 App,如亚马逊 App),但是通常的做法是通过"支付宝或者微信"连接,也就是说,是通过第三方的 ID 认证系统间接连接的。②特征"用于在人体探测器(103)探测人体靠近时激活显示扫描图像的二维码显示器(104)"可以被固定展示的二维码代替。③整个扫描进门方案可以反过来实施,比如门禁系统包括扫描进入者 ID 的摄像头，手机上展示进入者 ID 的条形码或者二维码等。

5）实用新型 5

（1）独立权利要求。一种基于人体运动方向检测的无人值守商店门禁系统，其特征在于：包括有门禁控制主机（1）和设置于防盗门上用于检测商品 RFID 标签信息的 RFID 天线（2），所述门禁控制主机（1）连接有用于读取 RFID 天线（2）商品检测信息的 RFID 读取器（3）、用于检测 RFID 读取器（3）读取商品是否已结算的后台服务器（4）、用于在后台服务器（4）检测到未结算商品时工作的提示灯（5）、用于检测人体运动的微波雷达（6）、设置于防盗门前用于激活 RFID 读取器（3）和微波雷达（6）工作的重力传感器（7）、用于在 RFID 读取器（3）没检测到未结算商品且微波雷达（6）检测有人向大门靠近时驱动大门打开的大门驱动器（8）。

（2）问题与建议。特征"提示灯（5）和用于检测人体运动的微波雷达（6）"未上位，可以用其他提示装置和人体感应装置代替。并且对于独权，"提示灯（5）"为非必要技术特征，可以去除。

6）实用新型 6

（1）独立权利要求。一种应用于无人值守商店的智能货架，其特征在于：包括有货架本体（1），所述货架本体（1）设有至少一层储物层（2），所述储物层（2）划分成多个储物格（3），所述货架本体（1）上设有控制器（4），所述控制器（4）连接有用于预设各储物格（3）商品 RFID 标签信息的存储器（5）、设置于储物格（3）上用于读取该储物格（3）内商品 RFID 标签信息的 RFID 标签信息读取器（6）、用于判别 RFID 标签信息读取器（6）读取信息与存储器（5）中预设信息是否一致的 RFID 标签信息识别器（7）、用于当 RFID 信息识别器检测出读取信息与预设信息不一致时发光的警示灯（8）、用于检测是否有人靠近货架本体（1）的红外传感器（9）、安装在储物格（3）上用于在红外传感器（9）检测到有人靠近时显示商品名称和商品价格的显示屏（10）。

（2）问题与建议。①对于独权，特征"用于检测是否有人靠近货架本体（1）的红外传感器（9）"为非必要技术特征，因为这个属于第二步的智慧功能。因为第一步是，货架上有什么商品，显示器就滚动显示什么商品的品名、单价等信息，就可以了。②特征"显示商品名称和商品价格的显示屏（10）"未上位，可以用其他提示装置代替。

7）实用新型 7

（1）独立权利要求。一种应用于无人值守商店的快速理货系统，其特征在于：包括有设置于商店内的后台服务器（1）以及与后台服务器（1）连接的商店理货系统（2），所述后台服务器（1）包括有后台服务控制器（3），所述后台服务控制器（3）连接有存储工作人员身份信息和记录商店内各商品摆放货架位置以及商品数量的后台服务存储器（4）、与工作人员手持设备通信的手持设备网络通信器（5）、与商店理货系统（2）连接通信的路由器（6），所述商店理货系统（2）包括有理货系统控制器（7），所述理货系统控制器（7）连接有用于与路由器（6）连接的 WIFI 模块（8）、用于驱动大门打开的大门驱动器（9）、设置于大门上读取商品 RFID 标签信息用于检测商品货架摆放位置的主 RFID 标签检测器（10）、设置于货架上用于指示商品货架位置的货架指示灯（11）、设置于货架上用于检测商品数量的次 RFID 标签检测器(12)。

(2) 问题与建议。①特征"置于商店内的后台服务器(1)"限定了"后台服务器(1)"被设置的具体位置,后台服务器(1)若不放置在现场而是远端,则可规避。②特征"与工作人员手持设备通信的手持设备网络通信器(5)"限定了"手持设备"与"手持设备网络通信器(5)"的直接通信连接,如果2者间是通过"路由器(6)"间接连接的话,则可规避。③特征"设置于大门上读取商品 RFID 标签信息用于检测商品货架摆放位置的主 RFID 标签检测器(10)"限定了"主 RFID 标签检测器(10)"被设置的具体位置,如果设置在别处,则可规避。④上述三者,建议替换一处即可。

8) 实用新型 8

(1) 独立权利要求。一种应用于无人值守商店具有商品限售功能的结算系统,其特征在于:包括有商品结算装置(100)和用于存储各商品保质日期以及各商品限售数量的后台服务器(200),所述商品结算装置(100)上设有传送带(1),所述商品结算装置(100)内设有控制器(2),所述控制器(2)连接有 WIFI 模块(3)、设置于传送带(1)下的重力传感器(4)、用于在重力传感器(4)检测到传送带(1)上放置有商品时驱动传送带的传送带驱动器(5)、设置在传送带(1)上用于读取商品 RFID 标签信息的 RFID 标签检测器(6)、用于统计传送带(1)上各商品数量且控制器(2)判断商品是否超过限售数量的数量计数器(7)、用于记录结算时间且控制器(2)判断商品是否超过保质期的日期时间计数器(8)、用于在数量计数器(7)统计商品数量超过后台服务器(200)商品限售数量或结算时间超过商品保质日期时提醒用户的提示灯(9),所述 WIFI 模块(3)连接有路由器(300),所述路由器(300)与后台服务器(200)连接。

(2) 问题与建议。作为"商品限售功能的结算系统"而言,独权就已经描述一个套非常复杂的技术方案,如果不采用"传送带(1)、设置于传送带(1)下的重力传感器(4)等相关监控装置",直接在支付台上进行限售、提示的话,会更加简洁方便。

9) 实用新型 9

(1) 独立权利要求。一种应用于无人值守商店的商品退换系统,其特征在于:包括有后台服务器(1)以及与后台服务器(1)连接的商品退换装置(2),所述后台服务器(1)包括有后台服务控制器(3),所述后台服务控制器(3)连接有用于存储消费者身份信息和退换商品 RFID 信息的后台服务存储器(4)、用于与消费者手持设备和工作人员后台设备通信的网络通信器(5)、用于与商品退换装置(2)通信的路由器(6),所述商品退换装置(2)包括有座体(7)和设置于座体(7)内的退换装置控制器(8),所述座体(7)上设有凹腔(71),所述凹腔(71)底部设有旋转平台(9),所述退换装置控制器(8)连接有用于检测退换商品 RFID 标签信息的 RFID 标签检测器(10)、转轴与旋转平台(9)连接的电机(11)、设置于凹腔(71)内用于退换商品随旋转平台(9)转动时拍摄退换商品的摄像头(12)、用于与路由器(6)连接的 WIFI 模块(13)。

(2) 问题与建议。独权中某些技术特征现在过度了,比如限定商品退换装置(2)包括有座体(7),又进一步限定所述座体(7)上设有凹腔(71),所以"所述座体(7)上设有凹腔(71)"是非必要技术特征,不限定即可。

10）实用新型 10

（1）独立权利要求。一种应用于无人值守商店的促销系统，其特征在于：包括有后台服务器（1）以及与后台服务器（1）连接的结算系统（2），所述后台服务器（1）包括有后台服务控制器（3），所述后台服务器控制器（3）连接有用于储存商品促销信息的后台服务存储器（4）、用于与结算系统（2）通信的路由器（5），所述结算系统（2）包括有设置于商品 RFID 标签检测平台下的 RFID 检测天线（6）和结算系统控制器（7），所述结算系统控制器（7）连接有用于与路由器（5）通信的 WIFI 模块（8）、与 RFID 检测天线（6）连接用于读取商品 RFID 标签信息的 RFID 读取器（9）以及用于显示读取商品促销信息的显示器（10）。

（2）问题与建议。独权的技术方案，类似于"电视点播"，但是技术方案中只说到"与 RFID 检测天线（6）连接用于读取商品 RFID 标签信息的 RFID 读取器（9）"，但是没说道点播这一动作（技术）特征，撰写不清楚，如果不需要点播的话，后台直接通过显示器播放就可以了，如果需要点播的话，点播的条件是什么，是商品离开货架，接近 RFID 检测天线（6），然后该商品信息回馈，完成"点播"动作的吗？因此，独权缺少必要技术特征。

11）实用新型 11

（1）独立权利要求。一种应用于无人值守商店的智能广告系统，其特征在于：包括有后台服务器（1）以及多个与后台服务器（1）连接的无人值守商店控制系统（2），所述后台服务器（1）包括有后台服务控制器（3），所述后台服务控制器（3）连接有用于存储消费者身份信息和购物记录以及商品优惠信息的后台服务存储器（4）、用于根据注册身份信息生成身份条码信息的身份条码生成器（5）、用于与手持设备通信以便于注册身份信息以及反馈身份条码信息的第一网络通信器（6）、用于与无人值守商店控制系统（2）通信的第二网络通信器（7），所述无人值守商店控制系统（2）包括有商店控制器（8），所述商店控制器（8）连接有与第二网络通信器（7）通信的商店网络通信器（9）、用于显示扫描图案使手持设备扫描后登录后台服务器（1）注册消费者身份信息的二维码显示器（10）、用于扫描手持设备中身份条码信息的身份扫描器（11）、用于驱动大门打开的大门驱动器（12）、用于显示购物记录商品优惠信息的室内广告显示屏（13）、用于通过显示不同颜色指示购物记录商品位置的商品电子分类牌（14）。

（2）问题与建议。①特征"多个与后台服务器（1）连接的无人值守商店控制系统（2）"限定了连接的数量关系，如果后台服务器（1）是放在现场的，那么在现场后台服务器（1）只需与一个无人值守商店控制系统（2）连接，则可规避。②无人值守商店控制系统（2）与手持设备的扫描关系，如果反过来，则可规避。③特征"用于通过显示不同颜色指示购物记录商品位置的商品电子分类牌（14）"不清楚，是摆放在商品周边的牌子，还是在显示器中指示购物记录商品位置？并且，牌子与商品是什么对应关系，不同颜色与购物记录是什么对应关系？均未告诉普通公众，建议进一步说明。

12）实用新型 12

（1）独立权利要求。一种应用于无人值守商店的线上订单自提系统，其特征在于：包括有后台服务器系统（1）和与后台服务器系统（1）连接的 RFID 标签包裹自提系统（2），所述后台服务器系统（1）包括有后台服务控制器（3），所述后台服务控制器（3）连接有用于与外部设备通信生成线上订单并将订单号码和订单条码信息反馈到外部设备的外部通信器(4)、用于根据订单反馈信息生成包裹 RFID 标签的 RFID 标签生成器(5)、用于储存订单反馈信息和包裹 RFID 标签信息的后台服务存储器(6),所述 RFID 标签包裹自提系统(2)包括有包裹自提系统控制器(7),所述包裹自提系统控制器(7)连接有用于扫描外部设备订单条码信息的条码扫描器(8)、用于根据条码扫描器(8)扫描订单信息提取并存储后台服务存储器(6)中包裹 RFID 标签信息的存储器(9)、设置防盗门上用于包裹穿过时读取包裹 RFID 标签信息的 RFID 检测装置(10)、用于在条码扫描器(8)扫描订单信息与后台服务存储器(6)存储订单信息一致时或在 RFID 检测装置(10)读取 RFID 标签信息与存储器(9)存储的包裹 RFID 标签信息一致时驱动大门打开的大门驱动器(11)。

(2) 问题与建议。①特征"外部设备"不清楚,是指用户的移动终端,还是"包裹自提系统控制器(7)"的特有设备? ②特征"用于根据条码扫描器(8)扫描订单信息提取并存储后台服务存储器(6)中包裹 RFID 标签信息的存储器(9)"不清楚,"提取并存储"与"后台服务存储器(6)及存储器(9)"是什么动作关系? ③对于独权,特征"用于根据订单反馈信息生成包裹 RFID 标签的 RFID 标签生成器(5)"是非必要技术特征。④独权已表达了同时保护两套"防盗"技术方案,一套是 EM 条码扫描,另一套是 RFID 标签感应,但是特征"用于在条码扫描器(8)扫描订单信息与后台服务存储器(6)存储订单信息一致时或在 RFID 检测装置(10)读取 RFID 标签信息与存储器(9)存储的包裹 RFID 标签信息一致时驱动大门打开的大门驱动器(11)"却用"或"字连接 2 套并列的防盗方案,导致保护范围的不清楚。

13) 实用新型 13

(1) 独立权利要求。一种应用于无人值守商店的智能节能系统,其特征在于: 包括有设置于商店内的控制主机(1),所述控制主机(1)连接有室外照明系统(2)、用于检测室外亮度来控制室外照明系统(2)工作的亮度检测器(3)、设置于大门前用于检测是否有人时的重力传感器(4)、后台服务器(5)、用于当重力传感器(4)触发后显示扫描图案供外部设备扫描登入后台服务器(5)发送开门信号的二维码显示器(6)、用于在后台服务器(5)接收开门信号后驱动大门打开的大门驱动器(7)、用于在后台服务器(5)接收开门信号后进行室内照明的室内照明系统(8)。

(2) 问题与建议。①特征"外部设备"不清楚,是指用户的移动终端,还是无人值守商店的特有外部设备? ②从说明书第 0015 段理解,本技术方案包括室内和室外两套节能照明系统,"室外照明系统(2)"的触发条件仅是"用于检测室外亮度来控制室外照明系统(2)工作的亮度检测器(3)";"用于在后台服务器(5)接收开门信号后进行室内照明的室内照明系统(8)",那么特征"用于在后台服务器(5)接收开门信号后驱动大门打开的大门驱动器(7)"就成了非必要技术特征。③特征"用于当重力传感器(4)触发后显示扫描图案供外部设备扫描登入后台服务器(5)发送开门信号的二维码显示器(6)"中,发送开门信号的是重力传感器(4)还是后台服务器(5)? 不够清楚,建议进行修改。④另特征"用于在后台服务器(5)接收开门信号后驱动大门打开的大门驱动器(7)"中说"后台服务器(5)接收开门信号",与上一问题中,更加构成了二重不清楚。

14）发明 1

该发明专利还在实质审查进程中，权利范围还不稳定。

## 三、缤果盒子获超 1 亿元融资的原因

至此，属于 RFID 识别技术的缤果盒子的已公开专利已经全部点评完了，缤果盒子就是靠这些专利获超 1 亿元融资。很多人在吐槽，为什么发明都没授权，十多个实用新型凭什么就能融资这么多钱？

那笔者接着给大家解释，投资人最终看中的是什么？第一是复制能力，第二是零售大数据。

### 1. 零售大数据

复制能力在之前无人零售便利店的技术流派中已经分析过了，现在我们说说零售大数据。零售大数据分两块，传统的零售便利店，尤其是夫妻老婆店，只能根据经验进货，然后统计库存数据，当商品少到一定量，就批发一批商品进店进行补货，少了就补，补了就卖。周而复始，早年的货币自动售货机也是如此，只知道货存数据和商品周转的数据，不知道什么人在什么时候消费了什么，商品的数据只是零售大数据中的一块，更重要的另一块是人的数据，人的数据在哪呢？之前都丢失了，它们包括：你是谁？你购买了什么？购买了多少？购买频次是多少？你的购买能力是多少？还有一些大家忽略掉的未销售数据，比如顾客拿到商品时的表情和肢体语言，可以帮助商家判断某款商品是否足够符合他们的心意；通过捕捉消费者在店内的运动轨迹、在货架面前的停留时长，则可以指导商家根据顾客的习惯和需求，调整货品的陈列方式和店内的服务装置。在积累了一定量的运营数据之后，这些技术能够在线下形成一套顾客行为体系，为消费者提供更加个性化的服务和良好体验。你想买什么？你为什么而心动？将是无人零售店下一个版本的竞争中着力要获取的。

顾客到店后又会将其引流到线上支付（完全通过某移动支付方式），通过"商品的创意＋丰富的体验"吸引顾客，再通过支付的唯一性（移动支付）打通数据，形成真正的购物闭环。这些数据一直都在的，只不过以前是通过商业信息调研公司调查取得，但是市场调研公司提供的商业零售数据是二手的可靠性不太高的抽样数据，自然不如无人连锁店的运营方那里的零售一手的大数据准确。

举个例子，假设某连锁的无人零售便利店已经在上海拥有 10% 的市场占有率，无人零售便利店中的碳酸饮料销售数据，百事可乐不要，可口可乐一定要，有了这些数据，可口可乐就可以有的放矢地进行饮料投放，因为这些数据是真实的不掺水分的一手数据，在这个数据的基础上，随着无人零售便利店在当地和其他城市的继续扩张，可口可乐旗下还有其他饮料产品，包括纯净水、果汁饮料、果奶饮料、运动饮料，当可口可乐把这些数据都"垄断"在手上，那可口可乐就第一时间能搭准市场脉搏，可口可乐知道什么时候，在哪些店投放水饮料多些，还是投放果汁饮料多些？

再举个例子，假设已入驻无人零售便利店的雀巢咖啡不要这些咖啡消费者的数据，而将要入驻的麦斯威尔就购买了这些咖啡消费者的数据。然后通过无人零售便利店的 App 精准地打自家品牌的广告，慢慢动摇原雀巢咖啡的消费者，对那些点击广告进一步了解麦

斯威尔咖啡的顾客所在的无人店,就陆续开始精准投放麦斯威尔咖啡产品,然后慢慢蚕食原雀巢咖啡的消费市场。

2. 无人零售便利店是活的

因为有上述的这些数据,所以无人零售便利店是活的,就算一开始所有的无人零售便利店都是统一的商品数量和种类的供应,但是经过一段时间的运营,无人零售便利店的商品供应数据开始离散,开始向着它"生活"的环境成长,好比在上海,宁波籍聚集的社区店和苏北籍聚集的社区店是不同的,金融区 CBD 店和科技园区 CBD 店是不同的——百店百样。

不要简单以为无人零售便利店就是个性的,无人零售便利店也是有标准的,即数据标准,数据标准就是数据格式,例如:SH - PD - JQ - 123 - DATE - TIME - DRINK - S/R - 11(上海-浦东-金桥-店号-日期-时间-饮料名(商品名)-销售/需求-数量),无人零售便利店提供这样的成千上万条的数据给各种商品的供应商,让供应商直接去具体的无人零售便利店上货,这样无人零售便利店的运营方就守着含有这些大数据的服务器,仓库、库管、物流、理货员都可以不需要。这些都可以通过培训供应商的补货员进行代替,就好比大超市中供应商的促销员一样。

## 四、无人零售便利店的专利布局

最后,我们来说说无人零售便利店专利布局的问题,无人零售便利店的布局有三个层次,第一个层次是"店—商品—人",即三要素布局;第二个层次是在三要素之上的多要素布局;第三个层次就是未来 AI 型布局。

第一层次的无人零售便利店专利布局,是典型的三要素布局,其中实用新型1、2、3 等围绕(偏)"商品"展开;实用新型 4、5、6、7、10、13 等以及外观设计 1 围绕(偏)"店"展开;实用新型 8、9、11 等以及发明 1 围绕(偏)"人"展开。也就是说,专利布局主要是在这三要素或者三要素两两之间的互动展开。

第二层次的无人零售便利店专利布局,就会融入更多的要素,比如"供应商"和"广告商"。当然供应商要素会与具体商品有联系,也会与具体店有联系;广告商也同样,会与具体店有联系,也会与具体顾客(App 中的某购物主体 ID)有联系。

第三层次的无人零售便利店专利布局,则会更加智能,会融入更多的 AI 科技元素,比如更多生物特征识别、声音交互、智能可穿戴、智能家居等,以及融入更多的类人行为分析学、心理学和气象学的 AI 技术。

最终有一天,当你走进小区中的一家无人零售便利店,她会先同你殷勤地打招呼,然后打开你预设的购物清单,提醒你今天来店需购买哪些商品,还会主动联系你家的冰箱或者查看你家的宠物柜,让你了解家中的各种库存情况。她还会提醒你现在的天气变化,将新上市的夏令用品推销给你,你并不觉得会抗拒,而是满心欢喜。无人零售便利店不是一家冷冰冰的物理店,而是你家的生活顾问。

无人零售便利店大致都介绍完了,当然并没有介绍全,无人零售便利店会存在很多问题,有的可以通过技术来解决,有的需要通过立法来解决,有的要靠消费者的素质提高来解决,总之没关系,一点一点发现问题、一点一点解决问题。

# AR 专利的意识流布局

房晓俊

假使把我们生活的世界看作"现实世界",再通过计算机打造一个"数字世界"。那么VR 就是这个"数字世界";AR 就是在"现实世界"当中添加虚拟元素;MR 就是让我们分不清哪些是现实,哪些是虚拟的"混合世界"。

Virtual Reality 这个词,最早出现于 1935 年美国科幻作家斯坦利·温鲍姆(Stanley G. Weinbaum)的一本不到 40 页的小说《皮格马利翁的眼镜》里,描述主人公只要戴上这眼镜,就能沉浸到一个可以模拟视觉、听觉、味觉、嗅觉和触感的电影中。而后,1929 年,爱德华·林克(Edward Link)设计出用于训练飞行员的模拟器;1956 年,莫顿·海利格(Morton Heilig)开发出多通道仿真体验系统 Sensorama。

2016 年为 VR 商业元年,时隔数年,VR 再次变得炙手可热,但与 2014—2016 年不同,这次 AR 力压 VR,成为巨头与资本争相追逐的主角。AR 布局者中,除早年间押宝 VR 的脸谱网(Facebook)外,国外大玩家苹果、谷歌、微软、高通、色拉布(Snapchat)、三星、爱普生和任天堂,国内大玩家华为、京东方、歌尔、舜宇、国投等都已纷纷入局。就连阿里和腾讯国内大厂都投资了相关 AR 企业。

无论如何,VR/AR 是 5G 时代最核心的应用场景已经成为业内普遍共识,也将会是继个人计算机、智能手机之后下一代主流移动计算平台。从 IBM、英特尔(Intel)到苹果,美国式创新引领世界科技发展,相比之下,中国原创式创新还远远不足,AR/VR 或是一个好的切入口,而且从视野(FOV)这个主要技术参数上横向对照,中国 AR 眼镜已经走到第一阵列中了。

2021 年,上海车展无人驾驶技术和电动车绝对盖过了传统燃油车的风头,其实,AR 技术的变革远比无人驾驶技术给人类社会带来的变革更具颠覆性。因为拥有或不拥有一辆无人驾驶车,只是多了一件炫耀的物件。相对而言,AR 技术是继个人计算机和智能手机之后的重要工具/技能,成为下一个拉开人与人综合能力差距的标志装备。

回到本文主旨,意识流(stream of consciousness)这个词,用来表示意识的流动特性:个体的经验意识是一个统一的整体,但是意识的内容是不断变化的,从来不会静止不动。所谓意识流专利布局,便是要突破(个)人的认知局限,对于 IPer,专利是头脑里的跑马圈地,对于科技企业知识产权工程师,探路的过程就是任由意识流淌,任由智慧闪耀的布局过程。

本文主要依据塔普翊海公司(REALMAX)近些年公开的 AR 专利,从中剖析和推演出的专利布局进行阐述，所用专利皆为公开文献资料。

我国《专利法》第九条规范了专利权的唯一性，同样的发明创造只能授予一项专利权，但是最初专利撰写中的权利要求书可分为产品类权利要求和方法类权利要求两大类。业内皆知，同样是一个创新方案，(一般)基于技术本身的专利保护范围最宽，产品的专利保护范围略窄，方法类的保护范围在三者中最窄。产品类权利要求又可分为机械构造类和电子功能类。方法类权利要求又分为该产品的制造方法类和使用方法类(用途供能类)等。专利布局的基本框架至此开源。也就是说一件创新产品(非生物医药)，就要从其结构、功能、制造方法和使用方法等诸多方面进行限定和保护。假若失其一块，缺失的一块又恰好被竞争对手公司拿来申请了专利，就会让己方专利产品的实施过程中变得异常尴尬。

专利的布局形式有很多，从专利伐谋思维出发，分为对自家产品和技术应保尽保，保证自家产品技术的迭代或替代不受制于人，此外对友商产品和技术也要关照着，促使友商产品技术的迭代或替代处处受制于我。这便是专利布局的核心思想，因为专利为市场而生，是科技市场争夺的有力武器。有技术分解与布局，功能分解与布局，结构分解与布局，有基于地域范围和时间周期的布局，还有基于核心基础专利或竞争对手现有专利的专利布局，更有基于本公司企业战略进行的竞争型或防守型专利布局。

对于自家产品技术的专利布局，有根据某产品的结构拆解进行布局的，也有根据该产品本身的功能来进行布局的，更有根据该产品在不同场景下的各种应用进行布局的。对于自家产品技术的专利布局思路算是正向，对友商的产品技术专利布局，就算是反向，从专利规避的角度，无外乎要做的是"绕、拆、围、堵"四个字，也就是说，对于友商的专利而进行的专利布局，即在做这 4 件事。一般的专利布局也就是这些基础内容了，今天要讲的是专利的意识流布局，欲说明这个问题，就要举例了，我们以 AR 技术为例来阐述这些概念。

详细介绍一下 AR，是一种实时地计算摄影机影像的位置及角度并加上相应图像的技术，这种技术的目标是在屏幕上把虚拟世界套在现实世界并进行互动。这种技术于 1990 年提出。随着随身电子产品运算能力的提升，预期增强现实的用途将会越来越广。这里插入区别介绍一下 VR，是一种可以创建和体验虚拟世界的计算机仿真系统，它利用计算机生成一种模拟环境，是一种多源信息融合的交互式的三维动态视景和实体行为的系统仿真，使用户沉浸到该环境中。简单说，就是 VR 让人置身于纯虚拟的世界里，AR 让人在现实世界中感受虚拟影像。对比一下，以混合现实 MR 作为标准，AR 技术相对于 VR 技术更接近于 MR 的实现，MR 涉及视觉混合、听觉混合、触觉混合等，AR 眼镜的强项就是视觉混合，AR、VR、MR 被业界统称 XR。

AR 眼镜，特指具备增强现实功能的可穿戴眼镜形状的移动智能计算设备(可以理解成一体式或分体式的"眼镜 + 电脑")，随着手机创新的瓶颈期到来，越来越多的科技公司将研发的目光投入到了 AR 眼镜领域。手机科技公司之间多年的专利官司最近也多以达成协议而告一段落。

传统手机的屏幕是偏小的，比平板电脑要小很多，因为小所以限制了显示的内容，AR 的屏幕要大很多，先不说终极目标是匹配人眼视觉范围，就一般的 AR 而言也仅相当于在客厅的沙发上看一台 32 寸电视，FOV 越大佩戴者就越有沉浸感。手机的显示越来越表现出弊端。更重要的是手机里的显示内容 2D 显示，XR 则是 3D 显示，2D 显示是跟着手机移动而移动的，而 XR 中的 3D 显示内容可以被移动，更可以被固定，永远地被固定于某个地方，这个不太好理解，为了能尽量让大家听懂，大家想象一个公交车站上的那块液晶屏显示站牌，永远地伫立在那，不论刮风下雨，不论车来车往和人来人往，站牌上显示什么内容，你不来到它近前，你就看不到它上面写的什么。

双目 AR 眼镜一般分 3 条技术路线，也就是基本的 AR 技术专利布局路线，一是棱镜单反虚实结合成像技术，结构简单，最容易实现，缺点是体积相对较大，二是双自由曲面反射折射虚实结合成像技术，三是光波导（光栅衍射干涉）成像技术。

光波导技术的优势十分明显，就是图像非常细腻，现有眼镜成品也比较小巧，但是缺点也十分明显，就是 FOV 做不大，就目前的 40 度、50 度就已经濒临物理极限，如若这个瓶颈能够被打开，那该技术自然不得了，AR 眼镜可以做得又轻又薄，外观上与现在的近视眼镜就没啥差别了。而双自由曲面反射技术路线，目前可以做到 100～120 度，目前是三条技术路线中走得最远的，形状类似头盔，500 克的重量（含电池），成年人多少还是可以承受的。从上述三条 AR 技术路线的基础概念可知，这是 3 条已经有开发团队走通，有具体产品落地应用的 AR 技术。若要抛开这三条路线，另辟蹊径的大多是一些概念级的专利，还没有得到事实产品验证。在现有的三条技术路线上做专利布局，就是如何扩大优势，如何减少劣势的专利方案提出和申请。

先验，相对于经验而言。思想聚焦不到，行为自然不会跟上。提出问题—分析问题—解决问题，也是 3 个层次。对于中国工程师来说，由自己发现问题并提出问题最难！他们习惯于对老板或者客户抛来的问题进行解答，技术先于专利，专利先于产品，思想认知先于理念，理念先于技术。思想先于一切！凡人皆有局限性，最大的局限来源于认知的局限和偏见。

本文的内容是关于人们对 AR 技术/产品认知程度递进而进行的专利布局过程。

众所周知，人类的思想先于一切，没有人类对天空中鸟儿的神往，就没有后来的飞机；没有人类对水中鱼儿的羡慕，就没有之后的轮船。随着人类认知的深入，从天空到太空，从水面到深海，紧跟着，人类就发明创造出宇宙飞船和潜水艇。同样，对 AR 的认知也在不住地往前推进。同理，根据不同层次的认知，对应地就有不同层次的 AR 技术方案提出，以及在该层次上的专利布局。AR 专利的布局至少分为结构层、功能层、应用层和认知层四层。

## 一、结构层的各种 AR 应用的专利布局

所谓结构层专利布局，对于 AR 眼镜的机械结构而言就是拆解部件以进行专利布局的过程。限于主题，本文主要就双目双自由曲面透反射技术路线继续阐述，专利 CN109782441A 展示了该产品的光学结构，如图 1 所示。

图中，30 是投影装置，10 和 20 是半反半透曲面透镜，E 是眼睛，80 是外部真实世界。在该现有光学结构之下的 FOV 大概是 100.8 度，研究其结构，发现 FOV 可以划分为横向 FOV 和纵向 FOV，横/纵向 FOV 的进一步提升，都可以对 FOV 的扩大有帮助，从原始专利结构可以看出，扩大横向 FOV 有难度，至少比扩大纵向 FOV 要难。在原始光学结构基

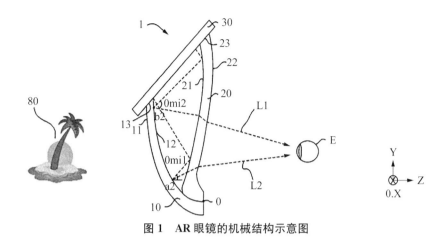

**图1　AR 眼镜的机械结构示意图**

础上，做了2个升级版，用于扩大纵向 FOV，专利 CN208367337U 采用了视场拼接的光学结构。

专利 CN110824710A 采用多层抬高显示方式来提高纵向 FOV，从而整体上提高 FOV 达到120度左右。FOV 越大意味沉浸感越佳，虚拟物不会悬空，不缺脚也不缺头，没有违和感。

## 二、功能层的各种 AR 应用的专利布局

简单阐述了结构层专利布局，继续聊功能层专利布局。我们为什么要买手机，最初是因为手机具有移动通信功能。现在是因为手机有拍照、购物、地图、打车等功能。

1. AR 眼镜如何投屏

笔记本电脑有投屏功能，手机也有投屏功能，AR 眼镜如何投屏？这是一个问题，传统的 AR 投屏方式是借助位于额头处或鼻梁处的外置摄像头来获取外部影像，然后叠加虚拟画面进行整合，再一同进行投屏，换个角度看，就是机器视觉，但问题是机器视觉局限性让机器观看纯物理世界，而不是虚实结合的世界。这些投屏方式实际上是 VR 式样的 AR 眼镜做到的投屏功能，存在 3D 虚拟影像拖屏和跟随 3D 实物移动不够快等问题，因为每一帧后台 GPU 都要进行高速运算，对于 AR 眼镜而言，是不可能装下台式机这样的大显卡和散热装置的，真正 AR 眼镜的摄像头必须要同时获得虚实结合的影像，继而投屏，如此这般也大大降低了计算量。

专利 CN111158145A 公开了"棱镜单反 AR"的投屏功能（见图2）。

图中，20是投影装置，30是半反半透平面透镜，50是微摄像头，80是真实世界，100是眼睛。该专利中还有3种变形，在此不一一展示。

专利 CN111025644A 反映了双自由曲面反射的投屏功能，保证了自家产品技术方案落地前的应保尽保（见图3）。

图中，30是投影装置，10和20是半反半透曲面透镜，200是微摄像头（此处摄像头并不是直接获取30的虚拟显示信息，而是从10半反半透曲面透镜获得虚拟物的二次反射信息，

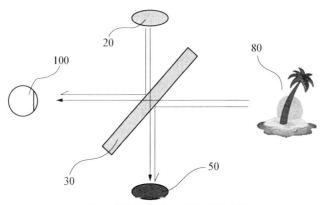

图 2 "棱镜单反 AR"的投屏功能

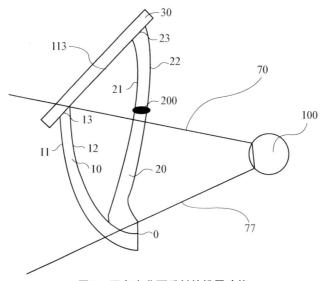

图 3 双自由曲面反射的投屏功能

以及真实环境的透射信息），100 是眼睛。

当然也有变形，保护了纵向 FOV 提升后的光学结构也能具有投屏功能，在此不一一展示了。

2. AR 遥控装置、智能家居遥控系统及方法

专利 CN109088803A 公开了一种 AR 遥控装置、智能家居遥控系统及方法，即一种基于 AR 眼镜的智能设备，可以方便地了解不同家居使用说明，并依据手势或语音输入遥控家电进入工作状态。这样的功能，在现有手机的功能里也有。

手机除了有基本的通信功能，还有各种应用，拍照也是，投屏也是，遥控也是。手机的功能在 AR 眼镜上都可以实现一遍，当然不是简单的组合式应用，就可以打造一系列的 AR 功能层的专利布局。AR 代替手机只是个时间问题，因为手机的操作局限于手指在屏幕上

的滑动,AR 眼镜则允许人手在空中滑动或做手势来操控,毕竟语音操控不够精确,或者不够完全跟上人眼的精度或速度。手势操作、眼球跟踪则能起到 2D 操作系统中的鼠标功能,指令精确且清晰,能与语音操控形成很好的互补功效。

### 三、应用层的各种 AR 应用的专利布局

对于 AR 眼镜的应用,可谓是"八仙过海各显其能",专利检索一大把,但多是散兵游勇,很少看到有企业就某一具体领域进行布局。塔普翊海公司将 AR 眼镜深耕于教育领域,在基础教育细分领域进行了专利布局。

1. 教育领域

我们先聊聊教育,十年树木百年树人,做什么都要从娃娃抓起。我们可以从 REALMAX 专利背后清理出 AR 基础教育的思脉。

1) 数学

专利 CN111292587A 公开的是 AR 算盘的技术方案;专利 CN109215418A 公开的是 AR 魔方的技术方案;专利 CN109300365A 公开的是 AR 二十四点的技术方案;AR 眼镜可以代替老师对学生的学习过程进行观察、3D 虚拟演示和纠错,甚至出题。别小看算盘、七巧板、24 点、魔方和数独的学习,小朋友可以花一个暑假在游戏中学习完这些数学知识,也可以花 5 年的小学时间来慢慢学。

2) 语文

专利 CN110859630A 和 CN111047947A 公开了一种基于 AR 技术的姿态矫正器及其矫正方法和一种基于 AR 技术的书写指导器及书写指导方法,相当于正确的坐姿、书写姿势的指导提醒,虚拟描红和笔画引导。

3) 外语

中国人的外语口语一直学不好,根本原因是脱离了语音交流的环境,解决办法是要么送孩子们去该语种的国家环境中学习,要么给他/她一幅 AR 眼镜作为礼物。

专利 CN111028597A 公开了混合现实的外语情景、环境、教具教学系统及其方法;专利 CN110969905A 公开了混合现实的远程教学互动、教具互动系统及其互动方法;专利 CN110688005A 公开了混合现实的教学环境、教师、教具互动系统及互动方法。这 3 件专利可以让远程的老师以 3D 显现的方式出现在学生近前,并进行语音交互,也可以将现场的背景替换成口语训练的场景,比如机场、前台、收银柜台、医院等,还可以将自己和老师在 1 秒钟内打扮成任何场景内的"角色"。通过同声翻译的功能,不会外语的家长也可以代替老师来进行角色扮演。如此这般,别说英语、法语、日语或葡萄牙语,甚至纳威语(阿凡达所在的潘多拉星球语言)的学习,都不再是什么难事。

2. 工业领域

在现代的工业体系中,所有的工业总共可以分为 39 个工业大类、191 个中类、525 个小类。中国成为全世界唯一拥有联合国产业分类中全部工业门类的完整工业体系的国家,AR 眼镜在这个大领域里大有作为。现有工业领域多为单目 AR 眼镜,严格意义上说单目 AR 一般不具虚实结合功能,只具有信息提示或反馈的功能。作为现场给远程进行分享,远

程给现场进行指导支持的有力工具。

3. 游戏娱乐

说了工业，就要说说游戏娱乐了，2016 年 Pokeman GO 手游问世，重新引爆市场对手机 AR 功能的关注。数据显示，2019 年中国 VR 市场规模已达 225.6 亿元，预计到 2024 年，MR 市场规模将达到 335 亿元。其中，以最新的 MR 技术在游戏和娱乐市场的应用最为广泛。游戏娱乐可是 AR 应用的一个大方向，游戏一直引领着技术发展，所以 DOTA 类游戏已经成为很多城市的支柱产业。

专利 CN110882536A 公开了一种棋和基于 AR 设备的下棋游戏系统，实现了两个不同空间的人同时下一盘实物围棋的场景，解决了不同空间的人对同一虚实结合的事物进行操作的问题。

专利 CN111228791A 公开了真人 AR 射击游戏装备、基于 AR 技术的射击对战系统及方法，实现了在任意现实空间里警察与匪徒的枪战攻防游戏的场景，这种技术的发展对训练警察在现实场景中的治安执勤有很大的裨益。

4. 医疗急救

突发的心梗事件每时每刻都在发生，很多时候不是因为没有好心人，而是好心人不会心肺复苏技能，除了拨打 120，什么事情都做不了，心肺复苏急救将会挽救更多人的性命。专利 CN111091732A 公开了一种基于 AR 技术的心肺复苏指导器及指导方法，好心人借助 AR 眼镜就地实施心肺复苏按压，按压的方位、频次和深度都会有实时指导，若有 AED 急救设备在场，施救者也会从容地使用，为 120 救护车到来之前争取更多的时间。

5. 安防

警察叔叔佩戴的移动"鹰眼"，看到红框框的人影或危险物警示，可以提前进行抓捕等治安行为的准备。再也不用问你索要身份证进行查验。

AR 的应用远不止上述的这些场景，人类生活、工作、学习的方方面面，室内室外、城市郊区、体育旅游、农场工厂，都是 AR 可以应用的场景，都是 AR 专利可以布局的地方，只有想不到，没有做不到。这么说，学渣与学霸只差一副 AR 眼镜，普通人与特工只差一副 AR 眼镜，买家与卖家只差一副 AR 眼镜，在上海与在纽约只差一副 AR 眼镜，单身狗与情侣只差一副 AR 眼镜，生物学家与天文学家只差一副 AR 眼镜，最终，人与人的差距也只差一副 AR 眼镜而已。未来已来！你与未来也只差一副 AR 眼镜而已。

## 四、认知层的各种 AR 应用的专利布局

讲了这么多，大家对增强现实越来越了解了吧？你真的都了解 AR 吗？要是你的认知仅仅限于我们之前的讲解，那你作为专利布局者的焦点范围也只限于你的认知范围。其实，增强现实包括很多方面对现实世界的认知，虽然人类通过眼睛获得 83% 的外界信息，但视觉现实增加只是增强现实概念中的一个部分，除了视觉增强，还包括听觉增强、触觉增强和味觉增强等。

1. 给眼睛做现实增强

专利 CN111325602A 公开了一种混合现实购物装备、购物可视系统使用的方法，在家

中健身器上就可以"穿越"去超市购物,看超市(虚拟)导购员直播讲解带货,相当于将 AR 技术引入到了消费领域和广告领域。

2. 给耳朵做现实增强

不要以为 AR 仅仅是给视觉做显示增强,AR 同样可以对听觉做现实增强,专利 CN107334609A 公开了一种向目标对象播放音频信息的系统和方法(肇观电子),公开了目标对象可以根据听到的音频信息来确定环境区域中哪些地方存在障碍物,进而避开障碍物,该方案可以将盲杖扫不到的地方的障碍物确定出来,并且也可以将目标对象之前没到过的区域的障碍物确定出来。提示帮助视觉残障人,实时提醒使用者注意上下楼梯,在跑步时也不会偏离跑道。

3. 给物做视觉现实增强

让意识流进一步流淌,自 AR 问世以来,从没有人定义过 AR 就是给人用的,AR 如何给物用?给什么物用?能够解决什么技术问题?从给人做现实增强,跳跃到给物做现实增强,这个跨越很大也很难,因为一般情况下人是很难进行跨越式思考的。这也是发明创造的困难之所在。

专利 CN111223354A 公开了基于 AR 和 AI 技术的无人车实训平台及方法,其实就是将 AR 视觉增强技术、现实世界(影像)显示给车"看",再结合毫米波超声波传感器的数据反馈,用纯虚拟数字信息的方式来"投喂"无人驾驶车(系统),通过现实环境的 3D 数字化信息,给到几十亿公里的真实道路环境的大数据训练,相当于一个驾驶员一百万年的驾驶经验。这样的训练甚至不用把每一辆车送入现实环境中,现实环境中的实时一套数据可以反复被使用,也可以同时"投喂"给多套无人驾驶系统。在增强现实技术以及大数据、人工智能技术的多重培育之下,无人驾驶达到自主驾驶的最高等级第 5 级是个加速实现的过程,也是无人驾驶加速商业化,以及无人驾驶技术加速增值接着又加速贬值的过程。

人类的想象力没有边界,AR 专利的意识流流淌就不会终止,AR 专利布局自然也不会有边界。好在,技术本身是不完美的!过去、现在、将来,技术都不会完美;倘若技术完美了,技术的发展就停滞了;因为技术不完美,所以技术才不断发展;如是在技术的发展中,专利布局也在不断地延伸,意识流淌到的地方,都可以是专利布局的修罗场,只有那些在当下,就能预见到未来的科技企业,才可能活到未来。专利为市场而生,专利布局为将来的市场竞争而埋雷,失去了专利布局,本质上也就失去了未来市场的占领权。需要提醒的是,"致富千日功,致祸当日空"。地雷引爆的那一刻,就是不把专利当回事,IP 战争找上门的日子。

# 软件著作权的价值演化趋势及其成因分析

陶 冶

陶冶，知识产权价值分析与评估技术专家。现为上海必利专利评估技术有限公司创始人兼CEO，并担任上海市人民检察院三分院知识产权特邀检察官助理、上海市科协科技咨询服务中心特聘顾问。

软件著作权是指软件的开发者或者其他权利人依据有关著作权法律的规定，对于软件作品所享有的各项专有权利。就权利的性质而言，它属于一种民事权利，具备民事权利的共同特征。软件经过登记后，软件著作权人享有发表权、开发者身份权、使用权、使用许可权和获得报酬权。软件著作权可以在市场上交易，进入流通环节，因此软件著作权具备显著的资产特征，作为众多知识产权类型中的一种，属于我们通常所说的无形资产。

软件著作权的本质是对程序代码的所有权（产权），和物权类似，所有权可以包括发表权、署名权、修改权、复制权、发行权、出租权、信息网络传播权、翻译权等全部权利。不管第三方出于何种目的（自用、销售、出租、修改再开发），软件著作权的使用价值主要表现为能够限制他人对软件的非法复制和盗取。软件著作权多数情况下被看作是权利主体的重要无形资产，被估出很高的价值，从软件技术诞生一直到现在持续了很长时间，但是随着软件应用环境和使用方式的变化，软件著作权整体的价值表现已经出现弱化，然而在现实中却延续着高估值惯性，依然对大多数软件著作权给出了较高估值，造成资产泡沫，向市场释放了软件著作权价值的错误信号，给投资者带来了损失，也给权利人带来了对软件著作权价值认识的困惑，给知识产权交易市场制造了混乱。

为什么软件著作权的整体价值表现出弱化趋势呢，经过总结，主要有以下几点原因。

## 一、信息技术的发展带来了软件使用方式的改变

软件作品本质上是一段通过运行可以实现一定技术功能的计算机程序，程序都是由计算机指令构成，计算机指令都是由软件工程师、程序员通过创造性劳动编写而成，体现了软件工程师和程序员的创造性劳动。

在个人计算机时代，计算机软件主要在个人计算机主机上运行，可以独立而完整地实

现软件功能。比如 WINDOWS 操作系统、OFFICE 办公软件、各种制图和编辑软件、音视频软件等。获得和使用这些软件的合法方式是购买,软件通过载体在用户主机上进行安装,安装方法包括磁盘安装、光盘安装或通过付费链接下载安装。程序通常都写在磁盘、光盘或服务器等信息载体上,只要能够接触这些载体,就有可能通过破解密钥非法获得程序,这种行为就是盗版,本质上是对软件程序的非法占有。对于权利主体而言,软件著作权在这个阶段特别重要,它是对软件产品进行保护的法律保障,是权利主体进行追索维权、诉讼获赔的法律基础。

随着互联网、云计算、大数据、人工智能、区块链等新一代信息技术的兴起,世界已经从个人电脑时代走进了移动互联时代,随时随地获取信息和交互信息已经随处可见,万物互联和万物上云的理念已经深入人心。软件的应用环境和计算机程序的运行方式已经发生了天翻地覆的变化,软件不再依赖用户主机就可以在服务器上运行,用户无须购买硬件就可以在云端存储数据,用户只要能够随时随地上网就行。软件开发企业自身购买并运维服务器来运行软件的方式也逐渐被技术和维护性能更好的云服务器运行软件的方式替代。用户不再通过购买、自行安装和运行软件,就可以实现软件功能,满足使用需求,用来保护软件产权的软件著作权,尤其是著作权中最能体现经济价值的财产权,逐渐丧失了限制他人非法复制和盗取的作用,用户无法通过接触软件载体和破解密钥的方式非法获取、复制和使用软件,也没有必要接触和破解密钥,更没有必要非法占有,软件只要上网就能使用,永远不会被盗取。

软件应用环境和使用方式的变化使得软件著作权缺乏产生保护和维权作用的条件,软件盗版现象越来越少,软件著作权没有必要再限制第三方的非法复制和使用,软件著作权缺乏权利行使条件,使用价值日渐式微,整体价值表现逐渐弱化。

## 二、软件越来越缺乏被复制和盗取的条件

在个人电脑时代,软件的传播主要依靠磁盘、光盘等有形载体,由于载体在流通过程中会有较高概率被大量用户或潜在用户频繁接触,软件被盗取、破解、复制的概率很大,盗版成本低,软件被复制和盗取的条件充分。

随着加密技术和安全技术的进步,具备完整功能的软件程序被复制和盗取正在变得越来越难,具备完整功能的软件程序越来越缺乏被复制和盗取的条件。

从载体上来说,软件用磁盘、光盘等有形载体进行传播的方式已经越来越少,服务器上运行的软件不需要进行传播,在客户端运行的软件主要通过下载进行传播,但绝大多数客户端软件的下载都是免费的。

工业软件和工具软件在个人电脑时代就不容易被接触,更不容易被复制和盗取。这些软件一般都由开发商为用户在其仪器、设备、工具、系统、服务器上进行现场安装和调试,或者伴随仪器、设备、工具、系统、服务器等硬件产品在出厂时就已经完成内置安装,用户几乎没有条件接触软件程序的载体,而且有相当比例的工业软件都是嵌入式软件,被复制和盗取也越来越难。

众多可以在移动终端上免费下载的 App 软件,由于是免费下载和自由使用,所以无需

复制和盗取。另外，可以免费下载的 App 软件并不具备完整软件功能，仅仅是在用户端安装的软件，只是一套完整软件的组成部分，在服务器上运行的软件也是重要组成部分，和用户端软件结合起来才能向用户提供完整服务，实现软件功能，满足用户需求。在服务器上运行的软件，很难被复制和盗取。

### 三、软件产业的盈利模式发生变化

中国软件产业在 20 世纪 90 年代发展起来，巨人集团的汉卡、桌面排版系统，金山公司 WPS 办公软件、杀毒软件，给中国早期的个人电脑用户留下了深刻记忆。软件行业早期的盈利模式非常单一，通过软件销售获得收入，软件就是产品，卖出去一份是一份，而软件的载体就是磁盘、光盘或者带密钥的下载链接，只要用户付费，就可以通过程序载体获得软件，完成安装并进行使用。这种简单的盈利模式给软件行业带来了风险，少数较低付费意愿的用户希望使用软件，在软件载体很容易被接触的情况下，破解软件的安装密钥，对其进行复制和盗用。在这个时期软件著作权非常重要，具备经济价值，财产权属性很强，对软件产品遭遇盗版盗用时进行追溯补偿和侵权索赔给予法律保障。

软件行业发展进入互联网时代以后，流量成了关键词，流量也成为软件产业新发展的众多盈利模式的交汇点。开发商越来越少从软件销售中直接获利，取消了销售，改为免费使用，甚至通过补贴来吸引用户使用软件。中国的软件行业逐步发展为依靠广告、服务、内容、数据增值业务赚钱，盈利模式发生了质的变化，越来越多的软件都被开发为自用而非产品。早期的音视频播放软件都是付费的，现在都是免费的，软件本身不赚钱，但软件却成了赚钱的工具，软件开发商依靠音视频内容付费和广告业务赚钱。早期的杀毒软件也是付费软件，现在也都是免费，杀毒软件没有销售，本身也不赚钱，杀毒软件的盈利模式已经转向了对用户数据的深加工、大数据和云安全等高附加值业务。淘宝、京东、拼多多的 App 软件都是免费下载、自由使用，升级和维护这些大型软件的工程师不计其数，但是软件开发商并不依靠软件赚钱，消费者在电商平台消费时所沉淀的大数据以及所使用的支付工具才是现金入口，是软件开发商新的盈利增长点。软件行业不再靠软件销售赚钱，靠的是内容、服务、大数据以及其他与流量有关的增值业务。

软件行业盈利模式发生变化，软件演变成为赚钱的工具，用来实现新功能，用来提供新服务，用来开拓新业务。在移动互联时代，软件再也不是产品，软件是生产资料，软件是非卖品。软件盈利模式的演变也削弱了软件著作权的价值，软件交易和流通的可能性大大降低，软件著作权的使用价值越来越弱。

### 四、软件行业的充分竞争稀释了软件著作权的价值

编写软件是为了达到一定的功能，实现一定的目的，解决一定的问题，满足一定的需求，软件具备使用价值。但是绝大多数软件可以有多种开发方案，在同一种开发方案下可以有多种编写语言，在同一种编写语言下可以有多种命令组合，都可以达到相同或类似功能，实现相同或类似目的，解决相同或类似问题，满足相同或类似需求。在充分竞争的软件行业，对于绝大多数软件而言，软件的可替代性是比较强的。

比如浏览器软件,就有 IE、360、搜狗、猎豹、QQ、火狐、谷歌、百度等多款产品,功能大同小异,丰富的软件产品供给削弱了软件著作权的价值。

还有音频播放软件,有酷狗、酷我、QQ、多米、华为、百度等多款产品,用户关心的并不是软件功能是否强大,而是哪款音频播放软件收录的歌曲最多,软件本身的价值被淡化,软件运营商能够购买音乐作品版权的数量成为市场竞争的关键。

由于绝大多数软件都存在竞争产品,可被替代,在整体上削弱了软件著作权的价值,特别是厂商众多、开发门槛低、开发难度小、市场竞争激烈的软件产品。

以上总结了软件著作权的价值整体上出现弱化的四点原因,但并不是说所有软件的著作权价值都在降低或都会降低,只是绝大多数软件都是在移动互联时代软件应用环境下开发的,这些软件适应了新的应用环境,演化了新的使用方式,产生了新的盈利模式,这些软件是现在和未来软件产业的主体,从整体上弱化了软件著作权的价值。

当然,即使是在移动互联时代,在软件著作权价值整体走弱的趋势下,也仍然有一些软件保留了较高的著作权价值,这些软件具备一些通用特征:

（1）非嵌入式的工具软件或工业软件;

（2）应用广泛,使用数量大,市场规模大;

（3）软件主要在用户端安装和使用;

（4）软件开发难度大,开发成本高;

（5）是付费软件。

笔者发现,具备上述 5 个特征的软件,其著作权的价值依然坚挺,软件被复制和盗版的可能性依然较大,软件的市场地位仍然强势,软件著作权依然会发挥防止复制和盗用、追索侵权及补偿的法律保障作用。比较典型的有:Windows 操作系统、Office 办公软件、CAD 设计软件、Photoshop 图像处理软件、SAP 企业管理软件、用友企业管理软件、金蝶财务管理软件等。

综上,伴随着信息技术的发展,软件应用的环境和用户使用软件的方式都发生了巨大变化,软件著作权的价值从整体上出现走弱趋势。这个变化对于企业等权利主体合理分配资源、构建知识产权资产具有启发和借鉴意义,对公司无形资产的计量核算、处置运营都有参考价值,也为高估公司软件著作权资产的现象带来警示。

# 知识产权风险评议论证

## 黄海霞

黄海霞,专利诉讼代理人、专利代理人、全国专利信息师资人才、律师、贯标辅导师、专利价值分析师。现任上海恒锐知识产权服务有限公司总经理。曾任上海浦东科技发展基金专家,参与起草上海市地方标准《知识产权评议技术导则》(DB31/T 1169-2019)。

本文侧重介绍专利防控风险评议论证,并从专利风险输入的两类别、三层次与六因素进行概念、用途、方法的说明。为充分说明操作要点和操作方法,本文以具体案例的形式,依据专利分析工作的深入顺序,针对专利风险防控微观分析中的侵权比对、回避设计一一进行了详细说明,并针对专利风险影响程度建立模型,针对风险防控环节所涉及的专利许可与专利诉讼应对进行深度剖析,以期帮助企业进行风控管理。

## 一、风险防控评议论证概念

### 1. 知识产权风险概述

按知识产权的种类划分,知识产权风险可分别针对专利、商标、著作权、商业秘密、地理标记、商号、集成电路布图设计等。本文侧重介绍专利风险。专利风险输入包括两类别、三层次与六因素。

两类别包括尚未实际发生的潜在的专利风险或者潜在的疑似专利风险(统称为"未发生类风险")与已经发生的专利风险或者疑似专利风险(统称为"已发生类风险")。

三层次包括宏观层次、中观层次与微观层次。宏观层次针对宏观经济的风险,其具有潜在性、隐藏性和累积性特点,是应用于市场经济环境下的计划经济部分的专利风险。中观层次针对中观经济的风险,其应用于行业组织或者联盟组织的专利风险预测与管控。微观层次针对单个创新或经营个体的创新或经营活动的专利风险。在市场经济环境下,风险防控评议论证侧重于微观层次的专利风险防控评议论证。

六因素包括人事因素、技术因素、市场因素、空间因素、法律因素或生产管理因素的一种或多种的专利风险。人事因素风险包括人才引进,企业间投资并购、剥离或合作的专利风险。技术因素包括技术立项、技术方案设计、实施、改进或许可的专利风险。市场因素包括展会策划、参展、销售的专利风险。空间因素包括产品出口或者技术进口的专利风险。法律因素包括专利法律、专利侵权法律、专利诉讼法律以及与上述法律相关的法规等规则性文件。生产管理因素包括流程管理，产品生产、制造、使用与供应链管理的专利风险。

2. 专利风险防控评议论证概念

专利风险防控评议论证是指基于对专利风险或疑似风险数据分析的结果，针对专利风险防控评议需求，寻找与风险防控评议需求相关联的因素，并选择市场、技术、法律信息论证风险防控评议。

专利风险防控评议论证是指基于数据分析的结果，该数据分析结果来源于专利信息要素的一维或者多维的统计、聚类、共现或对比等的宏观、中观、微观分析。

专利风险防控评议论证着眼于专利风险防控评议的需求，风险防控评议需求包括两类别、三层次与六因素。该评议需求贯穿在创新或经营主体的创新或经营活动中。

评议论证应依据评议需求找寻与其相关联的因素，该关联因素以评议需求为基础，包括市场分析、技术分析以及专利数据分析中的宏观、中观、微观分析要素中的一种或多种。

评议论证并非评议结论，亦非单纯的数据分析解读，而是针对评议需求，选取市场、技术、法律信息来论证评议。

## 二、风险防控评议论证应用

知识产权风险评议论证将知识产权制度的法律强保护功能和信息指引功能直接对接于技术创新、生产经营、商贸交易活动的具体环节和具体问题，并提供量身定制的咨询建议和解决方案，从而使其有了极为广阔的应用空间。在全球知识竞争日趋激烈的今天，将知识产权风险评议论证嵌入科技创新、技术产业化、技术贸易、投融资和战略与政策管理等多类活动当中，成为科学制定产业政策、规避知识产权风险、减少自主知识产权流失、提高投资效益的重要手段，也是从源头上提高研发效率和创新质量、构筑市场竞争优势的有效途径。

按照风险评议项目来源区分，知识产权风险评议论证实际应用于两类别、三层面、六因素风险。

两类别的应用常见于风险预警与风险控制。风险预警常见应用针对研发过程中排摸到的可能障碍专利进行提示，以提前避免、化解潜在风险的发生。风险控制是针对已经存在或者实际发生的风险进行管理与控制，以最为合理的方式与代价将现实风险予以控制或消除。

三层面是指：一是政府的计划经济内容，包括科技创新计划管理、科技奖励评审认定、重大投资项目审批、重大技术项目引进、技术创新人才引进等。政府层面开展知识产权风险评议论证，主要是针对涉及政府投资、国有企业资产的重大经济科技项目，或者是政府通过规划、补贴、减税、贷款等政策引导和干预重大产业决策以及政府资助的重大科研及产业化项目，主要目的是提高活动的可预见性和效率，防范知识产权风险，确保国家投资效益，增强决策和管理的科学性。二是行业层面的专利风险评议论证应用，主要针对行业技术研发、进出口专利壁垒等进行行业监控和风险评议，由联盟组织或行业协会参与执行相关任务。三是与企业管理相关，包括研发项目管理、技术/知识产权许可或转让、产品上市及出口等，可为知识产权技术授权、知识产权融资、交易并购、作价入股、价格参考、谈判依据、资产减损、重组清算等决策提供参考。企业层面开展知识产权风险评议论证，工作侧重在产品的研发、制造、使用、生产、销售、许诺销售等过程中，一方面，通过提前"扫雷""排雷"等工作，来降低产品在上市过程中可能存在的侵权风险；另一方面，通过对"友商""竞品"进行针对性的分析，结合商业情报信息，从而预测技术发展趋势和下一步可产业化的商品，为技术和产品创新决策提供有力支撑，形成有效的市场竞争策略和应对策略，规避知识产权潜在风险，提高研发效率和质量。一般由企业即应用方自行开展，或委托专业化服务机构承担，协作建立风险评议职能、相关危机评价指标和处理方案。

无论哪个层次的评议论证应用，都是与六要素（人事因素、技术因素、市场因素、空间因素、法律因素或生产管理因素）相关的风险评议。

人事风险防控评议论证目的是预防与控制创新或者经营主体因人事因素引起的疑似风险或风险。技术风险防控评议论证目的是预防与控制创新或者经营主体因技术因素引起的疑似风险或风险。市场风险防控评议论证目的是预防与控制创新或者经营主体因市场营销活动而引起的疑似风险或风险。空间风险防控评议论证目的是预防或控制创新或者经营主体因产品或技术进口或出口而引起的疑似风险或风险。法律风险防控评议论证目的是预防或控制创新或者经营主体因侵权法律或诉讼法律因素引起的疑似风险或风险。生产管理风险防控评议论证目的是预防或控制创新或者经营主体因流程管理、产品生产、制造、使用或供应链管理引起的疑似风险或风险。

### 三、风险评议论证的方法

具体工作方法包括基于数据分析的结果，着眼于专利风险防控评议的需求，并依据评议需求找寻其相关联的因素，并进行风险识别与应对。其中鉴于数据分析结果来源于专利信息要素的一维或者多维的统计、聚类、共现或对比等的宏观、中观、微观分析，本文侧重介绍微观分析中的侵权比对、风险规避与应对策略。

1. 侵权判定流程及法律依据

侵权风险评议即将专利技术与被控侵权产品/技术方案的技术特征进行对比，以判断被控侵权产品/技术方案是否侵权。

不同的国家、地区对侵权的判定标准不一，因此在进行侵权判定时，应根据产品上市的国家地区的法律所规定的侵权方法进行判定，同一产品在不同的国家地区所遇到的侵权纠纷得到不一样的结论也是很正常的。

虽然各国的专利法与司法制度不尽相同，但专利侵权判定的主要流程及所依据的判定原则有较多相通之处，以下仅就其相通之处进行简要叙述。

参照图1，就专利侵权判定的流程而言，主要分为两个阶段：

（1）解释权利要求（Claim construction）；

（2）比对解释后的权利要求与待鉴定对象（标的产品或标的方法）。

对于第一阶段，解释权利要求的目的在于，正确理解权利要求的文字含义，以合理界定

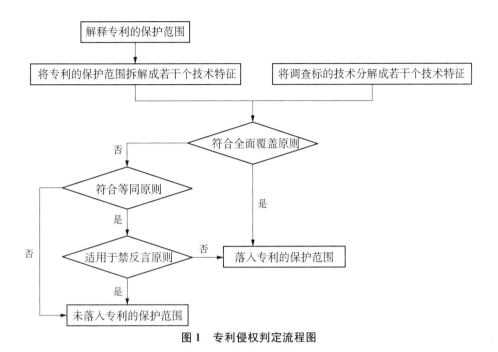

**图1　专利侵权判定流程图**

专利权范围。对权利要求的解释通常基于权利要求,当权利要求被判定无效时,才会进一步解释从属于该权利要求且仍有效的从属权利要求。对特定权利要求进行解释时,首先会将权利要求整体拆解为若干个技术特征,而后根据权利要求中记载该技术特征的文字及内部或外部证据来解释该技术特征的字面含义。

解释权利要求时需要考虑内部证据和外部证据,若内部证据足以使权利要求清楚明确,则无须考虑外部证据;若外部证据与内部证据对于权利要求的解释有冲突或不一致者,则优先采用内部证据。内部证据包括风险专利的权利要求文字、说明书、附图及审查历史文档(prosecution history)。其中,审查历史文档是指自申请专利至授权维护的过程中,包括申请后的主动修改、审查中的答复、申请被驳回后的复审、授权后提起无效或行政救济等过程中的审查意见、修正文档、理由陈述或其他相关文件等。外部证据是指内部证据以外的其他证据,包括专业词典、工具书、技术文献、审查员未考虑的前案、专家证人的见解等。

对于第二阶段,基于全要件原则(all-elements rule),判断待鉴定对象是否构成"字面侵权"(literal infringement),即待鉴定对象字面上是否具备解释后权利要求的所有技术特征,若是,则"字面侵权"成立;若待鉴定对象字面上欠缺解释后权利要求项的任一技术特征,则"字面侵权"不成立。若"字面侵权"不成立,则同样基于全要件原则,判断待鉴定对象是否适用"等同侵权"(infringement under Doctrine of Equivalents)。即待鉴定对象虽然在字面上欠缺权利要求中的相应技术特征,但却具备相应技术特征的等同技术特征。所谓等同技术特征即与权利要求中的相应技术特征是采用实质相同的技术手段(way),达成实质相同的功能(function),而产生实质相同的结果(result)。所以,当待鉴定对象在字面上欠缺权利要求中的某一技术特征,也不具备所欠缺技术特征的等同特征,即待鉴定对象在字面和等同情形下均不具备某一技术特征时,则待鉴定对象未落入该权利要求的保护范围。若待鉴定对象未落入所分析专利的所有权利要求的保护范围，则待鉴定对象不会侵犯该专利权。

适用"等同侵权"时需要考虑是否存在"等同限制"。若存在"等同限制"的情形，则不再适用"等同侵权"，即当待鉴定对象不构成"字面侵权"时，则可判定侵权不成立。"等同限制"情形包括："禁止反悔原则"（prosecution history estoppel）、"贡献公众""涵盖现有技术"等。"禁止反悔原则"为"审查历史禁止反悔原则"的简称，是防止专利权人以"等同侵权"重新主张专利申请至专利权维护过程任何阶段或任何文件中已被限定或已被排除的事项。"贡献公众"是指专利说明书中有揭露但并未记载于权利要求的技术，应被视为贡献给社会大众，专利权人不得以"等同侵权"将这种贡献的技术重新纳入等同范围。"涵盖现有技术"是不容许专利权人以"等同侵权"将等同范围扩张至涵盖现有技术。

以上关于专利侵权判定的原则及相关解释可参照《最高人民法院关于审理侵犯专利权纠纷案件应用法律若干问题的解释》第二、三、四、六、七及十四条，中国《专利法》第五十九条第一款、第六十二条，以及美国《专利法》35 U.S.C. § 271(a)中的相关规定。

2. 侵权风险等级

利用归纳、推理等定性分析方法判断产品/技术方案所采用的技术是否存在专利侵权风险的因素及风险等级，侵权分析判定如表1所示。

表1　专利侵权分析判定表

| 产品/技术方案技术分解 | 相关专利权项分解 | 比较过程 | 全面覆盖 | 等同原则 | 侵权判定 | 风险等级 | 分值 |
|---|---|---|---|---|---|---|---|
| A＋B＋C | A＋B＋C | 技术特征完全相同 | 是 | × | 侵权 | 高 | 10分 |
| A＋B＋C＋D | A＋B＋C | 比相关专利增加一项或一项以上的技术特征 | 是 | × | 侵权 | 高 | |
| A＋B＋D | A＋B＋C | C和D可能具有非实质性区别 | 否 | 可能 | 可能侵权 | 中 | 6分 |
| A＋B | A＋B＋C | 比相关专利减少一项或一项以上的技术特征 | 否 | 否 | 不侵权 | 低 | 3分 |
| A＋B＋E | A＋B＋C | C和E确定具有实质性区别 | 否 | 否 | 不侵权 | 无 | 0分 |
| D＋E＋F | A＋B＋C | 技术特征完全不同 | 否 | 否 | 不侵权 | 无 | |

目前可将风险等级分为以下几类：

1）高风险等级

如果研究对象的产品/技术方案中的必要技术特征与相关专利权利要求的全部必要技术特征等同，即适用全面覆盖原则，则构成高风险等级，其具体表现形式如下：

（1）产品/技术方案的技术特征包含了相关专利权利要求中记载的全部必要技术特征，

则产品和方法落入专利权的保护范围。

（2）相关专利权利要求中记载的必要技术特征采用的是上位概念，而产品/技术方案采用的是相应的下位概念，则产品/技术方案落入专利权的保护范围。

（3）产品/技术方案在利用相关专利权利要求中的全部必要技术特征的基础上，又增加了新的技术特征，则产品/技术方案落入专利权的保护范围。

（4）产品/技术方案对在先技术而言是改进的技术方案，属于从属专利，未经在先专利权人许可，实施该从属专利也覆盖了在先专利权的保护范围。

2）中度风险等级

如果产品/技术方案有一个或一个以上的技术特征与相关专利权利要求保护的技术特征相比，从字面上看不相同，即存在区别技术特征，但经过分析可认定两者可能是相同的技术特征，即存在适用等同原则的可能，则构成中度风险等级，满足等同原则需要同时具备的条件如下：

（1）产品/技术方案的技术特征与专利权利要求的相应技术特征相比，以基本相同的手段，实现基本相同的功能，产生了基本相同的结果。

（2）对该专利所属领域普通技术人员来说，通过阅读专利权利要求和说明书，无须经过创造性劳动就能联想到的技术特征。

应当注意的是，如果最终确定该区别技术特征能够同时满足等同原则的上述条件，则此种情况下的专利侵权的风险应提升到高风险等级。

3）低风险等级

如果产品/技术方案与相关专利权利要求保护的技术特征相比少一个或一个以上的技术特征，即产品/技术方案采用的是基础专利，所对比分析的相关专利属于从属专利，则构成低风险等级。

应当注意的是，如果产品/技术方案在未获得专利权人许可的情况下实施了该从属专利，则此种情况下的专利侵权的风险提升到高风险等级。

4）无风险等级

如果产品/技术方案中的必要技术特征与专利权利要求的全部必要技术特征完全不相同，或虽然存在部分相同的技术特征，但两者的区别技术特征具有实质性的差别，则构成无风险等级。

5）暂时无法明确风险

由于产品/技术方案的技术参数或技术特征不能完整获得，因此无法准确判断产品/技术方案是否存在风险。

### 四、回避/规避方案论证

回避/规避工作是在专利侵权分析和专利有无效性分析的工作之后进行的最后一步，即明确了侵权释疑，包括权利要求的术语解释、保护范围的具体分析等，针对有效的专利和专利的地域性进行回避，提供没有落入有效专利保护范围的设计方案，从而绕开专利，避免侵权。

各国的专利法与司法制度不尽相同,但就回避设计而言,其基本流程大致相同,以下仅就其相通之处,比如针对权利要求特征省略、替换方法,进行简要概括,如图2所示。

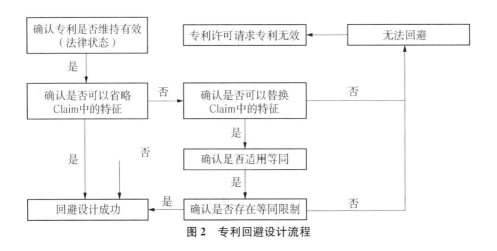

图2 专利回避设计流程

## 五、专利风险影响度分析原则

对于无法回避也无法无效的专利,必须考虑一个严肃的问题——专利风险影响度。专利风险影响度等级的评估,可以从侵权风险等级(风险发生可能性)和专利影响度(风险发生损失度)两个方面进行评测,综合两方面的因素,确定专利的侵权等级。对于侵权风险等级和专利影响度两个方面都可以选取若干个维度和相应的指标进行评测。为了便于比较不同专利之间的风险水平,可以通过设定一些评估标准、计算评估值的方式获得半定量的评估结果。例如,对每一项评估指标设定若干级别,不同的级别对应于不同的参考分值;对不同的指标设定不同的权重系数;然后,将各个指标的评估分数与权重系数的乘积相加,即可得到总的评估分值。

1. 专利影响度分析原则

1)分析模型

评价专利的影响度(Patent Impact Degree,PID)的指标包括一级指标与二级指标,一级指标主要包括三类,即反映专利权利范围的法律类指标(LID)、反映专利技术综合性的技术类指标(TID)和反映专利技术的经济价值的经济类指标(EID)。

一级指标计算公式为:专利影响度(PID)=$\alpha$×法律影响度(LID)+$\beta$×技术影响度(TID)+$\gamma$×经济影响度(EID)。$\alpha$、$\beta$、$\gamma$为权重因子,前述权重因子之间的关系满足$\alpha+\beta+\gamma=100\%$。本报告所涉及之专利影响度分析样本中,$\alpha$、$\beta$、$\gamma$的取值分别为40%、40%、20%。

下面我们分别对三类影响度指标做出说明:

(1)法律影响度是指从法律的角度来评价一项专利的价值。为了使得法律影响度的评价具有可操作性,对法律指标又细分为七个二级支撑指标,包括:稳定性、不可规避性、依赖性、专利侵权可判定性、有效性、多国申请、专利许可状态。每个指标的分值都为0～10分。其中,稳定性指标是关键性参数,直接决定了法律影响度的高低。其他六个法律支撑指标是并列的,其所具有的权重各不相同。

法律影响度的计算公式为:法律影响度(LID)＝稳定性×(规避性×30％＋依赖性×15％＋专利侵权可判定性×20％＋有效期×15％＋多国申请×15％＋专利许可状况×5％)

其中法律影响度指标的二级指标定义说明如下:

① 稳定性指标是指一项被授权的专利在行使权利的过程中被无效的可能性。

② 规避性是指一项专利是否容易被他人进行规避设计,从而在不侵犯该项专利的专利权的情况下仍然能够达到与本专利相类似的技术效果,即权利要求的保护范围是否合适。

③ 依赖性是指一项专利的实施是否依赖于现有授权专利的许可,以及本专利是否作为后续申请专利的基础。

④ 专利侵权可判定性是指基于一项专利的权利要求,是否容易发现和判断侵权行为的发生,是否容易取证,进而行使诉讼的权利。专利侵权可判定性指标关系到本专利的权利要求是否能够容易地保护该发明的方案。

⑤ 有效期是指基于一项授权的专利从当前算起还有多长时间的保护期。

⑥ 多国申请是指本专利是否在除本国之外的其他国家提交过申请。

⑦ 专利许可状况是指本专利权人是否将本专利许可他人使用或者经历侵权诉讼。

(2) 技术影响度是从技术的维度来评价一项专利的价值。影响技术价值度的指标细分为七个支撑指标,包括:新颖度、先进性、行业发展趋势、适用范围、配套技术依存度、可替代性和成熟度。其中新颖度是我们的首创的评价指标,它用于评价一项专利是否为原创性技术成果及创新性的高低。新颖度指标是关键性参数,对技术影响度整体起作用。而其他指标是并列的,分别有不同的权重。

技术影响度的计算公式为:技术影响度(TID)＝新颖度×(先进性×15％＋行业发展趋势×10％＋适用范围×20％＋配套技术依存度×15％＋可替代性×20％＋成熟度×20％)。

其中技术影响度指标的二级指标定义说明如下:

① 新颖度是指待评估专利相对于现有技术的原创程度;

② 先进性是指一项专利技术在当前进行评估的时间点上与本领域的其他技术相比是否处于领先地位;

③ 行业发展趋势是指一项专利技术所在的技术领域目前的发展方向;

④ 适用范围是指一项专利技术可以应用的范围是否广泛;

⑤ 配套技术依存度是指一项专利技术是否可以独立应用到产品,还是经过组合才能应用,即是否依赖于其他技术才可实施;

⑥ 可替代性是指一项专利技术在当前的时间点是否存在解决相同或类似问题的替代技术;

⑦ 成熟度是指一项专利技术在分析时所处的发展阶段,根据国家标准《科学技术研究

项目评价通则》，大多数技术的发展过程依次经历如下阶段：报告级、方案级、功能级、仿真级、初样级、正样级、环境级、产品级、系统级、产业级。

（3）经济影响度是从市场经济效益的角度来评价一项专利的价值。专利的价值最终会体现在产品和生产产品的工艺方法上，而产品和工艺方法的价值受到市场状况、竞争对手、政策导向等因素的影响。因此需要考虑影响专利产品或工艺的经济价值的各种因素来分析专利的经济影响度。经过归纳和筛选，将影响经济影响度的指标确定为如下五种：市场应用情况、市场规模前景、市场占有率、竞争情况、政策适应性。

经济影响度的计算公式为：经济影响度（EID）＝（市场应用情况×25％＋市场规模前景×20％＋市场占有率×20％＋竞争情况×20％＋政策适应性×15％）×10。

其中经济影响度指标的二级指标定义说明如下：

① 市场应用情况是指一项专利技术目前是否已经在市场上投入使用，如果还没有投入市场，则将来在市场上应用的前景。

② 市场规模前景是指一项专利技术经过充分的市场推广后，在未来其对应专利产品或工艺总共有可能实现的销售收益。

③ 市场占有率是指一项专利技术经过充分的市场推广后可能在市场上占有的份额。

④ 竞争情况是指市场上是否存在与目标专利技术的持有人形成竞争关系的竞争对手，以及竞争对手的规模。

⑤ 政策适应性是指国家与地方政策对应用一项专利技术的相关规定，包括专利技术是否是政策所鼓励和扶持的技术，是否在政策上有各种优惠。

综上所述专利影响度的每一类指标及其二级指标的权重因子如表2所示。

表 2　专利影响度评价的指标及其权重

| 一级指标 | 二级指标 | 符号代码 | 指标权重 | 类别权重 |
| --- | --- | --- | --- | --- |
| 法律类（LID） | 稳定性 | L1 | 100% | γ（取值40%） |
| | 规避性 | L2 | 30% | |
| | 依赖性 | L3 | 15% | |
| | 专利侵权可判定性 | L4 | 20% | |
| | 有效期 | L5 | 15% | |
| | 多国申请 | L6 | 15% | |
| | 专利许可状况 | L7 | 5% | |
| 技术类（TID） | 新颖度 | T1 | 100% | β（取值40%） |
| | 先进性 | T2 | 15% | |
| | 行业发展趋势 | T3 | 10% | |
| | 适用范围 | T4 | 20% | |
| | 配套技术依存度 | T5 | 15% | |

（续表）

| 一级指标 | 二级指标 | 符号代码 | 指标权重 | 类别权重 |
|---|---|---|---|---|
| 技术类（TID） | 可替代性 | T6 | 20% | |
| | 成熟度 | T7 | 20% | |
| 经济类（EID） | 市场应用情况 | E1 | 25% | α（取值20%） |
| | 市场规模前景 | E2 | 20% | |
| | 市场占有率 | E3 | 20% | |
| | 竞争情况 | E4 | 20% | |
| | 政策适应性 | E5 | 15% | |

注意，表2中法律类稳定性指标以及技术类新颖度指标的权重均为100%，因为在计算法律或技术影响度时稳定性或新颖度和法律类或技术类的其他指标不是相加的关系，稳定性或新颖度作为一个重要指标要结合到其他各个指标中去。

2）评分原则

每一类指标的评分原则在以下三个表中详细列出：

（1）经济类指标如表3所示。

表3　经济类指标的评分规定

| 支撑指标 | 分 值 含 义 | | | | |
|---|---|---|---|---|---|
| | 10分 | 8分 | 6分 | 4分 | 2分 |
| 市场应用 | 已应用 | | 未应用，易于应用 | | 未应用，难于应用 |
| 市场规模前景 | 很大（100亿元以上） | 较大（10亿～100亿元） | 中等（1亿～10亿元） | 较小（0.1亿～1亿元） | 很小（0.1亿元以下） |
| 市场占有率 | 很大 | 较大 | 一般 | 较小 | 很小 |
| 竞争情况 | 几乎没有 | 竞争对手较弱 | 竞争对手一般 | 竞争对手较强 | 竞争对手很强 |
| 政策适应性 | 政策鼓励 | | 无明确要求 | | 与政策导向不一致 |

（2）技术类指标如表4所示。

表4　技术类指标的评分规定

| 支撑指标 | 分 值 含 义 | | | | |
|---|---|---|---|---|---|
| | 10分 | 8分 | 6分 | 4分 | 2分 |
| 新颖度 | 非常新颖 | 新颖 | 一般 | 老套 | 非常老套 |
| 先进性 | 非常先进 | 先进 | 一般 | 落后 | 非常落后 |

（续表）

| 支撑指标 | 分值含义 | | | | |
|---|---|---|---|---|---|
| | 10分 | 8分 | 6分 | 4分 | 2分 |
| 行业发展趋势 | 朝阳 | | 成熟 | | 夕阳 |
| 适用范围 | 广泛 | 较宽 | 一般 | 较窄 | 受很大约束 |
| 配套技术依存度 | 独立应用 | 依赖个别几项技术 | 依赖较少其他技术 | 比较依赖其他技术 | 非常依赖其他技术 |
| 可替代性 | 不存在替代技术 | | 存在替代技术，但本技术占优势 | | 存在替代技术，且比本技术有优势 |

| 成熟度 | 10分 | 9分 | 8分 | 7分 | 6分 | 5分 | 4分 | 3分 | 2分 | 1分 |
|---|---|---|---|---|---|---|---|---|---|---|
| | 产业级 | 系统级 | 产品级 | 环境级 | 正样级 | 初样级 | 仿真级 | 功能级 | 方案级 | 报告级 |

（3）法律类指标如表5所示。

**表5　技术类指标的评分规定**

| 支撑指标 | 分值含义 | | | | |
|---|---|---|---|---|---|
| | 10分 | 8分 | 6分 | 4分 | 2分 |
| 稳定性 | 非常稳定 | 比较稳定 | 稳定 | 不太稳定 | 很不稳定 |
| 规避性 | 很难规避 | | 较难规避 | | 可以规避 |
| 依赖性 | 无 | | 不好判断 | | 是 |
| 专利侵权可判定性 | 非常易于判定 | 比较易于判定 | 难以确定 | 比较难于判定 | 非常难于判定 |
| 有效期 | 16年以上 | 12～15年 | 8～11年 | 4～7年 | 3年以内 |
| 多国申请 | 四国以上国家专利 | 一至三国国家专利 | | 仅本国专利 | |
| 专利许可状况 | 有许可 | | | 无许可 | |

（4）专利影响度总体评分原则如表6所示。

**表6　专利影响度的评价标准**

| 专利影响度 | 90～100度 | 80～89度 | 70～79度 | 60～69度 | 小于60度 |
|---|---|---|---|---|---|
| 评价标准 | 极好 | 很好 | 较好 | 一般 | 较差 |

**2. 专利风险影响度等级分析原则**

评价专利侵权等级的指标包括反映风险发生可能性的指标侵权风险等级和反映风险损失度的指标专利影响度，其计算公式为：专利风险影响度等级＝侵权风险等级×专利影响度。

将侵权等级分布图的横坐标设为侵权风险等级的分值，纵坐标为专利影响度的分值，根据对每个专利的侵权风险等级（风险发生可能性）和专利影响度（风险损失度）的评估结果，确定该专利在风险水平分布图上的位置。根据各个专利在该图上的位置分布，可以将侵权等级分为四类，并具有不同的关注重点。

（1）高损失度、高可能性：这类专利是企业进行专利风险应对的重点对象，要制定完善的应对措施，做好充分的应对准备。

（2）高损失度、低可能性：对其中的引发该风险发生的主要因素进行监控，尽量消除该风险发生的可能性；一旦其发生的可能性上升时，要及时加强应对措施。

（3）低损失度、高可能性：重点关注随着企业内外部运营环境的变化，损失度是否有变大的趋势，并考虑是否有低成本的方式去规避风险。

（4）低损失度、低可能性：需要适当关注其损失度和可能性随着企业内外部运营环境的变化是否有变大的可能。

## 六、许可策略论证

当企业实际经营需要选择针对有风险的专利进行许可时，需要针对许可范围、许可期限、许可对象、许可方式、许可地域、许可内容等方面进行了解。

1. 许可范围

专利许可范围包括时间（期限）、空间（地域）、对象、方式与内容等综合要素。在实践中，由于各许可案例各要素存在差异，进而会形成不同的许可范围。

2. 许可期限

被许可人有权实施的时间只能在合同有效期内，且该有效期不得超出专利权的保护期，我国《专利法》明确规定，发明专利权的期限为 20 年，实用新型专利权和外观设计专利权的期限为 10 年，均自申请日起计算。因此在签订许可合同时，应首先了解专利权的状态和有效期限，如果专利权期间已经届满、专利权终止或被宣告无效的情况下，该专利技术已经进入公有领域，任何人都可以无偿使用，因此该许可合同就是无效的；如果专利权是有效的，则应当考虑专利权的剩余年限，一般来讲，剩余年限越短，许可使用费越低，反之则越高。

专利许可期限应包括起始期限与终止期限，但如果对许可期限约定不明，则会埋下争议隐患。对于被许可人而言，许可起始日期并不必然意味着被许可人能够顺利地实质性实施被许可的技术方案。在某些情况下，仅仅凭借专利披露的技术方案和约定可能无法达到最优实施状态，仍需在权利人披露某些技术细节的情况下才能实现。对于许可人而言，许可终止期限往往不是一个静态的固定日期，在许可期限临近届满时，许可人存在停止生产、停止包装、停止销售等多个时间节点。被许可人何时需要停止生产、是否需要销毁半成品、工厂库存商品是否可以继续销售、在售后服务过程中是否可以继续实施许可专利，都是许可期限所涉及的问题。

此外，还应考虑在履行合同的过程中专利权被宣告无效对专利实施许可的影响。

3. 许可对象

对于权利人而言，应当明确限定被许可人的主体范围，明确是否包括被许可人的关联公司，比如子公司、母公司、兄弟公司等。如果被许可对象不够明确，可能出现多个被许可人同时生产、销售的情形，也有可能出现权利人竞争对手通过控制某一被许可人的股权或者与某一被许可人进行合作间接获得许可授权的情形。

4. 许可方式

在许可贸易中，采用不同的许可方式，对许可方和被许可方意味着让与和享有的权利是不同的。按照实施条件分，许可方式包括独占实施许可、独家实施许可、普通实施许可、分实施许可、交叉实施许可等。

（1）独占实施许可是指许可方授予被许可方在许可合同所规定的期限、地区或领域内对所许可的专利技术具有独占实施权。独占实施权包括许可方不再就该项专利技术许可给第三方，同时许可方本人也不能在上述的期限、地区或领域内实施该项专利技术。

对许可方来说，即使是专利权人，也排除了与被许可方在规定范围内的竞争。独占实施许可对专利权人有所限制，许可方从该项专利技术取得的资本收益就完全寄托于这种专利许可贸易的被许可方，因此，独占实施许可的费用比其他形式的许可要高出许多。

被许可方在接受这种独占实施许可时也得考虑以下因素：许可的技术是否是已许可地域或工业领域内独有的；是否是在短期内他人不能独立开发出来的；他人得到同样的许可技术是否有其他的生产要素或社会要素的不利影响，致使他人无法与自己竞争。

（2）独家实施许可也称排他实施许可，它是指许可方授予被许可方在一定条件下实施其专利，同时许可方保留自己实施的权利，但许可方不得再将该专利许可第三方实施。独家实施许可与独占实施许可的根本区别在于，独家实施许可排除了许可方以外的任何竞争对手，但许可方不允诺被许可方独占实施权，其他的特征则与独占实施许可基本相同。

（3）普通实施许可也称一般实施许可、非独占实施许可，是最常见的一种实施许可。它是指许可方授予被许可方在规定的期限、地区或工业领域内制造、使用或销售已许可的专利产品或技术，同时，许可方不仅保留在上述同一范围内自己实施该项许可专利的权利，而且还保留再授予第三方在上述同一范围或不同范围内实施该专利的权利。

普通实施许可具有以下特征：在许可合同中未特别指明独占性质或依许可合同不能明示推定独占性质的为普通实施许可；专利实施许可合同约定受让人可以再许可他人实施专利的，认定该再许可为普通实施许可，但当事人另有约定的除外；被许可方的许可期限、范围受到很大的限制，有时仅授予了制造、使用或销售专利权利当中某一部分实施许可权；专利权人保留了更大的权利，或自我实施，或同时许可若干个普通实施许可权，因此，普通实施许可的使用费比独占实施许可要低一些；普通实施许可的专利大多是产品性能突出、市场需求量大、投资少、技术难度较低的成熟技术。

（4）分实施许可又称从属实施许可、再实施许可、子实施许可、可转让实施许可。它是指经许可方同意，允许被许可方在一定条件下再以许可人名义许可第三方实施专利。一般来说，分实施许可必须在原实施许可合同中有明确规定，否则，被许可方无权分实施许可。如果在原实施许可合同中有明确的关于分实施许可的规定，那么分实施许可的许可行为由许可方对专利权人负法律责任。专利权人则有权获得分实施许可使用费。

（5）交叉实施许可亦称互惠实施许可、互换实施许可，它是指两个或两个以上专利权人在一定条件下互相授予各自的专利实施权。具体地说，它就是专利权人甲向专利权人乙授予一项或若干项专利许可，而专利权人乙同时或日后向专利权人甲授予一项或若干项专利许可以作为回报而进行的一种交易。这种许可，两个专利的价值大体是相等的，所以一般是免交使用费的，但如果两者的技术效果或者经济效益差距较大，也可以约定由一方给予另一方以适当的补偿。

交叉许可通常适用于三种情况：①一项取得专利权的发明或者实用新型比前项已经取得专利权的发明或者实用新型在技术上先进，而其实施有赖于前项专利的，两个专利权人在这种情况下互相给予对方实施权；②原许可合同的许可方与被许可方在合同中或事后约定，双方各自对合同技术做出后续改进并取得专利权的，相互给予对方以实施权；③利益密切相关的企业为始终处于技术上的优势地位，对自己取得的专利权相互许可对方实施其专利。

交叉许可战略的目的并非把自身的知识产权看作利润的直接来源，而是将其看作一种通用货币或交易与谈判筹码。一般发生在相互竞争但又相互依存的企业之间，以共同提高对外的竞争力，不仅减少双方的研发成本，而且加快产品的创新与更新，实现双赢。

（6）其他形式的专利许可：①强制许可。专利权人自专利权被授予之日起满3年，且自提出专利申请之日起满4年，无正当理由未实施或者未充分实施其专利的，具备实施条件的单位或者个人可以根据《专利法》第五十三条第一项规定，请求给予强制许可，以促进社会进步。②专利联营（patent pool）。专利联营是指两个以上的专利权人相互订立的将各自所拥有的专利权或者专利许可权许可对方或者共同授予第三方的一种专利许可方式。专利联营又被译为"专利池"，其典型特征是不同的专利权所有人将各自所有的专利集中起来进行经营。专利联营是专利交叉许可的一种复杂化表现形式，是一种多向交叉许可，参与专利联营中的各种专利技术具有互补的特性，可以整合互补技术、降低交易成本，排除专利实施的交互限制，避免昂贵的法律诉讼等。

5. 许可地域

专利权具有地域性，仅在核准登记所在国具有受法律保护的排他性权利，权利人不得超出该国地域范围进行授权许可，不得授权他人在法律保护的地域之外实施专利技术方案，否则极有可能导致被许可人在第三国侵害他人的专利权。此外，权利人应合理地限制被许可人实施专利的地域，如禁止权利人不合理地限制被许可人的销售渠道和出口市场。

6. 许可内容

（1）使用权许可：获得专利权的技术往往可以在很多领域使用，例如，一项低频高效振动源技术，可以在电子、冶金、机械、矿山等工业领域采用，使用权许可则可规定被许可方在某一领域使用。

（2）制造权许可：规定被许可方在制造权上享有的范围，即指明是被许可方一家享有制造权，还是可以由许可方再许可其他方共享制造权。

（3）销售权许可：主要是对专利产品销售地区范围的许可。这种许可直接反映专利权人对市场的支配。在国内，限制产品销售地区将有碍产品竞争，不应在国内技术贸易中对产品销售地区加以限制。但在国际技术贸易中，对专利产品的销售进行区域性的限制却是司空见惯的事。

7. 专利许可人策略

从专利许可人的视角出发，其许可策略要考虑如下背景因素：

（1）专利保护的是产品创新还是降低成本的工艺创新；

（2）许可人是非竞争厂商还是同一产品市场的竞争厂商；

（3）产品市场是竞争的、完全垄断的，还是寡头垄断的；

（4）是价格竞争还是数量竞争；

（5）产品是相同的还是差异的；

（6）是否容易模仿；

（7）专利保护是否完全；

（8）政府是否限制许可费；

（9）专利技术的质量是否在合同里体现；

（10）是否存在信息不对称问题；

（11）以往专利许可的经历；

（12）公司当前的运营状况。

8. 被许可人策略

被许可人应当对待许可专利进行评估，包括专利数量、专利质量和市场评估。

（1）专利数量：考察专利数量时不但要考虑单个专利权人拥有的专利数量，而且要统筹考虑本领域的专利总数、本领域标准必要专利的总数、专利权人拥有的专利在全部专利中的占比、专利权人拥有的标准必要专利在全部标准必要专利的占比。由于专利费堆叠现象的存在，专利数量的占比是专利许可费的重要考量因素。

（2）专利质量：包括法律有效性分析、专利独占性分析、权利稳定性分析、可实施性分析、技术拓展性分析、专利技术对于产品的相对重要性。大部分专利虽然经过了各国专利局的实质性审查，但是并不能保证这些专利在专利侵权诉讼中一定会被认定为有效专利，可以委托有经验的知识产权代理人或专利律师进行专利稳定性分析，还可以调查该专利权人过往的专利诉讼记录，通过计算专利权人过往诉讼中被无效的专利比例评估专利权人的专利质量。

（3）市场评估：分析使用专利的侵权产品市场规模，关注技术与现有产品或未来产品之间的关系，技术与公司技术规划和战略意图的匹配程度及技术集中度。

## 七、诉讼策略论证

若说专利许可实现了专利的经济价值，那么专利诉讼则体现着专利的终极价值，其不仅仅可以获得经济利益，还可以禁止侵权者制造、使用、销售、许诺销售及进口专利产品或者依照专利方法获得的产品。

1. 专利诉讼应考虑的因素

本文从风险管控及应诉角度(风险防控)看专利诉讼应考虑的因素包括：

(1) 被诉产品对企业的重要性；

(2) 诉讼产品在诉讼国家或地区的市场占有率；

(3) 企业自身的知识产权在诉讼国家或地区的情况；

(4) 企业的财务状况；

(5) 获得原告方的信息和行业情况：①分析对方拥有的专利、商标、版权等知识产权，收集和分析对方近年来相关知识产权诉讼的情况，以判断对方在知识产权诉讼方面的经验和对知识产权的态度；②对对方经济实力和企业相关人员背景情况进行摸底，以分析对方起诉意图；③分析我方企业所拥有的知识产权，判断有多少可用并进行稳定性分析，判断我方可用专利权在相关技术领域中的重要性，是核心专利还是非核心专利，以分析对方起诉意图，做好以诉求和的准备。

(6) 应诉能获得帮助的资源情况；

(7) 诉讼地区法律环境，地域管辖是专利侵权诉讼程序中的一个重要问题，我国目前有些地方专利保护意识淡薄，地方保护主义比较严重，再加上专利侵权诉讼专业性要求高，各地法院在审理水平上存在着事实上的差异，因此诉讼地区的法律环境是一个重要因素。

(8) 诉讼意图：有竞争关系的市场主体，消灭竞争对手，消耗和长期压制竞争对手，以和解、与竞争对手建立专利联盟或者一段时间内获得竞争优势为目的。没有竞争关系的非市场主体，以索赔或者获得专利许可费为目的，被告应该在诉讼攻击战打响之初，积极分析和解的可能性，并采取有效的措施促成和解，从而避免在诉讼中消耗漫长的时间和巨额费用。

如果提起专利侵权诉讼攻击的企业提出的诉讼赔偿数额并不是漫天要价，而且该企业在该领域的市场占有率不高，甚至没有进行相关产品的经营，那么该竞争对手提起侵权诉讼的意图很可能就是要求对方支付许可费或者希望与对方进行专利技术的交叉许可合作。

如果对方提出的赔偿数额相当大，其市场占有率也比较高，那么，该竞争对手提起侵权诉讼的意图很可能就是要求被告退出相关市场，从而达到垄断市场的目的。

根据原告不同的诉讼意图，企业在不同的时机可以选取不同的诉讼、和解策略。

原告选择在被告的非常时期向被告主张权利，被告在接到律师函/传票后应当第一时间确定，该案是否"拖得起"。如果确实时间紧迫、无暇恋战，则应当在不突破底线的前提下，权衡诉讼成本与和解成本，确定和解更有利于企业发展的，应当积极寻求和解，尽快结案，可以在和解金上与原告进行谈判，但需要注意的是，不要在谈判过程中做出任何"自认侵权"等不利的表述。

如果时间并不紧迫，则应当积极应诉，可以适当拖慢案件进度，给自己争取充分的准备时间，包括提出管辖权异议、提起专利无效要求中止审理、对于对方的任何新诉请或新证据都要求给予举证期或质证期、必要时提出延长举证申请，还可以破坏原告的"选择性起诉"，打乱原告的诉讼策略，将其不愿起诉的对象(如合作伙伴、供应商等)申请追加为第三人，最后，被告还可以利用自己拥有的专利，向对方发动专利侵权诉讼攻击，达到以战促谈的目的。

2. 诉讼证据论证

1）抗辩方案论证

（1）诉讼主体资格抗辩：①核对专利权人或原告的主体身份是否适格，并且核对原告专利的法律状态，从而对原告资格提出异议，从而消灭对方的起诉权，原告适格主体包括专利权人、全体共同专利权人、独占被许可人、经专利权人同意的排他被许可人、普通被许可人（需要与专利权人共同起诉）；②同时也可以通过证据证明自己不是适格的起诉对象，从而摆脱诉讼。

（2）诉讼时效抗辩：诉讼时效自专利权人或者利害关系人知道或者应当知道侵权行为之日起计算。可以利用对方的懈怠，主张诉讼时效已过，从而可能驳回竞争对手提起的诉讼。

（3）不侵权抗辩：涉案产品的技术特征未落入涉案专利的保护范围。

（4）权利无效抗辩：在答辩期向专利复审委提出无效请求，并申请法院中止审理。若还存在管辖权问题，则管辖权异议的提出也很有必要（给无效宣告争取更多的时间）。

（5）公知技术抗辩：公知技术抗辩，又称"现有技术抗辩""自由公知技术抗辩"等，是指被控侵权人提出其被控侵权产品/技术方案系与已有公知技术方案完全相同或实质相同，在此情况下，即使被控侵权产品/技术方案落入了涉案专利的权利保护范围，也并不构成对涉案专利侵权的抗辩规则。这项规则是专利侵权纠纷案件审理中的一项重要规则，也是此类案件中被告进行抗辩的一项有力武器，在司法实践中被广泛应用，这一规则的适用，对于平衡专利权人与公众利益、节约司法资源等，都具有十分重要的作用。

由于很多企业都是对已经生产出来的产品进行专利申请，这导致了很多专利在申请日之前就已经处于公开销售的状态，构成了使用公开，破坏了专利的新颖性与创造性，作为被告，应当积极收集在涉案专利申请日前就已经销售的证据，提出公知技术抗辩。在笔者的实际案例中，使用"现有技术抗辩"案例的情形主要是海外企业在进行区域布局专利的早期遗漏中国，而实际在中国起诉所利用的是后续在中国申请的从属专利，这种现象也多见，因此建议涉诉企业一并顺藤摸瓜，查找权利人自身早期的海外专利判断是否存在"现有技术抗辩"的证据。

提出公知技术抗辩，应注意如下事项：①目前法院普遍采用"标准新颖性"的尺度来对待公知技术抗辩，也即提出抗辩的现有技术仅限一项技术方案，不能用组合的形式。②公知技术抗辩作为一种抗辩权，按照大陆法系民事诉讼的一般原理，实质性抗辩应当在一审中提出，假如被告在一审中没有提出，则视为被告放弃了该抗辩权利。③对于需要打"持久战"的案件，即使公知技术抗辩的证据不充分，也应当尽可能与其他抗辩一起提出，至少可以尝试构造技术陷阱。④公知技术由于只能是一项技术方案，建议优先从行业内的"辞典型"书籍及涉案当事人实际销售的产品来考虑，其次考虑权利人非诉讼地区的早期专利文件。

（6）免责抗辩（先用权、权利用尽、临时国境）：被告可以通过证明自己使用相关专利的情形是法律规定的不视为侵权的情形，如在先使用、临时过境、权利耗尽等情形。

《专利法》第七十五条规定："有下列情形之一的,不视为侵犯专利权:(一)专利产品或者依照专利方法直接获得的产品,由专利权人或者经其许可的单位、个人售出后,使用、许诺销售、销售、进口该产品的;(二)在专利申请日前已经制造相同产品、使用相同方法或者已经作好制造、使用的必要准备,并且仅在原有范围内继续制造、使用的;(三)临时通过中国领陆、领水、领空的外国运输工具,依照其所属国同中国签订的协议或者共同参加的国际条约,或者依照互惠原则,为运输工具自身需要而在其装置和设备中使用有关专利的;(四)专为科学研究和实验而使用有关专利的;(五)为提供行政审批所需要的信息,制造、使用、进口专利药品或者专利医疗器械的,以及专门为其制造、进口专利药品或者专利医疗器械的。"

此外,在涉案产品确实落入涉案专利保护范围时,被告可以采取合法来源抗辩,主张合法来源,证明自己的使用属于合法使用,如通过证明是基于合法的许可使用合同、专利转让合同等原因,证明主观上无过错,如不知情的销售者,以求只承担停止侵权的责任,而不承担赔偿责任。

(7)禁止反悔原则抗辩:如果专利权人在专利申请的审批、专利权撤销或无效宣告程序中,为确立其专利的新颖性或创造性,通过书面声明或者文件修改,对权利要求的保护范围做了限制或者部分放弃,被告可以利用专利制度中的禁止反悔原则,同时提出无效宣告请求与公知技术抗辩,构造技术陷阱,原告将面临"保专利"还是"保诉讼"的选择,一般来说都会选择"保专利"。

2)其他所能获得的可能证据资源论证

(1)可以对对方提出的证据进行质疑,增加对方的诉讼成本,有时可能因为对方诉讼证据不足,而使得对方提出的诉讼事实或者诉讼请求不成立。

(2)如果通过对专利及被控侵权的技术进行检索、分析,并在证据调查的基础上进行了全面的法律分析,发现确实侵权,被告方最重要的是如何降低对方提出的侵权赔偿数额,避免企业因此遭受巨大损失。

首先,正确评估侵权程度,包括确定侵犯竞争对手专利权的类型、侵犯对方指控侵权的专利中哪些有效的专利及其数量以及这些被侵权专利的哪些权利要求等,在确定了侵权事实及程度的程度上与对方谈判,根据被告的过错程度要求减免赔偿责任。

其次,在知识产权侵权诉讼中,侵权行为的认定一般不需要行为人主观上有过错,只要实施了法律规定的行为,就构成侵权。但是被告主观上是否认识到自己实施的行为是一种侵权行为,也就是说主观上是否有过错,对损害赔偿的数额具有重要的影响作用,可以通过举证证明自己使用专利技术或者销售、进口专利产品是基于善意,从而达到降低赔偿数额的目的。

最后,原告对于赔偿额的计算,本身关联性就存在着天然的问题,被告应当抓住这一弱点通过质疑对方提出的赔偿请求证据,包括对方提出的遭受损失的证据、被诉企业获利的证据等,进行充分的准备与抗辩:①售价与成本是否有依据;②销售数量减少/增加是否与侵权行为有关;③数量统计是否有误,销售合同、发票、图纸的一致性问题;④许可费是否合理,许可合同是否为诉讼后伪造。

　　被告还应注意的事项是,由于"申请调取证据"本质上是原告提交的证据,因此原告将会看到被告发票上的客户名称、销售价格,这些属于被告的商业秘密,被告应当向法官指出这一风险,并要求只能由法官查看发票,不允许原告接触发票。

　　赔偿额计算是专利侵权诉讼中的最后一道防线,也是能够找到最多瑕疵的环节,因此对于原告的赔偿额举证要做足功课,将所有可能的反驳理由及合理怀疑提出,在最大限度上影响法官的心证。

　　综合上述情况进行具体的诉讼策略论证,被告依据不同条件选取:①被动应诉,②相互起诉策略,③综合竞争策略,④支持策略,以合理地管控风险。

　　知识产权风险管理应作为企业的长效管控机制,并作为一项体系化工作协同执行,专利风险管理的工作重点应当放在专利风险的排查与回避环节,而对于无法回避的专利再行考虑许可或者无效等手段。专利诉讼应对能力以及应对的有效处理不在于应对知识本身,而在于企业未雨绸缪的日常点滴知识产权工作中。天下大事必作于细,天下大事必作于易,风险管控亦是如此。

# 从一件专利申请案体会专利代理师的关键作用

李银惠

李银惠，专利代理师、律师。现为广东科才律师事务所主任、双证律师、"专利神教掌门李银惠"公众号创始人。

专利代理师的工作与传统的代理中介不太一样。代理中介对于所代理的事物的质量没有影响，仅仅是介绍客户，但是专利代理师的工作对于专利质量有重大影响。以下是笔者帮客户策划专利申请的一个案例。

## 一、案件背景

客户的技术方案是对自然界中的某种原材料进行处理后，形成新材料。自然界中的原材料也能用，但经过处理后的新材料，表面活性更好。客户具有一定的专利检索意识，随着交底书提供了一篇现有技术的专利，已经基本公开了处理工艺方法，参数有所不同，解决的技术问题是改变原材料的内部微观结构。其实，同样的原料、同样的方法、不同的参数，解决不同的问题，这也是可以理解的。如果是普通的专利代理人，自然就会随着客户的思路，不管那么多了，工艺方法的步骤和参数范围改得与现有技术的专利不一样就行了，能不能授权就看天意了。如果不是老板亲自打电话来，对于这样看起来很普通的专利申请，根本就不会到笔者手上。但是老板既然亲自打电话来，笔者要做的事情可不仅仅是保证这个专利能授权就完事了，要做到的事情是，让这个专利有用。这个专利之所以重要，是因为经过处理之后的新材料，能够替代某种很贵的材料，客户的意图是之后通过这种方法制备新材料，然后通过销售这种新材料盈利。虽然这种工艺方法在现有技术中公开，但是在客户所在的行业内，目前根本没有任何企业使用这种工艺方法来制备这种新材料，这种新材料一定会成为企业重要的盈利点。这种工艺方法也不难，一旦市场推广开，竞争对手的模仿是分分钟的事情。笔者既要表达清楚这个专利申请的专利思维方式，又要完全不体现任何真正的技术方案，避免作为呈堂证供。不要妄想由此文查找对应的专利文件，反正保证你查不到。

## 二、可视化问题排在第一

专利这个宝鼎的三足，分别是权利稳定性、保护范围和可视化。这三足中的任何一个立不住，就会使专利成为垃圾，这是笔者独创的专利宝鼎论。所谓权利稳定性就是能不能授权，或者授权后能不能抵抗无效宣告，所涉及的内容就是新颖性和创造性，当然也包括公开充分、清楚简要；保护范围就是别人是不是很容易侵权，无法规避；可视化就是在侵权诉讼中的取证难度与比对侵权的难度如何。简单地说，任何工艺方法类的发明专利，在专利的可视化方面都存在先天缺陷，很难作为维权工具。所以，第一件事就是，务必把专利改成这种新材料的产品专利，在权利要求 1 中直接限定该新材料的物理化学属性，将来在法庭上进行专利侵权诉讼的时候，能够直接通过某种测量手段，判断被诉的新材料是否符合权利要求 1 的物理化学属性。这种成分类的专利，最常见的描述方式包括：第一种是直接在权利要求 1 里面限定测量的方式，以及测量得到的结果，比如光谱分析、X 射线分析、红外分析。第二种是直接在权利要求 1 里面限定化学分析的步骤，比如将权利要求 1 限定的物质放入某种化学试剂，描述出现的各种结果。所以，笔者马上让客户把制造的样品送到检测机构，用光谱分析测量其组成，将光谱分析的结果作为交底书的附件。由此形成第一稿，按照上述所说的直接在权利要求 1 里限定新材料的检测方式。然后，从权的制备工艺作为并列独权，或者限定为引用独权。

## 三、没有新颖性怎么办

第一稿的检测方式虽然与对比文件的专利的检测方式不同，但如果审查员懂得比较多的话，他也许有能力判断其实以权利要求 1 的检测方式限定的产品，同对比文件的专利中限定的产品，成分上是有一定的重合的。也就是，同样的原料，同样的方法，不同的参数，会导致反应结果出现相同的物质。简单点说，对比文件中大概出现了 ABC 三种物质，而本申请中由于工艺参数的改变，也许会出现 BCDE 这几种物质。如果在权利要求 1 中限定了针对 BC 这两种物质的光谱分析，就会使权利要求 1 没有新颖性。由此，其实权利要求 1 有可能连新颖性都没有（单独对比原则，以对比文件的专利为现有技术）。没有新颖性的权利要求 1，在笔者这里是绝对通不过的。没有新颖性，其实解决方案与机械领域的基础专利案例的写法是完全相同的。吴观乐老师的《专利代理实务》第二版里的基本撰写案例是一个折叠牙刷，其撰写方式从根本上说，就是把折叠牙刷中的各种莫名其妙的、看起来没什么用的技术特征，也写到权利要求 1 里面去。如果你不看任何对比文件，你会觉得为什么权利要求 1 写得这么啰唆，很多没有必要的技术特征为什么要写在权利要求 1 里。但如果从新颖性的角度看，一切就说得过去了，因为权利要求 1 的技术特征务必要比最接近的现有技术多出来一些，这就叫作新颖性。而新颖性增加的这些特征，其实在正常制造这款产品的时候，不可能省略，必然要有。所以，即便在权利要求 1 中增加这些对于解决技术问题并没什么用的特征，也不会缩小专利的保护范围，但确实能够增加专利的新颖性，甚至是创造性。就此案而言，笔者就直接跟负责撰写的助理说：除了检测方式限定新材料产品本身之外，把这款新材料的其他物理属性也加进去，包括其粗糙度、颗粒度甚至形状，因为粗糙度、颗粒度和形状，都是用此工艺方法制备之后必然产生的产品属性,即便是写在权利要求1中,也不会缩小专利的保护范围。因为侵权者如果使用这种工艺制备新材料,就必然包括这些粗糙度、颗粒度和形状,当然侵权。但在对比文件的专利中,完全没提这些技术特征,毫无疑问这样撰写的权利要求1相对于最接近的现有技术的专利而言,具有新颖性。

## 四、但是依然可能没有创造性,怎么办

创造性的两条腿,左腿是区别技术特征,右腿是解决的技术问题。加入了粗糙度、颗粒度甚至形状这些技术特征的权利要求1,依然可能没有创造性,理由有两点:第一,创造性的比对是可以增加另外一篇现有技术的,万一在国外的外文专利,或者是期刊论文中,出现过对于该种工艺方法的更详细的描述,就有可能包括了粗糙度、颗粒度甚至形状中的一种或者几种。因为专利检索是永远不可能穷尽的,你必须预料到假如突然蹦出来一篇文章怎么办。务必保证就算是突然蹦出来的文章,你也要能轻松地应对它的创造性,这一点,无非就是按照非显而易见性的三步法,增加区别技术特征和实际解决的技术问题而已。第二,从权或者并列独权的工艺方法是必然要写的,不可能从头到尾所有权利要求都只写新材料本身的物理化学属性限定,这是化学领域专利撰写的基本常识(产品与产品的制备工艺肯定是写在同一篇专利里的)。审查员只要具备稍微高于常识的技术能力,就会自然而然地想到,同样的原材料,用近似的工艺方法(步骤相同,参数有变),得到的新材料本来就有可能差不多,所以粗糙度、颗粒度甚至形状这些物理化学属性,有可能被审查员怀疑是否具有创造性。实际上,笔者就是要按照不同的工艺参数、导致不同的粗糙度、颗粒度甚至形状变化,解决了不同的技术问题,顺着这个技术逻辑链条,把内容填满就好了。对比文件中只提及了①原材料,②工艺方法,③微观结构,这样一个技术逻辑链条。在这篇申请文件中,就必须强调①原材料,不变,②工艺方法的参数变化,为什么变,有什么用处,③表面活性代表了什么技术效果,真实的技术效果是这种新材料的表面活性的变化导致其用在物品表面时具有耐污垢不沾水的作用,这与对比文件的专利中所提及的内部微观结构完全搭不上边。由此,宏观上说,权利要求1限定的新材料本身,相对于最接近的现有技术的专利,其区别技术特征是粗糙度、颗粒度甚至形状,其实际解决的技术问题是改变表面活性,使其变成不沾污垢。既然最接近的对比文件既没有公开区别技术特征,也没有出现解决这个技术问题,这个专利申请具有创造性的可能性大大增加。

## 五、工艺方法的权利要求

关于工艺方法的权利要求就没什么好说的了,与审查指南规定的一样,无非就是最重要的两点:第一,参数范围边界的数值,务必要在实施例中出现过,术语叫数值遍历。第二,不同实施例的技术效果,尽量有实验数据支持。

## 六、换申请人,换代理机构,让人查不到

最后还有一个商业问题,这已经完全不是专利代理师本身的职业要求了。因为笔者是专利代理师出身,也经常帮客户做专利自由实施分析(FTO检索),所以笔者知道这个问题

非常重要。一旦这个客户开始大批量供应这种新材料了，行业内必然会有企业蜂拥而至加以模仿。要模仿，首先要搞清楚这个东西是怎么做出来的，直接通过产品本身的检测是看不出来工艺方法的，所以专利检索必然是获得工艺方法的最简单的途径。不申请专利的话，一旦同行知道了工艺方法，轻松仿制，不算侵权。申请专利的话，同行可以通过专利检索，轻松了解技术方案。所以，笔者直接让老板的七大姑、八大姨，代持相关专利申请，完全不出现客户的名字。同时，把代理机构都换了，随便找一个认识的专利代理机构代为提交，不要以笔者所在的专利代理机构的名义提交，这样，保证竞争对手就算是委托了专利检索高手，他也一样抓瞎。所以，正如前面说的，保证你查不到这篇专利。唯一的检索方式，只能通过技术关键词进行检索。当然，这也有应对方法，我十几年前刚入行的时候，就知道IBM故意把自己的公司名称写成IBN，反正写错了也不会丧失权利；爱普生打印机故意把墨盒专利写成一种容器，目的都是为了让竞争对手检索不到相关专利。所以，待全稿完成，客户确认之后，整体上把各种术语又梳理了一遍，用一种更加晦涩难懂的词语描述技术特征，通通改得让人看不懂。这样，才算是圆满。

## 七、结语

按照笔者的习惯，又到了总结的时间了。专利到底是什么？专利是与公众关于谈判商业边界的一种合同，在这个边界内，由申请人独占，公众愿意的话，申请人就交几千块钱；不愿意，申请人就白交了几千块钱。这个合同签订得好不好，决定了专利申请人能不能靠这份合同理清这个商业的边界。关于不看重专利质量的一切问题，归根结底是专利质量的反馈时间太长了，甚至在专利的整个生命周期中都无法得到反馈，也就是，专利保护商业边界的效用，不能迅速发挥作用，导致短视的老板们不知道专利有用，也不知道专利应该多花点钱，或者不知道应该花钱聘请找什么样的专业人士。此问题无解，也不用解，反正专利是私权，搞了重大发明创造，最后因为贪几千块钱的便宜，导致专利写烂了，什么用没有，重大发明创造的商业价值贡献给了全世界，那也蛮好的嘛，为科技进步做贡献的雷锋，越多越好。只是，大多数企业是想做诺贝尔的，想发大财。想发大财，专利质量至关重要。想提高专利质量，在每一件专利的撰写过程中，真正专业人士的参与是必不可少的。

还是那两句话：把专利写好，把专利官司打赢，是专利工作永恒的主题。

# 成长的烦恼

## ——中小型知识产权事务所成长方式的探索

房晓俊

笔者撰写此文正值 2008 年国家提出建设创新型国家,实现全面建设小康社会的目标之时,制定并颁布《国家知识产权战略纲要》,明确提出"激励创造,有效运用,依法保护,科学管理"的十六字方针。

### 一、世界已经改变,变革将给整个行业带来契机

作为制造业大国,摆在面前的有两条路可选,一条是继续以低成本(劳动力、物资资源、土地)维持着中国制造。但这条路越走越艰难,在全球化的大背景下,人流、物流、信息流不愿意也不可能停留在一个被严重低估的地方,它们势必会流向那些符合其价值认可的地方。再则,带不走的是贫瘠的土地,留下的却是环境污染和资源的耗尽。另一条是走中国创造之路,同样在全球化的大背景下,大家讲什么语言,我们就讲什么语言;大家用什么标准,我们就用什么标准。不再依赖低成本来赚取微薄的加工费,也要靠头脑来圈地,来赚取高附加值。真正让国人感受到国强民富的扬眉吐气。

2008 年初,政府提出了国家知识产权战略,昭示了中国人有能力选择自主创新的道路。依然如一百多年前的情形,前路坎坷,但我们绝不退缩。中国人的创造热情和勤奋精神被点燃、被激发。至此,国家层面已就问题的提出、问题的分析和问题的解决做出了明确的回答。那么,在这个战略中启动催化剂作用的专利事务代理行业,也将迎来春风和发展的契机了。春天是播种的季节,错过了春天也将错过了秋天收获的美景。

### 二、现有行业的生存方式及其危机

专利代理这个行业在中国发展也不过 20 余年,1985 年国家颁布《专利法》,从而确定对发明创造的保障制度,20 多年来,中国的专利代理机构由作为企业的附属机构,慢慢独立出来,慢慢成长起来,现今也不乏比较大的事务所。形成了大、中、小三个规模层次的事务所,以满足现有的大、中、小企业的专利事务代理的需求。

企业和高校是自主创新的主体,但好发明不等于好专利,好发明也不等于好保护,只有当好发明转化成好专利,这时好发明才能享有好保护。这个转化过程恰是专利代理行业的发展空间,它是处于技术和法律的交叉口。让好专利保护好发明人的创造热情和积极性,让专利制度和国家专利战略得以发展、实现,这些是专利人义不容辞的责任。专利事务所

在成就他人的同时，获取合理的报酬，也让专利代理队伍不断壮大。

这是美好的前景，但现实并不如此称心如意。发明创造不是一蹴而就的，原创性发明创造尤其难能可贵。

中国现有大量的外国企业驻扎，尤其以 500 强企业为首，它们对专利的重视程度可想而知。它们并不热衷于在中国搞创新，但自我保护意识却极强，它们把自己在其他各国的专利或先进技术，通过翻译大量地向中国政府申请专利保护。这块蛋糕无疑被大型事务所瓜分，中、小规模的事务所只能凭各自的能力为那些"挑剩的骨头"而打得你死我活。不但如此，现今还有专职的翻译公司也在参与其中，竞争之激烈可以想见。

2009 年或 2010 年，专利代理机构的涉外指定将被取消，那将意味着中、小所可以用价格策略来冲击大所，同样意味着大所可以用低价策略来压制中、小所的生存空间。到时，一场价格大战将不可避免地展开。正如当年彩电行业的价格大战过后，行业重新洗牌，留下的是更大的企业以及成就了像国美那样拥有终端优势的家电大卖场——一个新兴的行业。

这就是我说的红海，经过这样的市场大洗礼，中、小所很难说有绝对的把握打胜这场战争，因为这并不是靠一时争取来的一两个案子就能解决问题的。当然，能够幸运地生存下来（不是说发展），就已经不容易了。

以上分析了企业与事务所、事务所与事务所的关系，接下来让我们再看看事务所及其员工的关系。大所有明确的部门划分和岗位认定，每个员工就是这岗位上的一颗螺丝钉。大所已给这个行业的人才制定了价格标准，这就不难理解，从业人员一定是在中小所得到锻炼以后，千方百计地要去大所，大所稳定、规章清晰、报酬在行业中最高。而中小所无疑成为从业人员退而求其次的练兵场所。小所小而五脏全，因为人数有限业务重叠且难以完全划分，所以在中、小所里的锻炼是全面的。

如果蛋糕做大了，大所来不及做，中、小所自然水涨船高；如果蛋糕做不大，互相以价格策略进行搏杀，大所能用其他业务来互补，以维持营运，那么其员工将吃不饱也饿不死。中、小所呢？如果单价低，又没有规模效应来弥补，裁员是必然的选择，那么人才匮乏又何谈发展呢？

### 三、超常规发展的新模式

我们乐观点，未来几年，假设蛋糕是在做大。大所吃得饱，中、小所不喊饿。如此得过且过，也就相安无事。做市场的追随者，是大多数中、小所的习惯思维，但刚才说的只是假设，"不安分"的中、小所不愿坐等，它们不满现成的层次格局，就如同中国要向发达国家看齐一样，它们做梦也在想着如何将自己的事务所做大做强。其中肯定不乏从红海中拼杀出来的"猛将"，但更有一些将来的成功者会找到另一片海，一片深蓝的海。在蓝海中没有大鳄，一条小鱼就是王者，当大家都来赶这片蓝海时，原先的小鱼已经成为大鳄。

其实，新市场不是中、小所创建的，新的需求是客观存在，只是你有无这个心去挖掘。那么新的需求是什么？中国有 13 亿人口，一方面，社会发展和稳定需要 5% 左右的失业率，这个指标太高将引发社会动荡，所以经济要发展、外资要引入、内资要引导，增加就业就成为政府的头等大事。另一方面，国家现有的岗位并不能保证 5%，大量的学生毕业、如潮的农民工进城,想就业的人口数量增长大于可供给的岗位数量增长。那么在外企、民企和政府机构吸纳人员以后,还需要就业者自主去创业,当然政府已给予适当的政策优惠,今后的优惠力度将更大。在自主创业当中不乏知识型小企业,两三个人、两三个专利、两三个标准,就能拉出来干。具有代表性的是无锡尚德——太阳能电池板制造商,其总裁学成归国,凭着专利起家,将尚德打造成太阳能电池板生产占世界 1/3 的霸主。这样的企业需要专利服务,它们需要将好发明转化成好专利,然后才能在市场中开疆拓土。如果按传统的方式,事务所如果坐等这些小科技公司上门的,不又回到了红海。

思想的转变从这些小科技公司的需求开始,传统做法是企业创造完以后,事务所才介入。蓝海的思维不是这样的:企业精于技术,事务所(IPME)专职于技术保护,它们应该从一开始该就在一起,从企业项目立项时该就在一起,但 IPME 始终属于事务所的人,这就是 IP 外包。外包是 IT 行业兴起的,如今 IT 外包模式已发展得相当成熟,世人皆知 IT 的技术创新日新月异,却不知 IT 的营运创新也同样如火如荼:Dell 的直销模式、IT 的外包模式等等。已经有人在模仿这样的模式:PPG 做男式衬衫的直销,人力资源公司或财务公司做人事外包或会计外包。这样的方式是符合市场发展需求的,小而精的企业只专注于自己的主业,其他非主业统统外包,这是经济发展、社会分工和市场需求细化下的规模集成的必然结果,企业与外包公司间以契约方式结盟,共生但不共死,共荣但不共衰。

换言之,如果该科技公司的外包 IPME 是属于该事务所的,那么可想而知,该公司的所有知识产权相关业务十有八九是委托该事务所的。事务所将其业务的产业链延伸至上游,就如同携程网控制着上游的客房和机票,提供一条龙的服务一样,事务所也可将服务产品系列化,完整地为企业提供服务,并且牢牢地"捆绑"住该企业。

## 四、理想中的完整组织构架

在笔者的构思中,一个成熟的专利代理事务所的营运模块包括这样三大块:专利事务代理、专利翻译、IP 外包,这三大块是同源但发展方向不同,各自独立但可互补。此三块是进攻部队,后还有两块作为后勤支持部队,分别是流程管理和客户关系管理,而这两块又是同源的。如果可能,块中可分组,进攻块按不同行业来组建组;后勤块按国别来分组或语种来分组。这样一个完整的阵型就呈现眼前了,因为人员是同源的,所以当某一块缺损时,其他块的人员可以弥补上,让同块中的协助使其尽快进入状态。团队的协作远比个人的打拼更有成效,尤其是在知识型组织或者学习型组织当中。各组有组长,每块有部长,部长之上有经理,四层五块多小组的组织结构,有序而稳固。如果业务发展顺利,组织制度也得以稳定,组织制度稳定也有利于员工的成长,员工培养可以从"流程管理—IP 外包(或专利翻译)—专利代理人"脉络中产出,员工本人也可看到自己向上奋斗努力的目标。高学历人才属于复杂社会人,他们不单纯追求物质待遇,同时也追求归属感和成长中的成就感。一个由非物质因素而把人才凝聚起来的组织机构,必定众志成城、欣欣向荣。因为事务所无产品可卖,而服务完全基于人才,这里所说的人才包括:专利代理人才、专利翻译人才、专利管理人才和专利数据库人才等,各项业务有了各种人才,然后各尽其才,这样的代理事务所才能发展壮大。对于一家企业来说,一定是得人才者得天下。

## 五、发展和创新才是硬道理

大浪淘沙也罢，逆水行舟也罢，都是说每个领导者要有忧患意识，同时也要有发展意识。市场经济是一个个性经济，你提供一项服务或产品，就有人提供一项更好的服务或产品，你要保持领先，就要为用户量身定制有个性的服务或产品。注意，对于有个性的服务或产品，就很难用好或坏来评价，只有适合或不适合。能提供个性服务或产品的行为，就是这组织的核心竞争力，一时间他人很难模仿，或者说他人从形式上的模仿是没有意义的。拥有核心竞争力的组织，是靠发展、创新和不断探索而成就的，这样的组织最具有活力。它们会随着市场的变化及服务对象的需求变化而变化，这就是适者生存，生存并且进化，时间一长就成了百年老店。

# 企业知识产权工程师十条军规详解

凌赵华

笔者综合自己多年的从业经验,总结出企业知识产权工程师的"十条军规",供广大企业知识产权工程师参考。

## 一、企业知识产权工程师第一条：知识产权工程师首先是法务,需具备法律思维

早在2010年,笔者的朋友智财黑马曾在思博论坛上发起过一个投票——你所在企业的专利部门隶属于哪一个职能系统? 投票结果显示,专利部门属于研发系统的占到了46.13%,属于法务系统的占到了19.25,其余的1/3则分属于其他各个不同系统(见图1)。

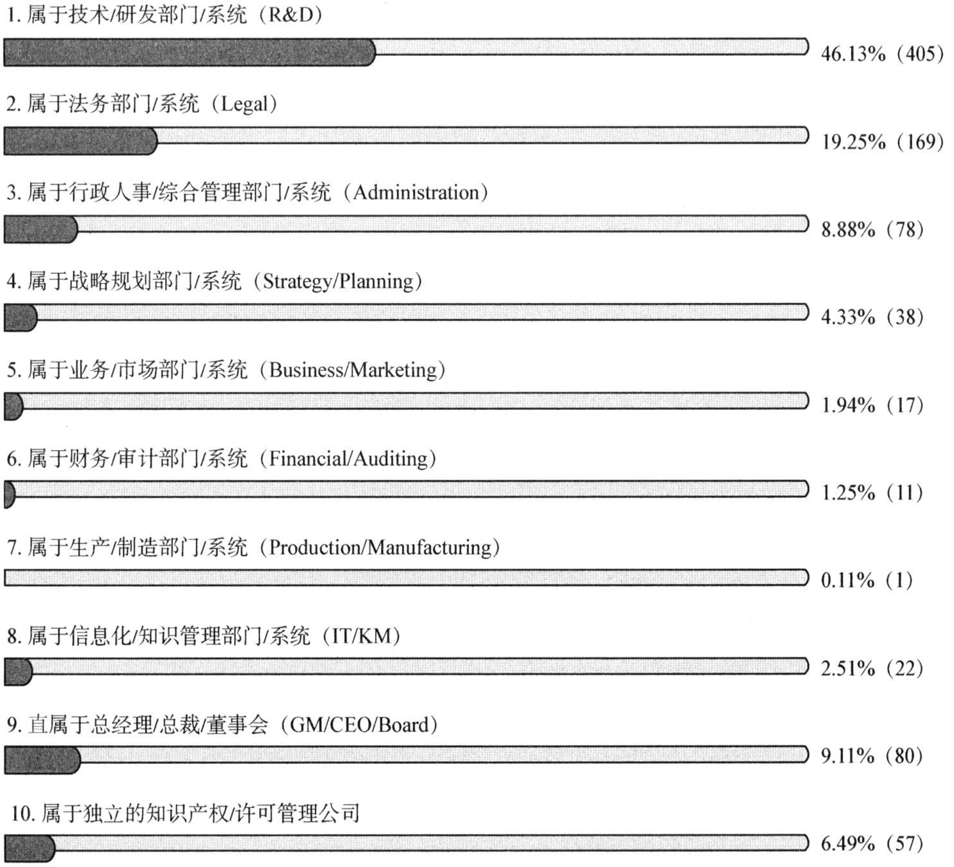

1. 属于技术/研发部门/系统 (R&D)

46.13% (405)

2. 属于法务部门/系统 (Legal)

19.25% (169)

3. 属于行政人事/综合管理部门/系统 (Administration)

8.88% (78)

4. 属于战略规划部门/系统 (Strategy/Planning)

4.33% (38)

5. 属于业务/市场部门/系统 (Business/Marketing)

1.94% (17)

6. 属于财务/审计部门/系统 (Financial/Auditing)

1.25% (11)

7. 属于生产/制造部门/系统 (Production/Manufacturing)

0.11% (1)

8. 属于信息化/知识管理部门/系统 (IT/KM)

2.51% (22)

9. 直属于总经理/总裁/董事会 (GM/CEO/Board)

9.11% (80)

10. 属于独立的知识产权/许可管理公司

6.49% (57)

**图1 智财黑马在思博论坛上发起的投票截图**

其实笔者引用这个投票数据想说的是,作为企业知识产权工程师,不管是负责专利、商标还是版权业务,也不管具体是处理申请、诉讼还是运营事务,首先应该把自己定位为一个公司法务人员,并且要具备一定的法律思维。

公司法务人员是指受聘于公司、具有丰富法律知识和实务经验、负责处理诉讼和非诉讼法律事务的专业人员。对应的,企业知识产权工程师,则应当是指受聘于公司、具有丰富IP法律知识和实务经验、负责处理IP相关诉讼和非诉法律事务的专业人员。

之所以要把自己定位为公司法务人员,首先是要让企业知识产权工程师们对自身岗位在IP法律知识方面的要求以及知识产权工程师的岗位职责有一个清晰的认知,不至于在日后的工作中"跑偏"。企业知识产权工程师在实际工作中往往会扮演多种角色,比如在做某项技术的专利挖掘或者科技情报的搜集时充当研发人员或技术人员,在为公司某款新产品起名或策划时充当产品人员或品牌人员,在为公司的产品做竞品调研或侵权监控的时候充当市场人员或销售人员,等等。但知识产权工程师们一定不能忘记自己本质上还是一名法务,更具体点说,是一名IP法务。在企业中,他们应当是最懂知识产权法律法规的人,需要他们去引导企业中其他部门的同事在各种知识产权的规则和规制下来开展业务。

之所以要把自己定位为公司法务人员,另一个原因是希望企业知识产权工程师们在工作中具备一定的法律思维。所谓法律思维,是法律人特定的一种从业思维方式,是法律人在决策过程中按照法律的逻辑来思考、分析、解决问题的思考模式,或叫思维方式。举一个简单的例子:一位普通人看到钟表不走了,可能会说"这只钟表坏了",但一位法律人看到钟表不走了,只会说"这只表不走了",绝不会说"这只表坏了"。这就是普通人与法律人思维的不同。总结来说,具备法律思维的人做事严谨谨慎、中正稳重、逻辑清晰、理性客观、追求程序正义、注重事实判断、观点结论明确。

所以,企业知识产权工程师在处理企业知识产权工作时也应当具备以上的法律思维,尊重事实、保持理性、做企业坚实可靠的后盾。

这里笔者还想插播一条推荐信息,推荐一本由北知院前法官陈志兴老师的新书,叫《读懂法官思维:知识产权司法实务与案例解析》,相信大家看了后对理解和训练自己的法律思维一定会有所帮助。

## 二、企业知识产权工程师第二条:知识产权工程师应站在业务的角度看问题

上面第一条已经提到了,企业知识产权工程师是具有丰富IP法律知识和实务经验、在企业内负责处理IP相关诉讼和非诉法律事务的专业人员,而且知识产权工程师应当具备法律思维。那么,这第二条为什么又让知识产权工程师站在业务的角度看问题呢?是不是和第一条的要求冲突了呢?其实并没有。

上面第一条强调的是企业知识产权工程师的职能专业性和思维严谨性,而第二条要强调的是企业知识产权工程师的业务适应性和处事灵活性。企业知识产权工程师并不是法律和正义的化身,他们首先是企业内部的工作人员,服务的对象是企业,思考问题的出发点和落脚点理应是维护企业的合法利益。因此,企业知识产权工程师对IP法律法规的运用应当以谋求公司利益最大化为目标。

　　对于绝大多数企业来说,生存和发展是其第一要务,而无论是生存还是发展,都将直接依赖于业务的发展,所以在企业里,业务高于一切,当然也高于知识产权。因此,在这样的企业环境和发展压力下开展知识产权工作,我们不得不执行"一切以业务为目的"的原则。

　　那么什么叫站在业务的角度看问题呢？比如,有的时候为了能让潜在投资者或股民更有信心,从而提升公司的估值,或顺利地拿到融资,企业知识产权工程师需要从更商业化的角度去布局和申请知识产权,有时甚至需要刻意地更改专利和软著的主题名称以迎合企业的商业目的。

　　又如,在某项业务开展的风险考量上,企业知识产权工程师眼中不能只看到各种 IP 风险,而不综合考虑业务开展所能带来的预计收益。事实上,任何业务的开展本身就是"收益"与"风险"的博弈,作为企业中的"专业人士",企业知识产权工程师们不应当为专业而专业,而应该为商业而专业,力争做一名很懂业务的专业人士。

　　也就是说,企业知识产权工程师不仅要具备法律思维,还应当懂得业务逻辑,法律思维应当严谨但不应刻板,应当理性但更应接地气。

### 三、企业知识产权工程师第三条：知识产权工程师要有体系管理思维

　　所谓体系管理思维,是一种整合全局业务流的思维,通过适当地分解工作内容,梳理工作环节之间的内在联系,搭建完善的管理体系框架,来保障工作持续高效运行,创造价值。

　　知识产权工程师日常工作中的事务是非常零散的,一会儿注册个商标,一会儿挖掘个专利,一会儿又要惦记着各种期限和费用,就这个话题,笔者还专门写过一篇小文《一个企业 IPR 的日常》,曾发表在微信公众号上。

　　既然知识产权工程师手头的工作既繁杂又琐碎,那么很有必要用体系管理的思维去梳理,也就是要搭建好企业的知识产权管理体系,制定好相应的制度和流程,梳理各项工作之间的内在联系,使各项工作能按计划有条不紊地推进,不至于每天都把自己忙成一条"八爪鱼"。

### 四、企业知识产权工程师第四条：知识产权工程师的理想人才模型——π型人才

　　π型人才,是指至少拥有两项专业技能,并能将多门知识融会贯通的高级复合型人才。π下面的两竖指两项专业技能,上面的一横指多项通用技能。

　　具体到 IP 领域,一个 π 型的知识产权工程师是什么样的呢？

　　首先,知识产权工程师应当具备的第一项专业技能是 IP 实务技能,可以是专利、商标、版权中的其中一类 IP 的全科实务技能。具备了第一项专业技能可以让知识产权工程师在企业内安身立命。

　　其次,知识产权工程师应当具备的第二项专业技能可以是法律、技术、外语技能中的其中一项。具备了第二项专业技能可以让知识产权工程师在企业内如鱼得水。

　　最后,知识产权工程师还应当具备多项通用技能,包括(项目、团队)管理技能、沟通技能、跨部门协作技能等。具备了以上多项通用技能则可以让知识产权工程师在企业内如虎添翼。

### 五、企业知识产权工程师第五条：知识产权工程师的三板斧——确权、用权、维权

马云曾在湖畔大学上分享过他的战略三板斧，其中上三板斧是：使命、愿景、价值观；下三板斧是：人才、组织、KPI。

作为企业知识产权工程师，笔者认为也有三板斧，那就是：确权、用权、维权。这是企业知识产权工程师的三大核心工作，也是最能体现企业知识产权工程师价值的地方。

所谓确权，就是确认权利，具体的工作包括：专利的申请、答复、授权以及无效宣告阶段的修改与答辩等；商标的注册、驳回复审、异议答辩、无效答辩、撤销答辩等；版权的登记等。

所谓用权，就是使用权利，具体的工作包括：专利的实施、许可、质押融资、作价入股、转让等；商标的规范使用、许可、金融化运作、转让等；版权的运营等。

所谓维权，就是维护权利，具体的工作包括：专利、商标、版权等知识产权的侵权监控及维权处理，其中，监控的途径和维权的手段都是值得每个知识产权工程师根据自身企业的情况以及所在行业的特点去不断拓展和挖掘的，比如监控途径包括线上监控和线下监控，市场部门监控和 IP 部门监控等；维权途径包括工商、行政投诉、第三方平台投诉、发侵权警告函、法院起诉、调解谈判等。

### 六、企业知识产权工程师第六条：知识产权工程师的首要任务是预防风险、识别风险并应对风险

关于这一条，笔者曾经在自己的微信公众号上分享过一个原创的 PPT 课件，就叫作"企业专利风险管理实务"，里面详细介绍了专利风险的分类、专利风险的识别以及专利风险的应对，需要了解的朋友可以关注一下，此处就不展开了。

另外，如果需要更深入、更全面地掌握企业中的专利风险管理方法，推荐大家看一看王晋刚老师的一本书，叫作《企业专利风险管理手册》，里面关于企业知识产权工程师所能遇到的专利相关风险介绍得相当详细。

当然，作为企业知识产权工程师，不仅要管理专利风险，还要管理商标、版权、商业秘密等其他知识产权风险，并且要把管理 IP 风险作为自己的首要任务。因为只有先管控好企业经营中可能遇到的包括 IP 风险在内的各种法律风险（"坑"），才谈得上企业的长久生存和业务的稳定发展。

### 七、企业知识产权工程师第七条：企业 IP 工作的长期目标是助推企业发展，底线是不拖企业后腿

从严格意义上来讲，目前能真正做到利用 IP 工作助推企业发展的公司并不多，比较典型但并不普适的企业有高通、微软、爱立信、朗科、华为等。基本上，如果一个企业能把自己的专利纳入行业技术标准中去成为标准必要专利（SEP）的话，就可以说达到了"助推企业发展"这个长期目标了。当然，如果一个企业的 IP 能够帮助该企业抢夺、占据甚至垄断市场，那么该企业的 IP 工作也可以说是达成"助推企业发展"的目标了。

然而，IP 工作"不拖企业后腿"的底线还是在市场上屡屡被突破。这当中，后腿被拖得

最严重的情形当属企业 IPO 因 IP 而受阻,这样的例子在新闻中已经屡见不鲜了,其中暴露出来的 IP 问题包括专利纠纷、商标纠纷、版权纠纷、专利信息披露不实、专利权属不清晰等。此外,因 IP 工作不利而拖的企业后腿还有:新产品上市受阻、国际展会上展台被查封、数千万研发投入打水漂、跨国收购项目被坑等。

可见,企业 IP 工作中的"坑"并不少,企业知识产权工程师们只有时刻保持警惕、保持小心翼翼,在日常工作中做足功课,做好 IP 的基础管理和风险管理,才能避开那些"坑",守住 IP 工作的底线,并一步步地实现"助推企业发展"的长期目标。

### 八、企业知识产权工程师第八条:企业 IP 工作需"高处着眼、低处着手"

笔者认为,要真正做好企业 IP 工作,知识产权工程师需要在企业知识产权管理方面具备一定的高度、宽度和深度。所谓高度,是指知识产权工程师的站位和格局,即该知识产权工程师能否站在企业管理层甚至企业最高管理者的位置上去思考企业 IP 工作的规划和开展,是否有知识产权的国际化视野,即是否能站在 IP 国际竞争的高度来部署所在企业的 IP 工作;所谓宽度,是指知识产权工程师的实务和管理技能所能延及的范围,即该知识产权工程师的专业边界,一个有宽度的专业边界可能涉及了上面提到的专利、商标、版权、商业秘密、申请、诉讼、运营、涉外等;所谓深度,是指知识产权工程师对自己专业领域的精深程度,像上面第四条提到的 π 型人才,要求知识产权工程师至少在两项专业技能上具有一定的深度。

说回到"高处着眼、低处着手",其实这一条想表达的是企业知识产权工程师在规划企业 IP 工作时,首先应当有较高的站位和格局,要站在高处看问题;其次,在具体处理 IP 事务时,又要从低处着手,脚踏实地地从最细微的地方开始,因为所有 IP 事务都属于法律事务范畴,或烦琐或复杂或严谨,所以细节往往能决定成败。

### 九、企业知识产权工程师第九条:企业 IP 管理的本质是风险管理

这一条与上面第六条有异曲同工之处,主要强调的还是知识产权风险管理的重要性。笔者把企业知识产权管理体系(IPMS)自上而下划分成了四个等级层次,分别为战略层、体系层、实务层和基础层。如图 2 所示,在战略层,主要涉及企业知识产权的战略、方针和规划;在体系层,主要涉及企业知识产权的各种制度和流程;在实务层,主要涉及企业知识产权的风险管理和权利管理;在基础层,主要是将风险管理和权利管理展开,如风险的监控、识别与应对,以及权利的创造、获取、维护与运用。

事实上,在 IP 权利管理中,也就是在 IP 权利的创造、获取、维护、运用的各个阶段管理中,其管理核心也是对 IP 相关风险的管控。例如,在权利创造阶段,要管控重复研发风险、研发偏航风险、成果流失风险、保护不当风险等;在权利获取阶段,要管控 IP 不授权风险、IP 低质量风险、商业秘密泄露风险、权属不清风险、IP 估值不当风险、职务成果纠纷风险等;在权利维护阶段,要管控权利被侵权风险、权利失效风险、IP 价值分级不当风险、IP 信息披露不实风险等;在权利运用阶段,要管控权利不稳定风险、权利被无效风险、自由实施障碍风险等。

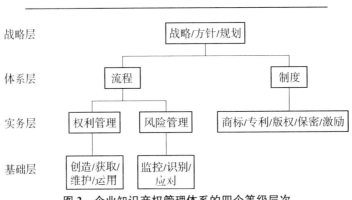

图2 企业知识产权管理体系的四个等级层次

所以说,企业IP管理的本质是对各种风险的管控。

## 十、企业知识产权工程师第十条:IP作为企业重要资产,与人才一样,越用越升值,越放越贬值

知识产权从本质上说是一种无形财产权,它的客体是智力成果或是知识产品,是一种无形财产或者一种没有形体的精神财富,是创造性的智力劳动所创造的劳动成果。有数据表明,在企业尤其是创新驱动型企业中,以知识产权为代表的无形资产在企业价值中的占比越来越大,不少企业已经占到80%以上。

IP作为企业重要资产,与人才、厂房、机器设备等企业其他资产一样,需要通过各种"使用方式"来体现其价值,如果像名画一样被束之高阁,则只会沦为一堆积满灰尘的废纸。

IP资产的使用方式也可以体现企业知识产权工程师的能力和价值。事实上,企业知识产权工程师的一部分价值就是间接通过IP资产在企业中发挥出来的价值来决定的。IP资产的使用方式有很多,有保守型的,如质押贷款、技术入股、品牌联营、专利联盟等,也有激进型的,如诉讼维权、许可要约等。

当然,如果要价值最大化地使用企业IP资产,前提是要对企业现有的IP资产有一个清晰的认知。企业知识产权工程师可通过IP资产盘点的方式先对企业知识产权做一个系统的梳理,当对企业IP资产做好分类梳理和分级管理后,就可以对不同类型不同等级的IP资产进行不同的使用和运营了。

# 知识产权十谋论

## ——兼议科技企业谋士

房晓俊

在中国历史上,有一群人物伴随着君主活跃在历史的舞台上,这就是谋士。中国谋士属于一个特殊的人文阶层。虽然人数甚微,但其身上释放出来的能量却不可低估。从后世对诸葛亮、刘基等谋士的津津乐道来看,亦可以看出其影响之广大和深远。古时的相当一部分谋士学而优却不能"仕"的读书人,常以"门客""军师""幕僚"等身份,为自己的"主人""主公",出谋划策、排忧解难,有时甚至以死相报。

所谓"现代谋士",是指那些为科技企业(以下简称"科企")研发、市场攻防以及相关决策活动,提供智力参考意见并发挥重要作用的一群人。在欧美国家,知识产权工程师常被称为在企业内部服务的知识产权律师。

"以史为镜可以知兴衰,以人为镜可以知得失"是唐太宗李世民评价丞相魏征的话。由此可知,唐太宗是多么看重谋士对其的谏言献策。自国家鼓励"大众创业、万众创新"以来,科创板 2019 年创立,有越来越多的科技人才、留学博士开始创业兴业。2021 年 6 月 1 日开始实施的第四次修改的《专利法》及相关法律法规,对知识产权的保护,对侵权违法的赔偿提高到了世界级的标准。这些法规政策极大地迎合了科技创业者们对知识产权保护的渴求。而如何对照竞争对手,保护自家产品技术,如何运用知识产权武器在市场中挥斥方遒、指点江山、步步为营、攻城拔寨。这是一个全新的舞台,是知识产权工程师们作为当代科企谋士大施拳脚的地方。

科技企业欲得专利者得天下,至少分十步。

## 一、一谋专利人才

思想先于一切,没有思想就没有 Idea(概念级方案),而后才有技术方案,再后才有Demo(小样)、中试和大试,最后技术方案落地成产品,供市场检验。这个过程需要众多的思想者和行动家,一步一步将梦想变为现实。所谓"思想快则行为快,思想慢则行为慢;思想乱则行为乱;思想错则行为错;不敢设想则不敢尝试",这些都是人才的作用体现,笔者就属于偏研发的知识产权工程师,自身就有很多项发明创造,与研发工程师们同行,让笔者的Idea 更符合产品的形态,日后,让产品的落地过程中也更为顺畅。研发环节的知识产权工程师完成高质量技术交底书撰写,然后交付给 IP 代理师进一步加工撰写,IP 代理师与科企知识产权工程师一起协同/对驳/拓展,打造高质量的专利申请撰写,在专利申请过程中又免不了与国家知识产权局专利审查员打"笔墨官司"、讨价还价，为专利申请人尽力争取最大的保护范围。专利授权后，科企知识产权工程师也还没有结束他们的思谋，与研发人员和市场人员不定期交流，自己也需经常去（网络）市场和展会走访，若得到些眉目，下一步，轮到IP律师与科企知识产权工程师的紧密合作，依据专利权的保护范围，广泛调查研究，对疑似侵权产品和/或行为的广度、深度和时间跨度做证据链调查取证，按部就班地展开IP战争。

有必要提及的是，IP不同于IT，后者吃的是青春饭，前者吃的是经验饭，后者受限于摩尔定律，创新日新月异，知识快速迭代或替代，经验快速贬值，ITer也快速贬值；前者确受限于法律法规以及由法律法规衍生出的游戏规则，法律法规修订周期短则5年，长则10年，从事IP的工作，就是吃透法条，反复实践规则。任何行业都是高手收割老手，老手收割新手，在新手成长为高手的过程中，时间积淀是最不可缺的要素，因为只有通过时间跨度的考验，知识产权工程师才有实践和思考的打磨过程，IP是门实践性很强的专业，IP是科企间竞争的先进工具，IPer是操作工具的人，操作竞争工具的人，无他，惟手熟尔。积累实践经验才有成才的可能，故而是越老越吃香。

## 二、二谋产品技术脉络和横向关联

产品研发也不是一个简单的从无到有的过程，它需要解构预创新的产品，拆解出产品结构和功能，产品的技术路线也需要梳理，竞争对手的研发进展情况更需要不断跟踪专利数据库的窗口和展览会的窗口，根据已有产品的优劣，有针对性地制定本司的研发策略，决定产品的形状功能，组织广大研发人员分工行事。

## 三、三谋专利数量

科企若想登陆科创板，就必须满足科创板对科企专利（权）数量的要求。前期的工作结束，并不以产品方案降生为标志的，而是以产品拆解出的结构、功能等拓展以及产品的各种应用场景的拓展开始为标志的。这就为专利申请的数量打下了坚实基础，准备投掷的"石头"越多，将来打IP战的胜算也越大。

## 四、四谋专利质量

专利权是为市场而生的："知识就是力量；专利就是财富。市场就是战场；专利就是武器。"专利武器一旦在市场上被展示和应用，专利质量的成色就要接受对手的反抗考验，光有数量没有质量，"小米加步枪"在当今社会是行不通的。毋庸置疑，步枪的数量再多也抵不过一件核武器。要有好的专利质量，就要有好的专利检索分析，笔者提出"一笔破15才刚够及格、一笔破20才够优秀，一笔破行业才是终极目标"[1]，在下笔撰写专利之前就知道自

---

① 一笔破15——15特指与"技术方案"相关的15对易混淆区别概念，详见《IP元宇宙：专利法律法规及专利实务可视化攻略》一书第七章第三节；一笔破20——在15的基础上，还包括分案、优先权、OA、复审和无效的预设定；一笔破行业——指对行业内技术方案的尽可能的全盘了解。

己专利方案的发明点在哪,新在哪,好在哪,最新最接近的对比技术方案是哪些,本技术方案与对比技术方案的差别有多大。心里有这些底,如此,有恃无恐也就心安理得了。高质量的授权专利,便是这市场竞争中的利器。

## 五、五谋专利"伐谋"(专利布局)

所谓布局,就是为要发生的事情而准备和铺垫。专利布局也是一样,专利申请的过程是探险的过程,没有人保证该专利在申请时就一定能被授权,因此专利的不同角度申请,不同技术路线上的方案申请就显得非常有必要,更重要的是先要保证自己(迭代)产品发展,应保尽保,不能受制于人,竞争对手的(迭代)产品发展也要关心着,我不受制于你,但你的发展最好能受制于我,这就是专利布局伐谋战的核心细想,在哪埋雷,埋怎样的雷,对方会不会踩,这些都是知识产权工程师谋士不得不提前思考的问题。

## 六、六谋专利融资变现

专利权除了具有"时间性、地域性和排他性"三性,更具有"资产属性、进攻属性和防御属性"三属性,前面说了"知识就是力量;专利就是财富",为什么专利是财富,因为专利权的特殊性,你有我无,权利唯一,你有权就可以限制我,我无权就受制于你,我想要制造、使用、(许诺)销售就必须获得你的许可,或者购买你的权利,又因为专利权具有唯一性和稀缺性,因此专利权注定不便宜。专利产品生产的数量越多,就越能满足市场的需求,也就越体现专利权的价值,大闭环下的专利权的估值就体现得越充分。科企大多属于轻资产企业,这点有些类似美国高智和高通,自己不生产制造,研发申请所得的专利权用于许可富士康这样的代工企业进行生产制造,自己不销售产品,许可经销商进行销售,从而将专利权变现盈利。从中可见,专利的价值是可以被估量的,专利可以被质押融资,可以用来估值入股,可以用于 IP-ABS(知识产权证券化),在这样的逻辑下,专利权本身的价值就能折算出(专利权的拥有者)科企的价值。随着社会的发展,对专利权认知的加强,对专利权本身价值的认可,知识产权许可交易市场的建立和完善,专利权的资产属性将获得更广泛的认同。不同的专利权(集群)对应什么样的投融资机构,哪种专利权更易获得对方的认可和估值,事半功倍,个中思谋必定缺少不了。

## 七、七谋专利"伐交"(专利运营)

专利权从来就不可能一家独大,参与相关市场竞争的科企必定会在相关产品/技术上投入和专利布局,专利伐交就不可避免,知识产权工程师谋士们又有了用武之地,为了建立一套专利攻防体系,分析完自家专利,查遗补漏,自然会将目光投向专利市场和其目标专利的拥有者,在他人还没有意识到相关专利价值之前就出手淘宝,能盘下的盘下,不能盘下的获得其许可,所有的一切都在总目标的设计之下进行。利用专利伐交,分清敌我友,或分清某方面(方向上)的敌我友,为最终的市场争夺打下基础。

## 八、八谋专利"伐兵"（专利无效）

分清了敌我友，下一步的动作自然是解除敌方武装，借助稻草人的手无效掉竞争对手的专利，让其"赤裸地"暴露于世人，尤其是将来暴露在法官和媒体面前，对于没有专利权的疑似被控侵权人，法官和舆论自然会先入为主。这样的准备越多，后续的精力和资金的投入就越少。

## 九、九谋专利"攻城"

前期的所有准备，就是为了选择适当的时机和地点，对竞争对手的最薄弱环节发起出其不意乘其不备的IP维权诉讼，迫使对方停止侵权，加倍赔偿损失，伤敌十指不如断其一指。限制竞争对手的发展空间，对方出让的空间就是我们需要占领的空间，敌退我进，步步为营，依据形势变化联合敌我友，做到克敌存我、限敌状我。知识产权工程师们不光要盯着敌方的专利，也要扩展至其上、下游产业链，尽可能切断其供应链和销售链，变敌方的资源为我方的资源，扩充友的队伍，就是扩充我方的生存空间。

## 十、十谋科技市场资源争夺

柯达原是拥有数码相机基础专利的，但是因为太过看重眼前胶卷市场的既得利润，预料不到将来数码相机市场的庞大以及数码相机对胶卷技术的颠覆。专利后于科学研究，但先于科技产品，从专利中可以预见将来的市场，从技术的迭代和技术替代上可以预见人类社会的需求，从专利数据库中也可以预见未来的科技霸主。

资源对于任何企业的发展而言都是稀缺的，人力如此、物力如此、财力如此、智力如此，专利更是如此。科企创新，利国利民，有市场有利润，企业竞相下场，但赢家从来只是少数，科企若要赢得最后的胜利，首先要做的是认识科技市场竞争的新形势和新方式，重视知识产权，尊重科技人才，尤其是那些知识产权工程师们。

人与人的竞争，竞争到最终的是知识结构和三观的竞争；企业与企业的竞争，竞争到最终的是企业文化和企业战略的竞争。

得专利者最终将剑指天下。

# 初创企业知识产权策略构建

## ——以 VIE 模式为例

王振凯

王振凯，现为广联达科技股份有限公司（股票代码：002410）法务部负责人，担任中国通信标准化协会专家组成员、中国专利保护协会专家组成员、中国集成电路知识产权联盟副理事长，智能终端联盟副理事长。入选国家知识产权局专家库、中国专利奖评审专家库。

以中国企业赴美上市为例，自 2000 年新浪 VIE（Variable Interest Entity，可变利益实体）模式在美国纳斯达克上市成功以来，已经累计有 100 多家涉及科技、媒体和通信、教育培训、能源、生物医药、新能源等多个行业的企业在境外上市。这些企业很多是从初创企业一步一步走来，通过上市确实提升了企业知名度，增强了企业竞争力，同时也加强了企业知识产权意识。这些企业的成功经验应该成为初创企业知识产权策略构建的他山之石。

所谓 VIE 模式，是指境外的上市主体与境内的业务运营实体相分离，境外上市主体通过协议的方式控制境内业务运营实体，而并非常规意义上的股权控制。VIE 是美国的会计术语，在美国财务会计准则委员会[1] 2003 年颁布的第 46 号解释函中，提出了 VIE 的概念。依据该函，投资企业如果对某一实体拥有控制性权利[2]，且此经济利益并非借由多数投票权[3] 而获得，那么这样的实体则被称为 VIE。由于该模式第一次由新浪创造性地使用，因此，VIE 模式在国内也被称为"新浪模式"，该模式得到了国内产业主管部门的支持，同时也成为国内企业获得外资投入并赴境外上市的一种选择。

## 一、VIE 模式下企业的知识产权需求分析

VIE 模式企业的业务模式必然面向全球竞争，其资本结构更为复杂，其公司治理要求更高，所以客观上要求企业不仅要遵循市场经济规律开展经营活动，而且要按照多个地域的法律准则来规范自己的经营行为，更重要的是要善于利用成熟商业环境中的规则，在经营自由与政策限制中寻找平衡，从而减少企业经营业务中因不合规而导致的风险，为自身获得竞争优势。

VIE 模式企业的知识产权需求可能来自以下几个方面：

（1）上市合规要求。

（2）协议控制要求。

（3）转移定价要求。

（4）实际业务经营要求。

## 二、VIE模式下的企业知识产权策略构建

知识产权策略作为企业经营管理的重要组成部分之一,在企业经营战略中具有非常重要的地位。因此,充分考虑知识产权管理与VIE模式治理结构的要求,是企业在进行知识产权策略构建时,需要重点考虑的问题。有鉴于此,结合VIE模式企业实际经营状况,笔者提出"三位一体"知识产权策略构建思想。

（1）保障性:VIE模式企业知识产权构建应服从于VIE协议整体要求,应当服务于企业整体业务发展战略,保障公司业务安全,构建企业核心竞争力。

（2）平衡性:VIE模式企业知识产权构建应着重平衡国内控股股东与投资人之间的利益诉求,应协调各方力量,最优化地实现知识产权资产价值。

（3）前瞻性:VIE模式企业知识产权构建应聚焦企业未来发展趋势,提前做好时间上和空间上的整体考量,以尽量避免企业经营与最终上市过程中可能遇到的风险。

在"三位一体"的指导思想下,从知识产权的布局策略、风险防范和运营策略三个方面提出如下VIE模式企业知识产权策略应对建议。

### 1. 知识产权布局策略

知识产权布局尚无固定统一模式,企业需要根据所处行业竞争特点、市场竞争地位、自身拥有资源、投资人关系等角度开展知识产权布局配置工作。一般根据知识产权归属权的不同,大致可以分为三种情况:放置于VIE公司、放置于WFOE公司、放置于开曼公司。这三种形式的优劣势分析如表1所示:

表1 三种形式的优劣势分析

| 形式 | 优势 | 劣势 |
| --- | --- | --- |
| 放置于VIE公司 | 1. 贴近业务经营要求,增强VIE公司竞争力;<br>2. 内资公司可以享受地方政府资助优惠 | 1. 投资人控制力最弱;<br>2. 不利于实现利润转移类协议 |
| 放置于WFOE公司 | 1. 投资人控制力较强;<br>2. 可以享受国内IP资助优惠;<br>3. 较容易实现利润转移类协议 | 会削弱VIE公司业务IP竞争力 |
| 放置于开曼公司 | 1. 投资人控制力最强;<br>2. 充盈上市公司主体无形资产占比 | 海外公司一般不能享受国内IP资助优惠 |

以上三种知识产权资产放置形式在实务中均有企业采用,也在企业的发展中发挥了重要的作用。企业可以根据自身情况,结合上述因素以及其他诸如政府项目、申请国家高新资质等因素合理安排资产配置,以期灵活处理,保障主营业务需要。

另外,VIE模式企业普遍比较年轻且发展迅速,知识产权布局往往滞后于市场发展,其

中很重要的原因是,员工不愿做、不想做、不会做知识产权。作为一种智力活动成果,知识产权具有独特的性质,只有建立良好的激励机制,企业智力成果才能不断地产生。企业的职务发明激励机制通常采取物质激励与精神激励相结合的方法,应该鼓励全体职工积极参与企业知识产权优势的创建。

激励机制核心是企业应该构建一个健康的价值交换体系,让员工会做、想做、值得做知识产权。奖励条件应设计合理,既不能过高,让员工感觉高不可攀,又不能将条件定得过低,达不到促进技术进步的目的;同时,应该考虑及时性和长期性问题,奖励不及时相当于不奖励,奖励过早又会影响长期贡献意愿。

2. 知识产权风险防范策略

企业常规知识产权风险防范已有较多学者撰写文章讨论,本文在这一点上重点关注与员工流动相关的知识产权风险防范。目前,VIE 公司多集中于 TMT 行业,普遍特点是公司初创、人才流动率高、人才比重大。根据管理学二八原则,公司的 80% 的业绩是 20% 的核心员工创造的,而这 20% 的员工就是核心员工,他们对企业来说不仅至关重要,而且不可或缺。核心员工离职或被挖角,对企业的危害是显而易见的。

针对员工的知识产权管理主要应考虑三个方面:①劳动合同管理;②商业秘密管理;③知识产权管理。

2013 年颁布的《企业知识产权管理规范》由国家知识产权局起草制定,是我国首部企业知识产权管理国家标准。其中,第 6.1 章的人力资源管理中,已经在员工入职、离职、培训等方面阐述了知识产权角度应该注意的管理策略。

企业应该组织开展知识产权教育培训,包括以下内容:

规定知识产权工作人员的教育培训要求,制订计划并执行;

对全体员工按业务领域和岗位要求进行知识产权培训,并形成记录;

对中、高层管理人员进行知识产权培训,并形成记录;

对研究开发等与知识产权关系密切的岗位人员进行知识产权培训,并形成记录。

企业应该在员工入职离职方面注意,对新入职员工进行适当的知识产权背景调查,以避免侵犯他人知识产权;对于研究开发等与知识产权关系密切的岗位,应要求新入职员工签署知识产权声明文件。对离职的员工进行相应的知识产权事项提醒;涉及核心知识产权的员工离职时,应签署离职知识产权协议或执行竞业限制协议。

企业知识产权工作嵌入式管理的意义在于,在企业经营管理的各个阶段,根据管理事项的具体需求,分环节开展各项知识产权工作,为公司经营项目及后续工作解决可能产生的知识产权问题提供知识产权保障。VIE 模式企业可以参考上述风险防控经验在对应管理环节中实现嵌入。

3. 知识产权运营策略

知识产权运营策略的最终目的是依靠知识产权创造利润。尤其是对于 VIE 模式企业而言,创新和权利化过程中需要投入巨大的资金和精力,当技术成果最终获得授权保护后,企业必须考虑怎样依靠这些技术来创造更高的价值,从而弥补先期研发的投入,甚至创造更丰厚的利润。此外,根据 VIE 协议要求,VIE 企业的利润通过知识产权许可费的名义转移到 WFOE，进而转移到境外上市主体。

1）从运营目的而言，应注重的原则

体现研发价值，知识产权作为研发创新的一种重要的制度保障手段，它赋予权利人对技术创新方案的独占性权利。VIE 模式企业的知识产权运营，就是要围绕这种独占的性质，结合企业所处的行业特点以及实际情况，探索和实践通过知识产权体现研发价值、企业价值以及社会价值的途径。

知识产权运营工作的主要目的是体现研发价值。因此，在具体的运用策略上，要有所取舍。工作思路上除了要探索企业通过知识产权能够获得的商业上的好处外，也应该重视其他利益方在运营过程中的利益来源。双赢甚至多赢，是这项工作能够顺利、可持续开展的保障，不仅要考虑分蛋糕的问题，更要考虑将蛋糕做大。

2）VIE 模式企业的知识产权运营需要重点考虑的两个角度

（1）VIE 模式企业的集团公司内部运营可以包括以下几种：知识产权许可、知识产权转让、知识产权入股、知识产权质押融资。这几种模式是对知识产权交换价值的利用。企业应当根据具体情况、经营策略、商业机会等选择合适的模式。

（2）VIE 模式企业的集团公司外部运营可以包括以下几种。

阻碍供货型：阻碍供货型的运用策略，实质上是通过知识产权优势，阻碍竞争对手的供货，从而起到影响产业发展、获得竞争优势、体现研发价值等目的。

产品/业务推广型：是利用企业的知识产权，加速对产品、业务的推广，从而实现公司整体战略目的。

降低成本型：此类知识产权运用策略主要目的是利用知识产权，降低企业的采购成本。

直接许可型：在这一模式下，企业直接对外进行许可，是一种较为传统的运用方式。

## 三、初创企业在知识产权方面需要关注的几个其他问题

### 1. 知识产权的财务处理问题

例如，知识产权在会计上如何进行界定和核算，如何计入成本或者费用？如何进行知识产权的会计核算，更好地帮助公司高管和投资人准确及时地了解公司经营现状，更好地进行下阶段的计划和决策？

### 2. 知识产权的成本控制问题

知识产权布局不应回避的成本问题，优质的知识产权布局伴随的一般是费用的消耗。是否已经有效分析知识产权成本的构成与特征？如何有效降低知识产权布局成本？企业知识产权管理是否考虑引入战略成本思想？如何做到知识产权投入的研发理性、布局节制、维护有方、运营得利、各方共赢？

### 3. 知识产权的全球化策略问题

VIE 企业的知识产权需要全球化，很难想象一家去纳斯达克上市的企业，美国专利布局数量为零。那么，如何有效获取内部资源开展海外专利布局？如何有效获得能为企业增强竞争优势的海外专利资产？如何控制考虑知识产权全球布局的时间、空间、节奏、成本等因素？都是需要企业进行严密考虑和规划的问题。

# 以成果转化为导向的医学创新技术概念验证体系框架研究

顾文君

顾文君,专利代理人、专利工程师。现任同济大学医学院专利研究与转化中心常务副主任。入选 2018 年上海市市级医疗卫生优秀青年医学人才,获 2019 年上海市人才发展资金资助。

医疗机构是上海成为具有全球影响力的科创中心进程中重要的创新主体,是生物医药高技术研发、试验转化与产业化的强大生力军[1],对于破解疑难杂症、提升救治技术能力具有不可替代的作用[2]。创新能力主要包括两个重要组成部分,即科技研发前端创新实力和创新成果后端转化能力。医疗机构是医学创新的策源地,具有雄厚的前端创新实力,2005—2014 年,Incites 数据库收录我国科技论文 139.15 万篇,其中医学科技论文为 31.31 万篇,占总量的 22.50%,被引频次为 332.39 万次,我国医学科技论文数量在全球排名第五,占世界医学科技论文的 66.04%;总被引频次全球排名第十[3];但后端转化能力不容乐观,国外医疗集团因拥有核心医学专利而长期把持中国 70% 的高端医疗设备市场,我国每年重大科技成果平均转化率仅为 20%,其中医学科技成果转化率低于 8%[4],而美国和日本该比率接近 70%[5],大部分医学科技创新基础研究与专利技术仅停留于实验室阶段,未实现产业化。

近年,欧盟、新加坡相继在全球率先实施概念验证计划,美国兴起概念验证中心建设,实践证明概念验证对于促进具有市场潜力的技术成果从实验室走向市场应用具有重要的推动作用。

医学科技成果转化具有高知识壁垒、高风险、高投入、长周期的特点,因此作为转化"第一公里"的概念验证成为医学科技创新成果成功转化落地的关键第一步,但该理念对于医疗机构来说相对陌生。本文通过对概念验证的内涵界定、功能定位和运营模式等相对系统的剖析,结合医学科技成果转移转化的特殊性,提出医学创新技术概念验证体系框架,为医疗机构提高医学创新技术质量、加强医企交流互动、提升医学科技创新后端转化能力提供一种新方法和新视角。

## 一、概念验证的内涵界定

概念验证是对科技成果是否能够进一步形成全新或改进的产品、工艺或者生产方法以及是否能运用新产品、原理和方法解决社会需求的一种以成果转化为导向的验证模式。从实践操作层面，概念验证可包括技术可行性研究、原型制造、特性测评与演示测评、市场测评与竞争分析、知识产权定位评价、生产与组装调查以及知识产权保护策略[6]；在技术成熟度层面，依据美国航天局于 1995 年提出的《TRL 白皮书》，概念验证属于第 2 至第 4 级，在该层级段，技术的特征为：①形成技术概念和/或应用方案；②关键的功能和/或特征得到分析性和试验性的概念证明；③组件和/或试验板在实验环境中验证。概念验证阶段技术特征所对应的研究阶段为：①概念研究；②应用分析与实验室研究；③实验室原理样机[7]。

因此可以认为，概念验证是基础研究成果商业化的首个后续环节，是成果工程化的前序环节，该环节是科技成果转化的"第一公里"，是跨越基础研究与产品开发之间"死亡之谷"的一种新尝试。

## 二、概念验证核心功能

概念验证首先在美国兴起[8]，是设立在高等院校，由多种组织，多个创新主体与高校合作运营，实现科技成果商业化的创新组织模式，即概念验证中心。概念验证中心成立初期，初始经费由私人资本和社会捐赠组成，典型代表为加州大学圣迭戈分校的李比希中心和麻省理工学院的德什潘德中心，随着概念验证在科技成果商业化的作用日益显著，各国相继建立了由政府出资的概念验证体系，典型代表为新加坡国立研究基金会推行的《概念验证资助计划》[9]和欧洲研究理事会设立的概念验证基金。虽然各国概念验证中心的人员组成和资金来源存在差异，但概念验证中心核心功能表现在以下三方面：①融资功能，即为基础研究成果商业化提供种子基金，主要用于技术的商业可行性研究、知识产权战略商业化布局、总体发展规划和成立初创公司的费用；②科技评价功能，即发现具有商业化价值的科技成果，概念验证中心是风险投资、技术和行业网络中的"枢纽"，通过聘请具有专业的技术背景、深厚的企业工作经历，且与当地公司和投资行业具有密切关系的专业人员，识别出具有商业化价值的科技成果，健全以市场为导向的科技成果评估机制[10]；③学习与交流功能，即提供创新创业培训，促进产学研各界沟通，科研院所的研究人员在技术商业化方面缺乏经验，不具备商业运营知识和人脉网络，因此大部分概念验证中心通过开设创业培训课程、举办学术界与企业界共同参与的创新交流论坛、沙龙和聚会，促进产学研各界人士的交流。

## 三、概念验证运营模式

概念验证是跨越技术商业化"死亡之谷"的第一环节，从功能定位角度，它与已相对成熟的技术转移转化办公室既相互关联，又存在差异，因此也决定了其多元化的运营模式。两者运营的目的相同，均是为了促进科技成果的商业化。不同点在于，两者运营职责的侧重点不同，技术转移转化办公室在成果转化运营过程中负责机构科技成果整体管理，包括成果披露和统计，承担过程中的法律文档工作；而概念验证中心则侧重于从整体科技成果中,通过科技评价,发现有商业化价值的专利技术或者经技术转移转化办公室推荐,并基于筛选的专利技术,组建商业化工作团队,即组建一个包括技术发明者、产业咨询专家、创业领袖等人员的协同创新专家团队[11],对技术商业化可行性进一步论证。正因为存在职责的差异,概念验证部门在运营方面往往独立于技术转移转化办公室,成立独立的概念验证中心,避免技术推荐者和技术评审者双重身份的矛盾;也有将概念验证部门内化于技术转移转化办公室的运行模式,主要是以启动概念验证项目为抓手,从技术产生的源头评估其商业化的可行性。

## 四、概念验证应用于医学科技成果转化的必要性

概念验证是医学科技成果转化的关键环节。相较其他领域而言,医学科技成果转化具有高风险、高投入、回报收益周期长的特点,创新医疗器械依据其属于类别,从技术创新至临床应用,投入在 100 万至 1 000 万元不等,产业周期为 3~5 年;创新药物投入更是千万量级,产业周期一般为 10 年以上,因此对于大部分中小企业而言,从医学创新技术源头开展概念验证是极为必要的,能大幅度降低研发风险,节约企业资金,明确商业化路径;对于医疗机构而言,能真正发现有市场前景的创新技术,并对该技术进一步开展知识产权布局,提升其商业价值。

概念验证是提高医学创新质量的重要工具。概念验证是一种对基础研究成果商业化可行性验证的有效工具,运用定量和定性相结合的方法,对医学创新成果开展科技评价、知识产权分析、市场需求分析和技术工程化可行性分析等,为提高医学创新技术质量提供客观意见和建议,同时也能甄别一些低水平的科技成果,为医疗机构评价自身科技创新成果提供一种新途径。

概念验证是促进医企沟通的创新模式。概念验证中心基于医学创新技术,组织涵盖技术、产业和金融领域资深专家对创新成果的商业化进行论证,技术专家侧重于关注创新成果技术可行性及解决临床诊疗问题的能力;产业专家侧重于关注创新成果整体商业化路径;金融领域专家侧重于指导医学创新团队的商业化融资方案。因此,通过概念验证的创新组织模式,医务人员与自身创新成果转化相关关键领域和环节的资深专家得以充分讨论和沟通,能有效增强医务人员的创新和转化意识,了解早期技术商业化进程中的实践问题。

## 五、医学创新技术概念验证体系框架构建

基于对概念验证相对系统剖析,课题组结合医学科技成果转化特点,从组织构架和运营模式两个维度,探索构建医学创新技术概念验证体系框架,助推医学科技成果转化落地。

1. 基于投入-产出视角构建医学创新技术概念验证体系

从投入和产出角度,能够清晰构建医学创新技术概念验证体系构架(见图 1)。概念验证体系的输入端从技术层面,包括基础研究成果或医务人员基于诊疗经验,对医疗器械的改进;从人员层面包括技术专家(医务人员)、产业专家(市场需求评估、技术原型样机开发、知识产权分析、商业技能指导和商业化路径规划等)及投融资专家(商业方案策划与完善);体系的输出端为全新或改进的创新医疗器械、创新药、新工艺、全新或改进的制造方法以及

是否能运用新医疗产品、原理和方法解决临床诊疗需求。

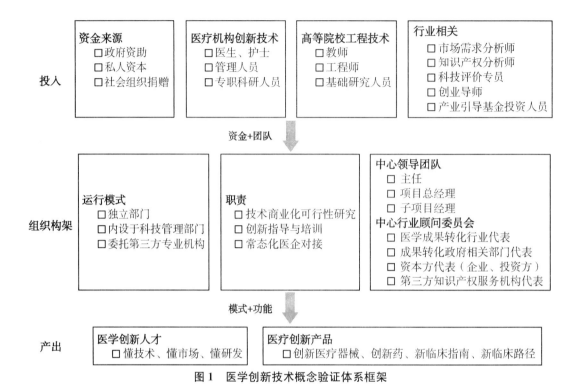

**图 1 医学创新技术概念验证体系框架**

值得注意的是，在概念验证过程中，对于医学领域的创新成果，需要考虑其公益性，例如，孤儿药和罕见病相关的医疗创新器械的研发，对于公益性极为突出的医疗创新技术，由于投入大和回报率低的现象，会存在社会资本和私人资本的缺位，因此概念验证的结论将作为该类医学创新技术获得政府资助的重要依据，而不再以仅关注商业化为目的。

2. 医学创新技术概念验证运营模式与功能

医学创新技术概念验证中心在运营模式方面可借鉴国外相对成熟的建设经验，对于创新资源较为丰富的三级甲等医疗机构，可成立独立的概念验证中心，为具有较好社会效益和市场前期的医学创新技术提供成果转化的起航服务，而相对创新实力较为薄弱的医疗机构，可考虑在原科技管理部门内安排专职人员开展概念验证管理服务。同时，由于医疗机构主要职责是临床诊疗，因此，另一种运营模式可为医疗机构委托第三方专业服务机构开展成果转化的概念验证。所述任何模式，医学创新技术概念验证基本功能应包括：①筛选具有临床应用前景的创新技术；②开展常态化医企对接服务；③组织高水平的医学创新指导与培训。

在保障经费和人员的基础上，概念验证体系的运行还需要有稳定的创新技术"入口"和技术验证后的"出口"，因此课题组提出可以创造性地通过搭建医企线上开放式创新平台，实现长期、稳定和顺畅的技术流通；与此同时，也要从资金资源和创业资源层面助力验证后的创新技术跨越"死亡之谷"；值得注意的是，由于医疗领域的特殊性，政策支撑对于验证后的技术最终实现商业化价值是不可或缺的。

促进医学成果转化,利国、利医、利民,是上海成为亚洲医学中心的关键环节,是提升我国医疗机构临床创新能力和诊疗实力的必由之路。本文通过对概念验证相对系统的剖析,结合医学成果转化的行业特点,探索性地提出医学创新技术概念验证框架体系,为医疗机构加快推进创新成果转化落地提供借鉴和参考。

## ❧ 参考文献 ❧

[ 1 ] 王建峰,张琳.高校附属医院成果转化影响因素调查[J].解放军医院管理杂志,2018,25(7):624 - 627.

[ 2 ] 戴志鑫,张鹭鹭.上海市三级公立医院在健康服务业发展中的定位探讨[J].中华医院管理杂志,2019,35(8):694 - 697.

[ 3 ] 中国生物技术发展中心.2019 中国临床医学研究发展报告[M].北京:科学技术文献出版社,2019.

[ 4 ] 国家知识产权局.2019 年中国专利调查报告[R/OL].(2019 - 12 - 01)[2019 - 12 - 13].http://ahipdc.cn/download/5e781e3f0cf2a784c0d2ca8.pdf.2019.

[ 5 ] 任春霞.探讨新时期如何加强医院的知识产权管理[J].知识经济,2018(17):67 - 68.

[ 6 ] 郑晋鸣,张金凤.小支架的大智慧——南医大二附院消化医学中心转化医学成果纪实[N].光明日报,2011 - 01 - 31(06).

[ 7 ] 叶儒霏,谭勇.医科院校成果转化现况的思考[J].科技管理研究,2006(10):132 - 134.

[ 8 ] 詹启敏.健康中国发展背景下的科技创新[J].中华神经创伤外科电子杂志,2018,4(04):193 - 196.

[ 9 ] 张九庆.欧盟实施概念验证基金推动前沿研究项目商业化[J].科技中国,2019(8):17 - 20.

[10] 王立学,冷伏海,王海霞.技术成熟度及其识别方法研究[J].现代图书情报技术,2010(3):58 - 63.

[11] 袁永,胡海鹏,廖晓东,等.发达国家概念验证计划及概念验证中心研究[J].科技管理研究,2018(3):51 - 53.

# 突破"低端锁定"新路径：专利密集型产业

刘　谦

刘谦，博士，现在河海大学商学院知识产权研究所从事知识产权研究及教学工作。曾在 Tier 1 律所从事知识产权咨询、创造及运用等法务工作，并在全球著名车企负责新能源板块知识产权管理工作。

新一轮科技革命与产业变革迅猛发展，推动全球价值链（GVC）不断深化与重塑[1]。虽然，将代工生产（OEM）嵌入 GVC 有助于发展中国家实现工业起飞，但当其从低附加值环节向高附加值环节攀升过程中却广泛出现被发达国家"俘获"的现象[2-3]。发达国家跨国公司控制着 GVC 上的生产布局和利润分配，中国产业没有产生自己的"经济租"，却因"贫困化增长"深陷"价值链低端锁定"。因遭遇国际买家和跨国公司的双重阻击，中国产业无法实现高端价值链攀升。为避免陷入"中等收入陷阱"并有效跨越"产业发展陷阱"，2016 年 12 月，商务部、发改委、科技部等七部委联合下发《关于加强国际合作提高我国产业全球价值链地位的指导意见》提出：鼓励企业在市场机制下探索多元化、多维度的全球价值链攀升路径。与之呼应，《中国知识产权报》1770 期刊登文章《知识产权：推动我国产业向价值链高端跃升》呼吁：针对目前我国产业总体仍处于 GVC 中低端，应将科技创新和知识产权作为关键抓手。

国际上，自 2012 年美国首次界定了专利密集型产业[4]，2013 年，欧盟采用相同方法测度了专利密集型产业[5]，从而将知识产权与经济发展的宏观视角聚焦到中微观的产业和企业层面，具有划时代的意义。继 2012 年之后，美国于 2016 年 9 月发布了《知识产权与美国经济：2016 更新版》[6]，继 2013 年之后，欧盟于 2016 年 10 月发布了《知识产权密集型产业及其在欧盟的经济表现》[7]。可见，发达国家及地区为抓住全球范围内创新变革的机遇，建立起适应产业革命的新竞争优势，更加注重发挥专利与知识产权制度对经济发展的引领作用。2015 年 12 月 22 日，《国务院关于新形势下加快知识产权强国建设的若干意见》提出了应培育知识产权密集型产业，2016 年 10 月 28 日，国家知识产权局印发了《专利密集型产业目录（2016）》[8]，2017 年 3 月 12 日，国家知识产权局局长申长雨在第十二届全国人民代表大会第五次会议进一步指出应加强培育知识产权密集型产业。由此可见，在政府工作层面,专利密集型产业已经成为工作重点。社会上,徐南平院士指出:"摆脱产业链低端、走向高端攀升之路在于培育发展知识产权（专利）密集型产业（含企业）。"江苏省知识产权局局长支苏平说道:"江苏省委、省政府出台了《关于加快建设知识产权强省的意见》,目的就是培育知识产权密集型企业,打造知识产权密集型产业,推动江苏经济从技术密集型向知识产权密集型转变。"2017 年 1 月 4 日,江苏省专利信息服务中心发布了《江苏省知识产权密集型产业统计报告》,将知识产权密集型产业作为从知识产权大省迈向知识产权强省的主攻方向。2017 年 2 月 6 日,湖南省知识产权局印发实施《湖南省知识产权（专利）"十三五"规划》,明确到 2020 年打造 3 至 5 个专利密集型产业。因此,如何将专利密集型产业（Patent Intensive Industries,PIIs）在科技与知识产权方面的比较优势转化为我国产业竞争优势以突破"低端锁定"是学界应当深入研究的问题。

### 一、专利密集型产业的内涵及影响因素研究

自 2012 年美国率先提出以专利密集度作为新的产业分类方法以来,发达国家及主要发展中国家都非常关注该领域的研究,我国学者也对该领域进行了富有成果的研究[9]。基于比较优势理论,现有研究可以归纳为比较优势的实证分析和影响因素及评价两个方面,前者剖析专利密集型产业比较优势的生成条件和现状,探索其竞争力的理论渊源;后者构建不同层次和内容的比较优势影响因素、评价指标体系,并用现实的面板数据进行对比分析验证。评述现有研究,有利于从理论上丰富我国专利密集型产业的研究内容,在实践中促进我国专利密集型产业的竞争力提升。

1. 专利密集型产业的界定标准

美国和欧盟率先以专利密集度（PIV）作为新的产业分类标准[4-5],随后我国将《国民经济行业分类（GB/T 4754 - 2011）》中的所有产业定义了 8 类专利密集型产业[7]。围绕专利密集型产业的界定,国内外主要遵循两条理论路线:

1）产品生产函数理论

将专利作为整个生产活动的投入变量,与劳动、资本、自然资源等其他生产要素一起置于相应的生产函数框架下,以探讨专利相对于其他要素在要素投入组合中所占的比重和对产出的贡献程度[10-11]。具体包括如下两类典型标准:

（1）"人均专利拥有量"视角:该标准反映了产业发展过程中对劳动者技能的要求,值越大,表明该行业劳动者素质越高,对技术工人的需求比也就越高。目前,这种分类标准也是各国主流的界定标准[4-7,12-13],如公式 1 所示:

$$\lambda_i = \frac{P_i}{E_i} \tag{公式 1}$$

公式 1 中,$\lambda_i$ 表示第 $i$ 个产业当年的专利密度（单位:件/万人）;$P_i$ 表示第 $i$ 个产业当年的专利申请数量（单位:件）;$E_i$ 表示第 $i$ 个产业当年的从业人员数量（单位:万人）。

在有 $n$ 个产业样本的情况下,其平均专利密度如公式 2 所示。

$$\bar{\lambda} = \frac{1}{n}\sum_{i=1}^{n}\lambda_i = \frac{1}{n}\sum_{i=1}^{n}\frac{P_i}{E_i} \tag{公式 2}$$

公式 2 中，$\bar{\lambda}$ 表示所有产业的平均专利密度（单位：件/万人）。

通过公式 1 和公式 2 的计算，将高于所有产业平均专利密度的产业定义为专利密集型产业，即任取第 $i$ 个产业，如果 $\lambda_i > \bar{\lambda}$，则 $i$ 产业属于专利密集型产业。

（2）"单位产值要素投入量"视角：该标准反映了产业发展过程中市场价值增长的专利含金量，计算方法一般为产业产值除以专利数量，值越大，表明产业增长品质越好，技术进步也更明显[10-11,14-15]。

2）知识生产函数理论

专利通常作为企业 R&D 投入的产出，因此，专利与 R&D 活动有着密切联系，两者一般呈现正相关关系。知识生产函数理论将专利作为知识创新活动的产出成果，R&D 投入作为知识生产的投入要素[16-17]。

目前国内外研究多以产品生产函数理论界定专利密集型产业。学界多借鉴欧美经验研究专利密集型产业的发展现状、创新效率及其在经济增长中的地位与贡献，对国家经济、GDP 和就业率的贡献[10,14]等方面的研究得出专利密集型产业与非专利密集型产业相比具有专利密度高、附加值高、经济贡献值高等特征，其本质反映出专利密集型产业的知识产权要素比较优势突出。

2. 专利密集型产业的内涵研究

1）专利密集型产业是专利集中度高并持续获得运营价值的产业

《知识产权与美国经济：产业集中》（U. S. Commerce Department，*Intellectual Property and the U. S. Economy：Industries in Focus*）指出：美国经济依赖知识产权，如果没有知识产权保护公司将无法收回因创新投入产生的沉默成本，而 PIIs 是创造或运用了较多知识产权的产业。《知识产权与美国经济：2016 更新版》（U. S. Commerce Department，*Intellectual Property and the U. S. Economy：2016 Update*）指出：专利密集型产业仍然是美国经济主要的、不可或缺的且不断壮大的一部分，并且从 IP 投资中不断获得增加价值。

2）专利密集型产业是依赖专利制度保护的创新驱动型产业

贾德·维奇亚诺德（Jade Vichyanond）[11]指出：要看清专利如何影响产业，应考虑每个产业对专利保护的依赖性，产业专利密度表明了产业创新程度。孙玮等认为：将专利密度理解为一定时期内，专利作为生产要素在生产活动中的集中程度，其数值的大小事实上反映了创新主体自身对专利技术保护的依赖程度，值越大，表明行业发展过程中创新驱动程度越高，发展方式越趋向集约型。李黎明认为：专利密集型产业是高度依赖知识产权制度的产业集群。

3）专利密集型产业是依赖于大量创新知识性要素投入的产业

张骏认为：专利密集型产业本质上属于知识密集型产业，其发展依赖于大量创新知识性要素的投入。张骏和洪世勤认为：专利密集型产业是指相对其他产业而言在生产中较多使用知识产权生产要素的产业，即在相同产业规模下投入专利数较多的产业。

综上，专利从制度层面上看应该是一种国家层面的政策工具，是以国家的名义通过制度和政策安排对创新成果的创造、归属、利用及管理进行指导和规划。经济发展是"生产力-生产关系"矛盾作用的结果，技术属于生产力范畴，保护技术创新的专利制度属于生产关系范畴，科技知识要素在创新驱动型产业的生产函数中处于核心地位，而专利密度则显著影响属于创新驱动型产业范畴的专利密集型产业，通过生产关系的调整促进生产力的发展。

3. 专利密集型产业的影响因素及作用机理

1）产业异质视角

埃德温·曼斯菲尔德（Edwin Mansfield）[18-19]发现：专利保护仅对医药、电子产业特别重要。理查德·查尔斯·莱文（Richard C. Levin）[20]实证验证：企业更加依赖进入市场的领先时间、商业秘密，以及核心制造和服务能力而不是专利制度来弥补研发投入。迈克尔·J.罗布森（Michael J. Robson）[21]提出：专利制度对于产业的作用受到产业差异的影响，而产业差异主要由技术特质、产品属性、产业生命周期所处阶段以及市场竞争情况所决定。韦斯利·M.科恩（Wesley M. Cohen）[22]将产业分为离散型和复杂型技术形态；离散型技术形态的产品通常有很强的市场力量或垄断地位（比如医药、化学）；复杂型技术形态下的专利总是相互交叉的，很容易侵犯到其他企业的专利权，专利主要用来谈判和交叉许可使用。迪特马尔·哈霍夫（Dietmar Harhoff）和布朗温·霍尔（Bronwyn Hall）[23]认为，专利密度受到各产业自身的技术密集度、技术更新速度等因素影响。孙玮等人研究发现：以技术密集度和研发密集度为特征的行业技术对专利密度产生稳定的正向影响；以对外开放程度、对内开放程度和竞争程度为特征的行业市场对专利密度具有明显的阶段性影响。姜南研究发现：受专利制度影响较为明显的专利密集型产业，也会因为国别、专利制度的实施、历史因素、科技发展等因素的差异而呈现不同。姜南研究发现：由于产业异质性，政府资助政策对自主研发与产业专利创新的正向调节作用主要体现在专利密集型产业上。

2）创新效率视角

陈伟等研究发现：专利密集型产业创新效率水平整体呈上升趋势（年均 26.6%），自主创新能力不断增强，政府力度、产业科技水平、企业规模以及从业人员素质水平的提高将促进创新效率的提升，而产业内企业数量导致创新效率下降。姜南研究发现：产业 R&D 被视为专利密集型产业生产率和经济增长的关键驱动要素。

3）资源能力视角

蒂莫·菲舍尔（Timo Fischer）和菲利普·林勒（Philipp Ringler）[24]研究发现：技术机会越低和技术复杂程度越高的领域，专利密度越大；技术生命周期也对专利密度产生影响，越成熟的技术，专利密度越大。孙玮等研究发现：技术密集度、R&D 密集度、对外开放程度、竞争程度与专利密度之间具有正向关系；对内开放对专利密度的影响存在较为显著的阶段性差异。陈伟等采用一种组合评价方法发现各产业专利能力均呈发展上升势头，但上升程度在不同产业间的差距显著。

4）政策供给视角

张骏认为：要维持并增加创新性知识供给，供给政策有两个着力点：①给予知识供给者合理的要素报酬；②降低知识转化为成果所需付出的成本（人力成本、融资成本、产业化成本）。艾伯特·G.Z.胡（Albert G. Z. Hu）和伊万·P.L.方（Ivan P. L. Png）[15]研究发现：PIIs 在专利保护较强的国家发展更快，并且这种影响在高收入国家表现更为明显；低收入国家的 PIIs 份额较小，在这些国家实施强专利保护带来的好处可能被技术扩散强壁垒的成本所抵消。

5）知识共享/溢出视角

姜南通过专利引用关系发现受专利制度影响较为明显的专利密集型产业也会因为国别、专利制度的实施、历史因素、科技发展等因素的差异而呈现不同。方志超等通过全部专利的总被引次数表现出的知识溢出现象检验企业的技术竞争地位、行业的技术竞争态势和国家的技术创新活跃程度。孙玮等人认为：知识产权制度通过预期惩罚和贸易纠纷处理机制，减少创新收益的不确定性，界定知识扩散过程中的利益分配，降低创新活动的交易成本，从而形成对创新的保障，因此专利密度必然与创新收益获得的时间、知识扩散的速度以及创新活动的活跃程度息息相关。

6）投入产出视角

徐明和姜南研究发现：对 PIIs 影响最大的因素为人力投入，其次为研发活动，第三为资金使用。这说明专利密集型产业最终凝结的是人类的智力成果，经过专利制度的保护，人力资本和智力投入得到了保障和激励，也使专利密集型产业体现出强大的生命力，引导着未来产业发展的方向。孙玮等人研究发现：人均专利拥有量体现对劳动者技能的要求，值越大则该产业的劳动者素质越高，对技术人员需求也越高；每亿元收入专利拥有量体现产业发展中的专利贡献度，值越大则产业增长品质越好，技术进步也更明显。

综上，现有文献已从产业异质、创新效率、资源能力、政策供给、知识共享/溢出和投入产出等视角提供 PIIs 发展的主要影响因素。但这些视角多从产业共性的角度加以解释，而无法有效区分专利密集型产业与非专利密集型产业的差异性因素。因此，现有研究对于 PIIs 比较优势的形成机理、核心竞争力的培育机理并没有给予有效解答，因而无法得出突破低端锁定的有效路径，这是理论上有待进一步深入研究的着力之处。

4. 专利密集型产业的评价方法

现有研究表明：专利是驱动技术革新[25]、推动产业结构优化和升级[26]、诱发企业竞争优势加强的关键因素[27]。评价方法包括评价指标和评价模型。专利密集型产业的评价标准包括：比较优势标准、技术创新驱动标准、要素密集度标准。专利密集型产业的评价模型包括：数据包络分析法（DEA）、突变级数法（CPM）和动态综合评价法（DCE）。

1）评价标准

（1）比较优势标准。DNP Analytics 的报告指出：PIIs 在人均研发投入、人均产值增加值、人均出口额以及人均工资方面分别是非专利密集型产业的 12.2 倍、2 倍、3.5 倍和 1.5 倍。欧盟报告《2016 欧盟知识产权密集型产业与经济绩效》（*Intellectual Property Rights Intensive Industries and Economic Performance in the European Union 2016*）指出：人均工资方面，PIIs 是非专利密集型产业的 1.46 倍；新增就业人口下降率方面，PIIs 为 1% 而非专利密集型产业为 1.7%；产品出口方面，PIIs 占比 93%。《我国专利密集型产业主要统计数据报告（2015）》指出：2010—2014 年，PIIs 国内生产总值（GDP）年均实际增长 16.6%，是同期 GDP 年均实际增长速度（8%）的 2 倍以上；PIIs 新产品销售收入、出口交货值研发经费、投入强度分别是同期非专利密集型产业的 2.5 倍、2.2 倍、2.6 倍。

（2）技术创新驱动发展标准。2012 年美国报告、2013 年欧盟报告以及国内外学者[4,8,28]，从专利密集型产业对经济贡献视角，评估研发投入、知识产权制度对经济总体影响，并为创新与经济增长之间具有正相关性的观点提供了建立在实证基础上的有力证据。陈伟研究发现：政府支持力度、产业科技水平、企业规模、从业人员素质与专利密集型产业创新效率正相关，产业聚集度与专利密集型产业创新效率负相关。

（3）要素密集度标准。孙玮等人构建的指标体系包括三个维度：专利资源量、产业规模增长和就业岗位提供。其中，专利资源量通过有效专利量指标衡量，有效专利量为授权专利数与在审专利数之和，专利数为发明专利与实用新型之和；产业规模增长通过主营业务收入指标衡量，主营业务收入为工业品出厂价格指数平减；就业岗位提供通过从业人员指标衡量，从业人员为年均雇用员工人数。

综上，比较优势标准着眼于专利密集型产业与非专利密集型产业之间的比较，以及国内专利密集型产业与国外类似专利密集型产业之间的比较。技术创新驱动标准着眼于专利密集产业自身科技进步速度及创新效率对产业经济发展的贡献作用。要素密集度标准着眼于专利密集型产业自身资源要素积累速率及变化情况的分析。

2）评价模型

（1）数据包络分析法（DEA）。姜南基于 DEA 的 Malmquist 指数（TFP）、技术效率指数（EC）和技术进步指数（TE）对比专利密集型产业和非专利密集型产业的 R&D 绩效，如公式 3 所示。

$$d_0^t(y^t, x^t) = \frac{1}{f_0^t(y^t, x^t(C, S))} \qquad \text{（公式 3）}$$

公式 3 中，在时期 $t$、技术参考集处于固定规模报酬 $C$ 和投入要素可处置强度 $S$ 条件下的投入的距离函数。

$$m_0^t = \frac{d_0^t(y^t, x^t)}{d_0^t(y^{t+1}, x^{t+1})} \qquad \text{（公式 4）}$$

公式 4 中，基于产出的全要素生产率指数可以用 Malmquist 指数在时期 $t$ 的技术条件下，从时期 $t$ 到 $t+1$ 的技术效率变化。

进一步的，姜南基于技术和经济二阶段 DEA 分析模型从整体效率、技术效率和规模效率三个方面对比专利密集型产业和非专利密集型产业的 R&D 绩效。类似的，陈伟基于 DEA-Malmquist 指数和 Tobit 模型对我国专利密集型产业创新效率及其影响因素进行实证研究。王黎萤等人基于创新价值链对区域专利密集型产业创新过程按科技产出、物化产出和价值产出三阶段 DEA 分析模型比较各区域专利密集型产业和非专利密集型产业创新效率差异。

（2）突变级数法（CPM）。孙玮等人基于突变级数法中的尖点突变系统（如公式 5 所示）将人均专利拥有量指数和每亿元收入专利拥有量两个分项指标统一到新的框架下进行综合评价。张骏和洪世勤在 H－O 理论基础上通过突变级数法验证江苏省专利要素较为充裕，在发展专利密集型产业方面具有较为优越的要素禀赋。

$$f(x) = x^4 + \mu x^2 + vx \qquad \text{（公式 5）}$$

（3）动态综合评价法（DCE）。陈伟采用离差最大化方法确定指标的权重，又引入有序加权平均（OWA）聚合算子和有序加权几何平均（OWGA）聚合算子分别计算出专利密集型产业功能性与协调性两因子的评价结果，并根据客观偏好系数法对两因子评价结果进行融合以获得静态综合评价结果；接着，基于速度激励模型计算静态综合评价结果的变化速度状态和趋势；最后，根据信息集结思想对状态和趋势特征进行动态融合以获得动态综合评价结果。

综上，现有研究中的评价模型多以比较优势视角对专利密集型产业（PIIs）和非专利密集型产业（NPIIs）进行对比研究，相关结论证明了在科技创新、产业升级、对经济贡献等方面国内 PIIs 较 NPIIs 具有相对优势。但是，现有研究模型并没有解答中国专利密集型产业是否能够"突破全球产业链（GVC）低端锁定，并引领中国产业高端攀升"的核心命题，因此现有评价模型有待完善。

## 二、专利密集型产业的发展路径

专利制度对产业创新的影响作用不是绝对正向或负向的，只有通过合理的设计和引导，专利制度对产业创新的激励作用才能最大限度地体现出来。

1. 发展路径 1：专利联盟

李明星等人研究发现：专利密集型产业构建专利联盟是产业发展和专利诉讼内外因综合作用的结果；专利联盟可在短时期内改变传统产业、高新技术产业、新兴产业及专利密集型产业的竞争态势；产业专利联盟是自主技术创新、自主知识产权与自主标准的高度集聚区，可以使得创新产出、成果转化与产业化叠加放大或倍增，从而在产业实力指数与产业发展能力指数上面表现出明显的产业经济效应。张骏认为：通过建立专利联盟、产业联盟等各类公共服务平台为创新提供信息交流的渠道。

2. 发展路径 2：专利池

专利价值依赖于可专利技术的复杂程度及产业类型[29]。电气工程产业的权利体相互合作申请专利关系比化学产业紧密，电气工程企业的"孤岛"权利体较于化学产业的"孤岛"权利体要少，这说明了电气工程产业中的企业很难绕过其他企业的专利权，在必要的情况下会进行合作申请，构建共同的专利池，提高本行业的进入门槛。

3. 发展路径 3：专利技术标准

李明星认为：专利技术标准是专利密集型产业的产业话语权，例如，美国 ATSC 标准和欧盟 DVB‐T 标准对我国彩电出口征收高额许可收费；我国网通、中兴、华为、上海贝尔等系统厂商和长虹、海信、中兴、朝歌、龙晶、上广电、悠视、TCL 等机顶盒企业完成了 AVS‐IPTV 的商用试验，验证了 AVS 标准在网络电视中的可用性，并共同发起宣布成立"互动媒体产业联盟"。

4. 发展路径 4：产学研合作

科恩等认为：即使相同的专利密集型产业，在不同国家的企业合作形态仍有所差异。卡蒂娅·安圭（Katia Angue）等[30]认为：专利权合作体的差异是造成企业对待创新机制态度不同的主要原因。姜南对中美日三国企业专利权合作体的比较研究发现,美国和日本的权利体合作关系中主要是企业的相互合作,而中国的企业与高校及科研机构的合作比较密切。

综上,专利联盟、专利池、专利技术标准路径以及产学研合作的本质是需要进一步提升和发展专利密集型产业及企业的专利创造和运用能力。需要克服核心能力刚性,通过资源整合进一步将比较优势转化为产业竞争优势,力争向微笑曲线两端攀升,以提升在全球价值链(GVC)上的位阶。因此,可以进一步研究专利运营能否将专利密集型产业的比较优势转变为竞争优势,作为提升产业竞争力、突破"低端锁定"的有效路径。

### 三、现有研究之不足及未来展望

现有研究对专利密集型产业的划分及评价标准趋于一致,且大量实证文献证明专利密集型产业相比非专利密集型产业具有明显的比较优势。然而,如下方面有待深化研究：

1. 界定标准存在认知误区有待进一步澄清

专利密集型产业属于知识技术密集型产业,也是高技术产业,人力资源(尤其是科研人才)是推动这类产业发展的重要条件。基于产业成长周期理论,蒋正明验证科技人才对经济增长的贡献率总体呈现上升趋势。郭佳通过协整理论分析得出知识技术密集型产业成长与科研人才之间存在着长期的动态均衡关系,科研人才每投入1%就会引起高技术产业总产值增长4.291 3%。史蒂芬·克莱伯(Steven Klepper)在对产业成长周期理论(Industry Life Cycle Theory)的研究中将产业发展阶段依次划分为：成长、成熟和衰退。基于人力资本理论,张国强等人验证人力资本(如人均教育程度)的结构变化影响产业结构升级。靳卫东发现人力资本(如以研发人员为代表的高层次人力资本占比,即研发人员总量)制约产业结构,影响技术进步以及知识和资本密集型产业的发展。由此可知,人力资本对产业发展起正向影响作用,研发人员总量的变化多伴随着产业成长的变化。进一步的,基于上文介绍的知识生产函数理论可知,专利作为知识创新活动的产出成果,体现产业的创新能力水平。因此,可以"人员—专利"变化的双维度视角,将专利密集型产业细分为9种类型,如表1所示。

表1 双维度视角下的专利密集型产业分类

| PIV | | 人员 A | | |
|---|---|---|---|---|
| | | 增长 +1 | 不变 0 | 下降 −1 |
| 专利 B | 增长 +1 | (B+1/A+1) | (B+1/A0) | (B+1/A−1) |
| | 不变 0 | (B0/A+1) | (B0/A0) | (B0/A−1) |
| | 下降 −1 | (B−1/A+1) | (B−1/A0) | (B−1/A−1) |

如表1所示,其中：A是研发人员总量,A+1是研发人员总量增长,A−1是研发人员总量下降,A0是研发人员总量不变;B是专利产出总量,B+1是专利产出总量增长,B−1是专利产出总量下降,B0是专利产出总量不变;PIV是专利密集度。由此可知,就同一PIIs

而言，(B＋1/A＋1)类型、(B0/A0)类型、(B－1/A－1)类型分别代表：研发人员总量与专利产出总量双增长、双不变、双下降类型的PIIs，这三个类型共同反映研发人员总量与专利产出总量同步变化情况下的PIIs发展问题；其他六种类型则代表：研发人员总量与专利产出总量不同步变化情况下的PIIs发展问题。现有研究并没有深入解答同步变化与不同步变化情况下的PIIs发展问题。因此，目前的分类方法需要进一步明确，并且应当深入研究PIIs同步变化与不同步变化问题及其主要影响因素，以为回答如何培养PIIs提供理论支撑。

2. 影响因素的作用机理有待进一步研究

现有研究虽已从专利能力角度对专利密集型产业发展的影响进行研究，但没有深入研究专利运营（能力）对专利密集型产业竞争优势的影响机理。此外，现有研究并没有从专利产出量与生产要素投入量相对变化关系视角研究专利密集型产业的动态发展规律。专利密集型产业动态变化视角分析如下。

概念假设1：某专利密集型产业中的专利仅对该产业具有价值而不会以权利形式直接转移至其他产业中，即不考虑知识溢出因素。

概念假设2：如果将($\Delta B＝\Delta A$)视为自然增长状态下的正常专利密集型产业发展结果，双增长型PIIs又可进一步为三种类型（见表2），那么对于($\Delta B＞\Delta A$)和($\Delta B＜\Delta A$)的专利密集型产业而言，导致它们专利密度非正常变化的影响因素是什么？是否还有其他因素会导致PIV变化？如表2所示，其中，A是研发人员数量，B是专利授权总量，$\Delta A$是研发人员总量的单位变化值，$\Delta B$是专利授权总量的单位变化值。

表2　双增长型专利密集型产业分类

| 分类 | PIV | 解释 | 分析维度 |
|---|---|---|---|
| $\Delta B＞\Delta A$ | 变大 | 专利授权量增长速度大于技术研发人员增长速度 | 创新绩效（＋）＝运营行为（＋）×创新组织结构（0） |
| $\Delta B＝\Delta A$ | 正常 | 专利授权量增长速度等于技术研发人员增长速度 | 创新绩效（＋）＝运营行为（0）×创新组织结构（0） |
| $\Delta B＜\Delta A$ | 变小 | 专利授权量增长速度小于技术研发人员增长速度 | 创新绩效（＋）＝运营行为（0）×创新组织结构（＋） |

由于目前专利密集型产业的界定标准及影响因素的研究仍不够深入细致，也仅从整个专利密集型产业的宏观层面建立了初步的评价指标体系。鉴于上面讨论的专利密集型产业的界定标准有待进一步细分，因此目前的评价指标体系可以根据细分的类型进一步细化评价标准，即专利密集型产业的中微观层面的评价指标体系有待将来研究。

3. 产业发展的指导理论有待进一步深化

目前多以面板数据为主从定量角度分析专利密集型产业的发展现状或验证相关产业指标对其发展的影响及程度。现有研究对于专利密集型产业发展规律的理论分析较为薄弱，并没有提出统摄专利密集型产业发展的理论。因此，随后的研究可以从理论定性角度分析专利密集型产业发展规律。例如,可以从比较优势理论、竞争优势理论、知识产权优势理论角度深入研究专利密集型产业的影响因素、发展规律、作用机理,以寻求提升专利密集型产业竞争力的有效路径。

4. 竞争力提升路径的应用研究有待进一步开发

现代经济增长理论主张国家应当积极干预创新,专利发挥着创新成果市场化和产业化的桥梁纽带作用,是构建产业优势地位的重要支撑,对抢占新一轮经济和科技发展制高点,具有重大战略意义;我国专利政策重点将从鼓励专利申请转向为鼓励专利向生产力的转化,更强调专利的质量指标与经济价值。在专利转化为生产力方面,许多沉默专利所蕴含的价值由于没有合适的孵化土壤而丧失了其潜在的价值;此外,还要面对发达国家制造业回流冲击;因此,需要研究专利密集型产业竞争力提升路径以及对经济发展的驱动路径。

## 四、结语

我国产业能否在全球化中持续获益,日益取决于能否融入 GVC 并在特定环节占据竞争优势。创新引发科技进步、影响产业变革、加强公司竞争优势、实现经济长期增长。创新驱动已成为发达国家经济发展的新路径[9],知识产权是推动经济增长和财富创造的有力工具,产业的核心竞争力体现在知识产权的多样创造和综合运用能力上。因此,自主创新及知识产权运用已成为决定产业竞争成败的关键。

专利密集型产业是我国产业中在自主创新和知识产权创造及运用方面具备比较优势的产业,对经济增长产生较强的拉动作用。面对发达国家的产业价值链"低端锁定",大力发展专利密集型产业对于实施创新驱动发展战略、实现产业转型升级、推动经济持续增长具有直接而显著的影响,是我国产业突破"低端锁定"的一条有力路径。

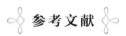

参考文献

[1] 7 部门下发《关于加强国际合作提高我国产业全球价值链地位的指导意见》[EB/OL].[2016 - 12 - 06]. http://www.gov.cn/xinwen/2016-12/06/content_5144158.htm#1.

[2] SCHMITZ H. Local upgrading in global chains: recent findings [R]. Paper to be presented at The Druid Summer Conference, 2004.

[3] XING Y, DETERT H. How the iphone widens the United States trade deficit with the people's republic of china [R]. ADBI Working Paper, 2010, No. 257.

[4] ECONOMICS AND STATISTICS ADMINISTRATION AND UNITED STATES PATENT AND TRADEMARK OFFICE. Intellectual property and the U.S. economy: industries in focus [EB/OL]. [2012 - 03 - 15]. http://www.uspto.gov/sites/default/files/news/publications/IP_Report_March_2012.pdf.

[5] EUROPEAN PATENT OFFICE AND OFFICE FOR HARMONIZATION IN THE INTERNAL MARKET. Intellectual property rights intensive industries: contribution to economic performance and employment in the European Union [EB/OL]. [2013 - 09 - 27]. http://documents.epo.org/projects/babylon/eponet.nsf/0/8E1E34349D4546C3C1257BF300343D8B/ $ File/ip_intensive_industries_en.pdf.

[ 6 ] ECONOMICS AND STATISTICS ADMINISTRATION AND UNITED STATES PATENT AND TRADEMARK OFFICE. Intellectual property and the U. S. economy：2016 update ［EB/OL］. ［2016 - 09 - 15］. https：//www. uspto. gov/sites/default/files/documents/IPandtheUSEconomySept2016. pdf.

[ 7 ] EUROPEAN PATENT OFFICE AND OFFICE FOR HARMONIZATION IN THE INTERNAL MARKET. Intellectual property rights intensive industries and economic performance in the European Union ［EB/OL］.［2016 - 10 - 24］. http：//documents. epo. org/projects/babylon/eponet. nsf/0/419858BEA3CFDD08C12580560035B7B0/ $ File/ipr_intensive_industries_report_en. pdf.

[ 8 ] 国家知识产权局. 专利密集型产业目录（2016）（试行）［EB/OL］. ［2016 - 10 - 28］. http：//www. sipo. gov. cn/tz/gz/201610/t20161028_1298575. html.

[ 9 ] WORLD ECONOMIC FORUM. The global competitiveness report ［EB/OL］. ［2011 - 09 - 07］. http：//www3. weforum. org.

[10] STEPHEN E S. Economists Inc. Engines of growth：economic contributions of the US intellectual property industries （2005）［EB/OL］. ［2006 - 06 - 22］. http：//Entertainmentecon. Org/File/Report/Nbcu_Study_Nov_2005. Pdf.

[11] VICHYANOND J. Intellectual property protection and patterns of trade ［R］. Ceps Working Paper，2009.

[12] DNP ANALYTICS. 知识产权密集型制造产业：促进美国经济增长［EB/OL］.［2015 - 06 - 19］. http：//www. sipo. gov. cn/zlssbgs/zlyj/201506/t20150619_1133413. html.

[13] 国家知识产权局. 中国专利密集型产业主要统计数据报告（2015）［EB/OL］.［2016 - 10 - 28］. http：//www. sipo. gov. cn/tjxx/yjcg/201610/t20161028_1298579. html.

[14] CHRISTOPHER P R. The economic importance of patents ［R］. London：Intellectual Property Institute，1996.

[15] HU A G Z，PNG I P L. Patent rights and economic growth：evidence from cross-country panels of manufacturing industries ［J］. Social Science Electronic Publishing，2013,65（3）：675 - 698.

[16] WIPO. World intellectual property report：the changing face of innovation ［R］. Geneva：WIPO，2011.

[17] OECD. Science，technology and industry scoreboard 2011 ［R］. Paris：OECD，2011.

[18] MANSFIELD E. R&D and innovation：some empirical findings ［J］. National Bureau of Economic Research，Inc，2009,37（8）：127 - 154.

[19] MANSFIELD E. Patents and innovation：an empirical study ［J］. Management Science，1986（32）：173 - 181.

[20] LEVIN R C，KLEVORICK A K，NELSON RR，et al. Appropriating the returns from industrial research and development ［J］. Brookings Papers on Economic Activity，1987（3）：783 - 831.

[21] ROBSON M，TOWNSEND J，PAVITT K. Sectoral patterns of production and use of innovations in the UK：1945 - 1983 ［J］. Research Policy，1988,17（1）：1 - 14.

[22] COHEN W M，NELSON R R，WALSH J P. Protecting their intellectual assets：appropriability conditions and why us manufacturing firms patent （or not）［J］. National Bureau of Economic Research Working Paper Series No. 7552,2000（1）：1 - 54.

［23］ HARHOFF D，HALL B，et al. The strategic use of patents and its implications for enterprise and competition polices ［R］. European Commission：Technology Report ENTR/05/82，2007.

［24］ FISCHER T，RINGLER P. The coincidence of patent thickets—a comparative analysis ［J］. Technovation，2015(38)：42－49.

［25］ CHEN Y W，YANG Z P，FANG S，et al. A patent based evaluation of technological innovation capability in eight economic regions in PR China ［J］. World Patent Information，2009，31(2)：104－110.

［26］ BROWN S L，EISENHARDT K M. Product development：past research，present findings and future directions ［J］. Academy of Management Review，1995(20)：343－378.

［27］ HOLLANDER S. The sources of increased efficiency：a study of Du Pont Rayon Plants ［M］. Cambridge MA：MIT Press，1965.

［28］ SIWEK S. Engines of growth：economic contributions of the U. S. Intellectual property industries ［EB/OL］. ［2006－06－22］. http：//www. nbcuni. com.

［29］ LIN C，WU Y J，CHANG CC，et al. The alliance innovation performance of R&D alliances—the absorptive capacity perspective ［J］. Technovation，2012，32(5)：282－292.

［30］ ANGUE K，AYERBE C，MITKOVA L. A method using two dimensions of the patent classification for measuring the technological proximity. An application in identifying a potential R&D partner in biotechnology ［J］. Journal of Technology Transfer，2014，39(5)：716－747.

# IP 战，非战，非常战

## ——专利应为市场而生，知识产权工程师应与工程师同行

房晓俊

　　企业若想在市场竞争中盈利，就要获取市场优势。若其产品为大众化产品，那么该企业就必须规模化生产、降低生产制造成本、尽可能扩大市场占有率。若其产品为小众化产品，那么该企业就必须差异化、满足个性需求、尽可能在细分市场中围栏，维护其细分市场的优势地位。

　　科技企业根据自身规模大小同样可以参照上述运营方式，特别要说的是，科技企业为了获取市场或者细分市场的优势地位，除了借助资本的力量来打击竞争对手之外，更重要的是通过专利权（技术垄断）来维持专利保护期内的科技优势地位。特别之处在于，科技企业若跟不上市场变化的趋势或者走错了技术发展的路径，则不用竞争对手发一兵一卒就会主动告别这竞争的舞台。所以，对于科学技术企业而言，既要关注自身相关科学技术的发展和分支技术发展，又要关注替代性科学技术的发展。从这个层面讲，科技企业是不能专注和专一的。

### 一、知己知彼

　　既然不能专注和专一，就必须知己和知彼，既要埋头做好、做精自身的科技产品，又要抬头通过专利检索的窗口和展会的窗口来获取科学技术或产品发展的情报；既要关注友商的研发动向，又要关注潜在的替代性技术和产品的降维攻击或者不同行的企业跨界性的攻击。不知彼而知己，人为地造成信息闭塞，是不明智的，容易造成妄自菲薄，或妄自尊大。知己知彼，既不闭门造车，又不夜郎自大。这样才能在市场竞争中和科技研发中，做到有理有据、有理有节和有的放矢。

　　竞争之科技企业切记：这些不可不察。

### 二、攻城

　　当发现友商有实质侵犯本企业专利权的证据时，先发律师函，再主动出击联络地方知识产权局维权，然后委托专利律师付之诉讼。专利诉讼战最终目的只有一个：维护自身的科技优势地位。倘若对方不是乌合之众的企业，必定会发起反击，针对该专利权搜罗现有技术发起无效宣告。此时该专利的撰写质量和稳定性将接受考验。专利权就是武器，武器每次被使用，每次都会有损耗，大战大损耗，小战小损耗。在对方企业发起无罪抗辩和无效

抗辩的同时,对方也会动用其专利权来反击。你来我往、此消彼长、生死沉浮。企业不是律所,知识产权工程师不是律师,知识产权工程师们整天忙于到处点火或者灭火,企业真的就喜欢自己的企业一直在打人与被打的官司旋涡中沉浮吗?对于科技企业而言,也许一两件专利权的得失,一夜之间就什么都(没)有了;也许在一两件专利权的争夺之间,发展的最佳时机也就(没)有了。

科技企业切记:这些不可不察。

### 三、伐兵

若在发起专利维权之前,先无效掉对手的专利权,或者部分无效掉对手的专利权,那么在后续的竞争对抗中将占据有利之势。专利无效宣告战,你若无效掉对方的,对方也同样会立即无效掉你的,所以发起无效战时必须找副"手套"。相对于专利无效战,积极发表公众意见才是上策,紧盯对方公开的专利,只要对方的专利一公开就有针对性地搜罗准无效证据,给国知局审查员输送"炮弹",最好的结果是导致该专利申请的驳回生效;若做不到这个,能迫使对手缩小专利权的保护范围也是必要的。

科技企业切记:这些不可不察。

### 四、伐交

企业在做研发之前,需要知道是选择"完全从头开始做研发",还是"在他人的肩膀上再做研发"。若选择前者,必须了解现有技术的发展程度、技术路线的种类,通过检索相关专利做专利权的 FTO 分析是逃不掉的。只有这样做好事前的规避工作,才能在今后的市场竞争中昂首阔步,不受制于他人。若选择后者,除了了解现有技术的发展程度、技术路线的种类以外,还要判断各类技术路线的发展前景,因为没有前景绝对好的技术路线,所以只能从相对发展前景好的一条或者少数几条技术路线着手,找到最接近的关联专利,分析其技术特征,在其专利的基础之上,一方面拓展好外围的从属专利技术,另一方面做好具体专利规避研究。虽然在专利丛林中寻找缝隙不容易,但有时总比白手起家要好很多。如果握有限制基础专利的外围从属专利,以及握有规避基础专利的技术方案,在后续的交叉许可谈判中,还能有些许谈判筹码。专利许可贸易战,就是竞争的企业间基于专利和技术的谈判,其中谈判者的作用相对小些,关键是通过展示技术优势,以及许可证相互交易的利益勾兑来解决市场竞争问题,总比通过对簿公堂、你死我活的方式来解决更文明些。倘若有少数几家公司达到相互制衡、打不起来的状态,那就抱团结盟,利用专利池整体许可的模式来筑护城河,限制更多的竞争对手自由地、舒适地入场游戏。

科技企业切记:这些不可不察。

### 五、伐谋

当下短期的市场竞争通过谈判和对价,企业总能找到生存发展的平衡点。可是随着时间、市场和技术发展等的变化,现有的谈判筹码都在变化,也许升值,也许贬值。其实贬值的更多些,要维持谈判筹码,企业就必须不断研发、申请专利和布局专利。在科技企业做专利布局时,需要明白如下三种专利布局的思维模式。

(1)一般企业认为:自己的产品,自己生产,只要对自己的产品做好专利权保护就可以了(情形 A)。因此,由此及彼,这些企业会推导认为,其他企业也是如此想、如此做的(情形 C)。我做我的产品,你做你的产品,我卖我的市场,你卖你市场,大家老死不相往来(见表 1)。

表 1　乌托邦理想 IP 世界

| 简单实施角度 | 用 | 不用 |
| --- | --- | --- |
| 自己 | 申请 A | 不申请 B |
| 他人 | 申请 C | 不申请 D |

(2)总有些企业没有这么乌托邦,它们除了思考自己,也会想想对手。企业规模化生产,市场早就不局限于生产制造之地,现在物流这么发达,当然是全市场的竞争。如果是竞争,当然希望对手的产品受制于自己,而自己的产品却不受制于他人。如何做到这些,从专利技术上讲自然要做到自家产品应保尽保(情形①②),友商的产品也通过专利申请,替对方"考虑"着(情形③)(见表 2)。

表 2　当下市场竞争

| 市场实施角度 | 他人用 | 他人不用 |
| --- | --- | --- |
| 自己用 | ① | ② |
| 自己不用 | ③ | ④ |

(3)人无远虑必有近忧,人无近忧必有远虑。企业家总有做百年老店的情怀,哪怕是科技企业,也希望自己能活到下一个科技时代,科技企业要想在当下时代活得滋润,必须要做的是为将来而谋划(从上述表格具体情况④发展而来 adcd 4 种发展可能),它们会考虑、预判市场的发展以及与科学技术的发展契合(见表 3)。

表 3　未来市场竞争

| ④发展实施角度 | 将来他人用 | 将来他人不用 |
| --- | --- | --- |
| 将来自己用 | a | b |
| 将来自己不用 | c | d |

我们继续深聊,从"伐交"中可以看出,如果专利保护只限于原型技术本身,就会有他人做外延技术申请;如果专利保护只限于原型产品本身,就会有他人做改良产品申请。因此做专利保护,必定要做专利布局,而做专利布局必定要做专利挖掘。本节前述文字也谈到

了通过技术路线、竞争对手和市场发展给出的挖掘方向。专利挖掘布局战，就是埋下一颗颗的"地雷"，除非敌方不触发引信，一旦地雷爆炸就是一场战争的开始。而"地雷战"的对手们一旦都明白这些道理，就会形成"大家抢着挖专利，抢着布专利"的局面。你中有我，我中有你，犬牙差互，交错前行。若相关企业不尽早参与其中，也许就已经死了，只是过几年才被"埋"罢了。

科技企业切记：这些不可不察。

发动 IP 战的目的，无外乎三者：要钱的，要市场的，要竞争对手命的。根据己方预定的目标去准备，以有备功无备。反之，应战者须摸清挑战者的意图，若不得，就要用"最坏的结局"思维去应战了。

中国专利制度诞生的时间不算长，由专利制度的游戏规则引发的专利战争数量也不多。原因不复杂：一是法制还没那么严苛，维权成本高于违法成本；二是企业缺失专利权的保护意识，对专利的重视程度也不够；三是以知识产权为轻资产的科技企业也不多，社会发展没达到这个阶段程度。现在不同了，国家鼓励"大众创业"和"万众创新"，第四次修改的《专利法》，对于侵权方，要引入"5 倍赔偿机制"，以及"减轻权利人的举证责任"。

中国的土地红利已经消失殆尽，人口红利也尽显疲态，接下来，国家要通过开启"工程师红利"来推动经济结构调整、产业升级和社会进步。创新之人会越来越多，创新的企业也会越来越多，专利制度本就是为市场竞争而生，企业知识产权工程师就应该与研发工程师们为伍，做好知识产权的全过程、全产业链的保护工作。对于企业知识产权工程师而言，夫未战而庙算胜者，得算多也；未战而庙算不胜者，得算少也。多算胜，少算不胜，而况于无算乎？故而，不谋全局者，是不足以谋一域的。

现在来看，基于专利代理师，具体操作"伐谋、伐交、伐兵和攻城"的各细分 IP 兵种也多了起来，IP 的春天是真的到来了！

笔者真心希望：我们永远是朋友，而非对手；天下没有战争，更没有 IP 战。

## 六、结语

故善用兵者，屈人之兵而非战也。

未来，只有那些在当下能看到未来的科技企业，才配活到未来——很残酷，但确实如此。

本文，作者在 2013 年时就想写，然而直到 2018、2019 年才找到落笔的理由。

本文是作者写的第一篇，也是最后一篇关于 IP 战思想的文章。

# NPE 的信条

房晓俊

NPE(Non-Practicing Entity)是非专利实施主体的英文缩写，是最近越来越多走入公众视野的知识产权概念。一般说来，NPE 们没有自己的研发力量和研发投入，用来主张权利的专利大多是从其他实体公司(Operating Companies)或者独立发明人那收购而来。

NPE 具有双面性，客观地说，大部分的 NPE 是通过合理运营知识产权，既获得可观的经济回报，又活跃了知识产权交易市场，帮助更多的商业机构提升创新能力。但某些机构和个人利用 NPE 这种形式，采用激进的、轻率的知识产权诉讼策略，纠缠甚至骚扰实体公司试图投机获利，与知识产权以法律来培育和鼓励创新的本意背道而驰，此类公司会被称为"专利流氓"(Patent Troll)。虽然名声不好听，但不影响它们合法地伴随国家法律法规而存在。NPE 的名声这么差，怎么会有信仰？ 如果有，也应该是钱才对。其实，名声差，不代表没有信仰；名声好，也不代表有信仰。NPE 的信条是什么？ 它们的信条足以让业内大多数同行汗颜。

## 一、NPE 的信条

1. 规劝

科技公司应该重视科创研发，以及技术迭代和技术替代。

科技公司应该重视知识产权对其产品和技术的保护，有实际行动而不是停留在口头或做些表面文章。

科技公司应该时刻准备应付来自知识产权方向上的各种攻击。

2. 墨菲法则

任何事情，没有表面上看起来那么简单。

凡事只要可能出错，那就一定会出错；如果担心某种事情发生，那么它就更有可能发生。

所有事情都会比预计的时间更长或来得更快，所以有必要尽早尽快就开始准备。

3. 三不完美

技术本身是不完美的！ 过去、现在、将来，技术都不会完美；如果技术完美了，技术的发展就停滞了；因为技术不完美，所以技术才不断发展。

发明人是不完美的！ 技术发展越多就越细分，知识大爆炸，人不能穷尽所有的知识，再加上每个发明人专业知识背景不同，对技术的感悟不同，技能的使用习惯不同，因此发明人做不出完美的发明创造。

专利代理师是不完美的！每个专利撰写代理师对专利和专利制度的认知程度不同，对发明的理解不同；对未来技术的发展方向和程度判断不同，对未来市场的偏好预感不同，因此专利代理师写不出完美的专利。

4. 社会进化(净化)论

不重视科创的企业算不上真正的科创企业，它们只是伪装成科技企业的传统普通企业。

不重视科创保护的企业，只算是为社会的发展可能做过贡献的过客企业。

科技企业除了要提防来自友商的种内竞争外，还要提防来自 IP 生态圈顶端的种间竞争。

当环境变革发生的时候，只有适应变化者才能生存；看不见变局者，慢慢会沦为出局者。

只有那些在当下，就能预见到未来的科技企业，才配活到未来。

NPE 们敬畏这些信条，它们更相信如果有科技企业不敬畏这些信条，不恪守上述信条，不未雨绸缪，打好基础，扎好篱笆，不防患于未然的话，那么 NPE 们必将根据 IP 生态法则让生态破坏者受到应有的惩罚。不如此，科技企业的认知不会进步，科技企业的 IP 管理也不会进化。那么整个 IP 生态圈就会紊乱，01 产业链和 IP 产业链的闭环将被打破，就会发生劣币驱逐良币的现象，进而影响整个行业进展乃至拖慢社会科技创新前进的步伐。

要成为 IP 食物链顶端的存在，光有信仰是不够的，还要有对社会、经济和企业有一定认知的理念境界，以及与之匹配武功实力。

## 二、NPE 如何看待科技企业

科技企业因其科技属性，自然要比普通传统企业获得更多的估值溢价以及关注。正因如此，就有普通传统企业伪装成高科技企业，来获得本不应属于它的生存空间。再则，一家正常的科技企业，长期看，绝不可能依靠某个人(总裁或研发总监)在那里推动企业的科创工作，能担起这个责任的只有与市场部和研发部紧密配合的 IP 部门，如果 IP 部门瘫痪，就会感染到研发部门，进而扩散到整个企业。

科技企业不重视科创研发，就意味着提前退出了科技竞争的舞台，将科技发展权交由他人，不管是友商还是 NPE，都不会因此而心生感激。

科技企业不重视知识产权对其产品和技术的保护，自然在专利布局覆盖上就有疏漏，这样的疏漏不论在友商还是在 NPE 的眼中，都是专利布防上的失误，在它们发起攻击的时候都不会视而不见。

科技公司不重视知识产权方向上的进攻准备。笔者在《IP 战，非战，非常战》中写道："(友商)发动 IP 战的目的，无外乎三者：要钱的，要市场的，要竞争对手命的。(挑战者)根据己方预定的目标去准备，以有备功无备。反之，应战者须摸清挑战者的意图，若不得，就要用'最坏的结局'思维去应战了。"IP 战无小事，如果科技企业自觉得没有东西会失去，那也就不用在意或准备什么了。

### 三、NPE 如何理解我国专利法律法规

中国专利法律法规分实体法和程序法两部分，可视为有实有虚，恰恰是实体法属虚，运用之妙在乎一心，不虚不足以形成保护范围，不虚不足以保护产品和技术。虚而有纲疏网不漏。程序法属实，运用之妙在于规则敬畏，不敬畏不足以保护专利本身，觉者由心生律，修者由律制心，不敬畏程序规则最终会被规则反噬。虚与实，攻守两扇门，在高手面前，不用虚张声势，有就是有，无即是无，假的真不了，也装不了。自我国第一部专利法相关律法规修订至今，经历三个阶段；第一阶段：奖励先行者；第二阶段：鼓励跟随者；这次是第 4 次修订专利法，2021 年 6 月 1 日实施，将拉开第三阶段的序幕：惩罚落后者。专利本身就是一种竞争性很强的事物：你有我无；先申请制度又强化了一层：先到先得；新专利法 3 至 5 倍的赔偿原则，再强化一层：侵权违法，错一赔五。专利制度设计如此，容不得参与其中的各方有片刻喘息的机会。

在 IP 世界中，有很多兵种，除了已有的攻城 IP、伐兵 IP、伐交 IP，还有伐谋 IP 等，NPE 无疑是 IP 界的特种兵。IP 特种兵有哪些过人的武功实力？鲨鱼的嗅觉、蜘蛛的触觉、群狼的分工与合作和鹰眼的审视观察。

什么是鲨鱼的嗅觉？这种能力就是从一家公司的企业文化和组织构架里，嗅出它是否重视科技研发和专利保护。了解一家科技企业的窗口无外乎技术、制度和文化三者。然后从中找到它的出血点，鲨鱼之所以成为海洋霸主，就因为它能在几公里之外就嗅探到血腥味，然后对出血点发起撕咬攻击，迫使出血部位进一步损伤而造成猎物更大的创伤。突破一件专利，就会引发整个专利攻防布局的错乱。

什么是蜘蛛的触觉？就是编织一张情报大网，里面有该行业赛道上各路选手的专利数据库和流程管理数据库，目标对象的科创产品的技术分解库、功能分解库、结构分解库，以及展会和商业新闻报道上的各种情报。再有就是该行业内专利的转让情况和诉讼情况。织完网，然后就是耐心等待情报网被触动的那一刻，以及机会的到来。

什么是群狼的分工与合作？目标明确之后，就要对该科创企业进行信息收集和全面分析，重点是产品分析和专利分析，还有市场分析和技术分析。进一步细化该企业产品可能侵犯的专利权有哪些，对该企业专利的评级和撰写质量评分进行进一步细化。针对目标专利，收集无效文献和现有技术。市场分析进一步明确其上下游及其友商都是哪些，将所有信息收集齐，用各种分析报告来勾勒该企业的画像。什么是群狼的智慧？就是这个组织在明确目标对象后，有明确的分工，对目标的商业情况、专利情况及流程执行进行分析。然后理顺并制定出进攻方式、进攻主次以及进攻时间表等等。时间一到，就各忙各的，主攻的主攻，助攻的助攻，打援的打援，打野的打野。后续根据形势变化，再进行配合协同调整。

什么是鹰眼的审视观察？就是在更高纬度上思考和分不同层次进行观察。尽可能全盘掌控进攻的节奏以及战场的变化。借助资本的力量快速布局（或创造、或购买或独占许可），不在科技未来发展路线上的专利不入它们法眼，专利撰写质量低下的专利不入它们法眼，形成不了层次壁垒组合的专利不入它们法眼。科技细分行业排名靠前的玩家的专利才入它们法眼。因为名声不好，自然行为上不会受名声所累。

逝者如斯夫,百川到海不复还。世界各国都在争夺第四次工业革命的入场券;国家经济结构调整、产业升级,鼓励双创,构建"双循环"新格局,促进消费升级。2019 年,中国人均 GDP 首次超过 1 万美元!中国紧接着就面临怎么不陷入"中等收入陷阱"的问题。对于如何跨越"中等收入的技术陷阱"就需要做到:必须要在技术上有重大突破,必须要有尖端的科研和技术人才,必须重视和尊重知识产权,必须有完备的知识产权保护机制和交易许可市场。给天才之火添加利润之油,加快科技研发和科技企业发展壮大。新《专利法》必定给科创中国注入了强大的发展动力,对遏制山寨假冒行为,却加大了约束力。新《专利法》无疑在用惩罚措施来保护人类的智慧结晶,保护中国人的创造力。

在 IP 武侠世界,除了三教九流外,还有两类神,一尊是掌握赋予专利"生命权"的神——专利审查员们,另一尊就是掌握剥夺专利权乃至假科技企业"生命权"的神——NPE 们。前者依据专利法规授予专利权;后者依据专利法规无效专利权以及维权护法。生权也好,杀权也罢,都是国家专利法律法规赋予的。NPE 不是人为设计的产物,从专利制度诞生的那刻起,就形成了 NPE 发生的土壤。NPE 的文化属性极其适应 IP 生态圈,NPE 的属性里天生就有"汰弱留强,去伪存真"的基因。NPE 之于 IP 生态圈,犹如退市制度之于中国股市。

由于人类智慧结晶的难获得性和易复制性同时存在,当世界上第一部专利法诞生,就注定了技术公开换取政府授权的排他性保护,守护竞争公平,守护科创专研。当道德和法律矛盾时,首先要遵守法律,因为法律正义才是底线正义。

网上一段流传很广的话:你所赚的每一分钱,都是你对这个世界认知的变现。你所亏的每一分钱,都是你对这个世界认知有缺陷。你永远赚不到超出你认知范围的钱,除非靠运气,最后往往会由于实力不足而亏掉。这个世界最大的公平就在于:当一个人的认知不足以驾驭他所拥有的财富时,这个社会有一万种方法收割你,直到你的财富和认知相匹配为止。

填平原则被惩罚原则替代了的新专利法登台的楼梯声响了起来,NPE 在信条砥砺上的磨刀声也响了起来。科技企业们,你们准备好了吗?

# 基于临床创新发明的认识与思考

黄李华

黄李华,副主任护师。现任上海市肺科医院肿瘤科护士长。曾荣获上海市优秀护士、上海市医务职工科技创新星光计划三等奖、上海市优秀发明选拔赛优秀发明银奖等,承担市级医院首届科技成果转化项目。

《中华人民共和国国民经济和社会发展第十四个五年规划和 2035 年远景目标纲要》确定了未来医疗大健康领域的总体发展方向,提出要从临床诊疗、成果转化等方面发力,不断提升临床创新发明的能力。

可见医院作为市场体系中的重要一员,不仅肩负着治病救人保障人民健康的任务,也担负着推进医学创新发展进程的重大责任。医院的综合实力已不仅仅在于它所拥有的物资经济成本,更重要的在于医院所承载的知识储备量和科技创新能力。医务工作者开展科研工作、进行创新发明的最终目标是要治病救人。因此,医务工作者创新发明的思维方式就应该从临床需求出发,并将成果转化应用于临床,将临床需求和研究创新手段密切结合以真正实现医学科研的价值。也就是说医务人员创新发明的思路应来自临床需求,且发明的结果能够回归到临床的应用,在似锦繁花中找出真正有规律、有价值的东西。

医务人员所具备的创新思维能力、探索精神是非常重要的。例如,对于外科医生来讲,一项新的手术或者手术器械的发明与改进,直接取决于医生的好奇心与钻研精神。对于创伤较大需开胸剖腹的手术,外科医生一直想用某种方法来避免这种创伤,直到后来,法国医生弗朗索瓦·杜伯瓦(Francois Dubois)在一次外科手术中用腹腔镜切除了胆囊,使患者的恢复进程大大加快,随后其他医生相继进行了各种手术技术的创新,使微创手术得到迅猛发展。单孔、经自然孔、机器人、荧光显示等技术相继得到应用。

专利技术也是衡量一个国家创新发展水平的重要因素之一,对于国家创新水平的提高具有重要意义。其中,护理专利也是专利科技成果的一种,护理专利有效地将护理人员的知识产权保护起来,同时也充分体现了护理人员的聪明才智以及创新发明的能力。近些年,我国护理人员紧跟时代的步伐,护理专利的申请数量及质量都在不断攀升和发展,在护理技术的革新和器具的改良方面尤为突出。护理人员对外观专利及著作权方面的申请也越来越重视。护理专利发明人多数是高年资的护理人员以及高学历的护理人员，她们具有丰富的临床实践经验和较高的文化水平，她们比较了解患者的临床护理需求、知晓护理实践中的热点和难点，注重学习专利知识，广泛地参加各类培训和交流。因此，护理人员的专利技术往往贴近临床，具备极高的实用价值且与时俱进，一旦被转化应用能很好地解决临床患者的实际需求。

笔者所供职的是一家三级甲等专科医院，专攻肺部专科疾病。因此，护理人员的创新发明具有明显的专科特色，我们善于立足临床且在实际工作场景中发现问题，并积极运用创新思维进行发明创造，充分体现了护理人员敏锐的视角、细心的工作态度和强烈的职业责任感。以下介绍部分专利授权项目、简要回顾以及分析这些项目的创新思路，以分享我们从懵懵懂懂到充满创新热情的体验。

例1：发明专利授权项目"引流管夹闭器"：胸腔积液引流是肺部疾病最常见的治疗方式之一，在引流的过程中需要定量引流，以预防引流过多或引流不足所造成的各类医疗并发症。临床上，引流过程一般依靠护士、患者或患者家属进行人工查看及控制，耗费人的精力且很容易忘记查看及控制。该专利技术很好地解决了这个问题，通过弹簧等装置以重量测量等原理达到自动引流控制的目的，不仅提高了医疗护理工作效率，还避免了医疗并发症的发生，且该夹闭器适用于各种引流管道，可应用于广泛的医疗场景。

例2：发明专利授权项目"精油止呃呼吸锻炼气袋"：呃逆是恶性肿瘤化疗患者最常见的副反应，且该症状呈顽固性，给患者造成强烈的不适感，甚至会导致生活质量的下降，临床上无特效药。本发明通过使用密封式袋体罩住患者的口鼻进行吸呼动作，使呼出的二氧化碳重复吸入，增加血液中二氧化碳的浓度，血液中二氧化碳浓度增高，动脉血中二氧化碳分压即升高，刺激了颈动脉体、主动脉体化学感受器传至呼吸中枢，从而干扰导致呃逆的神经反射活动，以此调节过程来抑制呃逆。这是该发明的功能之一，另一功能就是该袋体的鱼嘴状接口和特殊的袋体材料设计帮助患者或正常人进行呼吸功能锻炼，提升肺功能。适用于手术前肺功能锻炼、手术后和慢性肺部疾病康复期患者肺功能康复锻炼，也可作为日常正常人群的保健锻炼器具。

例3：实用新型专利授权项目"一种椅用支撑约束马夹"：骨转移是肺癌患者最常见的转移症状之一，以脊椎、腰椎部位最好发，一旦发生病理性骨折和截瘫均很难治愈。该椅用支撑约束马夹可穿戴在肺癌骨转移患者身上，并有后幅背侧的横向绑带将马夹本体固定在椅背上（比如转运时用的轮椅）。马夹内有支撑钢板的后幅可提供较强的支撑力，从而能够支撑肺癌骨转移患者坐起，以预防骨折等意外，也方便医务人员对患者进行护理和检查治疗工作。

医疗专利属职务发明专利，职务发明专利质量较个人专利更优因而更具价值。职务发明专利成果转化率在一定程度上反映了一个国家专利质量的高低以及科技创新的能力。职务发明专利成果转化率越高，意味着职务发明专利质量越高，对创新发展起到的推动作用越大。我国职务发明专利申请量连续多年位居世界第一，这也体现了我国科技创新事业的发展水平。但是，与职务发明专利申请量相比，我国职务发明专利成果的转化率与世界主要发达国家仍然存在一定的差距。其中，医疗专利的转化更为艰难，因其转化过程中会受到众多因素的影响, 如医院、企业、发明人、政策、产品市场, 还有专利本身在不同阶段、不同角度的影响。

护理专利的申请数量在医疗专利中占据了较大的比例, 然而, 护理专利的转化成功率更低, 其中, 并不是护理专利的转化难度有多高、成本有多贵, 很大一部分的原因还是不够受重视。专利转化的成功离不开发明人、医院与企业的通力合作和政策的支持。当务之急是尽快完善专利管理制度, 尽快形成对专利转化有益的工作队伍, 队伍中可涵盖一定的护理发明人员, 专门从事协调护理发明专利的转化工作。有利于在不断的工作实践中, 收集反馈, 总结经验, 进一步完善护理专利的转化流程; 大多数的护理专利具备非常广泛的市场应用前景, 且转化成本低、实用性、创新性高。企业与医院则应以真诚的态度、更高的战略角度选择合适的合作方式、加强对护理专利的关注, 从患者的临床实际需求出发, 以更广的市场需求视角探讨护理专利转化平台的建设、医院企业合作的模式, 以加强加快实际操作的步伐, 来共同创造有利于专利转化的大环境, 只有在这么多因素的共同作用下, 才有可能出现优质的专利转化成果, 最终造福患者、推动国民经济的发展。

就像蜜蜂和向日葵, 我们从临床寻找灵感、吸取养分, 最终的成果将回馈临床。我们需要站得更高一点, 看得更远一点, 向着更有价值的目标前行。从临床出发回到临床, 相信基于临床创新发明的明天一定会更加美好!

# 术 篇
SHU PIAN

# 对初创企业知识产权工作的若干建议[①]

丁志新

初创企业即新创立的企业,在经营活动中会遇到各类困难,其中知识产权工作需要予以足够的重视。由于初创企业通常经费相对紧张,也缺少专业的人士开展知识产权工作,常见的误区有:

(1) 在较长的时间内忽视了知识产权,未及时保护;

(2) 知识产权工作缺乏规划,盲目申请且质量低;

(3) 只注重了某一类型知识产权的保护,没有结合其他类型;

(4) 知识产权的质量和数量不均衡;

(5) 缺乏知识产权管理,无法选择合适的服务机构合作。

## 一、初创企业的知识产权如何从无到有

初创企业的创始人或合伙人团队需要树立知识产权保护意识,对各类知识产权进行及时的申请和注册。企业开展知识产权工作,就是对企业无形资产进行保护,办理专利申请、商标注册、版权登记等都是对无形资产进行确权的有效手段。类似于有形资产中需要办理房屋产权证书一样,对于企业的重要性不言而喻。初创企业导入知识产权工作的过程就是加强知识产权保护意识的过程,具体来说需要逐个积累、综合保护。

初创企业的知识产权工作需要按照短期目标和长期目标进行规划。商标、版权及软件著作权等保护的期限相对长,而专利作为知识产权工作中的重要组成部分,更需要重点规划。

由于对知识产权进行确权需要一定的时间周期,因此,在公司成立之前,就可以开始筹划并提前进行保护了。例如,提前申请商标、域名,并对创意进行专利挖掘,如能形成初步的技术方案即可进行专利申请和保护。待公司成立之后,可以进行权利转移和权利人变更。

## 二、积少成多注重质量

企业的知识产权是注重数量,还是注重质量? 企业作为创新主体,可以根据自身的需要进行调整。以专利为例,数量的增加并不能成比例扩大企业专利的保护范围;但如果只

① 该文发表在《中国发明与专利》2017 年第 12 期上,第 74 - 77 页,原题为《浅析初创企业的知识产权工作》。

依靠质量高的1～2项专利，保护力度也不足。开展知识产权需要投入经费，费用的多少决定了规划的结果。国内出台了很多减免费用的政策，例如，专利申请和授权能获得各级地方政府数额不等的奖励资助，这可以适当减轻经费不足的压力。企业在注册商标、登记版权与软件著作权等知识产权类型方面可以对数量相对放宽一些。很多科技型的初创企业，在高新技术企业认定时，会对各类知识产权的数量也有一定的要求，可以提前进行申请和储备。

以下对专利的申请和规划策略进行简要说明，按照"二八原则"，重点产品和核心技术一定是保护的重点，需要投入80%的研发力量并重点进行保护，另外20%用于其他产品和技术。围绕重点产品和核心技术，需要形成1～2项基础专利（或称核心专利）以进行有效保护。以化学、生物、医药等领域为例，通常是关键的配方或化合物；而以互联网及人工智能等领域为例，则通常围绕数据传输、管理系统等软件类专利进行重点保护。

北京摩拜科技有限公司于2015年1月27日成立，从2015年6月开始申请专利，截至2017年4月26日，已公开32件专利，其中发明有15件，实用新型12件，外观设计有5件。

基于以上信息对该公司的专利申请情况进行专利布局和申请策略分析[1]。

该公司最早申请的专利是管理系统和车架，其中对于车架（包括整车以及挡泥板等部件的外观设计）给予了较为持续的关注；随着时间的推移，关注点又逐渐转到传动系统、车锁和防盗系统上来；2016年以来，则重点关注了电机刹车系统，就该领域先后提出总共6项申请。对于该公司来说，管理系统可以说是重点技术也是商业盈利模式的核心，通过管理系统实现用户信息、车辆信息的安全管理，最终获利。该公司在管理系统方面同时递交了PCT国际专利申请，为进入国外市场做准备。

此案例可以为同类初创企业提供借鉴：初创企业需要针对核心技术和关键产品进行重点保护，考虑以发明专利进行申请。对于结构类的技术改进以及工业设计可以通过实用新型和外观设计进行保护，并较快完成审查获得授权。在后续的公司运营过程中，相关的上、中、下游等相关技术可以申请和布局外围专利，最终形成专利组合。

同时，提升专利的质量需要多方面人员的配合和努力，具体包括研发人员的创新、企业专利工程师的挖掘和布局、专利代理人的文件撰写和审查答复、专利审查员的细致严谨审查。高质量的专利需要在专利的全生命周期过程中，由多方协同合作，共同提升专利的质量，对相关技术形成专利保护，最终通过专利运营释放专利的价值。

图1是笔者对于高质量的专利全生命周期管理模型的改进，箭头的指向表示该类人员需要参与到相关工作环节中。改进前的原模型参见参考文献[1]。

### 三、加强知识产权管理

对于企业来说，管理是第一位的。只有通过高效的管理，才能协调整合资源、找对人、做成事，企业开展知识产权工作亦然。人才是首要的核心因素，企业需要安排专人负责知识产权工作，该类人员应具备基本的知识产权相关专业知识，熟悉各类流程和相关的政策。如有必要，还需要及时寻找专业的服务机构，聘请专家顾问予以协助。

用于知识产权的专项资金是必不可少的，没有合理和充足的预算，巧妇也难为无米之

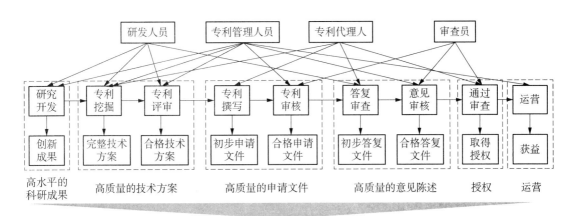

**图1 高质量的专利全生命周期管理**

炊。如只考虑在中国形成初步的知识产权保护,建议应投入十万元以上。如打算开拓海外市场,更是一笔大额的开支。专利授权后,还要按时缴纳逐年递增的年费。

初创企业可以暂时不考虑知识产权运营、知识产权维权保护等方面的工作,短期内应确定目标和重心,做好整体的规划,将工作执行落实到位,定期跟踪自有知识产权的状态,及时递交相关材料以及缴纳相应的年费等。做好内功是初创企业在快速成长期的主要工作。

如身处竞争激烈的行业,并有相应的人力财力支持,企业也需要搭建知识产权风险防控和预警机制,知己知彼,对潜在的风险进行来源识别、等级判断和危害控制(见表1)。

**表1 初创企业专制战略规划方案**

| 成立期 | 1年内 | 1~3年 | 3~5年 | | | 5年以上 |
|---|---|---|---|---|---|---|
| | 预研 | 研发过程 | 成果保护 | 产品生产 | 产品上市 | 运营 |
| 专利培训 | | □ | ■ | | | □ |
| 专利检索与分析 | | ■ | | | | □ |
| 专利导航与规划 | □ | □ | □ | | | ■ |
| 侵权风险评估 | | | | | □ | ■ |
| 专利规避设计 | | □ | | | | |
| 专利申请 | | ■ | ■ | ■ | | |
| 专利价值评估 | | | | | | □ |
| 许可与转让 | | | | | | □ |
| 专利预警监控 | | | | □ | | ■ |
| 专利维权 | | | □ | □ | | ■ |

注:■重点工作 □一般工作

随着知识产权工作的逐步深入，企业可以参照《企业知识产权管理规范》（GB/T29490 -2013）的要求开展工作，制定企业的知识产权方针、目标、制度和规范流程。

## 四、选择合适的合作伙伴和顾问

初创企业内部人才缺乏，在没有专业的人员负责知识产权工作时，就需要选择合适的知识产权代理机构或外聘顾问。在选择代理机构时，要尽量找服务领域全面、经验丰富的团队。例如，选择一家提供各种知识产权咨询的机构。此外，还要了解和选择合适的办案代理人提供服务，这对于后续良好的沟通和相互配合尤为重要。对于初创期的企业，建议选择本地的服务机构，方便交流并长期合作。充分了解拟合作的代理机构，侧面打听服务机构的能力。例如，向其用户询问并获知客观评价。如企业发展的服务需求超出现有的合作伙伴的能力范围，则需要淘汰旧的合作伙伴，并寻找新的更符合服务需求的代理机构。

由于知识产权顾问是具体完成委托案件的人员，需要具备相关的知识产权知识和技能，熟悉企业的技术领域，具有一定的案例经验。通过顾问式的咨询服务，完成专利挖掘与布局、风险预警与规避、知识产权培训，或者参与和协助完成知识产权管理与战略规划等相关工作。因此，合理的服务佣金十分重要。

在合作过程中，企业需要逐步完善内部管理，安排和培养专人负责知识产权工作，审核案件的完成质量，监督和推动案件的进展。对于服务机构的来函及时反馈意见，缴纳相应费用。

## 五、其他相关的注意事项

在专利申请前需要进行查新检索，判断拟申请的技术交底材料是否具有新颖性，如有可能还需要对创造性进行评价，以进一步判断专利的授权前景。对于具有授权前景的专利可以采用提前公开以及提前进入实质审查的策略，或者按照专利优先审查制度提出请求。对于发明专利，可以将申请和审查的周期缩短到 12 个月左右。同理，在注册商标时，需要咨询代理机构，选择合适的商标类别，并对拟申请的商标标识进行商标查询，如发现商标已被他人注册，则及时进行修改。

由于部分企业的研发刚刚开展，或者技术不成熟，企业也可以通过商业秘密的形式进行保护，对此，企业需要与知晓商业秘密的相关人员签订保密协议，做好泄密防范的工作。

如果企业还打算进行产品出口、技术转移转化等经营活动，除了注册海外的商标之外，还必须在专利的优先权期限内在海外申请，错过时间在国外将不受保护。如果通过《巴黎公约》途径去往国外，需要该专利在本国（比如中国）申请后 1 年内到其他国家提出申请。如采取 PCT 国际专利申请的途径，可以自该专利在本国（比如中国）申请后 30 个月内在其他国家提出申请，超过时限将直接失去机会。

企业开展知识产权工作的最终目标是获利，进行知识产权保护如同投资，不是短期回报率高的投资方向。长期来看，对知识产权的保护正如前文提到的房地产和房产证的关系。知识产权可以让企业通过自身使用获利、许可转让他人获利、诉讼维权获得赔偿、巩固市场形成技术壁垒等。按照企业经营的需要，知识产权还可以质押融资、无形资产入股或上市、拍卖转让。

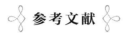

## 参考文献

［１］周建明,喻伟,王岩.企业专利申请质量提升研究[J].知识产权,2009,19(5)：40－43.

# 初创企业中的知识产权管理经验浅谈

凌赵华

在笔者近 10 年的知识产权行业经验中,大约有三分之一的时间是在初创企业中度过,负责知识产权工作,还有三分之一的时间是在知识产权服务机构从事服务初创企业的工作,所以笔者在此文中会分享一些自己在初创企业中的知识产权管理经验。

本文将分为三个部分来展开,分别为:四大风险提示、三大要点总结和两大工作建议。

## 一、四大风险提示

本部分所称四大风险,是指初创企业中常见的四个知识产权风险隐患。什么是初创企业呢?根据《全球创业观察》(*Global Entrepreneurship Monitor*)报告的界定,初创企业是指成立时间在 42 个月以内的企业。当然,这并不是一个严格的定义,本文讨论的初创企业也只是相对于成熟企业而言的,并不做创立时间或其他方面的严格限定。

在国内的很多初创企业中,经常会因为企业运营资金紧张、各方面专业人才缺乏、创始团队的知识产权意识薄弱等因素,给企业未来的发展埋下很多的知识产权风险隐患。具体细数起来的话,企业中各种各样不同类型的知识产权风险隐患甚至能达到上百种之多。当然,这其中的很多知识产权风险对企业整体运营的影响将是短暂的、局部的或者是较轻微的,这也是为什么知识产权在大多数初创企业中没有受到应有重视的原因。但有经验的 IP从业人员应清楚,企业中有些知识产权风险隐患对企业的影响将是长远的、全局的或者是重大的,甚至可能是关乎企业未来生存发展的。

笔者就来尝试盘点一下对初创企业影响重大的四个知识产权风险隐患,依次为:企业中缺乏专业 IP 人员、企业的主品牌未注册商标、企业有核心技术但无核心专利、重大项目不做知识产权尽职调查。

### 1. 企业中缺乏专业 IP 人员

笔者认为初创企业的第一大知识产权风险隐患就是企业内缺少专业的 IP 人员。我们先来看图 1,图中展示了企业中 6 种常见的知识产权岗位/人员/团队/部门的配置方式,从第 1 阶梯上的"四无状态"到第 6 阶梯上的"四有状态",其知识产权的配置是逐步升级的。从知识产权风险隐患的角度看,这 6 种配置方式从左至右的风险隐患会逐渐降低,其中,从第 3 种配置方式开始,由于其配置了专业 IP 人员,使得企业内的知识产权风险隐患大大降低。由于初创企业需要综合考虑用人成本和风险隐患等因素,建议可以优先采用第 3 种或第 4 种性价比较高的配置方式,在今后企业逐渐发展壮大以及对知识产权需求越来越强烈时,再逐步向第 5 种及第 6 种更高的 IP 配置方式升级。

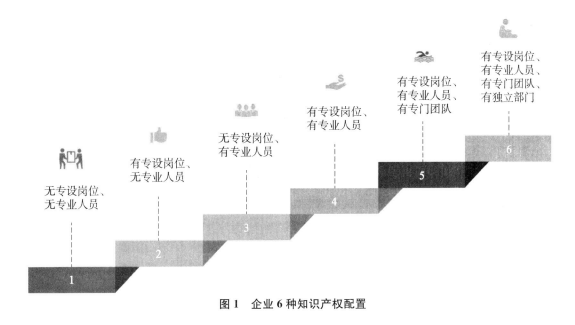

**图 1　企业 6 种知识产权配置**

从笔者的经验来看,企业中的绝大多数知识产权内部隐患(如 IP 质量隐患、合同隐患、技术流失隐患、IP 保护不力隐患等)和很多的知识产权外部隐患(如 IP 侵权隐患、纠纷隐患、无效隐患、被抄袭模仿抢注隐患等),其根源都来自企业内部缺乏专业 IP 人员对这些风险隐患的管控。既然缺乏专业 IP 人员是企业内大多数知识产权风险隐患的根源,则其本身可以被认为是企业中最大的知识产权类风险隐患。

另外,笔者还想强调的是,无论是 IP 的专设岗位、专门团队还是独立部门,这些其实都只是形式上的配置,最核心的还是专业 IP 人员的配备。因为企业知识产权管理尤其是知识产权风险管理是一件非常专业且非常依赖经验的事情,只有真正专业且有企业实战经验的IP 人员才能胜任。

2. 企业的主品牌未注册商标

笔者认为初创企业中的第二大知识产权风险隐患是企业的主品牌未注册商标。企业的主品牌是一家企业主营产品/服务的品牌,有时同时也是该企业的字号或商号,因此主品牌是一家企业最重要的对外宣传名片,往往会从企业创立初期就开始投入大量的资源和成本来进行推广和宣传,并在其主营业务或产品上广泛使用。然而,很多初创企业因为种种原因而未能将其主品牌注册成为商标,这对于一家企业来说不亚于一颗埋下的重磅"地雷",具有重大的风险隐患。

先来看一个比较典型的从负面到正面转变的案例,就是喜茶的案例。喜茶是深圳美西西餐饮管理有限公司(以下简称"美西西公司")的主品牌和注册商标,也是深受广大年轻人喜爱的网红茶饮品牌。但是在 2012 年刚成立公司的时候,其主品牌不叫喜茶,而叫皇茶,而且当时的皇茶品牌运营得也非常成功,迅速成为当时的网红茶饮品牌,但是短短几年时间,皇茶的模仿者和抄袭者蜂拥而至，山寨品牌茶饮店开满了大街小巷，这种仿冒行为严重损害了美西西公司和皇茶的品牌声誉，也直接打击了美西西公司的经济效益，然而当时的美西西公司对此却束手无策。什么原因呢？就是因为当时公司的主品牌皇茶未能注册成商标，也就无法获得法律的保护。所以，直到2016年初，在其多方努力仍未能解决皇茶商标问题的情况下，美西西公司忍痛做了一次品牌更名，把皇茶正式改名为喜茶。当然，这一次美西西公司充分吸取了几年前的经验教训，在正式更名前就已经购买了喜茶商标。

喜茶在改名后运营得也非常成功，加上这次有了注册商标的保护，对品牌运营来说是如虎添翼。就在不久前，美西西公司同时迎来了两个好消息：一个是公司起诉他人商标侵权案件有了判决结果，获赔76万元，这是广州市白云区人民法院在《商标法》修订实施后的首个知识产权惩罚性赔偿案件。另一个好消息是美西西公司刚刚完成了C轮融资，投后估值或将超过160亿元，涨了八成。从喜茶这个案例我们可以看出，公司的主品牌有没有注册商标，对于该公司的长期稳定发展将会产生多么重大的影响。

那么，主品牌未注册商标到底会给企业带来哪些风险呢？

一方面，因为没有注册商标，企业的主品牌很容易被市场上的其他主体所模仿和抄袭，一旦市场上出现了大量冠着相同或相近品牌名的仿品，被模仿的这家企业也就会在市场上逐渐失去竞争优势，其品牌声誉也会因大量低质量仿品的出现而受到重创。面对上述情形，有些初创企业却很难去正当维权，就因为其品牌没有及时注册为商标。

另一方面，企业的主品牌没有注册成商标，则其使用将面临侵犯他人商标专用权的风险，一旦商标侵权事实成立，则有可能面临着巨额的经济赔偿以及陷入被迫更换企业主品牌的尴尬境地，使得前期对该品牌的所有投入付之东流。初创企业使用自己创建并精心经营的品牌，结果反过来被他人状告商标侵权，为什么会发生这种情形呢？归根结底还是因为企业的商标意识薄弱或者专业能力缺乏。

这些情形之所以会发生，要么是在一开始创建品牌名称时就没有进行商标查询，从而未能及时了解该品牌已经被他人注册为商标的事实；要么是企业在商标注册申请前就开始大量宣传推广使用该品牌，从而被一些商标贩子或者竞争对手钻了空子，抢注了该商标；要么虽然在前期已经进行了商标查询与分析，也及时递交了商标注册申请，但因为相关处理人员的专业能力不足，导致对商标风险的判断不清，亦无法提供给企业合理有效的解决方案或优化方案。

企业若想要消除以上这类风险隐患，首先应当在主品牌创建之初就进行全面、专业的商标查询，分析该品牌名称的商标侵权风险和商标可注册性，在商标侵权风险极小且商标注册成功率高的前提下，及时针对其主营产品/服务进行商标注册申请，并适当考虑未来公司业务的延伸性和拓展性。如果初创企业中没有专业IP人员和团队来处理商标的具体法律性事务，还是建议委托一家专业、靠谱的知识产权服务机构来协助处理。

3. 企业有核心技术但无核心专利

笔者认为初创企业中的第三大知识产权风险隐患是企业有核心技术但无核心专利。对于一些科技型初创企业而言，核心技术以及掌握其核心技术的研发人员是该类企业的核心竞争优势，一旦其核心技术被市场上的竞争对手破解或掌握，其核心竞争优势也就将逐渐弱化甚至消失。因此,企业的核心技术应当要做好保密工作,同时更应该获得核心专利的保护。

在此,笔者的观点是:针对企业的核心技术,应当采取"技术秘密 + 核心专利"双保险的方式进行保护。如果只把核心技术当作技术秘密来保护,而没有申请高质量的核心专利来保护的话,对于企业来说是一类重大的风险隐患。因为《反不正当竞争法》只能规制他人通过盗窃、利诱、胁迫或其他不正当手段来获取企业的技术秘密的行为,而并不能阻止他人通过独立开发、反向工程或其他正当手段来获取与企业技术秘密相同的技术方案,并且,该技术秘密还需要经过法院等机构认定成立,即该企业必须为该技术秘密采取必要、有效的保密措施等。也就是说,如果没有核心专利的保护,一旦该核心技术被他人以合法的方式攻克或获取,技术秘密这种方式将无法再有效保护该核心技术。退一步讲,即使企业的技术秘密是被他人恶意披露或者以不正当手段获取的,一旦该技术秘密被公之于世,也同样无法获得有效的保护了。

而核心专利这种保护方式则不一样,只要在该核心专利的保护期限和保护地域内,其对应的核心技术都是受到《专利法》的保护的,并不存在该核心技术方案被无意或恶意泄露的风险,因为其保护的技术方案本身就已经公开在该核心专利中了。和技术秘密"以保密换保护"的原则不同,专利制度的原则就是"以公开换保护"。

此外,如果核心技术未及时申请专利,或者即使申请了专利但其专利质量较低,则无法有效地保护该核心技术。更糟糕的一种情形是,企业的核心技术被他人以合法方式破解后,他人抢先申请了相关的核心专利来进行保护,如此的话,企业使用自己的核心技术还将面临侵犯他人专利权的窘迫境地,更有可能因此被限制使用该核心技术,从而彻底失去原有的技术竞争优势。

因此,在笔者看来,对于企业核心技术的最佳保护模式为:利用高质量的核心专利(一般以专利组合或专利族的方式)来保护该核心技术的整体技术思想和上位技术方案;再利用技术秘密来保护核心技术中的一些技术诀窍、关键参数、很难被反向破解的一些核心工艺,有时候还包括核心技术中的部分最佳实施例等。

### 4. 重大项目不做知识产权尽职调查

笔者认为初创企业中的第四大知识产权风险隐患是重大项目不做知识产权尽职调查。这里所指的重大项目包括企业内的投/融资项目、收/并购项目、重要技术/人才引进项目、跨国合作项目、重大 IP 交易项目、IPO 项目等,这些重大项目往往标的额巨大或者对企业发展具有重大影响,一旦其中某个环节出现纰漏,后果将非常严重,因此,在处理这些重大项目时,一般都应先做一个全面的尽职调查。而如果在项目尽职调查中未能对项目所涉及的知识产权事项做必要的调查,则将会给该重大项目的实施留下重大的知识产权风险隐患。

所谓知识产权尽职调查,是指基于特定的商事需求,对重大项目中涉及的知识产权资产进行全面性调查及系统性梳理,提供可能影响商业计划或其他关键因素的知识产权信息,并提出专业处理意见或解决方案,最终形成专业性综述报告的活动。

由于知识产权尽职调查是一项专业性非常强的工作,一般重大项目的知识产权尽职调查可以委托外部专业的知识产权服务机构来处理。知识产权尽职调查的内容一般应包含以下几个方面：权属调查、法律状态调查、技术调查、风险调查以及其他调查等。相应的，因未做知识产权尽职调查或者调查不充分而可能产生的 IP 风险隐患包括：IP 权属纠纷风险、IP 信息披露不实风险、IP 侵权纠纷风险、IP 资产估值偏差风险等。上述 IP 风险隐患一旦发生，极有可能导致这些重大项目实施失败，前期资金和资源投入也将付之东流。

## 二、三大要点总结

本部分所称三大要点是指初创企业中的三大知识产权工作要点，分别为工作特点、工作重点以及工作难点。

### 1. 初创企业中的知识产权工作特点

与机制健全、运行稳定的成熟企业相比，大多数初创企业有着自身的运营特点，如组织扁平化、业务聚焦化、流程简便化等，这些特点也通常间接地体现在企业知识产权工作当中。

#### 1）注重商业高于专业

知识产权管理是一项实务性和法律性很强的工作，在企业知识产权工作中应当体现相当高度的专业性，这在一个机制健全、运行稳定的成熟企业中尤其适用。因此，知识产权工作在成熟企业中更能够或者更应当保持其相对独立性。而在大多数初创企业中，生存还是其第一要务，而生存直接依赖于业务的发展，所以业务高于一切，当然也包括知识产权。因此，在这样的企业环境和生存压力下开展知识产权工作，知识产权工程师们不得不执行"一切以商业为目的"的标准。

比如，有的时候为了能让潜在投资者或股民更有信心，从而提升公司的估值，或顺利地拿到融资，企业知识产权工程师需要从更商业化的角度去布局和申请知识产权，有时甚至需要刻意地更改专利和软著的主题名称以迎合企业的商业目的。又如，在某项业务开展的风险考量上，企业知识产权工程师眼中不能只看到各种 IP 风险，而不综合考虑业务开展所能带来的预计收益，任何业务的开展本身就是收益与风险的博弈，作为初创企业中的专业人士，企业知识产权工程师们不应为专业而专业，而应该为商业而专业，力争做一名很懂商业的专业人士。

#### 2）注重效率先于战略

成熟企业往往有清晰的、稳定的企业发展战略，包括中长期的研发战略和市场战略，同时也会制定与之配套的较为明晰和稳健的知识产权战略，因此，成熟企业中的知识产权工作往往以战略为导向、以规划为依据，有条不紊地开展。初创企业则不一样，初创企业的发展速度一般大大地高于成熟企业，这是初创企业的典型特点，也是它们的安身立命之本。因此，效率文化在初创企业中非常盛行，知识产权工作无论是在流程上还是实务上也必须遵行和符合初创企业的这种效率文化。

因此，初创企业中的知识产权工作往往更信奉效率优先原则，即结果导向、流程简化、快速执行。在初创企业中做知识产权工作，需要紧紧跟着研发和产品的进度走。一旦研发有了新的进展或成果，产品有了设计方案或优化，知识产权人员就得立即跟上，以创新保护和技术防御为首要目的开展专利、软著等相关知识产权的挖掘与布局工作。

3）注重质量甚于数量

成熟企业一般经过了多年的积累,其知识产权的数量规模都比较庞大,而知识产权在数量上的优势有时能起到震慑同行和对手尤其是初创企业的作用。但作为初创企业,并不宜过分追求知识产权的数量,而应该把工作重心放到知识产权质量的把控上。

这一策略与初创企业本身的发展阶段和该阶段的技术及资本特点有关。一方面,资金不足是大多数初创企业的通病和痛点,而知识产权工作尤其是大规模的专利布局是一项比较"烧钱"的工作。因此,仅从成本考虑,该阶段的知识产权工作应该是做精而不是做大。另一方面,初创阶段的技术往往是该家企业的看家本领,即核心或基础技术,对于核心或基础技术的知识产权保护,质量必然是第一位的。没有质量作为保障的知识产权就如同一只纸老虎,只能唬住一些外行人,而不能真正地为企业"看家护院"。

2. 初创企业中的知识产权工作重点

根据笔者的从业经验,初创企业和成熟企业在知识产权工作的侧重点方面也有一些差异(但不是绝对的差异),主要表现在以下三个方面:

1）成熟企业重体系优化,初创企业重氛围建设

一般而言,成熟企业的组织架构相对庞大且复杂,造成知识产权工作的难度增加,其主要原因是管理层级多、业务单元分散,容易导致业务审批流程长且乱,业务归口部门交叉或不明晰。因此,在成熟企业中做知识产权工作,其中的一个重点就是知识产权管理体系的搭建和不断优化。成熟企业建成完善的知识产权管理体系后,能够为知识产权工作带来"权责清晰化、流程标准化、风险可控化"的效果。而初创企业的情况则不太一样,他们的组织架构相对简单,管理倾向于扁平化,同时也更崇尚"效率文化"。因此,笔者建议,初创企业中的企业知识产权工程师不宜把搭建完善的知识产权管理体系作为自己的首要工作,而更应该把工作重心先放在企业的知识产权文化氛围建设和相关人员的教育培训上。

首先,企业知识产权工程师应当把知识产权工作融入企业的每个部门以及企业经营的每个环节,并且尽量让企业的每个员工都能感受到知识产权的存在。知识产权工程师们在企业中开展的知识产权宣传教育应当是潜移默化的,并不一定要拘泥于固定的形式、固定的时间和地点。

其次,企业知识产权工程师需要通过自身的努力让企业员工的意识从"知识产权的无处不在"逐步上升到"知识产权与我息息相关"的高度。当知识产权工程师们把企业的知识产权氛围营造得足够浓厚,其接下来的知识产权具体事务开展就会顺利很多。很多员工对知识产权相关工作的积极性和配合性将会显著提升。

综上,笔者认为,更适用于初创企业的知识产权工作管理模式或许是:氛围建设下的灵活、高效工作机制的培育,而非刻意地追求系统化建设和标准化作业。

2）成熟企业重 IP 布局,初创企业重 IP 挖掘

知识产权的布局与挖掘尤其是专利布局和专利挖掘,向来是企业知识产权工作中的重点内容。关于专利布局与专利挖掘之间的区别和联系,在笔者看来,专利布局是纲领和策略,专利挖掘是实操和手段,两者之间的关系可以简单地用务虚和务实来描述。

在成熟企业做知识产权工作,务虚和务实工作都需要,而且还要用务虚工作来指导务

实工作，因此，专利布局工作显得比专利挖掘工作更为重要。而在初创企业做知识产权工作，需要先务实再务虚，即先通过一段时间的务实工作，把企业的知识产权基础打好。这时候更加需要的是踏踏实实地针对企业核心技术和研发成果做专利的挖掘工作，让企业老板和研发部门清晰地看到，公司到底有哪些技术可以申请专利保护，哪些技术适合用技术秘密保护，哪些技术还没形成技术方案需要再补充和细化等。

初创企业中的专利布局工作应当也是基于专利挖掘的成果而做，即由专利挖掘工作来引导专利布局工作的开展。当然，前面已经提到过，初创企业的知识产权工作有一个特点是注重商业高于专业。因此，在初创企业做专利布局工作，除了基于专利挖掘的成果以外，也必然要考虑到商业价值和成本支出，尤其是在做专利的区域布局、时间布局、数量布局和类型布局等工作的时候。此外，在初创企业的专利挖掘和布局工作中，企业知识产权工程师应当合理地运用专利分析及检索工具，了解行业内的专利布局和竞争状况，从而指导企业专利挖掘和布局工作的开展，并引导企业研发人员的研发方向。

3）成熟企业重运营和维权，初创企业重创造和保护

知识产权的创造、保护、运营、维权是一个完整的链条，其中，创造和保护属于链条的前端，运营和维权属于链条的后端。从关系上看，创造和保护是前提和基础，运营和维权是目标和保障。成熟企业基本已经有了 IP 创造和保护所取得成绩的积累，因此，知识产权工作的重点应更偏重于后端的 IP 运营和维权，毕竟通过知识产权的运营和维权来获利才能最大限度地发挥知识产权的内在价值，这也是很多成熟企业对知识产权工作的期望。

然而，初创企业的知识产权工作重点很难放在运营和维权上，原因也很明显，就是缺乏运营和维权的前提和基础。因此，为了后续能够通过知识产权的运营和维权来反哺企业，前期必须要做扎实的工作就是知识产权的创造与保护。其中，知识产权的创造工作主要涉及技术开发、技术改进、品牌创造、品牌设计、软件开发等，而知识产权的保护工作主要包括专利申请、商标注册、著作权登记、商业秘密保护等。可以预见，如果初创企业的知识产权创造和保护工作都做不到位，那么，知识产权的运营和维权工作就是无源之水、无本之木。另外，知识产权创造和保护工作的质量将会直接影响到知识产权本身的质量和价值，高质量的知识产权创造和保护工作产出高价值的知识产权，高价值的知识产权对于企业来说是一笔不可忽视的无形资产，可以为企业带来很多显性和隐性的收益。

3. 初创企业中的知识产权工作难点

最后，笔者认为，只要企业知识产权工程师能充分把握住初创企业的上述知识产权工作特点及重点，那么知识产权工作的难点就不在专业本身，而将会在以下两个方面：

1）知识产权工作如何得到企业老板的充分授权

前面已经提到，初创企业的管理架构相对扁平化，很多时候，企业知识产权负责人的直接汇报对象就是企业老板。在这种情况下，如果能获得企业老板的充分授权，那么知识产权工作的开展将会顺利很多。然而，要做到这一点，对于专业傍身的企业知识产权工程师来说却并不容易。

笔者认为，要得到企业老板的充分授权，首先要得到老板的充分信任。而充分信任的前提则是老板对前期知识产权工作的充分认可。前面提到知识产权是一项专业性特别是

法律性较强的工作,而企业老板往往是技术或者商业出身,因此,想要得到老板的充分认可,还需要企业知识产权工程师跳出专业本身来处理问题。

首先,企业知识产权工程师要具备换位思考的能力,即站在企业老板的角度去思考问题。落实到具体的企业知识产权工作中,就是从商业角度去思考知识产权问题,并用商业逻辑去呈现知识产权工作的成效。

其次,企业知识产权工程师应当让自己的工作成果和价值显性化。一般而言,知识产权工作作为一项后端工作,其工作成果和价值并不容易显现,其不像研发成果和销售业绩那么金光闪闪。因此,企业知识产权工程师应努力将企业的知识产权成果和资产暴露在老板和公司员工的视野当中。比如,将企业已经申请、注册或登记的专利、商标和软著适当地用在企业产品的宣传上;或者将企业拥有的知识产权进行无形资产评估,并用于企业注资或提升企业估值;又或者仅仅是在公司开辟出一块荣誉墙或专利墙;有机会的时候,还可以利用企业的知识产权来进行维权,以显现并提升其商业价值。

2)知识产权工作如何得到研发人员的积极配合

研发人员在任何一个科技型企业中都是知识产权创造的源头和主力军,也是和企业知识产权工程师关系最为紧密的群体。因此,在初创企业中做好知识产权工作,除了要得到老板的充分授权外,还需要研发人员的大力配合。

首先,前面提到过的换位思考能力即同理心在这里同样适用。企业知识产权工程师需要站在研发人员的角度去思考问题,才能和他们快速建立起更高效的沟通方式。比如,有的企业知识产权工程师总是抱怨研发人员不配合他们的工作,久而久之,研发人员离他们也就真的越来越远了。这就是典型的没有同理心的表现。而此时企业知识产权工程师需要做的恰恰是配合:配合研发人员的工作时间以及他们的工作习惯。只有在这种工作的点滴中逐渐培养起相互的信任和默契,研发人员才会与企业知识产权工程师越来越近,两者之间的共同话题会越来越多,双方在工作中也会配合得越来越好。

其次,在情感和意识培养之外,企业知识产权工程师还需要去培训研发人员的知识产权相关知识和技能,以免出现研发人员心有余而力不足的状况。其实,企业研发人员不配合知识产权工作的另一大重要因素是他们不知道如何去配合。比如,知识产权工程师希望研发人员把近期的研发成果写成标准的技术交底书格式,结果因为培训不到位,很多研发人员并不清楚如何撰写技术交底书,也就失去了配合的兴趣。还有一些知识产权工程师习惯用专业的视角去评判研发人员的技术交底书,经常指出一堆专业的问题,而不教给他们解决的方案,久而久之,研发人员自然也就失去了配合的动力。所以,企业知识产权工程师应当学会如何用研发人员的思维和语言去和他们交流,交流顺畅了,配合自然就默契了。

### 三、两大工作建议

本部分所称两大工作建议是指初创企业中的两大知识产权工作建议,分别为:提升企业全员的知识产权意识以及选择合适的知识产权服务机构。

#### 1. 提升企业全员的知识产权意识

笔者的第一个真心建议是提升企业全员的知识产权意识。首先,需要强调的是全员,也就是从企业创始人、高层管理者到中层和基层管理者最后到普通员工，都需要提升他们的知识产权意识，因为企业里的知识产权事务和风险几乎与每一个人息息相关。

其次，全员应当具备的知识产权意识包括知识产权保护意识和知识产权风险意识，知识产权保护意识指的是要保护和维护企业的知识产权，应当清楚公司中有哪些东西属于企业的知识产权、哪些东西应当尽早申请或登记为企业的知识产权进行保护，并且有随时随地维护自己企业知识产权不受他人侵犯的主观意识；知识产权风险意识指的是要尊重他人的知识产权，应当了解在自己的工作中有哪些行为可能会侵犯他人的知识产权，并且有随时监控和识别知识产权侵权风险的意识。

最后，再分享一下应该如何提升企业全员的知识产权意识。

一是通过培训，培训的范围应该是全员，但应当根据不同的培训对象来准备不同的培训内容，比如针对高层管理者的阐述知识产权战略、规划、价值、意义的培训课程；针对研发人员的专利挖掘、专利技术交底书撰写、专利检索相关的培训课程；针对品牌营销产品人员的商标基础知识的培训课程；针对其他人员的知识产权基础知识的培训课程等。另外，还可以在培训的方式、频次、讲师等方面多下一些功夫，来提升培训的质量和效率。

二是通过活动，活动的种类可以很丰富，比如比赛类活动、宣传类活动、主题类活动等。具体的，比赛类活动可以是针对研发人员的专利评审大赛活动，针对全员的新产品命名大赛活动等；宣传类活动可以是企业知识产权贯标宣传活动、企业年度知识产权成绩宣传暨优秀团队/个人颁奖活动等；主题类活动可以是在每年特定的时期比如"4·26"世界知识产权日举办主题知识讲座、主题知识竞赛、主题海报设计等一系列活动。

三是通过制度，把企业内的知识产权相关工作规范和流程通过制度固化下来，通过制度的颁发和执行来提高企业全员的知识产权意识，如专利管理办法、商标管理办法、著作权管理办法等；也通过制度来激励一些行为同时惩处一些行为，比如知识产权奖惩办法；还可以通过编制一些业务指南和操作手册等来提升员工的知识产权意识，指导他们如何在业务开展过程中保护知识产权、规避知识产权风险，比如某某公司知识产权业务操作指南、某某公司知识产权管理手册等。

四是通过考核，一方面可以把知识产权产出作为考核指标之一纳入各部门尤其是技术部门的工作绩效考核中；另一方面还可以每年定期定向在企业内组织知识产权知识考试，比如可以作为新员工尤其是技术人员的转正考核内容之一。

### 2. 选择合适的知识产权服务机构

笔者的第二个建议是选择合适的知识产权服务机构。初创企业一般内部人才缺乏，不管企业内部有没有专业的IP团队和人员负责知识产权工作，都应当选择至少一家合适的知识产权服务机构（包括代理机构、咨询机构、知产律所等）来提供专业的服务。企业与知识产权服务机构之间应当是一种相互配合、相互协作的紧密合作关系，并不是简单的委托与被委托、代理与被代理的商务关系或法律关系，因此，选择一家合适的知识产权服务机构对初创企业来说至关重要。

那么，如何才能找到一家合适的知识产权服务机构呢？根据笔者自身的经验，提炼出了"五个看"：一看资质，二看质量，三看价格，四看服务，五看客户（见图2）。首先，资质很重要,这一点不需要多说了,有开展相应服务的资质对于一家服务机构来说是最基本的要求,所以在选择知识产权服务机构的时候,第一眼就要看它是否具备相应的服务资质,一般可以要求机构主动提供相关的资质证明,也可以由企业在相应的政府网站上去查询该机构的资质,总之,企业一定要远离"黑代理",防止受骗上当。

**图2 如何选择知识产权服务机构**

那么质量怎么看呢?主要还是要看这家知识产权服务机构的案件质量、客户质量以及案件的成功率等。案件质量可以通过检索该机构以前处理过的案件来分析,也可以通过试案等方式来亲自检查该机构的案件处理水平;客户质量和案件成功率数据一般也都可以在一些公开的渠道和网站上查询而获取。

价格当然也是选择服务机构的一个考量因素之一,但企业并不一定要选择价格更低的服务机构,而是应该先去了解相应的服务在市场上的平均价格范围,再去结合服务机构的质量、服务、客户、资质等其他因素综合选择,因为知识产权服务不像普通的消费产品,它是一种专业的个性化的服务,不同机构之间的服务质量的差异性会比较大,因此企业应尽最大可能去选择一家适合当前发展阶段、性价比最高的服务机构去合作。

另外,服务也是企业在选择服务机构时应该考虑的因素之一,因为从一家机构的服务中也可以看出这家机构的规范程度、经营理念、价值观等,而这些最终都会影响到该机构的服务质量。这里的服务主要看该机构的服务团队、服务流程以及服务态度等。

最后是要看一下该机构服务过以及正在服务的客户类型,如果该机构的服务客户类型非常单一,无论它是仅服务大客户还是仅服务小客户,都不是特别合适的合作服务机构,有一些国内顶级的知识产权服务机构或者国外服务机构,它们以服务大客户为主,却没有服务中小企业的经验,显然这样的机构对于初创企业来说是性价比非常低的;还有一些国内小型的知识产权服务机构,虽然它们有丰富的服务中小企业的经验,但没有服务大客户的经验,也就很难提升服务质量,也很难给各初创企业提供一些有建设性的知识产权解决方案及发展建议。因此,笔者的建议是,对于初创企业来说,最好选择一家中大型的综合性知识产权服务机构,它们应有一个比较合理的服务客户的类型比例。

　　另外，在和知识产权服务机构合作过程中，企业也需要逐步完善自身内部管理流程，安排和培养专业 IP 人员来负责知识产权工作，审核案件的完成质量，监督和推动案件的进展，并对于服务机构的来函及时反馈意见，在期限内缴纳各类 IP 费用等。

# 知识产权如何助力小微企业发展

## 华 冰

华冰,中国专利奖评审专家、北京市知识产权专家。现为北京智乾知识产权代理事务所合伙人、"华冰聊专利"IP 主理人、《中国科学报》专栏作者、《新华每日电讯》特约撰稿人。

近年来,国家大力提倡尊重知识产权、保护知识产权,越来越多的企业和公众重视知识产权,注重保护知识产权。不懂知识产权、做不好知识产权保护则会成为企业发展的短板,甚至为企业发展留下隐患。小微企业是我国市场主体中的主力军,做好小微企业的知识产权工作,帮助小微企业少"踩坑",助力小微企业做大做强,是知识产权从业者和地方政府共同面临的责任。

### 一、小微企业的知识产权特点

小微企业一般企业人数不多,营收不高,其知识产权工作存在以下短板:
(1) 专业人才缺失,专业能力不足;
(2) 对专业服务机构和服务能力的鉴别能力有限;
(3) 服务资源不充裕,议价能力弱;
(4) 预算不多,不可能尽善尽美。

由上可知,小微企业的知识产权工作难度大,如何选择专业团队、做适合企业需求的知识产权保护显得尤为重要。同时,虽然小微企业被诉的风险不大,但是没有做好知识产权保护工作,其危害或隐患却是巨大的。

为小微企业对接专业的知识产权机构,帮助企业做好知识产权顶层设计,提供高质量的知识产权服务,可以降低成本、奠定基础、降低风险、助力企业成长。

### 二、小微企业知识产权工作从哪入手

目前大多数企业的知识产权工作都是被动式的。不同的企业,知识产权第一步大相径庭,技术研发型企业、产品营销型企业的知识产权保护工作更是有其特殊性。

知识产权工作没有统一的标准，与企业发展阶段、所处行业的竞争特点、企业的竞争实力都有关系。启动知识产权保护工作，可以从以下工作开始：

1. 商标

对企业来说，商标是第一步，不论是注册还是购买，商号注册为商标，字号商标相互协调。商号商标能保持一致最好，不能一致也不用强求。

商标不是天生有价值，是在经营过程中不断增加价值，绝大多数商标，注册时的价值几乎可以忽略不计。

商标定位的本质在于获得消费者心智认同。消费者的认同，才是关键。

汽车行业可能是运用定位理论做得最好的行业，几乎每一个品牌的汽车都在消费者心目中形成了鲜明的差异和不同的定位。

宝马强调的是驾驶的乐趣，奔驰则强调乘坐的舒适性和尊贵的身份，沃尔沃则定位的是安全，现代汽车则定位为全世界性价比最高的汽车。

因此，很多企业会以商标作为企业知识产权首位工作，做好商标定位，不断做大企业的品牌价值。

2. 商业秘密

对于技术创新型企业来讲，企业的知识保护从商业秘密开始，包括要不要申请商标，申请什么，什么时候申请，用谁作为代理。

现在有关商业秘密的风险越来越大，企业要考虑通过何种方式进行保护。例如，对于老干妈辣椒酱来说，商业秘密是最核心的，在慢慢积累的过程中才获得了品牌效应、商业策略、盈利点、技术和运营模式等。

因此，有一个观点说商业秘密保护才是企业知识产权保护的根本。

总的来说，对于一家小企业，专利并没有那么重要，重要的是销售，把产品或服务卖出去。但是对于一个大企业来说，企业应该建立知识产权战略规划，商业秘密、商标、专利、著作权、域名等都是很重要的。研发的时候，专利要跟上；生产、销售的时候，商标要跟上；等等。而商业秘密存在于公司的各个环节中，同样非常重要。

总之，商标注册、专利申请、商业秘密保护、竞争对手的情报侦查等，每个环节都是企业成长、发展的螺丝钉，发挥着不可或缺的作用。

## 三、专利对企业的作用大不大

视角一，看诺基亚的案例：

2017年，诺基亚营收231.47亿欧元，即1 800多亿元人民币，其中通信设备业务占87.61%，科技业务占12.39%，即28.7亿欧元，换算成人民币，即227亿多元。科技业务具体就是指技术研发、专利授权和数字健康等业务的收入，其中专利占大头。另外，我们也知道诺基亚早前还公布了5G专利费收取标准，即每部设备3欧元（约合3.48美元），苹果、三星都得交。

因此，就算市面上再也看不到诺基亚手机，但诺基亚照样可以利用专利赚很多很多钱，专利帮助诺基亚成功地实现了利润再造。专利对于企业的作用，可见一斑。

视角二,即使诺基亚拥有这么多专利,专利许可费轻松年入数亿,却还是迅速衰落。同样,索尼爱立信至今深陷亏损困境。那么专利对于企业的意义到底大不大?

客观地说,企业的研发是成本部门,销售是盈利部门,研发是基础,专利保护的是研发成果,销售是终端。对于诺基亚来说,产品市场预测错了,研发错了,专利以研发为根基,也偏了,销售拿到不符合市场需求的产品,逐渐丢了市场,导致我们买不到诺基亚手机了。所以,专利在诺基亚手机消失这件事上,没做错,也没有功劳。

但从企业长期发展来看,之所以现在还能每年有利润增长,是因为它们将创新保护了起来,仍有可实际使用的专利权作为抓手。这是专利工作企业发展的作用所在。

一个企业能否成功,跟研发有关系,跟销售有关系,跟专利也有关系。企业对专利的需求,主要在如何利用专利赚钱,短期利益是高新减税和政府补贴;长期是保护自己的技术不被他人模仿抄袭。

## 四、小微企业不建议多申请专利

小微企业,尤其是以创新技术、创新产品为特长的小微企业,都很关注专利保护。担心企业发展过程中,宣传、展会、融资、评奖等各种途径会泄露公司的核心技术,所以,一些有知识产权保护意识的创业者,希望先做好专利保护,再启动企业的其他工作。

这是硬科技创新者的刚需,但随之而来的是另一个问题:申请多少专利? 多申请可以更全面有效地保护技术,助力企业发展;少申请可以节省企业费用,同时节省企业的人力投入。对于小微企业,笔者建议少申请专利。理由如下:

1. 产品没定型

创业初期,很多产品还在不断改进中,多申请专利会有很多浪费,性价比低。创业初期的设计,在后来的应用中会因为市场、客户的需求做很多改动,如果最初申请非常多的专利,很多专利里的技术还没用就面临替换,申请无益,所以建议申请必不可少的技术。

同时,由于从创新到样品、从样品到商品,有的企业需要经历漫长的过程,等产品真正上市时,最早申请的专利所剩保护期限已经不多了。因为专利保护期限从申请日开始起算,过早申请会导致保护时间的浪费。从这个角度考量创业初期也不宜申请太多。

2. 规划重于数量

有企业将技术里的所有创新都申请了专利,希望通过严防死守的方式,起到严密保护创新、加强企业核心竞争力的作用。但是,要加强核心竞争力应该提高专利的质量,而不仅仅是增加专利的数量。因此,梳理创新技术的关键技术,找到需要被保护的核心技术,才是申请专利时需要重点做的工作,而不是申请更多专利。核心保护点确定后,再围绕核心保护点布局部分外观设计专利,形成专利保护组合。所以,小微企业专利保护的重点在于前期沟通、规划,而不是盲目地多申请专利。

3. 难发挥作用

在企业实际竞争中,当企业综合实力不够强时,专利权很难发挥作用。就算遇到竞争对手侵权,如果想用专利权制约他,对手会有更多的手段制约你,包括专利手段和非专利手段。有的时候专利官司打赢了,客户丢了,公司现金流断了,破产了……无论哪一种,当小微企业面对综合实力远强于它的对手竞争时，即使拥有专利权都很难发挥作用，投入太多意义不大。

### 4. 研发实力有限

创业初期研发实力偏弱，而创新的技术实现手段很难穷尽，团队的研发实力不容面面俱到，导致专利申请得再多，同行总有可能想办法规避，很难做到杜绝。因此，专利保护的技术内容很难起到独占市场的作用，需要尽可能找到绕不过的技术方案申请专利，争取尽可能大的保护范围，而不是通过穷举的方式申请很多专利。

### 5. 申请越多，公开得越多

专利的基本特点是以公开换保护。因此，专利申请得越多，公开的技术内容越多，给竞争对手的技术启示就越多，抄袭起来越容易。导致企业疲于应付侵权，对企业发展不利。

### 6. 资金投入有限

创业初期资金有限，市场、订单、生产、招聘哪一点都比专利更迫切需要投入资金，如果专利保护占用企业资金成本过高，容易挤压更迫切的发展需求，不利于企业发展。专利申请时的费用，可能不多，但长期维护成本高，申请越多维护成本越高。销售、生产、广告等投入会直接影响企业现金流收入，能支持企业顺利活下去，但专利很难。专利投入是对企业未来的投资，但企业必须要有未来才值得投资。

有调查说中国企业的平均寿命是 3 年，而硬科技创业企业平均寿命更短。有的企业申请的专利还没授权，企业就倒闭了；有的企业雄心勃勃开拓海外市场，但海外专利快授权了却没钱缴费，不得不放弃专利权，只能眼看着煮熟的鸭子飞了；也有企业申请一批专利后，授权后才发现一点用都没有，觉得像鸡肋……

所以，创业九死一生，小微企业最重要的是先保证能活着，专利保护要有，但要与企业发展、市场实力、研发投入相匹配才最靠谱，不必盲目追求专利数量。

总之，相对于大企业，小微企业更需要专业的知识产权顾问，以尽可能小的成本做好知识产权保护工作，为未来发展奠定基础。鉴于成本和专业资源有限，政府可以利用集采的方式，帮助企业筛选专业的服务机构，集中给小微企业做知识产权托管工作，既保证服务专业度，又能分摊服务费，避免小微企业因为知识产权走弯路。

# 一种中小企业专利分级管理简易模型

凌赵华

专利的分级分类管理是企业知识产权管理工作中的重要内容之一,其中,专利的分级管理是分类管理的升级,对于企业知识产权管理人员来说意味着更大的挑战,原因在于,专利的分级管理涉及企业专利价值的分析、评价、评估等专业化工作,而企业专利的整体价值,可能需要从技术、法律、市场、战略、经济等多个维度来进行综合评定[1]-[2]。因此,建立一套"复杂"的、精细化的专利价值分析模型或专利分级管理模型似乎显得尤为重要,特别是对于那些拥有大量专利的技术密集型企业而言。

然而,无论从企业总量、GDP 总贡献值还是专利申请总量来看,国内的中小企业仍旧是创新的主力军。对于专利数量并不多的中小企业而言,建立一套复杂且精细化的专利分级管理模型并不现实,也无太大必要。基于此,本文提出一种适用于部分中小企业的专利分级管理简易模型。

## 一、专利分级规则

在该简易模型中,将企业的专利按价值分为以下 5 个等级:S 级、A 级、B 级、C 级和 F 级。其中,S 级和 A 级专利均属于高价值专利,B 级属于中价值专利,C 级和 F 级都属于低价值专利,具体划分规则如下。

(1) S 级专利:①有国外同族申请或 PCT 国际申请的授权专利;②有过运营(许可、诉讼、无效、质押、保险、外购等)或获奖历史的授权专利;③公司重要产品/技术关联的重要专利(基础专利、核心专利、关键专利等);④针对竞争对手/产品布局的重要专利;

(2) A 级专利:①公司重要产品/技术关联的普通专利(外围专利、应用专利等);②针对竞争对手/产品布局的普通专利;

(3) B 级专利:公司普通产品/技术关联的授权专利;

(4) C 级专利:为追求数量而编写的无对应产品的授权专利;

(5) F 级专利:无效专利(未授权或已失效的专利等)。

以上规则中提到了几个关键名词:重要产品、重要技术和重要专利。其中,公司重要产品的认定工作由市场部门负责,可参考的标准包括出口与否、年均销量、总销售额、市占率、市场容量、预期收益、产品定位等;公司重要技术的认定工作则由研发部门负责,可参考的标准包括技术先进性、技术适用范围、技术可替代性等;而重要专利的认定工作由知识产权部门负责,可参考的标准包括专利与产品/技术的关联程度、专利对产品/技术的重要程度、专利的可应用范围、可规避性、保护范围大小等。

另外，在以上规则中，当某专利只关联一个特定产品时，仅须判定该产品是否为公司重要产品，不必判定该专利关联的技术是否为公司重要技术；当某专利关联多个产品或可应用于多个产品时，仅须判定该专利关联的技术是否为公司重要技术，不必判定该专利关联的产品是否公司重要产品。

最后，应当理解的是，每一件专利的价值都是动态变化的，因此，随着专利生命周期、专利运用运营情况、产品市场情况、公司战略等因素的变化，企业专利管理人员应当及时重新评估并调整相关专利的价值等级。

## 二、专利分级流程

上一部分介绍了简易模型的专利分级规则，本部分着重介绍在实际操作中，如何对一件待分级专利进行定级，具体流程如下：

（1）确定专利的法律状态，如专利未授权或已失效，则直接判定为 F 级专利；

（2）针对授权维持状态的专利，确定其是否已申请 PCT 或国外同族专利，如是，则直接判定为 S 级专利；

（3）针对无国外同族的专利，确定其是否有过专利运营或专利获奖经历，如是，则直接判定为 S 级专利；

（4）针对无运营及获奖经历的专利，确定其是否关联公司的具体产品或技术，如否，则继续确定其是否关联竞争对手的具体产品或技术，如否，则直接判定为 C 级专利；

（5）针对关联竞争对手具体产品或技术的专利，确定其是否为重要专利，如是，则直接判定为 S 级专利，如否，则直接判定为 A 级专利；

（6）针对关联公司具体产品或技术的专利，确定其是否仅关联单个特定产品，如是，则继续确定该产品是否为公司重要产品；

（7）如果该产品为公司普通产品，则直接判定为 B 级专利；

（8）针对关联公司重要产品的专利，确定其是否为该产品的重要专利，如是，则直接判定为 S 级专利，如否，则直接判定为 A 级专利；

（9）针对关联多个产品或可应用于多个产品的专利，确定其是否为公司重要技术，如否，则直接判定为 B 级专利；

（10）针对关联公司重要技术的专利，确定其是否为该技术的重要专利，如是，则直接判定为 S 级专利，如否，则直接判定为 A 级专利。

以上专利分级流程可用图 1 示意。

## 三、结语

本文提出的专利分级管理的简易模型，摒弃了传统模型中较复杂的数学模型和高难度的专家打分机制，由企业研发部门和市场部门配合企业 IP 部门或 IP 管理人员，通过简单而流程化地操作，即可完成本企业专利的分级工作，方便后续的管理。当然，本文仅是提供一种简易化的企业专利管理新思路，供特定的企业群体参考，企业应当根据自身适用情况进

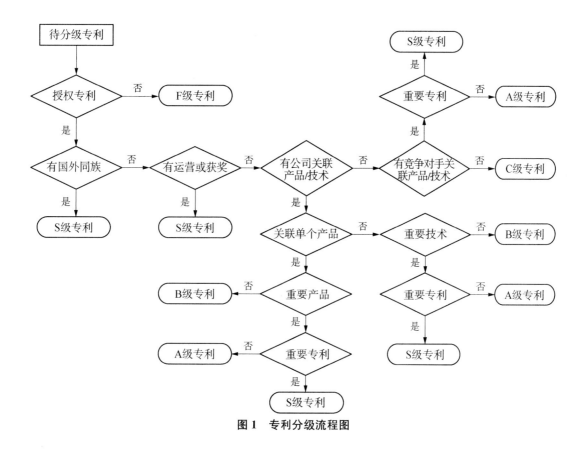

**图1 专利分级流程图**

行参照和调整。

## ❧ 参考文献 ❧

［1］马天旗.高价值专利筛选［M］.北京：知识产权出版社,2018.

［2］刘剑锋,肖小清,向谆.企业专利价值分级管理方法研究［J］.中国知识产权,2018(10)：70－73.

# 浅谈企业高价值专利及其培育

凌赵华

高价值专利是近几年来知识产权行业内的热议课题之一,随着高价值专利相关课题研究和探讨的不断深入,从国家层面到各地政府,越来越多的配套政策和研究成果开始落地,不少先行的企业也已经积累了宝贵的实践经验,并获得了高价值专利带给企业的益处。

目前,国内对于高价值专利还没有明确的官方定义或学术定义,政府官员、研究学者、实务专家对其都有着自己独到的见解。国家知识产权局局长申长雨在 2017 年的中国专利年会上对高价值专利进行了这样的阐释:"大力培育高价值核心专利,努力掌握更多会对整个行业技术进步起到重要引领作用,甚至改变整个行业技术发展方向的专利,以及能够成为国际标准的专利,努力提升相关产业的核心竞争力。"而中国科学院科技战略咨询研究院研究员宋河发[1]认为:"高价值专利并不等同于高质量专利、核心专利、标准必要专利,而是能经得起审查、无效和诉讼程序的高质量专利,能有效保护主导产品的低风险专利,能为企业产生垄断或防御作用的高于平均价格的专利。"相较之下,申局长的发言高屋建瓴,而宋研究员的阐述则更接地气一些。

恰好,笔者也在一家企业从事知识产权管理方面的工作,本文基于自身的角度来谈一谈企业眼中的高价值专利是怎样的。

## 一、高价值专利画像

如上文所述,高价值专利还没有一个明确的定义,因此评价高价值专利也还没有一个通用的科学的标准。当然,在一些对专利实行了精细化分级管理的企业中,会建立一套在企业内部运行的专利价值评价体系。一般而言,这套专利价值评价体系会包括技术价值、法律价值、市场价值、经济价值和战略价值中的多个评价维度,并进一步在每个评价维度下设置多个具体的评价指标。由于企业间情况各有差异,每个企业采用的评价指标和评价维度都不可避免地也有所差异,因此,每个企业对于高价值专利的定义和评价标准也都是不完全一致的。

笔者认为,要成为企业眼中的高价值专利,充分条件可以有很多个,但必要条件却只有一个。我们只要把那一个个充分条件和那唯一的必要条件挖掘出来,企业高价值专利的画像也就能逐渐清晰明了。

### 1. 高经济价值的专利

企业是一个依法设立的以营利为目的、从事商品生产经营和服务活动的独立核算的经济组织。经济价值和经济利益是企业的现实追求和最终目标。而专利的经济价值是专利价值的直接体现,是专利价值外在的形象。一件专利总的经济价值就相当于这件专利的价格,因此,从企业角度来讲,具备高经济价值的专利必然是高价值专利。

具体的,专利的经济价值可以体现在其为自身企业产品利润的增值上(自实施);也可以体现在其从其他企业获得的持续性许可收益上(许可实施);还可以体现在其转让之后得到的一次性转让收益上(专利交易);更可以体现为其在质押后在金融机构获批的贷款上(质押融资)以及其在技术性入股某公司后的作价金额上(作价投资)。此外,利用该专利起诉竞争对手所获得的侵权赔偿金也是该专利经济价值的体现方式之一。也就是说,一件专利只要在上述任何一种经济价值体现方式中使得企业获得了可观的经济效益,这件专利就具有高经济价值,对企业来说,该专利就是一件高价值专利。

2. 高战略价值的专利

战略是企业设计用来开发其核心竞争力、获取竞争优势的一系列综合的、协调的约定和行动。当一家企业实施的战略其竞争对手不能复制或因成本太高而无法模仿时,这家企业就获得了竞争优势。而战略价值是指企业实施战略管理给企业和利益相关者所创造的所有价值。可见,战略和战略价值对于企业的重大意义。

专利的战略价值是企业专利布局的根本目的,是专利价值的释放器和放大器,是激发专利市场价值和催生专利经济价值的推手。专利的战略价值虽不直接体现为企业的经济收入,但其主要体现在帮助企业获取竞争优势进而帮助企业间接创造经济效益上。因此,从企业角度来讲,具备高战略价值的专利也一定是高价值专利。

具体的,专利的战略价值可以体现在其帮助企业的产品获得的市场垄断地位或占据的市场份额上;也可以体现在其在企业间专利侵权诉讼或专利交叉许可谈判中增加的筹码上;还可以体现在其带给企业竞争对手的无形的威慑力或震慑力上;更可以体现在其带给企业的在行业内和技术上的影响力或声誉,以及由此带来的政府给予的政策倾斜、资质荣誉、奖励补贴等,例如,国家以及各地政府开展的发明专利奖和科学技术奖的评选就是对专利战略价值的一个典型体现方式。即只要某件专利在上述任一种战略价值体现方式中得到了充分的体现,这件专利就具有高战略价值,对企业来说,该专利就是一件高价值专利。

3. 高市场价值的专利

市场竞争是企业间竞争的直接战场和主战场,是企业竞争的重要方式和手段之一,而战略、技术和专利上的竞争从某种意义上都可以被认为是企业市场竞争的强有力支撑手段。专利的市场价值是指专利技术在商品化、产业化、市场化过程中带给企业的预期利益。预期利益是在市场竞争中获得的,因此,一件专利的市场价值越高,它能带给企业的预期利益也就越多。从这个角度分析,对于企业来说,具备高市场价值的专利也应当是高价值专利。

具体的,专利的市场价值可以体现在与其对应的产品的市场应用情况包括当前和预期的市场需求、市场规模、市场占有率以及平均市场利润率上;也可以体现在该专利的获益能力包括专利实施(自实施和许可实施)或转让预期能够产生的经济价值(包括社会价值)上;还可以体现在该专利技术的市场竞争优势及其对政策的适应性上[2]-[3]。总之,只要某件专利在以上一种或多种市场价值体现方式中能得到有效的验证，这件专利就具有高市场价值，对企业来说，该专利就是一件高价值专利。

另外，从上述的论述中也可以看出，专利的市场价值是其经济价值实现的基础，尽管并非所有高市场价值的专利最终都能帮助企业获得高经济收益回报，但一件高经济价值专利首先得是一件高市场价值专利。

### 4. 高技术价值的专利

技术是一家企业尤其是科技型企业的核心竞争力之一，小到企业大到国家和社会的发展在很大程度上都依赖于技术创新的驱动。很多时候，企业间的市场竞争和产品竞争，实质都是技术竞争。因此，一件专利的技术价值在其总价值中也起着举足轻重的作用。

专利的技术价值相当于一个鸡蛋的蛋黄，体现了专利的内在价值，是专利技术本身带来的价值，因此，技术价值是高价值专利的基础。从这个意义上讲，对企业而言，具备高技术价值的专利也应当是高价值专利。

具体的，专利的技术价值可以体现为该专利技术在同领域内的先进性，包括该技术的创新程度、领先程度以及垄断性（不可替代性）；也可以体现为该专利技术的适用范围，包括该技术的可跨应用领域大小以及其应用领域的热门程度；还可以体现在该专利所属技术领域的发展阶段以及该专利的技术成熟度、技术独立性和产业化配套条件成熟度。可见，只要某件专利在以上一种或多种技术价值体现方式中得到充分的体现，这件专利就具有高技术价值，对企业来说，该专利就是一件高价值专利。

### 5. 一定法律价值的专利

最后，需要说明的是，上述所有专利价值的最终兑现都需要依赖于一个共同的前提，即该件专利具备一定的法律价值。这里的"一定"在实操中很难量化，一般认为，只要该专利具有基础的法律价值（例如，该专利目前处于有效状态），即可认为其具备一定的法律价值，即专利具备法律价值的门槛并不高。但不可否认的是，该专利的法律价值越高，就越有利于其经济价值、战略价值、市场价值和技术价值的实现。而且，在很多情况下，高法律价值的专利还能够放大该专利的经济价值、战略价值、市场价值和技术价值。也就是说，专利的法律价值是实现该专利其他价值的前提，也是专利其他价值的放大器。

专利的法律价值主要体现在专利的撰写质量即文本质量上，具体可体现在该专利的新创性、权利要求保护范围、权利有效性、权利稳定性、侵权可判定性、不可规避性、专利家族和专利组合等指标上。

## 二、高价值专利的培育

### 1. 高价值专利的挖掘

专利来源于技术并形成于技术，因此，对于高价值专利的挖掘首先就是对于高价值技术的挖掘。当然，高价值技术并不等同于高技术价值，本文所认为的高价值技术是一个对应于高价值专利的广义概念，只要是对企业而言具备较高技术价值、市场价值、战略价值、经济价值的技术，就是一项高价值技术。

因此，高价值专利挖掘的第一步，是要在企业内部有目的（培育高价值专利）、有策略

（与研发部门的密切配合）、有技巧（利用特定技术挖掘方法）地挖掘出具有较高技术创新度、较好市场应用前景、较大战略竞争意义、较优经济回报预期的技术、项目或产品。

一般而言，企业的高价值技术大多产生于每年立项的重点研发项目、海外合作项目、市场主打产品或重点出口产品之中，应当予以重点关注。此外，要在这些重点项目和产品中顺利产生高价值技术或者提升这些项目和产品中的技术价值，还应当充分利用专利检索、专利分析、情报调研等手段提高项目和产品的研发基础，指引研发的重点方向。

高价值专利挖掘的第二步，是要在挖掘出企业高价值技术、项目或产品的基础上，利用特定的专利挖掘理论和方法[4]进行可专利点的挖掘及创新点的扩展，并整理形成一个个可申请专利的技术方案，继而完成高价值专利挖掘的工作。

可见，通过这一阶段的高价值专利挖掘工作，可以在一定程度上发掘和提升专利潜在的技术价值。

2. 高价值专利的布局

在高质量地完成上述第一阶段的挖掘工作后，需要开展高质量的专利布局工作。专利布局，是指企业依据自身的经营目的和发展战略，综合考虑产业、市场、技术、法律等因素，在技术领域、专利申请地域、申请时间、申请类型和申请数量等方面进行有针对性、策略性和前瞻性的专利申请或利用其他方式获取专利的规划和动态部署过程[5]。

在企业中，高价值专利往往不是孤立存在的，而常常以专利组合的形式存在。专利布局的目的就是构建一个有竞争力的专利组合。而这个有竞争力的专利组合正是成为一个高价值专利组合的基础。

与专利挖掘阶段侧重于技术层面的考量不同，专利布局阶段会更侧重于战略层面和市场层面的考量。即通过专利布局，企业不仅要做好专利在技术上的组合，还要做好专利在地域上、类型上、时间上和数量上的组合。因此，最终布局得到的专利组合是经过了对该专利技术在应用领域、市场潜力、战略意义上的充分考量之后构建而成的专利组合，是真正有竞争力的专利组合，也是潜在的高价值专利组合。

可见，通过这一阶段的高价值专利布局工作，可以在一定程度上发掘和提升专利潜在的战略价值和市场价值。

此外，需要说明的是，高价值专利的挖掘和布局这两个阶段的执行顺序可以互换，本文之所以把挖掘放在第一阶段，完全是出于笔者个人在企业中的实操习惯。

3. 高价值专利的撰写

如上文所述，所有专利价值的最终兑现都需要依赖于一个共同的前提，即该专利具备一定的法律价值。而专利的法律价值主要体现在专利的撰写质量即文本质量上。因此，高价值专利的养成第三阶段涉及高价值专利的撰写。

对于专利的撰写，不同的企业一般有 4 种处理方式：①完全由外部专利代理人撰写，并由内部专利工程师审核；②完全由企业内部专利工程师撰写及审核；③普通专利按第 1 种方式处理，重要专利按第 2 种方式处理；④普通专利按第 2 种方式处理，重要专利按第 1 种方式处理。具体选择何种方式处理高价值专利的撰写，应当根据企业自身的战略、资源、专利团队的业务能力等方面进行综合考虑。就笔者所在企业而言，当前的处理方式为：国内专利由内部专利团队撰写并递交，国外专利则委托外部代理机构翻译并递交。

不管是以何种方式处理高价值专利的撰写，为了保障专利撰写的高质量，均应制定并严格执行有效的专利案件审核制度。举例而言，专利的新申请案件可以执行四级审核制度：案件撰稿人自检、一级核稿人初审、二级核稿人复核、流程专员校对。其中，每一级审核的范围或重点均有所不同，以确保对专利撰写质量的全面审核，并且使重点得到突出。一般而言，案件撰稿人为独立专利工程师或专利代理师，一级核稿人为专利组长或主管，二级核稿人为专利经理或总监。

除了专利案件审核制度以外，高价值专利的撰写阶段还需要其他制度进行配合，例如，笔者所在企业同时实行了专利实务培训制度、专利案件奖惩制度以及专利协同工作制度。以专利实务培训制度为例，要撰写出高质量乃至具有潜在高价值的专利，除了专利撰写、OA答复等基础层面的培训以外，还需要对企业专利工程师们进行专利侵权判定及抗辩、专利无效程序及答辩、专利价值评估等方面实务的强化培训，以训练专利工程师们的专利维权和专利运营思维，并以这两种思维来指导他们进行专利新申请案件的撰写。可见，以上这些辅助制度的执行都是企业撰写高质量专利的机制保障。

可见，通过这一阶段的高价值专利撰写工作，可以在一定程度上创造和提升专利潜在的法律价值。

4. 高价值专利的审批与答辩

审批与答辩是一件专利从申请到授权期间要经历的阶段，也是能决定该件专利最终能否授权以及权利质量的重要环节，因此，要打造一件高质量、高价值的专利，这一阶段的工作绝不容轻视。

对专利工程师而言，这一阶段的具体工作可能包括审查意见通知书的答复、补正通知书的处理、对专利申请文件的主动修改或被动修改、分案申请和审查员的电话沟通甚至会晤等。上述涉及的每项具体工作都应高质量地完成，因为每一个细小改动、每一次意见陈述都有可能影响专利权最终的有效性、稳定性或其保护范围。

特别的，在对权利要求做修改时，应尽量避免作无谓的限缩，以防止日后在侵权判定中确定权利要求保护范围时适用"捐献原则"；而在对权利要求做解释或陈述时，应尽量不说对专利授权没有益处的话，也不应为了获得授权而过小地解释权利要求的保护范围，以防止日后在侵权判定中解释权利要求保护范围时适用"禁止反悔原则"。

可见，通过这一阶段的高价值专利审批与答辩工作，可以在一定程度上维护和提升专利潜在的法律价值。

5. 高价值专利的授权与运营

授权程序是官方对一件专利的法律价值的首次认可，也意味着一件高价值专利的公开面世。当然，这个时候还不能说是一件高价值专利的完全养成，因为后续还存在着一些变数，这些变数无论是负面的（比如遭到无效宣告的挑战）还是正面的（比如专利的运用和经营），都会影响该件专利的价值变化，甚至影响该件专利的价值定性。

因此，在专利获得授权之后，还有一个阶段的工作需要尽责完成。首先，在被动层面，企业需要积极应对竞争对手和同行们发起的专利无效宣告请求，尽最大努力维持被挑战专利的有效性，并在此基础上最小限度地缩小专利权的保护范围，来换取该专利权的权利稳定性，以达到在此过程中维持甚至提升该专利的法律价值的目的。

其次，在主动层面，企业应当积极运用及经营已授权的高价值专利，具体包括：①自主实施专利，即专利的产品化、商品化及产业化，通过该专利体现为企业产品利润的增值来实现及提升该专利的经济价值；②专利许可实施、专利维权诉讼、专利质押融资、专利作价投资、专利转让拍卖等，通过以上一种或多种经营手段的组合来实现及提升该专利的经济价值。

可见，通过这一阶段的高价值专利授权与运营工作，可以帮助企业获得专利现实的法律价值，以及创造和提升专利现实的经济价值。

专利的经济价值是企业的本质追求和终极目标，也是企业专利价值的直接体现。因此可以说，一件专利的经济价值实现之时，也是一件高价值专利的养成之日。但在此仍应强调的是，一件高价值专利的养成，不必然依赖该专利的经济价值实现。

## 三、结语

综上所述，站在企业的立场出发，笔者认为，只要某件专利具备一定的法律价值，同时，该件专利具有较高的经济价值、战略价值、市场价值和技术价值，那么，这件专利就是一件典型的高价值专利。

但要在企业培育高价值专利并非易事，需要经过专利的挖掘、布局、撰写、审批、答辩、授权、运营等多个阶段的打磨和考验，企业只有认真对待这其中的每一个环节，严格控制每一个阶段的工作质量，才有可能最终培育出一个乃至多个高价值专利组合。

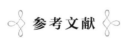 参考文献

［1］宋河发.培育高价值专利 推动高质量发展［N］.中国知识产权报,2017－12－29(01).
［2］国家知识产权局管理司,中国技术交易所.专利价值分析指标体系操作手册［M］.北京：知识产权出版社,2012.
［3］中国技术交易所.专利价值分析与评估体系规范研究［M］.北京：知识产权出版社,2015.
［4］马天旗.专利挖掘［M］.北京：知识产权出版社,2016.
［5］马天旗.专利布局［M］.北京：知识产权出版社,2016.

# 高价值专利的评价和培育像是一场应试教育

韩清川

韩清川,"百科君的IP杂谈"公众号创始人,早年供职于某国外医药研发企业,后服务于多家知识产权服务机构,专门从事专利信息相关的检索、分析等工作。目前在企业从事专利管理工作。

目前高价值专利无论是评价还是培育的工作,出发点都是基于我国的专利申请数量,如何推动量变到质变,其实更有意义。

因此,各方专家给出了五个指标:技术、市场、法律、战略、经济。用这五个指标去指导高价值专利的评价和培育。无可厚非,笔者之前做专利咨询项目的时候,也会按照这几个维度给专利申请、提案打分。但是说实话,效果并不好。

百科君爱反思。突然又觉得细思恐极,笔者从一堆堆专利评估打分表里,分明看到了"应试教育"四个大字。

## 一、两个成长的故事

许多年前,笔者在上英语课的时候,老师说中文有个表达习惯,评价一个东西总爱说"好"。比如问你吃得好不好,你一定说"好"。但实际上这个"好"是很空洞的,因为听者得到的信息太少,不知道你是吃到了美味呢,还是吃得并不美味但是分量很足。所以当你需要说明吃得好时,你可以说"我吃的饺子,薄皮大馅儿,羊肉不膻,甜淡合适,蘸着饺子醋,那可真是美了",同时伴有你美不胜收的满足感。所以,你形容好的时候,可以一个"好"字都不说。笔者把它称为"评价的故事"。

当然,上述这种"好"的评价习惯,也会有人做另一种思维的扩散,就是拆分。比如好吃,就可以把它拆解成"色、香、味"三个指标够不够好,如果都好那就是支撑了吃得好的结论。所以,衍生一下,正是这样细化拆分、指标评价的思维,催生了影响80后前半辈子的"应试教育"。比如笔者自己,为了证明自身的优秀,不得不去考数理化生,不得不去和同龄人竞争;而为了能考出好成绩,必须得对着各门的考试大纲去学习、复习等,各个指标都是很明确,一旦有偏科就立即恶补。而老师也是按照总分高低、有无偏科来评价学生是优等生还是劣等生,是适合学文科还是理科。笔者把这个称为应试的思维,它其实也包含了评价和培育两个方面,跟高价值专利的评价和培育如出一辙。

笔者讲的应试的思维,引来一个话题:国内的环境是否适合高价值专利各种指标的评定?

笔者讲的评价的故事,引来另一个话题:高价值专利一定要用高价值来形容吗?

### 二、指标的困境,你愿意做小白鼠吗

对于前面提到的技术、市场、法律、战略、经济五个指标,专利服务机构人员都明白其含义,但是光传递给服务机构是不够的,就像考试大纲一样,为了奋战高考,任课老师(政府)、学生(企业),甚至是家教老师(服务机构)都得熟读考试大纲。也就是说,为了能推动企业的高价值专利培育,必须先把这些指标交给所有的专利流程参与者,而且让几乎所有参与者对各个指标达到基本一致的理解层次。这几乎很难实现。因为光企业人员就可以分为研发、知识产权工程师、法务、市场等多个层面,让这么多人步调一致,要花费很高的成本,比如培训。

更为关键的是主导这件事情的企业知识产权工程师在企业的话语权是远远不能支配上述所有部门的。虽然行业内一直想逐步提高知识产权工程师在企业的地位,但是国内的实际情况是,知识产权部门基本上不能独立存在,大部分是依附于研发、法务,甚至是行政办公室(负责申请专利)这样的部门而存在。除了少数大企业,大多数国内企业的知识产权部门应该都是这样的状态,而且短时期内这样的状况不会改变。

这就是事实,对于知识产权部门较弱的企业,让它们去推动这样的培育活动,多数会是有心无力,成为一种负担。企业的知识产权工作,专利往往是很小的一部分,商标、版权等事务可能占据知识产权工作的更大比重,过分关注专利的高价值问题,花费过多的成本在专利上,往往不符合大多数企业的经营现状。存在感并不是这样"刷"出来的。

即使按照这些指标推行了,就一定会有好的结果了吗? 这个笔者可能没有资格评价,但可以说现在社会对应试教育的认知也比较一致。应试教育之所以受到批判,是因为它想把所有的学生都培养成一个整齐划一的模式,让大学像工厂输出合格零件一样输出合格的毕业生,即合格的社会零件。但是每个学生的资质、爱好都是不同的,可以说应试教育抹杀了学生的天性。

对于专利工作来讲,面临的大环境是每个企业所处的行业不同;它们的经营状态、财务状况也不同;管理架构、人员水平都不同,所以有价值(没有用高价值的字眼)的专利工作,实际上是释放企业中各个参与者的工作潜力、活力和能力,用能支配的资源做对企业利益最大的事情,但是各自要解决的课题都不相同。

企业也一样,都是有天性的,也是需要个性化地培育的。如果说应试教育各项指标的条条框框抹杀了一代人;那么高价值专利的各项指标之于企业的知识产权工作呢? 即使到最后谈不上被抹杀,而面对这样的指标,谁又不是那只实验用的小白鼠呢?

### 三、怎样来体现高价值

专家们给出的概念是"从狭义上讲,高价值专利是指具备高经济价值的专利,高经济价值成为高价值专利的充分条件。从广义上讲,高价值专利涵盖了高(潜在)市场价值和高战

略价值专利"。这个说法听上去没错，但你是不是觉得，这个定义就是相当于我把"好吃"重复了几遍呢？

为了说明好吃，说吃得好，闻着好，还是离不开一个"好"字。

评价高价值，说高市场价值，高经济价值，还是离不了一个高价值。

所以，要像评价的故事里，用不同的方式去描述好吃，我们讲高价值专利的故事，是不是可以换一种方式呢？我们脱离应试教育提倡素质教育，是为了发挥学生个人的天赋。如果我们尝试脱离应试思维，是不是应该重新思考一下，我们评价高价值专利是为了什么呢？

高价值专利工作更像是在政策层面和宏观管理层面，要个别大企业、大机构先做个示范和样板。目前我国专利市场的现状并不是只有申请量特别高一个现状。更根源性的问题在于，即使申请量这么高了，大众对于专利的认知还是很落后。不知道为了什么而申请，更不知道专利授权下来，保护了什么范围，就以为是个证明。全国每年的专利申请量有多少比例是这种情况？为了提升我国专利申请的质量问题，我们难道不是应该针对这些拖后腿的低质量专利群体吗？我们是要把火车头推得更快呢，还是应该把老旧的燃煤机组，尽可能多地换成自身有动力的动车组？

笔者倾向于后者。因为后者的目标是彻底改善我国专利市场结构性问题的。解决这部分问题才能有效解决低质量申请的问题。我们更不能为了前面的，而放弃后面的，这样不利于市场环境的改善。而这些申请人需要的不是高价值专利，而是对他们企业自身有价值的专利。就像前面提到，怎样用企业知识产权工程师能支配的资源，做对企业利益最大的事情，这才是最基础的课题。

举个例子，前面说到了企业研发人员，不知道为什么要申请专利，他们以为就是一张证书；他们也不知道专利授权下来保护了什么范围。那么对于这样的情况，最有价值的事情就是，通过专利申请彻彻底底地把他们的研发产品、成果保护好，提升他们的意识。现在的低质量专利，尤其是来自企业的，是连产品都保护不好的，没有章法，而且还会造成技术细节的过度公开。所以你说，就这么点小事儿是不是对企业更有意义，更有价值的事儿。

请问，知识产权工程师是推动这点小事儿容易呢？还是发动各个部门接连举办几场评审会容易呢？反过来，如果这些小事儿做好了，是不是培育了企业自身的高价值专利呢？如果把高价值专利这么高大上的事情，包装成或者表述成具体工作中的小事儿，是不是更容易被企业各个部门所理解和接受呢？如果大多数企业都把这一件小事儿做好了，宏观层面是不是既有效抑制了低价值专利，又总体提升了专利质量了呢？

所以，总结起来，高价值专利的问题背后是我们解决问题或者讲这个故事的思路可能出了点问题，去解决这个问题的路径指标，可能有太多的不利因素，当各位专家努力往前带火车头、做文章的时候，也希望能考虑一下基础的问题，大多数企业的问题和实际情况，避免把一件好事儿引导成了应试教育。

现阶段，在目前的市场环境下，笔者认为能真正保护企业的产品，能真正修正专利认知的专利，才是对企业有价值的专利，并不需要刻意用高价值专利来包装。把简单的事情复杂化，只会耗费更高的成本。

# 我就想把高价值专利讲得朴素点

韩清川

专利制度就是为了帮助创新者赚钱的。朴素点说,在专利权人眼中,管它采用何种方式,能帮助赚钱的才是好专利,才称得上高价值。

那么问题来了,通常所说的技术价值、法律价值、市场价值、战略价值又是什么? 诚然,为了能对专利价值进行科学的分类和研究,专家们才得出这样的理论体系。而原本这样的说法也并没有错,因为脚踏实地地讲,对于专利本身而言,它保护的核心是技术方案,所以技术不能是"一团糨糊";专利要稳定,撰写质量要过关,别一上来就被全部判为无效了;专利用来赚钱的核心是排他权,所以要用法律价值抢占市场。但是现在反过来想,会不会有点过于教条了?

## 一、不产生经济价值的高价值专利都是要流氓

首先,技术的价值很难说清楚。技术原本没有价值,但是当它创造出的产品降低了成本、提高了效率、被市场认可,产品有了价值,创造它的技术才有了价值。这个逻辑是说得通的,而且从技术的出现到产业化的实现是有过程的,如果专利终止了技术才体现出价值,那么这个技术的价值对专利价值的贡献是多少?

例1:1995 年前后出现的早期 VR 技术,过了 20 年,由于图像传输和处理技术的升级,VR 技术才重新焕发了青春。试问如何评价新技术价值对专利价值的贡献。

例2:有些技术尚未过时,所以捷达车的发动机仍然使用50 年前的德国技术,所以才有A.O.史密斯的广告说一台热水器用了 100 年。专利都进了坟墓的技术,它的价值还能以专利为载体吗?

其次,哪怕技术价值并不那么出众,但它有好的市场经济价值,你敢说它不是高价值专利?

比如笔记本电脑固定屏幕的螺丝,就是由竖着放变成躺着放,由此产生了三十多件专利,其技术的创新度高吗? 不高,但是专利带来的市场经济价值高啊。你说它不是高价值专利?

苹果手机外壳圆角矩阵的外观专利就是简单的一个设计,体现出了简约美,赢得了市场的青睐。但是经过无数次判为无效以后,终于被搞垮了。虽然专利本身设计简单,难道说在它短暂而有限的生命里不是高价值专利?

最后,就算创新的技术、创新的专利达到了技术价值、战略价值甚至是法律价值,对企

业来说也未必就是真正的高价值专利。

还有一个例子，就是众所周知的柯达数码相机的例子。用电子手段完成照相的技术厉不厉害？对于柯达转型升级有没有战略意义？首创的技术，法律上可以占领制高点了。那么对柯达有价值吗？没有，因为会影响柯达胶卷的销量。所以这只是好技术，但对于权利人而言在当时不是高价值专利。

还有一个比较小众的例子。将近 20 年前，索尼的 MD 随身听，是 CD 随身听的替代品。当时索尼可是把它当宝贝一样捂着的，觉得市场前景好，又占有着绝对的专利优势。但正是因为这样的高压政策，硬是把 mp3 逼出来了，所以它也很快销声匿迹了。那么请问索尼 MD 的专利到底是不是高价值专利呢？

评价所谓的技术价值、法律价值的都是"专家"。他们会像考察一件精美艺术品一样给出如此多的指标。与其前后左右地列出如此多的指标，与其说谁是谁的充分条件、必要条件，与其分辨高价值专利的狭义概念和广义概念，还不如就把经济价值定为评价高价值专利的绝对标准。而对于权利人一方，他们计较的只是这个技术创新会不会带来好的产品，好的产品如果带来好的价值，那和产品相关的专利才算高价值。讲其他的虚头巴脑的指标，都是不切实际的。

## 二、高价值专利是市场验证出来的，不是评出来的

2017 年，知名品牌和著名品牌被工商总局叫停了，原因是"知名品牌和著名品牌应该在市场竞争中由消费者来认可的，而不是由政府来认可"。

既然知名、著名的品牌是由消费者决定，那么高价值专利是不是该由市场说了算呢？

笔者在前面已经阐述了，高价值专利最应该有的就是经济价值。但是这个价值是被市场检验出来的，不是吗？任你说自己的技术有多牛，多么有前景，凭什么就能被市场接受和认可呢？如果市场前景能说是啥就是啥的话，创业公司就不会倒闭那么多了；如果你说自己天赋异禀，眼光卓越，一说一个准，你就不应该做知识产权，你就是"乔帮主"在世，该去坐库克的那个位置了。

既然高价值专利是市场检验出来的，那它就必然带有滞后的属性。什么意思呢？专利设计好、写好的时候，哪怕写得再天衣无缝，它也不是高价值专利；哪怕它在创业比赛、评审大会上被吹得再天花乱坠，说潜在的市场前景巨大，那也都是空话，它也不是高价值专利。价值到底高不高，市场说了算，只有把专利产品扔进市场里摸爬滚打几年，混出名堂来，成了，这个产品对应的专利才有了高价值，那才是高价值专利。所以当你意识到高价值专利出现了，其实都是专利申请提交完几年后的事了。

比如，当年腾讯申请红包外观 GUI 的时候，它敢确定红包一定会火吗？只不过现在大家都已经离不开它了，才可以说这个 GUI 是个高价值专利，顺道再拿个专利金奖。

比如，Segway 一直是做残疾人用车的，造出平衡车的时候未必能想到这产品过去十多年依然那么火。当中国制造商开始进军美国了，这个时候基础专利站出来搞 337 调查，于是高价值专利才名正言顺地位列仙班了。

所以说高价值专利都是事后才冒出来的，就是标准的"马后炮"，是得了便宜之后，再拿

出来卖一次乖。这才是其正确诞生与使用方式。不经过市场锤炼的专利产品不可能飞升上仙；不经过市场检验的评比，都是纸上谈兵。

### 三、抠高价值专利的撰写质量有多大意义

撰写质量很多时候都被提及。比如要把技术方案保护好，能上位的上位；比如，不能被别人轻易无效掉。这一切的背后，都是充分使用好专利制度赋予权利人的排他权。但即使写得好，也未必好用啊。排他权是禁止别人使用，还能禁止别人的竞品被消费者买吗，当然不能啦。买不买，是产品、市场认知的属性，跟专利无关，跟排他权更无关。

比如，笔者之前写过的自拍杆的专利。直说了吧，笔者觉得写得不好。但是经销商、一般消费者为什么还是要选它的专利产品呢？就因为成本低，不占地儿，携带方便又好用。所以大家没有考虑所谓的替代方案，这几年了还都在用该专利的技术方案。这就是由消费者的认知决定的。

所以，如果经济价值就已经决定了它是篇高价值专利了，抠专利撰写质量有多大意义呢？写得好就是锦上添花而已。

最重要的是，现在早已经不是一件专利能保护一个产品的时代了。一个需要重点保护的产品，通常会用一个专利组合、一个专利包进行保护。试问当多件专利形成合力的时候，其中一件的撰写质量会起到决定性作用吗？就算某个专利被终止了，而其他的还依然有效，不照样可以罩着专利产品吗？当然，如果一个专利组合的全部专利都能被判为无效的话，那绝对不叫撰写质量问题，而是底层设计的问题，或者叫代理事故了。

所以，在笔者眼中，既然经济价值是决定性的指标，那么苛求撰写质量毫无必要，及格就行。

### 四、对于企业，高价值的知识产权不一定是专利

笔者的观点，企业在乎的是资产和负债。资产下面分有形资产和无形资产；无形资产的分支包括知识产权；知识产权的分支才包括专利。而过度提倡高价值专利是对企业的一种误导。

因为不同的企业处于各自不同的发展阶段。为了尽可能多地获取利润，专利竞争并不是唯一或者最好的方法。比如说老字号或者知名企业的商标、商号可能更值钱；对于老干妈陶碧华，除了品牌值钱之外，更值钱的就是她的商业秘密——水豆豉的制造工艺。所以如果有专利业务员忽悠老干妈写一篇关于制造水豆豉的某种方法，然后用来当高价值专利供养起来光耀门楣，那绝对可以被人人喊打了。殊不知丹参滴丸等经典中药专利已经反反复复哭晕了好几回，就是因为把配方写进了专利。挂上了高价值的专利的金字招牌又如何？

所以，就专利说专利会死。我们无非是想帮助企业树立良好的知识产权或专利的认知或意识罢了。那么就讲得朴素点好了，别耽误企业家挣钱。

# 评估专利价值的感觉公式

李银惠

专利代理人必然要接触专利价值的问题,客户难免要问你,这个专利能卖多少钱。

## 一、关于专利价值的认识过程

第一次遇到这样的问题是在 2010 年,领导甩过来一个问题,说有个客户要进行专利评估,要笔者研究下怎么搞。笔者想这简单,百度啊。所以笔者检索到如下这三个文件,《资产评估收费管理办法》《国有资产评估管理办法实施细则》《资产评估准则——无形资产》,看完之后记住了市场法、成本法、收益法是无形资产评估的三大方法。然后呢? 就没有然后了。

2014 年有个客户用专利权给自己的企业增资,注册资金从 100 万元增长到 500 万元,多出来的 400 万元是评估老板自己拥有的发明和实用新型专利权,评估作价 600 万元,然后打个折作为 400 万元给公司之后,公司就增资到 500 万元。这个过程中,找一个无形资产评估公司,评估额为 400 万元,评估费用大约为 2 万元,办理工商登记的时候还需要 7 000 元。这个收费就跟专利代理费一样,有行价,但各个公司也并不一样。

2017 年国家知识产权局要做高价值专利培育,既然是高价值,自然要知道价值是多少,怎么才叫高价值。培训的 PPT 上写着: 专利价值 = 技术价值 + 法律价值 + 经济价值,作为理工科的研究生,也写过论文的人,这个公式一看就有问题,所以笔者突然想到了一个可以计算出专利价值的感觉公式。也就是说,当你真的要买入一件专利的时候,或者卖出一件专利的时候,你就按照这个公式去生搬硬套,计算出来的结果是以人民币元为单位的有确切数字的评估价值。

## 二、不同场合下的三种专利价值

三种不同的场合分别是作为金融资产的专利价值、作为交易客体的专利价值、作为侵权赔偿的专利价值,计算标准各有不同,你应该先知道自己要做什么,才知道应该用什么方式评估眼前的专利。

这三种不同的场合对应的是三种不同的需求主体。官方的需求是一个符合法定格式要求的评估报告,需要给官方一个数字,让其不用承担太多责任。老板的需求是一个真正合理的专利价格,符合市场实际,让老板觉得掏钱掏得合适。法院的需求是一个具有可操作性的数字结果,在证据范围内大致合情合理就好。

本文标题讲的是第二种,评估作为交易客体的专利价值的感觉公式。这个内容很简单,需要多写一点铺垫性的话语。

### 三、作为金融资产的专利价值

在形式主义比较严重的领域,需要无形资产评估公司对专利做个评估,拿到这个评估结果给出的数字,然后才能进行下一步工作,没这个报告你就做不了下一步的工作,这就是作为金融资产的专利价值。这种评估报告是官方要求,不做不行,做起来也很容易,一般是给钱就行,向无形资产评估公司支付评估费,一般可以讨价还价,也可以打折。

无论多烂的发明专利,给够钱,评估个 1 000 万元都是有可能的。但是请不要过分,评估公司也是要承担责任的,那种 1 500 万人摇扇子来抑制北京雾霾,三杯鸡浆料配方制成的眼药水的发明专利,想评估一千万,是想也不用想的。

但是,还记得汉能公司吗? 股价都暴跌了,无形资产还有 500 亿呢,细看一下,它的每个实用新型的评估价值都是几亿元人民币,当时是北京的一家无形资产评估公司出具的评估报告。

什么情况下,需要无形资产评估公司出马?

企业上市和 IPO 的时候,专利作为资产的一部分,当国企或者上市公司进行并购的时候,专利可作为交易资产的一部分;《公司法》规定,知识产权可以作为企业出资的一部分,例如,专利评估为 400 万元,如果把 400 万元的专利作为注册资金注入企业,就可以给企业增加注册资本了;你要凭借专利权到银行或者其他金融机构去贷款,将专利作为抵押物,质押给银行,银行需要确定你的专利权值多少钱,这时也需要无形资产评估公司参与。

上述三种情形,属于把专利当作金融资产,必须由无形资产评估公司作价评估。那么,无形资产评估公司怎么评专利值多少钱呢? 就是传说中的成本法、收益法、市场法。

成本法就是你申请这个专利花了多少成本,给你加点价就是评估价格。收益法就是你靠这个专利权,能赚多少钱回来,就是评估价格。市场法,就是你把这个专利拿出去卖,一般大家愿意出多少钱,就是评估价格。

全国范围内的资产评估公司大概有 3 000 家,但绝大多数是房地产评估公司。扣除掉这些专门做房地产评估的公司,单纯的资产评估公司只有 500 家,并不存在专门的无形资产评估公司,之前国家知识产权局搞过无形资产评估资质,但因为相应的公司太少了,所以也就不了了之。原因是,不同的资产如果需要不同的评估资质,会导致根本没法干活。比如,评价股权、评价技术、评价房地产,都分属不同的行业,有不同的主管部门。不如干脆就只要一个评估资质,所有的资产评估都能做。这与律师行业是一样的,做刑事辩护与做知识产权的律师,在技能上会大不相同,但笔者作为知识产权律师,完全有资格代理刑事案件,刑事律师也完全可以代理专利侵权诉讼案件,资质上是没问题的。

资产评估这种东西本来就是民营企业不太需要的,民营企业收购股权的话,只要双方合意就可以了。如果涉及国有企业以及上市公司的话,就必须要资产评估公司出具一个评估报告,要让国家和股东们看得过去。这种在形式上有较高要求的场合,需要会计师事务所、资产评估公司和律师事务所三方合作。

会计师事务所先搞一个财务账册，然后资产评估公司出具资产评估报告，最终由律师事务所出具一个类似的报告，即由会计师事务所和评估公司出具文件，律师事务所根据两个文件来起草一份卖股权的合同。

### 四、作为交易客体的专利价值

这才是本篇文章真正要讲的内容。

笔者认为最符合实际的专利价值评估方法毫无疑问是收益法，也就是你能靠这个专利权赚多少钱回来，笔者的感觉公式也是基于收益法的基础理论。为什么不能用市场法？因为专利与房产不同的地方在于，附近区域的房产价格都差不多，交易也很频繁，所以根据周围小区房子的市场价，大致就能判断当前这栋房子的市场价，这是市场法的真谛。但是专利并非如此，因为专利交易是极其稀少的，等到第20年，专利都过期了，也不见得有人会掏钱买相同技术领域的专利，所以就无法用市场法来评估专利价值。

有懂行的人说了，收益法也不可能啊。因为绝大多数专利（99%以上），授权之后就放在办公桌里锁起来，从来都没有使用过，所以也就没有靠它赚过一分钱，没赚过钱的专利，怎么评估呢？笔者在后面可以回答，专利的价值是体现在集体收益上，单个专利的价值可能无法准确评估，但专利集群的价值是可以评估的。

有人真金白银地花钱买你的专利，在这种情况下，你的专利值多少钱呢？老板真的想花钱买别人的专利权，老板到底是怎样确定这个专利价格的呢？

作为收益法的基础理论，专利价值取决于专利产品的市场销量，这是专利价值评估的第一定理，不用证明。

所以，专利价值等于专利在这款专利产品的利润中所起作用的份额，这是专利价值评估的第二定理，也不用证明，道理显而易见。

由此，专利在利润中所起作用的份额到底是多少？这个时候就用到了专利的三个属性，可以称为专利价值评估的第三定理：

专利价值＝经济价值×技术价值×法律价值

＝经济价值×技术系数×法律系数

＝专利产品的市场销售额×专利技术方案在整个产品成本中的比例×专利保护范围在所有技术方案范围的份额。

这就是评估专利价值的感觉公式，这个公式的本质在于，经济价值、技术系数和法律系数应该是连乘积，经济价值就是产品的市场销售额，技术系数和法律系数一般是介于0和1之间的系数，在极特殊情况下才会大于1，那是传说中的神级专利才行，在此不作讨论。

评估专利价值的感觉公式要这么用。

专利价值的感觉公式＝（1）×（2）×（3）

（1）这个产品的市场销量（单位：人民币元），产品的整个市场周期是5年，在5年内预计能卖掉1万台，每台5000元，则经济价值＝5000元×1万＝5000万元。

（2）这个专利所代表的技术，在这个产品的成本中所占的比例，比如5000元的手机，成本只有2000元，其中快充模块的成本大概是20元，那么快充模块专利的技术系数就是20/

$2\,000 = 1\%$。

（3）这个或者这一系列的专利的保护概率有多少？这有点规避设计的意思，保护概率决定了法律系数。法律系数应该反过来考虑，即竞争对手是否有可能规避开当前这件专利的保护范围。如果你认为谁都规避不开，则法律系数就是1；如果还有其他技术方案可以使用，刚好不侵犯专利权，则法律系数就会小于1。

所以，如果有一系列的专利布局，合在一起考虑专利价值的话，法律系数就更容易达到1。

根据上述分析，这个产品的快充模块的专利价值 = 5\,000 万元 × 1% × 1 = 50 万元。也就是说，面对这个专利，老板掏 50 万元买这个专利大致是靠谱的。

这个感觉公式的含义包括如下层次：

第一，一件专利的最高价值，不会超过该专利产品的市场销售额。一台机器的年销售额有 30 亿人民币，这台机器里面有 12 件专利，那么这 12 件专利的总价值不会超过 30 亿元，再考虑到这台机器大概还能卖 5 年，那么就是市场销售额总计 150 亿元，无论如何这个专利的价值不会超过 150 亿元。更何况，还得去掉成本之后才谈得上专利所起作用的份额。

第二，由于连乘积的存在，经济价值、技术系数、法律系数，这三个数字中的任何一个是零，专利价值就应当是零。

经济价值为零的情况，就是技术过于前沿没法应用，产品太贵卖不出去，或者因为商业模式被业内集体抵制而没有销量。在这种情况下，即便技术本身是很强大很先进的，专利也写得超级好，数量和质量也都没有问题，但是专利价值依然是零。

技术系数为零的情况，就是技术没有实施的专利。技术系数与这件专利所涉及的技术是否先进，是否有用，没什么关系。

法律系数为零的情况，一般就是技术也许还不错，但是专利的保护范围写得太差，没有什么能用的保护范围，别人可以很轻易地做出规避设计，导致就算是你的技术确实很不错，你的产品销量也很好，但是你没法拿专利去起诉别人侵权并胜诉。这样的专利价值，依然是零。

第三，技术没有实施的专利，其法律系数的确定，应当依赖于相关的专利集群。比如，某人研发了最佳的技术路线，申请了专利；同时，就该技术的可规避技术方案，另外申请了 9 件专利。此人一直都使用这个核心专利技术，其他 9 件专利从来没有使用过，只是为了防止竞争对手做规避设计用的。由此，如果这件核心专利的法律系数是 0.1，这 9 件非核心专利的法律系数是 0.9，但这样明显是不合理的，应当是这 10 件专利集群聚在一起，其法律系数接近于 1。

专利产品的市场销量一般容易确定，但是技术系数和法律系数究竟该怎么确定，预计有很多种考虑，不见得一定要按照笔者的定义。但至少连乘积的思路是正确的，全面地考虑了经济价值、技术价值和法律价值，这三个中的每一个因素都决定了专利价值。

## 五、作为侵权赔偿的专利价值

当某人作为原告，专利侵权诉讼打赢了官司，法官应该判决被告赔偿他多少钱呢？这个时候专利直接变成现金，是专利最高光的时刻。

这个时候，法官是怎么判断每件专利应该赔偿多少钱的，详见《论打专利官司比卖产品赚得多》[1]，本文不再赘述。

## 六、结论

专利价值属于量子力学的范畴，是测不准的。买个专利到底要花多少钱？真实的交易过程就是老板拍脑袋想出来的。既然拍脑袋就能决定一件专利值多少钱，那么采用感觉公式计算一下专利值多少钱，应该会比拍脑袋更准确一点。

这三种不同的专利价值，谁最高，最居中，谁最末？笔者认为作为金融资产的专利价值是最高价的，作为侵权赔偿的专利价值是居中的，作为交易客体的专利价值是最末的。作为金融资产评估的专利价值，如果是要给评估费的，自然会往高了评。

作为侵权诉讼赔偿的专利价值，法院在计算侵权获利的时候明显是粗糙的，一般不考虑由于其他因素导致的产品利润，也就是产品的全部销售利润都作为专利权的价值了，除非在一个产品上有多个专利同时发生诉讼，法官才会把利润适当分摊在不同的专利上。

作为交易客体的专利价值，笔者在感觉公式中特意设置了技术系数，技术系数是要考虑这个专利在整个专利产品中的份额的，并非由于专利的存在而导致的利润，不能算在专利价值里面去。

笔者所计算的专利价值，都是专利的直接价值，实际上，专利的间接价值可能无法估量。

直接价值是可以按照人民币数量评估的价值，间接价值是在市场上可以对竞争对手造成心理威慑，对消费者构成信誉的，不能够直接计算出人民币的价值。只有1%数量的专利具有直接价值，99%的专利都只是具有间接价值。但是，能够直接换算成人民币的专利才是明星，才有写一篇文章的必要。

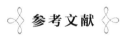

参考文献

[1] 李银惠.论打专利官司比卖产品赚得更多[EB/OL].(2019-11-20)[2021-10-24].https://mp.weixin.99.com/s/UIJIY3gYdhFnOiVC_RkCqg.

# 拿什么来拯救专利质量

李银惠

关于专利质量,笔者早就想写一篇深入的文章了,但拖了两年,开了头就不想继续下去,因为觉得太简单,没什么好写的。但突然又看到某大学通过专利代理机构,两家中标机构的发明专利代理费报价分别是 3 000 元和 1 980 元,而且还包括申请阶段和答审的费用,笔者不禁崩溃了。这两家机构的专业度没问题,价格也不是最低,因为更低的还有。有问题的是不能搞一刀切,不同需求的发明创造应该配合不同价格的专利代理服务。

笔者深刻地意识到,专利盲在这个世界属于绝大多数,甚至在国内科技工作者中也是绝大多数。无论多简单的文章,还是有写的必要。

大学教授在专利文本上实在是很强,能把专利文本在形式上写得像模像样,代理机构稍做修改就能满足《专利法》,这一点很对专利代理机构的胃口,改改格式就可以提交。

但是专利的质量并不由这些形式要求决定。发明专利授权,其实并不难,但授权的发明专利,不见得有用,因为还涉及专利的保护范围问题。

## 一、代理费与客户需求相适应

对专利代理费用的认识笔者经历了多个阶段。

刚入行的时候,遇到客户讨价还价的时候,笔者也不知道该说些什么。后来有点经验了,笔者就说所提供的服务质量更好。后来更加有经验了,发现客户不需要服务质量,只需要拿到一个专利权而已,授权是唯一标准,这个时候你就算是发明代理费报价 8 000 元,跟其他人报价 2 000 元,给客户的结果差不多(虽然本质上肯定不同,但在客户看来就是相同),收更高费用的理由实在有点牵强。

给多少钱,干多少活,各得其所,公平合理。

问题是:不能把全部发明的申请代理费都规定得这么低。市场价值一个亿的技术,不足 2 000 元的专利代理费,写出来的专利能否保护一个亿的市场?

笔者之前举过的例子是,花 100 万元研发出来的技术,用 5 000 元写一个专利,然后再花 100 万元打官司,不见得能赢。但花 100 万元研发出来的技术,用 10 万元代理费写专利,打官司只需要 10 万元就可以获胜。可见,专利质量是维护市场的核心因素。

由上面这个案例可知,不费吹灰之力就可以彻底规避开专利的保护范围,谁会傻到还要一本正经地给你交许可费呢,直接用就好了嘛,很容易做到不侵权。

笔者的第一个核心观点是,对于绝大多数大学专利来说,反正也是报职称用的,只看是否授权，不看是否保护，代理费越便宜越好。但是，毕竟还存在一些可能具有较好商业价值的技术，这些技术应该支付更高的专利代理费。

目前，尽人皆知的一个秘密是，大学老师做出的具有市场前景的技术，基本上会以自己亲戚的名义申请专利，以免受到学校的掣肘。技术，掌握在老师手里，权利，却在学校手里，操作上确实存在问题。虽然2015年刚刚颁布了《促进科技成果转化法》，但实施细则还没有公布，没人知道该怎么办。

就此，笔者有可能2016年会写一篇相对比较长的文章《专利运营全程指南》，讲讲大学里面的技术转移操作问题，临阵磨枪，不快也光。这是笔者在上海技术交易所（上海市科技创业中心）举办的，由英国PraxisUnico技术转移协会的牛津、剑桥技术转移中心主任授课的注册国际技术转移经理人（RTTP）培训班上学到的一些东西的分享。英国人做事情真是严谨，讲得很好！

笔者希望将来自己不仅仅是专利代理人和律师，也可以成为真正的技术转移经理人。

## 二、对政府专利资助表示赞赏

专利制度在中国，相对于其起源地欧洲有太多异化的因素，其真正功能的实现会打些折扣。目前这种异化，笔者深深以为是有其合理性的，专利的保护力度，要与国家的创新发展水平相适应。

现阶段中国的创新水平与发达国家差距很大。所以，中国在立法上已经与世界接轨，以抵抗外国专利在中国市场的侵蚀。从国家层面上说，这是很符合实际的做法。从专利行业上来说，因为弱保护政策导致专利代理费收不到高价，体现不了在德国和美国能享受到的专利代理人的尊严。

不过，政府在另一个方面做了补偿，十几年来专利资助政策施惠给很多人，一方面是专利资助政策，政府成为专利代理行业最大的客户；另一方面专利资助政策繁荣了专利代理市场，起码多培养了2万名会写专利的专利代理人，对于中国这么大的市场来说，需要5万个懂专利的人，若没有这个资助政策，中国真正懂专利的人远远不能支持中国创新的发展。

是先等中国的创新产业发展起来，再逐渐培养专利代理人好呢？还是先把中国专利代理人培养起来，然后用专利代理人再来促进中国的创新呢？政府资助就是选择了后者，这种选择笔者认为是符合事物发展的规律的。

专利制度在中国，虽然没有达到其在原产地的那种威严，但依然是有用的。

## 三、专利作用，一名一利而已

名的方面，专利多的企业，容易被认为是创新程度高，有技术含量的企业；作为个人，有专利显得比较牛，能报职称、涨工资。

利的方面，归根结底，专利是一个利益工具，是给专利权人赚钱的工具，这才是专利的根本作用。一切不能赚钱的专利都是镜花水月。

专利的名利二字，实际上名占90%，利只占10%。也就是，90%的专利用来挣名的，

10%的专利才能赚到钱,但如果没有那90%的专利,那另外的10%可能一文不值。这主要是外围专利与核心专利相互策应、共同防御的结果。

怎样才能让专利起到真正的作用,能够赚到钱呢?

## 四、专利赚钱两条路线：产业路线和运营路线

专利赚钱有两条路,第一条是产业路线,就是专利的赚钱是由产品销售获得的,专利的作用是制止竞争对手销售相同的产品。举个例子来说,甲方研发了一个新产品,假如没有专利的话,乙方也可以把新产品买回来,反向工程重新设计,自己制造,甚至可以直接买通甲方的模具供应商,连反向工程都不用做,直接用一模一样的模具制造新产品。结果就是,甲方由于投入了研发费用而产品价格更高,乙方没有研发费用,直接抄袭的结果就是成本更低,反而是搞创新的甲方失败,抄袭的乙方获利。有了专利权,甲方就可以合法制止乙方的抄袭,确保甲方的垄断利润。这个时候,甲方的专利权就体现了赚钱的价值。这才是专利的真正含义,专利的一切其他作用都是在这种基础上引申而出的。

专利赚钱的第二条路线是运营路线,其实也是在第一条路线的基础上引申而来。某个人有了专利,就意味着其他人不能运营这个产业。为了运营这个产业,就要向专利权人缴纳许可费,获得许可。这个时候,专利的运营本质上是销售一种贸易许可证,相当于进入旅游区买门票,不买门票就不能进入这个行业。

第一条路线,赚钱的主体是企业,稍微有一点点创新的企业,都能够走第一条路线。第二条路线,赚钱的主体除了企业之外,还出现了不从事产品生产和销售的组织,包括作为技术产生源的科研单位和大学院校,以及自己既不生产产品,又不产生专利的企业,它们购买其他人的专利,然后用这些专利来收许可费或者转手卖掉,赚取差价。能够走第二条路线的企业,大多是技术创新水平能够引领潮流的行业顶尖企业,普通的企业基本无法走第二条路线。

## 五、专利赚钱两个要素：市场前景与专利质量

专利赚不赚钱只取决于两个要素,一方面取决于专利产品的市场前景,就是产品卖得好不好,另一方面取决于专利质量。

专利赚钱的两条路线,无论哪一条路线,都必须首先要求专利所代表的产品能够在市场销售上获得利润。专利的价值,不是取决于该技术的创新度,而是取决于该产品在市场上的销量。到目前为止,中国专利赔偿第一案的赔偿金额是实际支付1.57亿元人民币,该案最开始原告只不过是要求50万元赔偿而已,但法庭调查发现被告的产品销量极其巨大,因此最终赔偿额达到1.57亿元人民币。本案内幕复杂,但理论无错,即专利价值由专利产品的销量决定。

## 六、专利价值取决于专利产品的市场销量

关于专利产品的市场销量,这是一个商业问题,企业家们能够敏锐预测某款产品的市场销量,技术的创新程度只是影响该专利产品能否获得市场认可的因素之一,有时候是重

要的因素，而大多数时候不是。对于高科技的行业来说，技术当然毫无疑问是最重要的因素之一。

由于专利价值由专利产品的市场销量决定，所以此时专利价值实际上并非是专利问题，而是由企业的成本、营销、运营模式等商业行为所决定。

### 七、专利的本质是技术创新的竞争壁垒

从前面所说的例子引申说，如果甲方在销售自己研发的新产品的过程中，始终都是一帆风顺地正常做生意，那么它将永远都不需要专利，因为它只需要老老实实地卖自己的产品，闷声发大财就好了。只有在作为竞争对手的乙方，在同一市场同一客户处产生了针锋相对的竞争时，专利才会跳出来发挥作用。

更确切地说，专利在市场中只是起到名的作用，但在竞争中才起到利的作用。没有竞争，就体现不出专利的用处。

从这个意义上说，专利既要体现技术的创新性，又要体现竞争的排斥性。

### 八、专利生命周期的三个阶段

在一件专利的生命周期中，由前到后依次是（见图 1）：

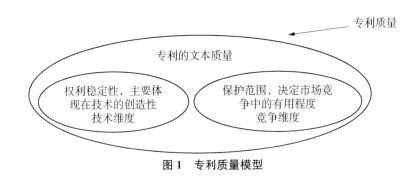

图 1　专利质量模型

第一阶段技术维度：发明人产生了技术，决定了专利质量的技术维度。在技术产生之后，专利质量的技术维度就已经被决定了。专利无论写得怎么好，专利价值都不可能超过一开始被限定的技术本身的价值。

第二阶段文本质量：发明人将该技术表达给专利代理人，由专利代理人撰写专利，再由专利局的审查员进行审核，这一阶段决定了专利的文本质量。当专利撰写完成之后，专利的文本质量已经被固定了，文本质量涉及一些程序问题和法律问题（比如超范围、不清楚、不支持、必要技术特征、期限和费用等），但都是一些细枝末节，对发明人来说不值一提，这些是专利代理人应该掌握的职业技能。

第三阶段竞争维度：产生纠纷时法官判断保护范围，或者许可谈判时对方专利负责人会衡量专利质量。没质量就不给钱，有质量就不得不多给钱。这一阶段体现了专利质量的竞争维度。关于竞争维度，就是在法院打官司能不能赢。这个时候，专利的保护范围并不是以专利文本所要求的权利要求为准，实际上是以法官加上了个人主观判断之后的判决书

为准。专利质量的责任主体,除了发明人、专利代理人和专利审查员之外,还有法官。这就告诉我们,写专利只考虑审查员的态度还不够,还必须考虑到法官会如何理解这篇专利。天花乱坠、严密谨慎的专利,法官不认可,一切都白扯。

这三个阶段的动作,共同决定了专利质量。但实际上,专利授权之后,专利质量就已经无法改变了。第三阶段只是专利质量的衡量阶段,真正决定专利质量的是第一阶段和第二阶段。

这也就是为什么在第二阶段专利代理费不会太高的原因,因为质量反馈时间太长了,常常要两三年以后,甚至永远没有反馈。只有10%不到的专利,会进入到第三阶段,90%的专利终止于第二阶段。这也就是笔者前面所说的90%的只需要名而不需要利的专利。

### 九、专利质量包括权利稳定性与保护范围

打一个专利官司,作为一个专利律师,需要考虑的是什么?

如果作为一个普通的律师,他考虑的只是如何取证,能不能打赢,能赔多少钱。但作为一个专利律师,首先考虑的是这项专利会不会被宣告无效(权利稳定性怎么样),然后才会去考虑能不能赢。

专利存在稳定性问题,这是由专利的固有缺陷决定的。专利能否授权,主要取决于技术的创新程度,这分为两方面,一方面是技术是新的,前人没有记载,另一方面是这项技术是有用的,解决了前人没有解决的技术问题。这也就是发明专利的创造性的两个评价要素,即《专利法》第二十六条第三款所说的"突出的实质性特点和显著的进步"。但技术是否是新的,必须检索本申请之前已经产生的所有技术。这个检索结果只能是初步检索,不可穷举。所以,从理论上说,即便是授权的发明专利,也只是因为目前没有检索到现有技术而已,很可能在世界上某个默默无闻的角落里存在着能把该专利一棒子打死的现有技术。

更进一步说,其实专利的稳定性问题最终也是个经济效率问题,一切发明专利都可以被宣告无效,只要有足够的钱和时间,经办人就能招聘足够的世界各国的人去寻找世界各国的现有技术,就可以提无数次无效宣告,早晚有一次搞定你的专利,就算搞不定,你也会烦死。

专利的保护范围问题,一方面是由专利的固有缺陷决定的,这体现为文字本身的模糊性。专利必须采用文字来表达一个技术的保护范围,而不是以图纸或者实物来表达保护范围。这比较容易理解,如果以技术图纸作为专利保护范围,图纸过于细致,保护范围太小了。如果以实物作为专利的保护范围,让审查员如何审查呢?难道发明了飞机,要把一架飞机搬到审查员办公室吗?所以只能以文字作为确定保护范围的依据,但文字存在固有的模糊性。用比较模糊的语言表达一个确切的技术方案,很有难度。所以,无论什么样的专利,在保护范围上都有不确切的地方。

另一方面是由于专利质量的涉及人员的固有知识缺陷决定的。发明人缺乏专利的知识,所以不知道该把哪些技术信息披露给专利代理人,导致信息的不通畅。专利代理人虽

然熟悉专利的套路，但在对技术背景缺乏了解的情况下，也不容易确切地理解专利的技术方案。审查员只会在专利文本和现有技术文本的基础上考虑问题，主动地了解一些技术的背景知识的可能性不会太高。法官在判断一个专利侵权案件的时候，是对于技术方案最不理解的一方，基本上完全借助于双方当事人对技术的解释说明。

中国最好的两个通信公司，相互之间提起了几十个发明专利侵权纠纷，涉及通信领域国际最领先的标准技术，就算是普通的通信领域技术人员尚且不一定能搞得明白。最著名的两个知识产权律师分别代理两家，旁听的技术人员评价说，庭审现场就是一个聋人跟一个哑巴吵架，让一个智力障碍者做裁判。因为现场对于技术的解读根本就是鸡同鸭讲，难以沟通。这种案子的结果就是偃旗息鼓，不了了之。

### 十、拿什么来拯救专利质量

知道了专利质量的内涵（权利稳定性和保护范围），知道了专利质量的决定因素（现有技术的检索、文字的模糊性、知识的缺乏），就应该理解如何改进。

专利的权利稳定性首先由技术的创新性决定，但在技术已经定型的情况下，如何撰写专利文件就是关键问题。不同等级的专利代理人的收费不同，原因也正在于此。结合上述几个要点，要想获得最好的专利质量，要做到如下几点：

第一，发明人在技术研发之前，就应当对行业内现有的技术了如指掌，同时要进行产品、专利文献、论文、书籍等全方位的检索，这些现有技术的信息应该随专利技术交底书一同交给专利代理人。

真正的专利代理服务，必须在撰写专利之前，力所能及地检索现有技术，尽可能在撰写专利的时候就对审查员可能采用的现有技术文件了如指掌，才能避免因为出乎意料的现有技术而导致专利失效。检索一定会增加很多时间成本，专利代理费的区别，很大程度上由是否需要检索决定。

第二，专利交底的形式应该更加多样化，而不要仅仅以专利交底书的文字和图纸的形式进行。书面的交底书确实是很重要的一种形式，但远远不是最重要的形式。这一点详见笔者很早就写过的文章《专利技术交底的几种形式：面谈第一，实物第二，图纸第三，文字第四》。[1]

凡是发明人自己觉得价值很高的专利，必须与专利代理人当面沟通，而且最好当面演示产品实物的运作原理，否则不要妄想专利代理人能够写出靠谱的专利文件。

第三，专利代理服务找的是人，而不是一个机构。买手机的话，一个手机从采购到最终出厂，经过 $n$ 个人，所以手机的质量取决于制造公司的整体实力。但是专利代理服务的质量，取决于为你服务的专利代理人的个人素质。大所里的一个只有 2 年经验的新人，正常来说水平远远不如在小所工作 10 年的专利代理人。当然，大所的优势是专利代理人的平均水平要更好些。所以，如果是一个有价值的发明专利，千万要多多考察为你撰写专利文件的专利代理人的自身经验和能力，而不是考察这个专利事务所的资质。

关于这一点，笔者很早之前的文章《企业专利战略要点（二）：实现专利战略的两大问题之一——找对人》也写过了[2]。

第四,发明人不要做甩手掌柜,要不断监督而且要积极参与。千万不要把技术交底书甩给专利代理人就以为一切都结束了,专利代理人并不一定能够理解你的方案。在很多时候,专利代理人的工作太多了,交底书忘在一旁也很难说。

专利质量的技术维度,是发明人自己的事,与专利代理人无关。上述这四个办法,能基本解决关于专利的文本质量的问题。

## 十一、专利质量等级

笔者给单篇专利的打分一般分为不及格、合格、良好和优秀,但完美的专利是不存在的,因为完美的是专利集群,而不是单个专利(见图2)。

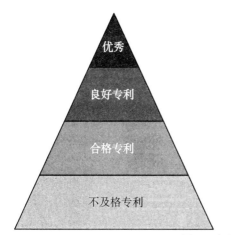

图 2　专利质量等级

1. 不及格专利

连自身的技术方案都没有写清楚。见图 3 这篇 CN203412820U,一条权利要求,两行字。

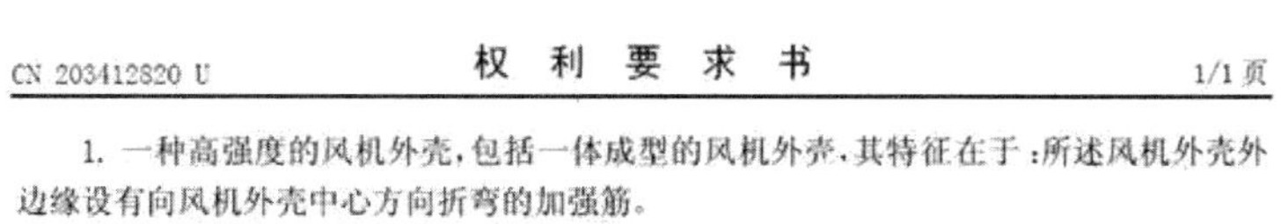

CN 203412820 U　　　　权 利 要 求 书　　　　1/1 页

　　1. 一种高强度的风机外壳,包括一体成型的风机外壳,其特征在于:所述风机外壳外边缘设有向风机外壳中心方向折弯的加强筋。

图 3　权利要求书示意图一

2. 合格专利

好歹能把自己的技术方案讲得清清楚楚,至于保护范围就不管了,反正能授权就行。见图 4 这篇 200510035084.3,一条权利要求,一段长长的文字。保护范围不管怎样,至少能拿到一个专利证书。这个技术着实是不错呢,许可给了一家自行车公司,笔者还买过这种自行车呢,600 元,折叠方式确实很新颖,后来被偷了。

200510035084.3　　　　　权 利 要 求 书　　　　　第1/1页

　　1、一种超便携式折叠自行车，包括车架前管（19）、车架立管（7）、车把（1）、鞍座管（5）、鞍座（4）、前轮（16）、后轮（10）；其特征是：在车架前管（19）与车架立管（7）之间设有 X 型车架主管，X 型车架主管由 A 管（15）及 B 管（14）构成；在 A 管（15）及 B 管（14）的四端各设有一个端头铰链（8、9、17、18）；四个端头铰链与 A 管（15）及 B 管（14）均为活动连接，其中两个端头铰链（17、18）与车架前管（19）为固定连接，另外两个端头铰链（8、9）与车架立管（7）为固定连接；在 A 管（15）及 B 管（14）上还各设有一个中间铰链（2、3），在 A 管（15）及 B 管（14）的交叉点上，设有转动轴（13），在 A 管（15）上还设有由曲柄链轮（12）及加速轮（11）组成的两级传动器。

图 4　权利要求书示意图二

## 3．良好专利

不仅能把客户自身的技术方案写清楚，而且要在原来的基础上加以扩展，尽可能扩大保护范围。比如图 5 的 CN103202860A，发明人原先的技术方案是在蜂蜡中掺杂一些大粒盐，大粒盐被微波炉加热后就能将热量传给蜂蜡。但撰写专利的时候，将大粒盐扩展为所有能够为微波加热的固态颗粒，而且还增加了一项制备方法。上述措施不仅使专利更容易授权，还增加了权利稳定性，而且保护范围也有所扩展。最终，因为审查员检索到了比较接近的专利技术，因此将产品权利要求全都删除，将保护范围缩小到了制备方法而获得授权。

CN 103202860 A　　　　　权 利 要 求 书　　　　　1/1页

　　1. 能微波加热的蜂蜡热疗产品，其特征在于：包括蜂蜡和能被微波加热的物质的固态颗粒的混合物，所述固态颗粒占所述蜂蜡热疗产品的重量比例为 10-90%。

　　2. 根据权利要求 1 所述的能微波加热的蜂蜡热疗产品，其特征在于：所述固态颗粒为酸碱中和得到的化合物盐、$NaCl$、$Fe_2O_3$、$Fe_3O_4$、$MnO_2$、$MnFe_2O_4$、含多个 OH、NH2 或 COOH 的有机化合物、过渡金属、稀土化合物、蔗糖、葡萄糖或脂肪中的一种或几种的混合物。

　　3. 根据权利要求 1 所述的能微波加热的蜂蜡热疗产品，其特征在于：所述固态颗粒的粒径为 0.5-5mm。

　　4. 根据权利要求 1 所述的能微波加热的蜂蜡热疗产品，其特征在于：所述固态颗粒占所述蜂蜡热疗产品的重量比例为 20-80%。

　　5. 根据权利要求 4 所述的能微波加热的蜂蜡热疗产品，其特征在于：所述蜂蜡与固态颗粒的重量比例为 1:1。

　　6. 根据权利要求 1 所述的能微波加热的蜂蜡热疗产品，其特征在于：所述蜂蜡和固态颗粒的混合物外罩布袋。

　　7. 根据权利要求 1-6 任意一项所述的能微波加热的蜂蜡热疗产品的制备方法，其特征在于：步骤包括：

　　a. 将所述蜂蜡加热到熔融状态，再加入所述固态颗粒；

　　b. 搅拌混合后冷却成形。

　　8. 根据权利要求 7 所述的能微波加热的蜂蜡热疗产品的制备方法，其特征在于：步骤 a 中加热蜂蜡的方法为，将蜂蜡放入加热容器中，将所述加热容器放在热水中进行加热。

图 5　权利要求书示意图三

4. 优秀专利

以进攻的心态去申请对竞争对手有用的专利，而不拘泥于自己开发的技术，目的本身就不单纯。这种策略，中国公司用得还太少，其实世界范围内用得也不多。笔者帮企业策划专利防御和进攻的时候，采用过这样的手段，但就不具体展开了，仅作简单描述。

企业甲经常被竞争对手企业乙投诉和发律师函，导致客户丙不敢购买企业甲的产品。企业甲的策略当然是进行规避设计，告知客户企业甲的产品绝对不可能侵犯专利权。同时，企业甲申请很多专利，向客户证明自己的研发实力。而且，笔者与企业甲的员工一起到企业乙的产品线去拍照，回来就照着企业乙的产品去申请很多实用新型和外观。万一企业乙真的敢起诉企业甲的话，这些实用新型和外观都会被企业甲用来反诉企业乙。

企业丁研发了一项新产品，市场销量不错，也申请了若干项专利，被很多企业模仿。企业丁采取行动之前，就被竞争对手匿名提起了无效宣告，并且由于找到了很接近的德国专利，一项非常关键的实用新型被宣告无效了。其余几件专利，虽然也有一定的保护力度，但很容易被客户规避开。竞争对手为了确保不侵权，故意采取较为差劲的技术方案制造产品，以免侵权。笔者采取的策略是迅速申请一批关于该机器的零部件的外观设计专利。只要有一个外观设计诉讼打赢，竞争对手的整个产品都将被禁止销售。

5. 完美专利

应该以邱则有的专利集群作为例子，请看表 1 第 1 项，在 2004 年 1 月 20 日，同一天提交 255 件专利名称相同的发明专利，主题名称都叫"一种模壳构件成型模具"，其技术方案的变化也就是图 6 所展示的细节变化而已，这就叫专利布局。

**表 1　分案超过 100 件的 8 大母案列表**

| 分案超过 100 件的 8 大母案申请 | | 申请日 | 件数 |
|---|---|---|---|
| 1 | 一种模壳构件成型模具 | 2004 - 1 - 20 | 255 |
| 2 | 一种砼填充用空腔模壳构件 | 2003 - 12 - 9 | 248 |
| 3 | 一种现浇砼用轻质胎模构件 | 2003 - 9 - 15 | 243 |
| 4 | 一种现浇砼空心板 | 2005 - 6 - 6 | 156 |
| 5 | 一种离心成型工具 | 2006 - 3 - 11 | 156 |
| 6 | 一种模壳构件 | 2003 - 10 - 1 | 155 |
| 7 | 一种钢筋砼用立体承力模壳 | 2002 - 4 - 30 | 121 |
| 8 | 一种钢筋砼立体承力结构楼盖 | 2002 - 4 - 30 | 101 |

然后他发起了 100 多件专利侵权诉讼，90% 胜诉，看图 7 中密密麻麻的判决书，专利官司打遍了祖国的大江南北，干掉了所有的竞争对手，这就是完美专利。

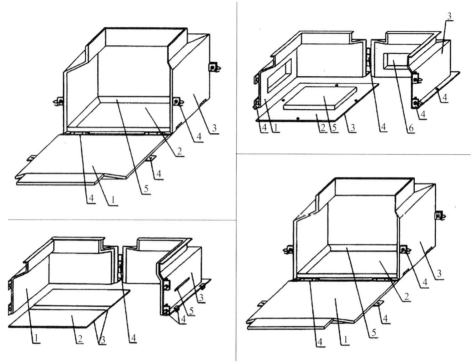

图 6  技术方案细节

图 7  判决书列表

### 十二、专利布局质量：数量、质量与可视化

专利的质量是单个专利的质量，专利布局质量则是专利的数量、质量与可视化的统一体。专利质量的竞争维度本质是专利布局质量，而不能简单地以一两件专利为准。

邱则有的案例证明了专利的数量首先决定了专利的竞争维度。当你只有一两件专利的时候，竞争对手要么不惜一切代价干掉你的专利，要么采取合适手段进行规避设计，避免侵犯专利权。但如何规避像邱则有这样在一款产品上申请 255 个发明专利的情况，避开了 1 个，怎么避开另外 254 个？如何进行无效宣告？一个无效宣告代理费 3 万元的话，255 个需要 765 万无效宣告代理费，打一折也要 70 万。这是不可能完成的任务。

永远都不要只用一件专利去起诉别人！！

要打专利战，必须打"群架"！！

单个专利的质量，也决定了专利布局质量。

可视化则是绝大多数发明人和专利代理人彻底忽略了的问题。

写机械领域权利要求的时候，是采取"某产品，其特征在于：包括 A、B 和 C；A 如何；B 如何；C 如何"这样的描述好？还是"某产品，包括 A 如何连接 B，B 如何连接 C"这样的描述好？

当然是前一种方式更好，因为更符合法官的判断习惯。可视化指的就是在侵权判断的时候，更容易被法官直观理解。

写化学领域权利要求的时候，是采取"某组分，包括 A 多少份，B 多少份，C 多少份"更好？还是采取"某组分，包括 A 百分比，B 百分比，C 百分比"更好？

当然是后一种方式更好，因为侵权判断方式是把某组分进行化学分析，分析的结果是 A、B 和 C 的百分比，而不是 A、B、C 的分数。

写电学领域权利要求的时候，是把服务器和客户端写在一个权利要求中好？还是把服务器和客户端写成两个并列独权好？当然写成两个并列独权更好，因为诉讼过程中，服务器端很难取证，但客户端容易取证。

### 十三、结语

花了整整一天，写了将近 9 000 字。

笔者其实很不想写这类文章，因为理论性过强，可读性极差。懂专利的不需要看，不懂专利的也看不懂。但是笔者从读者那里获得了很大的信心，因为有不少人说，从头到尾把笔者网站的所有文章都看了一遍。这种鼓励让笔者意识到，笔者不是为大众服务，而是为有需要的人服务。

能真正理解笔者的文章，并且有时间和能力把这些文章全都看一遍的人，那一定是真的非常需要专利服务的人，而且能与笔者真正沟通，这才是可以合作的人。

笔者认为，专利本来应该是一个很小众的东西，只有真正的技术创新才需要真正的专利服务。但有这样需求的人，不见得具有识别能力，很可能随波逐流以为真正的专利服务就是他看到的那样的价格，那样的方式，那样的质量。

笔者希望,有技术含量的发明人,要找有技术含量的专利代理人。

◇◆ 参考文献 ◆◇

［1］李银惠.专利技术交底的几种形式：面谈第一,实物第二,图纸第三,文字第四［EB/OL］.(2010 -
05 - 09)［2021 - 09 - 23］. http://www. patent5. com/article/2010/05/09/jiaodi. htm.

［2］李银惠.企业专利战略要点(二)：实现专利战略的两大问题之一——找对人［EB/OL］.(2012 -
10 - 23)［2021 - 09 - 24］. http://www. patent5. com/article/2012/10/23/zhenlue2. htm.

# 大数据视角下的专利质量问题

龙明涛

龙明涛,专利分析师、专利代理师、前专利审查员。现为知识产权知名自媒体"专利茶馆"公众号创始人兼主笔、北京知识产权局专家库专家、北华航天工业学院知识产权顾问、中科空间信息(廊坊)研究院知识产权顾问。

专利质量是当下比较火热的话题,如何分析专利质量也成为一个焦点问题。专利质量可以分为几个方面来进行分析,首先就是要明确专利质量的分析对象是什么,是单件专利,还是一批专利,某个企业的专利,某个区域的专利,某个领域的专利等。而针对每个对象,分析的方法方式也存在较大差异。

从大数据视角对专利质量问题进行分析,一般都会在行业或区域的层面开展。通过多种指标维度对大批量专利进行统计分析,在宏观层面分析专利行业发展过程中出现的特点和问题,能够为政府或企业更好地了解和掌握行业情况提供依据。

例如,从行业类型群体的视角,通过大数据的统计分析,就能够反映出一些问题。笔者在"专利茶馆"公众号上发表了一篇关于个人专利申请的文章,就是从申请人类型群体的角度分析相关问题,文章摘录如下:

"整体上,目前中国个人发明申请量为 160 万件,已结案件 120 万件,其中授权 32 万件,驳回 17 万件,撤回 71 万件,授权率 27%,驳回率 14%,撤回率 59%,这与企业申请的数据相差甚远。如果把时间放在 2020 年,结案数据变成了:已结案 15.2 万件,授权 3.7 万件,驳回 4.1 万件,撤回 7.4 万件,授权率 24%,驳回率 27%,撤回率 49%,驳回率直接翻倍,最近数据如此难堪,很大的原因是国知局对于低质量专利的高压政策。

这些专利的质量究竟如何呢?从结案数据看,审查员已经给出答案,整体质量确实堪忧。授权的专利价值又如何呢?在授权的 32 万件专利中,维持到专利保护期 20 年的专利仅 1000 件,占比 0.3%,这也就意味着大部分专利早早就放弃了。7.5% 的专利当年就会被放弃,而接近 60% 的专利维持年限不会超过 5 年。这与费用无关,因为大部分专利国家都给予了专利年费减免。

再来看一组数据,32 万件专利,有 16 万件进行了专利权转移。而转让数量前十的受让人中，有四家是知识产权运营机构，可推测这些转让专利大多数就是为了倒卖而生的。而真正较有专利运营价值的专利许可专利仅 1 万件，占比为 3%；发生诉讼的专利 3 000 件，占比为 0.9%，美日欧韩同组专利 130 件，占比为 0.04%，个人专利整体价值可见一斑。”

再如，从行业某个领域的视角进行大数据统计分析，也能看出来专利在不同科技创新领域的一些差异。笔者在“专利茶馆”公众号上发表的另一篇关于中药领域的文章，从该领域的专利数据分析中剖析相关问题，文章摘录如下：

“新冠疫情防控中，中药发挥了重要作用。然而中药领域的专利，却一直不尽如人意。结案发明的授权比例仅 26%，惨不忍睹。化合物领域的这一比例则高达 65%。为什么差距如此之大？可能有几个存在已久的乱象值得关注：

（1）申请动机不纯。医药领域个人提交的发明专利申请占比巨大，个人发明占比近七成。虽然中医药行业存在个人行医、家传秘方等各种因素，会有部分个人申请的情况存在，也就催生了众多以发明创造为噱头、胡乱申请专利的申请人。例如，一件冠以‘纳米中药生物制品及其制备方法’名称的发明，权利要求 1 就写了 5 页（部分截图见图 1）：

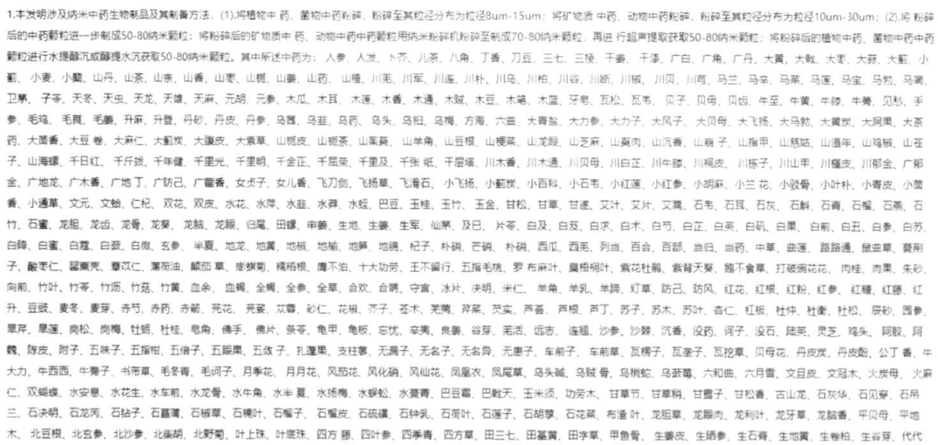
1.本发明涉及纳米中药生物制品及其制备方法，(1).将植物中 药、菌物中药粉碎，粉碎至其粒径分布为粒径8um-15um；将矿物质 中药、动物中药粉碎，粉碎至其粒径分布为粒径10um-30um；(2).将 粉碎后的中药颗粒进一步制成50-80纳米颗粒：将粉碎后的矿物质中 药、动物中药中药颗粒用纳米粉碎机粉碎至制成70-80纳米颗粒，再进 行超声提取获取50-80纳米颗粒；将粉碎后的植物中药、菌物中药中药颗粒进行水提醇沉或醇提水沉获取50-80纳米颗粒。其中所述中药为：人参、人发、卜芥、儿茶、八角、丁香、刀豆、三七、三棱、干姜、干漆、广白、广角、广丹、大黄、大戟、大枣、大蒜、大蓟、小蓟、小麦、小蘖、山丹、山茶、山柰、山香、山枣、山栀、山姜、山药、山楂、川芎、川军、川连、川朴、川乌、川柏、川谷、川断、川椒、川贝、川芎、马兰、马辛、马蔺、马莲、马宝、马勃、马蔺、卫茅、子芩、天冬、天虫、天龙、天雄、天麻、元胡、元参、木瓜、木耳、木莲、木香、木通、木贼、木豆、木笔、木蓝、牙皂、瓦松、瓦韦、贝子、贝母、贝齿、牛至、牛黄、牛膝、牛蒡、见愁、手参、毛鸡、毛茛、毛姜、升麻、升登、丹砂、丹皮、丹参、乌菌、乌韭、乌药、乌头、乌桕、乌梅、方海、六曲、大青盐、大力参、大力子、大风子、大贝母、大飞扬、大马勃、大黄炭、大洞果、大茶药、大茴香、大豆卷、大麻仁、大蓟炭、大腹皮、大紫草、山栀皮、山栀茶、山茱萸、山羊角、山豆根、山梗菜、山龙眼、山芝麻、山萸肉、山沉香、山扇子、山指甲、山慈菇、山道年、山鸡椒、山苍子、山海螺、千日红、千斤拔、千年健、千里光、千里明、千金正、千层塔、千里及、千张纸、千层塔、川木香、川木通、川贝母、川白芷、川牛膝、川桐皮、川楝子、川山甲、川槿皮、川郁金、广郁金、广地龙、广木香、广地丁、广防己、广藿香、女贞子、女儿香、飞刀剑、飞扬草、飞滑石、小飞扬、小蓟炭、小百科、小石韦、小红莲、小红参、小胡麻、小兰花、小驳骨、小叶朴、小毒皮、小茴香、小通草、文元、文蛤、仁杞、双花、双皮、水花、水萍、水韭、水莽、水蛭、巴豆、玉桂、玉竹、玉金、甘松、甘草、甘遂、艾叶、艾片、艾篙、石韦、石耳、石灰、石斛、石膏、石榴、石燕、石竹、石蜜、龙胆、龙齿、龙骨、龙葵、龙脑、龙眼、归尾、田螺、申姜、生地、生姜、生军、仙茅、及巳、片苓、白及、白芨、白术、白术、白芍、白芷、白英、白矾、白果、白前、白丑、白参、白苏、白薇、白蜜、白蔻、白蔹、白微、玄参、半夏、地龙、地黄、地椒、地榆、地笋、地锦、杞子、朴硝、芒硝、朴硝、西瓜、西羌、列当、百合、百部、当归、当药、中草、曲莲、路路通、鼠曲草、蔓荆子、酸枣仁、罂粟壳、薏苡仁、薄荷油、颠茄草、蟛蜞菊、糯稻根、麝不泊、十大功劳、王不留行、五指毛桃、罗布麻叶、臭梧桐叶、紫花杜鹃、紫背天葵、鹅不食草、打破碗花花、肉桂、肉果、朱砂、向前、竹叶、竹苓、竹沥、竹茹、竹黄、血余、血竭、全蝎、全参、全草、合欢、合萌、守宫、冰片、决明、米仁、羊角、羊乳、羊蹄、灯草、防己、防风、红花、红根、红粉、红参、红糖、红藤、红升、豆豉、麦冬、麦芽、赤芍、赤药、赤葡、芫花、芫荽、苁蓉、砂仁、花椒、芥子、苍术、芜荑、芹菜、芡实、芦荟、芦根、芦丁、苏子、苏木、苏叶、杏仁、杠板、杜仲、杜衡、杜松、辰砂、围参、旱芹、旱莲、岗松、岗梅、牡蛎、杜桂、皂角、佛手、佛片、条苓、龟甲、龟板、忘忧、辛夷、良姜、谷芽、羌活、远志、连翘、沙参、沙棘、沉香、没药、诃子、没石、陆英、灵芝、鸡头、阿胶、阿魏、陈皮、附子、五味子、五指柑、五倍子、五眼果、五敛子、扎蓬果、支柱蓼、无漏子、无名子、无名异、无患子、车前子、车前草、瓦楞子、瓦垄子、瓦挖草、贝母花、丹皮炭、丹皮酚、公丁香、牛大力、牛西西、牛蒡子、书带草、毛冬青、毛诃子、月季花、月月花、风茄花、风化硝、风仙花、凤凰衣、凤尾草、乌头碱、乌贼骨、乌梢蛇、乌蔹莓、六和曲、六月雪、文旦皮、文冠木、火炭母、火麻仁、双蝴蝶、水安息、水花生、水车前、水龙骨、水牛角、水半夏、水杨梅、水蜈蚣、水蔓菁、巴豆霜、巴戟天、玉米须、功劳木、甘草节、甘草梢、甘露子、甘松香、古山龙、石灰华、石见穿、石吊兰、石决明、石龙芮、石钻子、石菖蒲、石椒草、石楠叶、石榴子、石榴皮、石硫磺、石钟乳、石荷叶、石莲子、石胡荽、石花菜、布渣叶、龙胆草、龙眼肉、龙利叶、龙牙草、龙脑香、平贝母、平地木、北豆根、北玄参、北沙参、北柴胡、北野菊、叶上珠、叶底珠、四方藤、四叶参、四季青、四方草、田三七、田基黄、田字草、甲鱼骨、生姜皮、生晒参、生石膏、生地黄、生卷柏、生谷芽、代代

**图 1 权利要求 1 部分截图**

（2）专利质量差。医药领域专利申请的文本质量普遍较差，如上面列举的专利连最基本的申请文本要求都达不到，换句话说，这就不是一件正常的专利。这与该领域委托代理机构处理专利申请案件的比例低有一定关系。中药领域委托专利代理的比例为 49%，而化合物领域，这一比例则高达 88%。再细看一个文本质量方面的数据，统计权利要求及说明书一共仅 4 页以内的专利，中药领域此类专利占比为 29%，而化合物领域，这一比例则为 1%。

（3）处理过程随意。正是由于中药领域源头充斥着大量动机不纯的专利申请，导致这些低质量专利申请后被抛弃。其中申请撤回量，占结案总量比例超过 50%。即便授权后，缴费期仅一年的专利，占所有失效专利的比例高达 29%。这些视撤专利、授权后无价值的专利，不仅使中药领域的专利数据存在大量泡沫，同时也极大地浪费了国家专利审查的行政资源。”

　　还有,从代理机构地域性差异的视角进行大数据统计分析,能看出专利代理所在业务、在地域上一些差异。笔者在"专利茶馆"公众号上发表的另一篇关于北京代理所市场份额的文章,从专利代理业务数据分析中找到差距,文章摘录如下:

　　"中国专利代理行业,存在着一极:那就是北京代理所。北京代理所目前也是全国最集中的地方,北京目前共 770 家代理所,占全国总数 3 468 家的 22%,这些北京的代理所不仅仅牢牢掌控了京城客户,还把触角强势地渗透到了其他各省份,攻城略地,狼性猛烈! 除去北京和台湾的占有率数据,北京代理所在各个地方市场的平均占有率为 21%,近三年这个扩张的势头更加凶猛了,占有率更是超过了 27%,而东北、华北和华东,成为近三年扩张速度最快的区域。各地专利代理行业的北京代理所市场占有率数据如下(见表 1)……"

表 1　各地专利代理行业的北京代理所市场占有率

| 省份 | 代理总公开量/万件 | 总占有率/% | 近三年占有率/% | 近三年占有率增量 |
|---|---|---|---|---|
| 北京 | 126.4 | 70.1 | 78.0 | 7.9 个百分点 |
| 广东 | 99.6 | 19.7 | 22.7 | 3.0 个百分点 |
| 江苏 | 63.0 | 13.9 | 19.5 | 5.7 个百分点 |
| 浙江 | 55.2 | 15.9 | 22.3 | 6.5 个百分点 |
| 山东 | 31.5 | 16.5 | 25.2 | 8.7 个百分点 |
| 台湾 | 29.6 | 68.7 | 70.3 | 1.6 个百分点 |
| 安徽 | 21.8 | 17.6 | 23.3 | 5.8 个百分点 |
| 上海 | 18.9 | 13.4 | 19.9 | 6.6 个百分点 |
| 河北 | 15.0 | 26.6 | 33.4 | 6.9 个百分点 |
| 湖北 | 14.9 | 17.9 | 22.1 | 4.2 个百分点 |
| 河南 | 13.1 | 15.0 | 19.2 | 4.3 个百分点 |
| 福建 | 12.6 | 13.1 | 17.4 | 4.4 个百分点 |
| 湖南 | 11.7 | 17.6 | 21.7 | 4.1 个百分点 |
| 重庆 | 11.1 | 19.8 | 22.7 | 3.0 个百分点 |
| 四川 | 10.6 | 10.1 | 12.9 | 2.8 个百分点 |
| 天津 | 9.6 | 14.1 | 22.0 | 7.9 个百分点 |
| 广西 | 9.5 | 26.7 | 30.2 | 3.5 个百分点 |
| 陕西 | 7.9 | 13.5 | 19.3 | 5.8 个百分点 |
| 江西 | 7.6 | 16.8 | 19.6 | 2.7 个百分点 |
| 辽宁 | 7.3 | 12.1 | 18.8 | 6.7 个百分点 |
| 贵州 | 5.8 | 23.8 | 26.9 | 3.2 个百分点 |
| 云南 | 4.7 | 21.0 | 30.3 | 9.3 个百分点 |

| 省份 | 代理总公开量/万件 | 总占有率/% | 近三年占有率/% | 近三年占有率增量 |
|---|---|---|---|---|
| 吉林 | 4.2 | 20.4 | 31.3 | 10.9 个百分点 |
| 黑龙江 | 3.8 | 11.1 | 18.6 | 7.5 个百分点 |
| 内蒙古 | 3.8 | 32.8 | 38.0 | 5.2 个百分点 |
| 山西 | 3.5 | 16.8 | 25.5 | 8.8 个百分点 |
| 甘肃 | 3.4 | 23.1 | 30.3 | 7.2 个百分点 |
| 新疆 | 2.9 | 25.3 | 35.3 | 10.0 个百分点 |
| 香港 | 2.7 | 41.1 | 44.0 | 2.9 个百分点 |
| 宁夏 | 1.3 | 23.3 | 33.4 | 10.2 个百分点 |
| 海南 | 1.2 | 26.2 | 30.2 | 4.0 个百分点 |
| 青海 | 0.8 | 29.4 | 41.5 | 12.1 个百分点 |
| 西藏 | 0.2 | 28.5 | 35.1 | 6.6 个百分点 |
| 澳门 | 0.1 | 47.5 | 51.1 | 3.6 个百分点 |

从上面几个例子，可以看出从大数据视角进行专利质量的分析，能够从更高的维度、更大的数据样本对专利进行更为全面的分析，发现在某个大样本范围内专利数据体现出来的问题，进而为政府进行行业监管与施政，监督行业机构优化和提升服务质量提供支撑。

# 也谈高质量专利和高价值专利

## ——企业 IP 管理者视角

房晓俊

笔者因为工作的原因,既要与已授权的专利打交道,又要与申请中的专利打交道。对于专利中小企业①而言,IP 岗位的人员有限,有的甚至只有 1 个人,在有限的人力资源条件下,要做出高质量专利和高价值专利,其工作量和工作难度可见一斑。

现在市面上有专利管理软件,可以对企业申请中的专利进行缴费提醒和文件递交提醒,也可以对授权专利的年费进行缴费提醒等,但费用不菲。市面上也有专利估值公司,不论专利授权与否都可以进行估值,我们先不说其估值标准是否通行,单就专利估值的费用而言,也不便宜。所以,很难找到一套适合专供中小企业使用的专利评分办法和专利评级办法。笔者遇到的这些问题,相信广大专利中小企业的 IP 管理者也都遇到了(见图 1)。

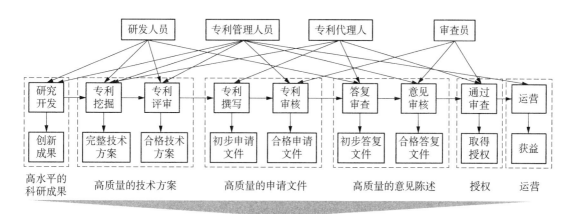

**图 1　高质量的专利成果**

从图 1 我们可以获知:一件高质量专利的获得,不是一个人的脑力劳动成果,也不单单是专利申请和授权的事。好发明不等于好专利,在这张图上就能体现出来,研发人员的高水平科研成果,只是高质量专利成果诞生链条中的一个环节。

---

① 专利数量在 1 000 件以上的企业为专利大企业;专利数量在 200 件至 1 000 件的为专利中企业;专利数量在 1 件至 200 件的为专利小企业。

## 一、专利评分

笔者在 SME 专利核稿评分办法的基础上修改得到了如下的评分办法（见表 1）。

这套评分方法，简单易行，尤其适合一人制的 IP 部门。IP 管理者完全可以通过该测评表，对事务所撰写的申请文件进行约束。其中的"一票否决制"，可以避免很多撰写上的硬伤。如有余力，事务所也愿意配合（比如出具交底书技术方案的查新报告），可以继续往高分（更高标准）上靠近。

## 二、专利评级

笔者曾在《创新，也是可以玩的》中提到："不管是不是'核心'（专利），有'米'下锅才是根本，要的是你最有灵感的那一刻……然后抓住它。"在笔者看来，专利申请与天使风险投资没什么区别，都是一场冒险之旅。谁也不能给你打包票，这个专利或者这笔投资，一定会有回报，一定会成功。因此，在一家企业中，天然就存在各种技术方案（不同技术路线、不同市场对象）的专利。

因为有不同的专利存在，就对专利评级提出了要求。虽然同样是专利，但是不同的专利对于企业的作用或者贡献是不同的，专利的存在是需要消耗企业资源的，从企业经营角度讲，一定需要摸清家底，知道哪些专利对自己的作用大，哪些专利对自己的作用一般，哪些专利对自己的作用小。在占用有限公司资源的前提下，必须要将那些作用相对小的专利进行出让，甚至是主动放弃。

那么问题来了，大企业的专利评级方式和评级制度，并不适合中小企业，这样就需要一套适合中小企业的专利评级办法。凌赵华老师曾经发表过一篇文章《一种中小企业专利分级管理简易模型》，文中将企业专利分为五个级别，将重要产品、重要技术和重要专利等来作为评判专利价值度的依据（见图 2）。

在该简易模型中，将企业的专利按价值分为以下 5 个等级：S 级、A 级、B 级、C 级和 F 级。其中，S 级和 A 级专利均属于高价值专利，B 级属于中价值专利，C 级和 F 级都属于低价值专利。具体划分规则如下：

1. S 级专利

（1）有国外同族申请或 PCT 国际申请的授权专利；

（2）有过运营（许可、诉讼、无效、质押、保险、外购等）或获奖历史的授权专利；

（3）公司重要产品/技术关联的重要专利（基础专利、核心专利、关键专利等）；

（4）针对竞争对手/产品布局的重要专利。

2. A 级专利

（1）公司重要产品/技术关联的普通专利（外围专利、应用专利等）；

（2）针对竞争对手/产品布局的普通专利；

3. B 级专利

公司普通产品/技术关联的授权专利；

表 1 专利申请文件核稿工作绩效测评规则（2018 年 1.0 版）

| 测评序号 | 测评项 | 目的 | 对象 | 法规依据 | 业务表现 | 单项测评结果 | | | | 评分 |
|---|---|---|---|---|---|---|---|---|---|---|
| | | | | | | 不合格 | 合格 | 良好 | 优秀 | |
| 0 | 如下 | 撰写质量保底 | 1～13 项实行一票否决 | | 以下任何一项不符合工作标准 | 0 | | | | |
| 1 | 技术问题把握准确 | 紧跟技术问题，尽可能扩大权利要求的保护范围 | 专利申请文件权利要求书、说明书、技术交底书 | 法 26.3 | 专利申请文件应清楚、完整地表述发明人的发明创造 | | 1 | | | |
| 2 | | | | 法 26.4 | 权利要求涵盖创新点或实施例内容 | | 1 | | | |
| 3 | | | | 法 2,5,25 | 技术主题符合专利法规定 | | 1 | | | |
| 4 | | | | 细则 20.2 | 技术问题把握准确 | | | 3 | | |
| 5 | | | | 法 26.4 | 以说明书为依据（说明书要以技术交底书为依据） | | | 3 | | |
| 6 | 技术方案布局到位 | 技术成果法律化转换的质量 | 专利申请文件权利要求和技术交底书 | 法 31 | 符合单一性要求 | | | 3 | | |
| 7 | | | | 法 22 | 区别特征（有新颖性） | | | | 5 | |
| 8 | | | | 细则 20.2 | 确定必要技术特征 | | | | 5 | |
| 9 | | | | 细则 20.3、细则 22.2 | 权利要求引用合理、部署具有适度的纵深 | | | | 5 | |
| 10 | 避免文件缺陷 | 申请文件是否存在不符合专利法律法规的形式缺陷 | 整个专利申请文件，包括权利要求书、说明书及附图 | 细则 17,18,23 | 避免一些常见的撰写缺陷 | | 1 | | | |
| 11 | | | | 细则 17.3 | 用词规范，以中文简体、中国大陆地区技术语为准 | | 1 | | | |
| 12 | 记载内容公开适度 | 技术成果和实际生产过程的结合程度 | 专利申请文件说明书、权利要求书和技术交底书 | 法 26.3 | 申请文件的记载内容足以充分公开发明人的发明创造 | | | 3 | | |
| 13 | | | | 法 26.4 | 申请文件的记载内容足以支撑权利要求的内容 | | | 3 | | |

本测评规则根据《专利法》《实施规则》制定，详细内容请参考《审查指南》里的具体要求。

（续表）

| 测评序号 | 测评项目的 | 对象 | 法规依据 | 业务表现 | 单项测评结果 | | | | | 评分 |
|---|---|---|---|---|---|---|---|---|---|---|
| | | | | | 不合格 | 合格 | 良好 | 优秀 | | |
| 14 | | | 再发明创造 TRIZ 标准无法律法规对应 | 在对发明人提供的原创材料料理解透彻的基础上，进行了必要的思维拓展，对保护范围的扩大起到支撑作用，并获得发明人的确认 | | | | 5 | | |

1. 计算规则：将单项测评结果中的：不合格、合格、良好、优秀分别量化为：0、1、3、5。总绩效为各单项测评结果量化的均值，最终均值对应的定性结果作为总体绩效。
2. 记载要求：14 是可选加分项

1—13 不得有 0 分项即最低合格标准分是 13 分，满分 40 分。30 分以上即可算专利撰写时期的高质量撰写。

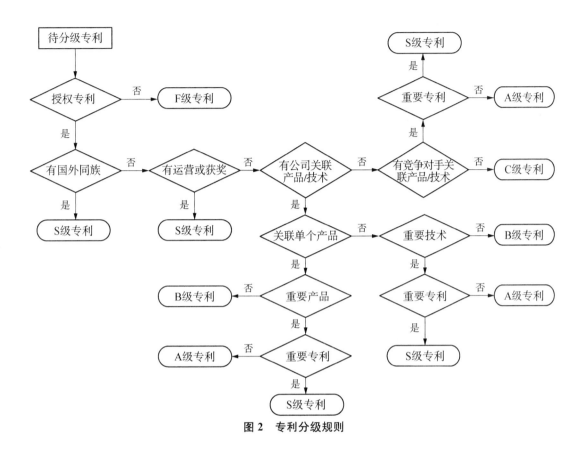

**图 2 专利分级规则**

4. C 级专利

为追求数量而编写的无对应产品的授权专利;

5. F 级专利

无效专利(未授权或已失效的专利等)。

笔者进一步研究该模型,将其进一步标示成如图 3 所示的样式:

可见,凌老师的图中藏有玄机,其中实框的部分称为"专利评级主线";虚框的部分称为"专利评级内部支线";波浪线框的部分称为"专利评级外部支线"。

如此分类之后,大家就可以发现原图中其实有 3 条脉络。值得一提的是,随着企业经营方向和友商经营方向(可以通过公开专利等进行推测)的调整,"专利评级内部支线"和"专利评级外部支线"不是一成不变的;同样,随着企业发展战略和友商发展战略的调整、市场销售情况的好坏、技术的发展及代替产品的出现等,"专利评级主线"也不是一成不变的。这些现象,大家可以继续深入研究。

在实践该分级模型的同时,笔者也发现了一个问题,就是对于初创公司或者刚涉足某技术领域的科技公司而言,会存在大量的 F 级专利。此时,仅仅识别出大量的 F 级专利对专利管理工作来说还是不够的。也就是说对于申请中的专利,该评级方法还不能做进一步的区分,也就不能对专利申请阶段的专利管理提供帮助。

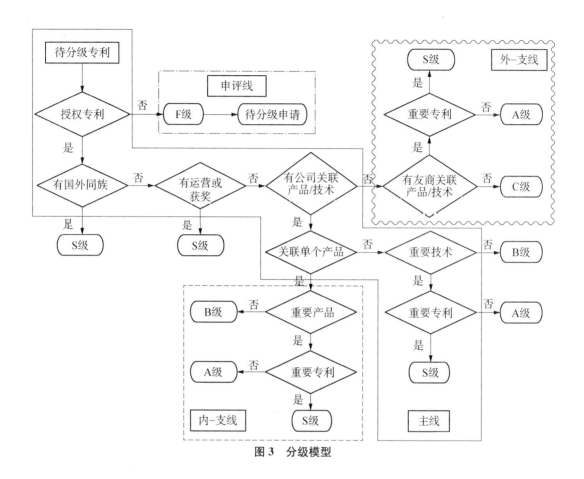

图3　分级模型

在专利申请阶段,需要做些什么? 还是回到丁志新老师给的图示。从图4可知,在这个阶段中研发人员、专利管理人员和专利代理人还在紧密地配合工作。同样,在公司资源有限的前提下,明确F父级别下的不同子等级,有利于这个阶段工作的专业人员做出轻、重、缓、急的判断,进而配合输出。比如:国知局的审查员,不属于企业调配的资源,当审查员给出审查意见的时候,企业方和代理方的专业人员,就可以根据专利申请时定的级别,从容地去分配工作精力。

在图3中,虚点框的部分是笔者修改添加的,称之为"申请专利评级主线",这样图3中就有了4条脉络,笔者借鉴凌老师的分级图,对其继续展开,修改成"专利中小企业申请中专利分级管理简易模型"(见图4),也分为:s、a、b、c、f 五个等级,也就是说它们是F父级别下的五个子分级。

有了这样的子分级办法,在专利申请阶段,企业 IP 管理者,就能从容地应对各种流程,处理专利申请流程的各种事务时都有据可依。同前述缘由,这样的专利申请分级也不是一成不变的。

值得一提的是,笔者并不主张对发明创造这个源头也进行评级,尤其是中小企业专利。因为在专利市场好专利的价格不菲,除非企业自身没有创新能力,否则不建议通过购买途

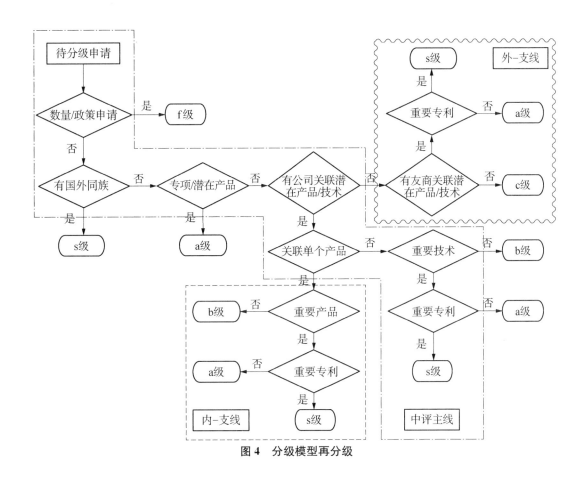

**图 4　分级模型再分级**

径来建设企业的专利。相对而言,公司内部发明创造的职务发明奖金成本不算高。

### 三、高质量专利

前文说了,高质量专利需要高质量的发明创造,紧接着我们又说到了专利申请撰写文件的评测,如此好发明才能过渡到好专利申请,好专利申请是专利申请的基础,因为专利申请制度的限定,比如《专利法》第三十三条(修改不超范围)、《专利法》第二十九条(优先权)和《专利法实施细则》第四十二条(分案申请),所以专利申请文件一旦向国知局递交,其核心技术方案就确定了,今后可供修改的空间就非常小了。在上一节中,我们谈到在专利申请阶段,也需引入专利申请评级,这样,在该阶段的专利撰写评分和专利申请评级的夹护之下,高质量专利是可期的。

### 四、高价值专利

再探讨一下高价值专利,笔者有幸参与过迷惑性专利①的制作,深知迷惑性专利的价

① 企业自己一般不会实施,但它又不是政策性数量型专利,它的存在是用来给竞争对手看的,目的是影响竞争对手的判断,带偏跟随者的研发方向。

值,迷惑性专利越是能给竞争对手造成研发方向上或者研发深度上的错判,其价值度就越高。但迷惑性专利是无价的,无价的意思是:它是非卖品。

如果你之前认为高价值专利就是高价格专利,迷惑专利就打破了你先前的认知。别急,我们继续深聊:笔者在《中国专利前景探讨》和本书中的《创新,也是可以玩的》文中提出,"埋地雷是为战争准备的,布局也是为IP战争准备的,别以为专利布局很时髦,真的爆炸可是一场战争的开始"。布局就是尽你所能让竞争对手无路可走。那么,一件高级别基础专利与一群有组织有布局的低级别从属专利,谁的价值更高?——你懂我意思:三个臭皮匠赛过诸葛亮。

那么,高质量专利等同于高价值专利吗?高质量的迷惑专利貌似依然遵循着这条原则,那么高质量的"过气专利"呢?比如,当科技进入可穿戴计算时代,已经很少有人会用手机了,那么手机自拍杆专利是否还是高价值专利?

反过来看一下高价格专利,是否可以近似地看成是高价值专利?答案是否定的。这就好比股票市场中的某支垃圾股,一旦有风声说它将成为壳资源,那么这支垃圾股就会连拉涨停,逆大盘而飙升,是这个发行股票的公司价值发生改变了吗?当然不是。这是资金推动形成的现象,后续如果借壳成功,跟风者还有些欣慰;倘若借壳失败,它将被打回原形。专利也是类似,2018年跟风飞涨的伪区块链专利不是这样类似的情形吗?

## 五、结语

知识产权很特别,其中专利是用公开换保护的,这就意味着一家公司专利的好与坏、多与寡,是可以通过检索而获取的,如此专利就成了管窥一家公司科研实力的窗口。

笔者与凌老师都同意:每一件专利的价值都是动态变化的,因此,随着专利生命周期、专利运用运营情况、产品市场情况、公司战略等因素的变化,企业专利管理人员应当及时重新评估并调整相关专利的价值等级。专利(申请)评级制度也不是固定僵化的。

高质量专利与高价值专利在本质上是两回事。

(1)从质量角度看专利,其稳定性和保护范围是重要的组合指标;

(2)从价格角度看专利,其产品市场指标是各项指标之首;

(3)从价值角度看专利,在企业的发展战略和经营战略之下,有组织有布局的专利集群才有最高价值。

# 特斯拉的知识产权保护策略

## 赵佑斌

赵佑斌，律师、专利代理师。现任紫藤知识产权集团项目总监。曾供职于飞利浦(中国)投资有限公司、飞利浦照明/昕诺飞(中国)投资有限公司、上汽集团、日本有古专利事务所(ITL 国际技术许可)。

2019 年 1 月 31 日，马斯克在推特上宣布开放特斯拉的专利，称此举是为应对气候变化，拯救地球。这是马斯克第二次宣布开放特斯拉的专利，2014 年，马斯克已经宣布过这项举措，这次算是重申。

在以前的文章《马斯克宣布开放特斯拉的专利，是拯救地球的义举还是噱头?》[1] 中，笔者分析，特斯拉所谓的专利开放政策并不是真正的专利开放，而是有前提的。如果你使用了特斯拉的专利，就不能用任何专利起诉特斯拉。不但不能用专利起诉，还不能用商标、商业秘密起诉。更夸张的是，一旦你使用了特斯拉的专利之后，不但不能起诉特斯拉，还不能用任何专利起诉电动汽车领域的任何其他企业。这就是说你的专利也相当于对外开放了，而且开放得比特斯拉还要彻底。很难想象会有企业能够接受特斯拉这样的专利开放邀请。

特斯拉显然不想共享自己的知识产权，如果真搞技术开源，直接共享技术秘密会更容易。马斯克一直期望在中国建厂，相关消息传了很多年，但他无法接受中国以前的汽车合资政策。2018 年初，马斯克还亲自在推特上向时任美国总统特朗普抱怨，不满中国的汽车关税政策。特斯拉最终能够在中国独资建厂，与美国政府背后的推动不无关系。

马斯克不想与中国企业合资，一方面不愿意分享利润，更重要的是不想中国企业学到特斯拉的技术机密。对此，马斯克也毫不掩饰。这与特斯拉独特的技术路线与知识产权保护策略密切相关。

特斯拉的核心技术都是通过技术秘密的方式保护，主要是通过软件源代码的形式保护。在某种程度上，特斯拉完全可以称得上是软件公司，特斯拉的硬件技术基本上都来自供应商和合作伙伴。

笔者尝试从特斯拉的专利出发，分析特斯拉的技术路线和知识产权保护策略，来看特斯拉到底如何保护核心技术秘密，保护哪些核心技术秘密。

特斯拉采用的技术路线与传统的汽车厂商差异明显，特斯拉是由硅谷的一帮技术极客研发的，从一开始就走非常大胆和前卫的技术路线。马斯克的加入更助长了特斯拉不拘一格的风格。

特斯拉的电池采用的是松下的 18650 电池，这是一种三元锂电池，以前采用钴酸锂为正极材料，现在改用镍钴铝为正极材料。这种电池是笔记本等电子设备中常用的电池，能量密度高。但这种电池的缺点是热失控的温度较低，一般到 200 摄氏度，电池就有起火的危险。而大多数电动汽车采用的磷酸铁锂热电池，稳定性非常好，热失控温度达到 800 摄氏度，安全系数高，但缺点是能量密度相对较低。

18650 电池的能量密度高，体积小，但容易热失控。一辆特斯拉通常要使用 7 000 多块电池混联在一起，管理这些电池就会变得非常复杂。电池管理系统是特斯拉最为核心的技术秘密，我们从特斯拉的专利上可以看出基本的结构，然后分析核心技术秘密是哪一部分。

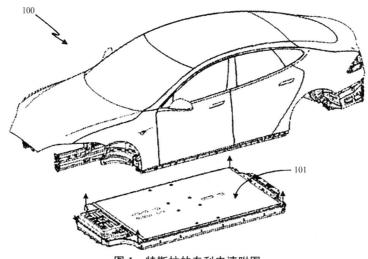

**图 1　特斯拉的专利申请附图**

图 1 是特斯拉的专利申请附图，101 是特斯拉的电池包，特斯拉的电池包放在车辆的底盘位置，由 7000 多块 18650 型号电池构成，总重量达到 1 吨。打开这个电池包，里面由冷却管围成多个模块，比如 Model 3 电池包分割成 16 个模块，电池就像蜂窝中的蜜蜂一样设置在冷却管围成的空间里。

为了让这些电池能够均衡放电，系统必须监控每个电池的状态，包括电流、电压、内阻、温度、压力等，这些检测的数据反馈到控制中心，控制中心再发布指令并采取行动，比如对单个电池断电，或者驱动冷却泵加速冷却。

电池单体的检测包括很多部分，限于篇幅在此不一一列举。此外，系统对整个电池包的压力也进行适时监控。

系统对整个电池包采取精确的主动热管理策略，任何一块电池温度不正常，控制系统驱动冷却泵进行有针对性的冷却，做到电池包整体温差在 5℃ 范围内。

特斯拉电池包的结构和控制理念，无论通过公开的专利，还是拆解特斯拉整车都可以看出来。相关的控制芯片也来自供应商,包括 NXP 等公司都有成熟的芯片。但最核心的电池控制策略,比如 7 000 多块电池检测数据的处理,当电池参数不同时如何均衡,这些都是靠复杂的软件程序控制,特斯拉在这些程序上基本没有申请任何专利,相关程序都是以源代码的形式进行保护,从专利数据和车辆反向工程都很难获知这些核心技术秘密。

如果仔细分析特斯拉的发明人,会发现早期的许多核心技术人员都是来自计算机互联网领域,特斯拉电池管理系统也明显秉承互联网服务器模块化管理架构的思想。但如何精准控制这么多的电池,并且做到均衡且实时风险处理,软件程序肯定极为复杂。

此外,电池包对电池的一致性要求很高,如果电池的一致性比较差,即使管理系统再先进,也会影响电池包的性能和寿命。若要 7 000 多块电池具有较高的一致性,特斯拉就必须有先进的电池一致性检测系统,在电池组成电池包之前,确保电池单体之间的参数差异不太大。这套电池一致性检测系统,特斯拉也未申请过任何专利。

特斯拉的电机采用的是中国台湾富田的交流感应电动机,关于电动机方面,特斯拉只申请过几件专利。关于电机控制方面,相关的芯片布置架构通过拆解车型也可以获知。但关于电机控制的具体编码,这点特斯拉也未申请专利,电机的控制程序与车辆的加速和操作性能相关。不少开过电动汽车的司机都反映,加速踏板总感觉不太灵,驾乘者很难适应,但特斯拉的加速曲线相对平稳,这实际上也是背后的软件在起作用。这一点特斯拉也是通过源代码的形式进行保护的。

特斯拉最核心的电池管理系统、电池一致性检测系统、电机控制系统都是以源代码等技术秘密的形式加以保护,基本上都未申请专利。特斯拉在车主同意的情况下,可以实时发送数据到后台,控制中心可以在后台直接更新和修改每台汽车的程序,这已经非常类似于智能手机的做法。特斯拉最重要的技术就是这些软件,这种创新模式也充分继承了计算机互联网的基因。

所以特斯拉选择通过源代码的形式保护自己的知识产权,与其独特的创新路线密切相关,本质上特斯拉已经接近于一家软件公司。

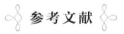

## 参考文献

[1] 佑斌.马斯克宣布开放特斯拉的专利,是拯救地球的义举还是噱头?[EB/OL].(2019 - 02 - 10)[2021 - 04 - 23].https://mp.weixin.99.com/s/_WnuCEuy8X3_2QYraPJdxQ.

# 知识产权价值评估应当放开市场准入

陶　冶

知识产权价值评估由于要用货币度量知识产权的价值,被纳入了无形资产评估范畴,属于资产评估的一个分支,长期以来都进行资质管理,需要由在地方财政局备案的资产评估机构提供评估服务,资产评估机构的注册和设立需要一定数量的注册资产评估师(人员资质)作为从业准入门槛。但是知识产权价值评估对评估专业人员技能的要求要远远超过注册资产评估师的考试内容,以专利为例,对专利价值的评估需要懂得如何分析专利权利要求的稳定性和保护范围,以及这些分析结果如何影响专利价值,需要能看懂专利技术文献并能对目标专利和竞争性专利做出技术比较,而我国的注册资产评估师绝大部分都是会计师出身,学历背景是会计学及相关专业,从事知识产权价值评估有着天然的短板,评估方法及评估结论不能被市场接受,广受用户诟病。

知识产权价值评估专业性极强,对评估人员和评估方法都有较高要求,作为一个新业务独立发展的趋势越来越显著。然而,把知识产权价值评估从资产评估业务中剥离,放开市场准入,取消资质管理的最根本原因,不是知识产权价值评估方法复杂,也不是对从业人员要求较高,更不是为了有意降低门槛扩大市场供给,而是因为知识产权价值评估的结论具有天然不确定性,评估的本质是对未来的预测,而不是对价格事实的裁定。

## 一、知识产权价值评估是估值行为

在土地、厂房、设备、股票、原料、库存、商品、房地产等有形资产评估中,评估行为本质上是裁判行为,是对资产价值的裁判,这些价值无需对未来任何变量做出预测,只需要按照市场价值累加,按照会计准则折旧即可,这些价值在市场上是可以变现的。为了防止低值高卖或高值低卖等关联方交易,以及可能导致的不当得益、不公平竞争以及国有资产流失,必须杜绝资产价值认定中的道德风险,也就是说用赋予资质的方法加强管理,为资产价值认定的客观性和公平性做出信用背书,这是可以理解的合理行为。有形资产评估的价值是可以被验证的,市场为有形资产提供了价格信号,评估结果可以在不同评估机构中按照评估准则和常识共识相互验证。

知识产权价值评估和有形资产截然不同,以专利为例,是没有办法通过市场信号来验证评估结果的,其价值需要按照未来可实现的收益进行预测,就是我们通常所说的估值,存在天然的不确定性,评估结果天然测不准,也无法立刻验证,因此评估结果存在较大风险。对风险较大、价格不确定的资产,评估在本质上不是裁判行为,不能进行价值认定,结果不能及时验证。所以,知识产权价值评估就是为价值不确定的资产做估值,本质不是价值裁判行为,是一种以分析和预测为主的咨询行为,在有形资产评估中起到防止道德风险作用的资质管理在知识产权价值评估中并非必要。

## 二、估值行为的风险由对估值有需求的利益关联方承担

有一种理解认为,既然知识产权价值评估存在不确定性和较大风险,那么实行资质管理就可以降低和杜绝风险。这种认识是十分幼稚的,风险的产生和消亡并不因为资质管理的引入而发生任何变化,知识产权的价值天然无法依靠市场给出价格信号,天然存在不确定性,天然无法立刻验证,天然存在风险,这些风险并不会因为由政府行政管理部分做信用背书就会降低或消除,风险永远存在。

按照现行的做法,知识产权价值评估是由具备合法资质的资产评估机构开展的,风险根本没有减弱或消除,而是转移到了资产评估机构头上,大家都认为有资质的资产评估机构应该值得信任,评估结果应该唯一且正确,结果用户皆因评估结论不靠谱而怨声载道,市场皆因价值与事实背离而嗤之以鼻,久而久之,被伤害的不仅是资产评估机构,更是政府建立的信用体系,政府信用背书又怎么样,不行就是不行,事实是无法否认的。

如果取消了资质管理,大家就会明白,估值是有风险的,没有人可以为预测的不确定性打包票,也没有人会为不确定的估值进行信用背书,该是市场的,就是市场的,让市场建立风险分散机制,估值的风险不应该由评估机构或信用背书机构承担,而应该由对估值有需求的利益关联方承担。

举个例子类比,风险投资(VC)或私募基金(PE)会对成长性好的项目或公司进行估值,在央行降息、降准、货币增发的背景下,或者在多个投资方竞逐项目的情况下,公司估值往往会被人为拉高;在通胀压力增加、经济过热、货币回笼的背景下,或者在经济下行、资本紧缺的情况下,公司估值往往偏低。不同主体,或相同主体在不同情境下,对公司的估值都会不同,估值是主观的行为,估值是有风险的。有些 VC 或 PE 自己估值,也有的请专业机构估值,但最后估值的风险是谁承担呢,是对估值有需求的利益相关方,也就是 VC 和 PE 自己。如果估值准确,企业发展稳健,几年后公司按照当时的估值顺利上市,VC 和 PE 在资本市场上顺利退出,企业也实现盈利,股东股民都得到可观回报。如果估值不准,比如严重偏高,企业发展后劲不足,业绩或盈利难以达到预期,轻则股票在一级市场无人购买,开盘价跌破发行价,重则因达不到上市门槛而无法上市。那当初估值偏高的风险由谁承担呢,当然是 VC、PE 以及那些为了私利愿意相信估值结果的保荐人、承销商和投资者。有谁见过投资者赔了钱迁怒于估值机构的,又有谁见过企业 IPO 失败后保荐人和承销商联合状告估值机构的?

同样的道理,知识产权价值评估也是估值行为,估值风险应当由对估值有需求的利益相关方承担。

## 三、人人皆有估值的自由

估值是对未来价值的预测,估值行为不同于资产评估,不是对价值事实的裁判,也没有

办法对估值结果立刻验证，而是做出包含了不确定性和风险的价值预测。既然是预测，人人都有预测的权利，人人都有预测的自由。

每一个股票投资者都对上市公司有过自己的估值，估值依据的都是公开披露的数据和资料，只不过投资者之间估值的水平有高下，有的人估值准确，交易策略正确，结果就赚钱；有的人估值水平不高，影响了投资策略，结果就赔钱。

同样的道理，人人都有对知识产权价值进行估算的权利，只不过每个人的视角不同，数据来源不同，分析能力不同，估值水平不同。人人皆有估值的自由，其实是保障了人人都有对知识产权价值发表看法的权利。在知识产权价值评估服务市场中，每个市场主体都有估值的权利，既然是测不准，既然有不确定性，既然无法立刻验证结果，是不是要给知识产权价值评估颁发资质证书就值得商榷，资质并不能消除估值结果的风险和不确定性。

当然，在长期的估值实践中，某些估值主体沉淀出独特的方法，经过时间和市场验证后基本是准确的，形成了市场对该估值主体估值水平的认可，但是这种认可应该是由市场自发形成的，最好不要由资质来赋予。对估值机构的估值水平的鉴别，需要许许多多用户对估值机构的统一评价来沉淀。

### 四、知识产权价值评估报告的本质是咨询报告

知识产权价值评估是给出知识产权价值的估值，评估报告的结论给出了带有不确定性和风险的价值预测，这种预测是一种意见。

在中国古代"咨"和"询"原是两个词，咨是商量，询是询问，后来逐渐形成一个复合词，具有以供询问、谋划、商量、磋商等意思。作为一项具有参谋、服务性的社会活动，在军事、政治、经济领域中发展起来，已成为社会、经济、政治活动中辅助决策的重要手段。

在百度百科中查询"咨询"的含义，咨询是通过专业人士所储备的知识经验和通过对各种信息资料的综合加工而进行的综合性研究开发。咨询产生智力劳动的综合效益，起着为决策者充当顾问、参谋和外脑的作用。

知识产权价值评估报告的作用，就是为用户提供了一种价值意见，该意见包含了以数据搜集、检索、分析、论证、运算为基础的预测。因此，知识产权价值评估报告是咨询报告。

特别要说明的是，资产评估报告不是咨询报告，很多人称之为"法定报告"，意在突出其严肃性和权威性，因为有形资产的评估结果是可以迅速验证真伪优劣的，是要指导资产交易的，是关系交易公平的，是防止不当得益的，这种报告的本质是对价值事实的裁定，只有具备市场价值基础的有形资产才能做得到。

### 五、对知识产权价值评估应当放开市场准入

在当下资产评估相关理论、方法远远落后于市场发展，无法满足用户对知识产权价值评估相对较高要求的情况下，知识产权价值评估放开市场准入，让更多知识产权服务机构进入市场提供价值评估服务，可以提高知识产权价值评估的专业性，促进知识产权价值评估技术水平的提高，向市场提供高水平的专业化服务，解除用户的疑虑和市场的担忧。

对知识产权价值评估放开市场准入，还有利于把高风险的以预测为主的咨询报告从低

风险的以价值事实裁定为主的法定报告区分和剥离出来,咨询报告归市场,由用户口碑和市场评价形成服务机构的市场地位,并由市场对估值服务进行分层定位以达到优胜劣汰。

## 六、要加强知识产权价值评估的知识普及

现在已经有较多知识产权服务机构在从事知识产权价值评估业务,从资质角度而言,普遍没有资产评估资质,市场上存在着咨询报告和法定报告并存的局面,从报告质量来说,咨询报告的专业性和科学性要优于法定报告。

但是很多用户并不了解知识产权价值评估,在选择服务机构时沿用惯性思维索取服务机构的资质,这些都构成了知识产权服务机构的短板。用户也并不知道,资产评估机构也可以出具咨询报告,但是并无法确定效力。用户更不知道,即使知识产权服务机构获取了资产评估资质也仍然不能把咨询报告变为法定报告,除非舍弃报告中优质的分析和运算内容,使用落后的现有技术按照无形资产评估准则的相关要求出具格式和内容都被规定好的报告。

面对种种不利局面,知识产权服务机构和知识产权从业精英有义务维护行业健康生态,加强对用户和市场的教育,加强科学知识的普及,评估资质并不能降低和消除知识产权价值评估的风险和不确定性,知识产权价值评估和有形资产评估存在较大差异,在市场上通过口碑和用户评价来选择服务机构要优于通过资质来挑选,知识产权价值评估归根到底是咨询行为,是对知识产权可实现价值的预测。

# 小白指路： 专利检索的基本套路

凌赵华

专利检索可以使企业明晰世界专利的动态，避免重复研发与资金浪费，对企业而言意义甚大。

## 一、专利检索的基本概念

### 1. 定义

专利检索是专利文献检索的简称，指以获得有价值的经济、技术、法律等信息为目的的针对专利文献进行的检索活动[1]。专利文献是指各国或各地区专利局及国际性专利组织在审批专利过程中产生的官方文件及其出版物的总称，主要包括各种类型的发明、实用新型说明书，各种类型的发明、实用新型、外观设计公报、文摘、索引，以及其他相关资料等。

专利检索的目的是获取各类有价值的专利信息，因此，专利检索有时也被称为专利信息检索。专利信息是指以专利文献作为主要内容或以专利文献为依据，经分解、加工、标引、统计、分析、整合和转化等信息化手段，并通过各种信息化方式传播而形成的与专利有关的各种信息的总称[2]。

简单地说，专利检索就是有关专利信息的查找。具体而言，就是根据一项或数项特征，从大量的专利文献或专利数据库中挑选符合某一特定要求的文献或信息的过程。

### 2. 内涵与外延

专利检索是一项专业性很强的工作，以信息获取为主要目的，以专利文献为核心对象，以专利数据库为重要工具，以查全率和查准率为关键指标，依靠一定的检索策略和方法论，并在较大程度上依赖专利检索人员自身的检索知识、经验和技能。

专利检索虽以专利文献为核心对象，但在某些应用场景下，还会根据需求将检索对象扩展至科技论文、法律文书、技术标准、行业报告等各类技术、法律、经济文献和公开出版物。另外，根据应用场景和项目需求的不同，专利检索的目的也会从获取专利信息延伸至其他各类综合情报信息的获取。

不管专利检索如何外延，其关键内涵不会改变，其最终目标是为企业、高校、研究机构等组织的其他专利工作如专利分析、专利布局、专利预警、专利评议、专利战略规划等提供基础支撑服务，或是直接为这些机构的项目研发、生产经营等日常管理活动提供参考或决策依据。

## 二、专利检索的基本流程

专利检索是一项专业而复杂的工作，要做好一个专利检索项目，需要有经验丰富的检索人员、专业得力的检索工具和数据相对完整的专利数据库。专利检索的实质是检索人员利用检索工具把检索需求表达成专利数据库能够识别的检索语言，并把该检索语言输入所述专利数据库，从中获取相匹配的专利文献或信息的过程[3]。因此，除了以上的"硬件"配备外，专利检索工作的开展还需要一个规范合理的基本操作流程，该规范的操作流程是保障专利检索项目质量的必要手段之一。一般而言，专利检索的基本流程如图1所示。

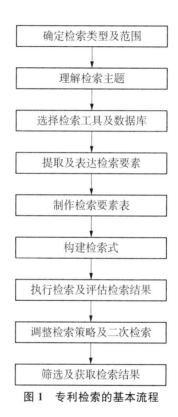

图1 专利检索的基本流程

### 1. 检索类型及范围的确定

确定检索类型及范围是检索工作的第一步，这个阶段需要检索人员与检索需求提出者紧密配合、充分沟通。实质上，这也是一个把技术需求转换成检索需求的过程。一般而言，检索需求提出者如果是技术研发人员或是企业普通经办人而非专利工作者的话，一般很难直接向检索人员表述出明确的检索需求。他们擅长用实际遇到的问题或者是想要达到的目的来表达需求，检索人员则需要通过他们的表述来进行判断，进而提出检索的解决方案。一个项目的检索类型及范围就是在这种双方沟通和方案提供中确定下来的。

项目的检索类型根据项目目的的不同或是解决的专利问题不同可以分为查新检索、无效检索、侵权检索、技术主题检索、专利相关人检索、法律状态检索、同族专利检索、专利引文检索等。项目的检索范围包括技术范围、地区范围和时间范围等。检索人员只有将上述提到的检索类型、技术范围、地区范围和时间范围等一一确定后才能基本掌握该项目的检索需求、检索目的以及检索想要达到的效果。

需要说明的是，一个项目的检索类型会影响到后续的工作流程。也就是说，在实际的操作中，不同检索类型的项目，其整体的工作流程是不太一样的，比如法律状态检索、同族专利检索和专利引文检索等简单的检索项目，一般就不需要确定检索要素表达、制作检索要素表以及构建检索式这些流程了。对于检索范围而言，有些项目是由检索类型本身确定的，比如查新检索和无效检索这类用于评价技术方案可专利性或专利权有效性的检索项目，就已经决定了该类型检索项目的检索范围，包括技术范围、地区范围和时间范围。有些项目是由检索需求提出者指定的，比如对于一个技术主题检索，需求者需要指定检索的技术范围、地区范围和时间范围，而对于一个侵权检索，需求者需要重点指定检索的地区范围。

2. 检索主题的理解

检索主题是一个检索项目的核心内容，应尽量通过规范的、科学的、为检索需求提出者和检索人员共同理解的语言表述出来。同样的，检索主题也会因检索项目类型的不同而有所区别，查新检索、无效检索和侵权检索等项目的检索主题一般是一个具体的技术方案，而技术主题检索、专利相关人检索等项目的检索主题可能是一个技术领域、一个产业、一个机构或一个发明人，法律状态检索、同族专利检索、专利引文检索等项目的检索主题则是一件授权专利或一件专利申请。检索人员在和检索需求提出者明确了一个项目的检索主题后，就要开始分析及理解该检索主题。

检索主题的理解主要涉及两个方面：理解的依据和理解的内容。理解的依据是指检索人员分析理解该检索主题所依据的相关资料，可以是一份技术交底书、一篇专利文献、一份产品说明书、一份产业研究报告等，也可以是一个实物产品。理解的内容是指该检索主题的具体内涵，包括其所属的技术领域、解决的技术问题、采用的技术手段、达到的技术效果、产品的具体结构、工艺的具体流程和参数、产业的发展现状与重要技术分支等。

一般而言，检索主题的理解主要依靠检索人员自行完成，但为了更好地完成后续整个检索项目，检索人员应积极与检索需求提出者进行沟通，以帮助自己更充分地理解项目的检索主题，检索需求提出者除了提供必要的用于检索人员理解检索主题的依据以外，也应该主动配合检索人员对检索主题的理解，以确保检索人员对检索主题的理解充分、到位。

3. 检索工具及数据库的选择

检索工具及数据库的选择对于一个复杂或大型检索项目的检索结果的影响有时非常之大。不同的工具及数据库不仅能影响到整个检索项目的工作效率，也能影响到检索结果的查全率和查准率。

一般而言，对于检索工具及数据库的比对和选择可以依照以下一些基本原则：①数据来源的权威性；②数据的覆盖国家及地区；③各国数据的完整性；④数据的更新周期；⑤数据的深加工程度；⑥检索途径的全面性；⑦检索字段的数量；⑧检索功能的丰富性；⑨用户操作的友好性；以及⑩检索需求的匹配性。

以上这些原则概括起来可以表述为：数据质量优先,兼顾检索效率。当然,除了上述的基本原则外,在选择检索工具及数据库的时候不可避免地会考虑到工具和数据库使用成本的问题,检索人员一般应当根据所在单位目前所拥有的工具及数据库资源来进行选择。

关于全球范围内的检索工具及数据库的详细介绍,本文不做展开。

4. 检索要素的提取及表达

前述的三个步骤均属于专利检索工作的前期阶段,前期阶段的主要任务是为整个检索项目做好背景调查和工具选择,而从"检索要素表达的提取及表达"这一步开始便进入专利检索工作的中期阶段,中期阶段的核心任务是为整个检索项目制定好检索策略。

检索要素是指能够体现技术主题、技术方案或产品结构所属技术领域、技术范围或基本构思的检索成分。在正式检索开始前,检索人员首先需要从检索主题(如一个技术主题、技术方案或产品结构等)中提取出足够多的检索要素,这些检索要素应尽可能地覆盖到整个检索主题。检索要素的提取工作是在对检索主题理解的基础上进行的,因此检索人员对于检索主题的理解程度将会直接影响到检索要素提取的准确性和全面性。通俗一点而言,检索要素就是一些具有特定技术含义的词组和短语,例如,某个检索项目是关于无人机的飞行控制的,那么,检索人员就可以提取"无人机""飞行""控制"三个词组作为这个检索项目的检索要素。

检索人员在提取了检索要素后,还要将这些检索要素恰当地表达出来,以便后续制作检索要素表和构建检索式。因此,检索要素的表达也是整个检索流程中非常关键的一步。检索要素有两种主要的表达形式:分类号和主题词。其中,分类号又有 IPC、CPC、USPC、ECLA、FI/FT 等多个不同体系,当前以 IPC 和 CPC 两个体系为主流;主题词又包括关键词、同义词、缩略语等。除了分类号和主题词这两种表达形式外,有时候还可以用申请人或发明人等形式来表达特定的检索要素。作为检索人员来说,应当尽可能地用多种表达形式来表达同一个检索要素,其目的是保证后续检索的查全率。

利用分类号来表达检索要素时,如何确定分类号是一个现实的问题。一般可以通过两种方式来确定某个检索要素或某几个检索要素组合的所属分类号:第一种方式是先利用明确的主题词(如无人机)在选定的数据库中进行初步检索,再浏览初检结果的分类号统计情况,一般认为统计排名前几位的分类号和主题词的相关度最大,最后利用分类号含义表来查询这些分类号的具体含义,以最终确定该检索要素的分类号表达,这一种方式确定的分类号准确率相对较高;第二种方式是直接在分类号含义表中输入明确的主题词,查询与该主题词相关的分类号有哪些,再进一步了解这些分类号的确切含义,从而决定该检索要素的分类号表达,这一种方式虽然比较直接,但准确率并不是很高,其原因是很多主题词与分类号确切含义的对应性并不是很强。另外,如前所述,检索要素和分类号之间的对应情况会出现多种情形,如一一对应(最理想情况)、一对多、多对一、多对多或者无恰当对应,如果出现最后一种检索要素和分类号之间无恰当对应的情形,检索人员就只能优先采用主题词来表达检索要素了。

利用主题词来表达检索要素时,检索人员应先确定关键词,在确定关键词时一般要保证该关键词具有一个相对较大的范围,例如,检索要素是"杀虫剂",如果关键词直接确定为

"杀虫剂"，那么范围就会较小，与"杀虫剂"含义相近的一些表达如"杀虫药""杀虫组合物"等会被排除在外，在这个例子中，"杀虫"则是范围更大且更合适的一个关键词。但是这里的"较大范围"也是一个相对概念，检索人员不能为了追求大范围而随意确定关键词，比如检索要素为"无人机"时，如果为了追求大范围而将关键词确定为"无人"，则会带入很多的干扰项，如"无人驾驶汽车""无人车间"等，因此，在这个案例中，直接将关键词确定为"无人机"更为合适。在确定英文关键词时也应该基于上述原则，如采用"词根+截词符"的形式来作为关键词就可以适当扩大范围，但是对于一些词根过短、变化形式过多的情况，就不宜采用这种方式来确定关键词，而应该直接利用原词以及可以想到的变化形式来作为该检索要素的关键词。

在关键词确定完以后，检索人员还要对这些关键词做一一扩展，扩展的主要形式就是同义词和缩略语。可以理解的是，不同的技术人员和发明人对于同一个关键词往往有不同的表述方式，特别是在专利文献中，大多数机构都会无意或有意地用不同的词组来表达相同或相近的一个结构或特征。在这种现状下，对关键词进行同义词和缩略语的扩展显得尤为重要。以上面的一个例子来说，杀虫的同义词包括灭虫、除虫、驱虫、诱虫等。笔者在国家知识产权局专利检索及分析系统中做了一个简单的对比检索，发现利用"摘要=杀虫"检索式共检索到1891篇相关专利文献，而利用"摘要=（杀虫 or 灭虫 or 诱虫 or 驱虫 or 除虫）"检索式则共检索到2 418篇专利文献。

5. 检索要素表的制作

一个检索项目的所有检索要素通过不同的形式表达出来后，还需要有一个载体清晰地呈现出来，而检索要素表就是清晰呈现所有检索要素的最佳载体。

检索要素表的形式不限，只要能够帮助检索人员厘清检索项目中分解提炼出来的所有检索要素及其表达即可，因此，一般的检索要素表会包含检索要素和表达形式两大部分内容。表1是一种常见的检索要素表形式，清楚地展示了一个检索主题的所有检索要素、对应的主题词、分类号以及其他表达形式。

表 1  检索要素表

检索主题：

检索工具及数据库：

| | | 要素名称 1 | 要素名称 2 | 要素名称 3 | 要素名称 4 |
|---|---|---|---|---|---|
| 主题词 | 关键词 | | | | |
| | 同义词 | | | | |
| | 缩略语 | | | | |
| 分类号 | IPC | | | | |
| | CPC | | | | |
| | 其他分类 | | | | |

（续表）

|  |  | 要素名称 1 | 要素名称 2 | 要素名称 3 | 要素名称 4 |
|---|---|---|---|---|---|
| 其他表达 | 申请人 |  |  |  |  |
|  | 发明人 |  |  |  |  |

检索词是构成检索式的最基本单元，是检索要素的具体表达形式。检索要素表中的每一个具体的表达形式，包括某个检索要素的关键词、同义词、缩略语表达，以及分类号、申请人、发明人表达等，都是一个独立的检索词。前面已经提到，专利检索工作的中期阶段的核心任务是制定检索策略，而检索式的构建则是检索策略制定过程中的核心。

6. 检索式的构建

检索式一般由检索词、检索命令和检索算符组合而成。不同的检索工具及数据库一般有不同的检索命令和检索算符规则，所以检索人员在构建检索式前应当先熟练掌握拟用的检索工具及数据库的上述规则。下面简单介绍一下较为通用的一些检索命令和检索算符。

检索命令有时也叫检索字段，不同的检索工具拥有的检索命令在数量上会有差异，一般而言，检索命令数量越多，说明检索工具的检索功能越强大。基本的检索命令有号码类（申请号、公开号、公告号、优先权号等）、日期类（申请日、公开日、公告日、优先权日等）、主体类（申请人、专利权人、发明人、代理机构、代理人、审查员等）、文本类（标题、摘要、权利要求、说明书等）以及状态类（有效、无效、审中、公开、授权、公告、失效、撤回、驳回、视撤等）。一些商用数据库目前开发的检索命令已经达到了几百个，这些特定的检索命令可以帮助检索人员实现一些特定的检索需求，检索人员可以根据检索项目的实际需求来选择使用。检索命令在一个检索式中需要通过检索命令符来表示，不同的检索工具及数据库对于同一个检索命令也有可能使用不同的检索命令符来表示，比如就"标题"这个检索命令，有的检索工具及数据库用检索命令符"TI"来表示，有的则用"TT"或"Title"来表示，这也是检索人员需要注意的一点。

检索算符的作用是将检索词组配起来，常用的检索算符有布尔逻辑算符、截词符和位置算符等。

1）布尔逻辑算符

布尔逻辑算符的作用是把检索词连接起来，构成一个逻辑检索式，常用的布尔逻辑算符有三种：逻辑与、逻辑或和逻辑非。

逻辑与常用"and"表示，用于表示其所连接的两个检索词的概念交叉部分，即交集部分。如果用逻辑与算符连接检索词 A 和 B，则检索式表示为：A and B，其含义为检索同时包含检索词 A 和检索词 B 的文献集合 C。逻辑与算符的功能是缩小检索范围，有利于提高查准率。

逻辑或常用"or"表示，用于连接并列关系的检索词。如果用逻辑或算符连接检索词 A 和 B，则检索式表示为：A or B，其含义为检索含有检索词 A 和 B 中任一个的文献集合 C。逻辑或算符的功能是扩大检索范围，防止漏检，有利于提高查全率。

逻辑非常用"not"或"and not"表示，用于连接排除关系的检索词。如果用逻辑非算符连接检索词 A 和 B，则检索式表示为：A not B，其含义为检索含有检索词 A 而不含检索词 B 的文献集合 C，即将包含检索词 B 的文献排除掉。逻辑非算符的功能是排除不需要的和影响检索结果的概念，有利于提高查准率。

2）截词符

截词符也叫通配符，常用"＊""?""!""＃"等符号表示。有的截词符代表 0 个或 1 个字符，比如"?"，有的截词符代表无限个字符，比如"＊"。当检索人员使用英文进行检索时，截词符的功能是为了实现具有相同词根的各种形态英文单词拼写的全面表达，例如当"＊"出现在单词的右边时构成右截词，出现在单词的左边时构成左截词。例如，当输入"comput＊"时，就可以检索到含有"computer、computing、computers、computerised、computation"等单词的所有专利文献。

3）位置算符

位置算符也叫全文查找逻辑算符或相邻度算符，是用来规定符号两边的检索词出现在专利文献中的位置的逻辑运算算符。按照两个检索词出现的顺序和举例，可以有多种位置算符，常见的有：W 算符、N 算符、S 算符、F 算符、C 算符、SAME 算符等。需要说明的是，有一些检索工具及数据库并不支持位置算符这种功能，即使有位置算符，不同的系统对于位置算符的规则设置也可能有所不同，因此，检索人员需要参照各检索工具及数据库的使用说明来运用。

一般而言，针对一个特定的检索项目，检索人员需要构建不止一个检索式，应当利用不同的检索要素表达形式单独或配合来构建多个检索式。例如，在处理一个较为复杂的检索项目时，检索人员一般会采用"块检索"的策略。所谓块检索，是指将检索主题中的每个检索要素作为一个检索模块，先针对每个检索模块构建一个或多个检索式，再将各个检索模块通过逻辑运算符组合起来，也就是将多个检索式再进行逻辑运算符的组配。块检索策略的优点是逻辑清晰、层次分明、易于随时调整修改检索式和检索策略。

针对每个检索模块，检索人员在构建检索式时，还应尽量构建以下 5 种不同的检索式：①仅用主题词构建的检索式；②仅用分类号（确切分类号）构建的检索式；③用主题词配合分类号构建的检索式；④仅用申请人或发明人构建的检索式；⑤用申请人或发明人配合主题词或分类号构建的检索式。如果能用以上 5 种不同形式的检索式组合来表达一个检索模块，则能很大程度提高整个检索项目的查全率和查准率。

7. 检索的执行和结果评估

检索式构建完成后就进入了专利检索工作的后期阶段，后期阶段的主要任务是对检索结果进行评估和筛选。检索的执行就是为了获得初步的检索结果，具体是指将前述已经构建完的检索式（一般为多个）输入已经选好的检索系统中进行初步检索，获得一个结果文献的集合。

检索结果的评估对于后续调整检索策略、获得符合预期要求的检索结果集起着至关重要的作用，其评估结果是调整检索策略、是否终止检索的重要参考。目前对检索结果的评估一般采用两个指标：查全率和查准率。其中，查全率是用来评估检索结果的全面性，即评价检索结果的文献集合涵盖检索主题下所有专利文献的程度；而查准率是用来评估检索结果的准确性，即评价检索结果的文献集合与检索主题的相关程度[4]。

1) 查全率

在信息检索领域，通常意义上的查全率被定义为：被检出的相关文献量与相关文献总量的比值，用公式表示为：$r = a/(a+b)$，其中，$r$ 为查全率，$a$ 为被检出的相关文献数量，$b$ 为未被检出的相关文献数量，即漏检的相关文献数量。被检出的相关文献数量 $a$ 容易确定，但漏检的相关文献数量 $b$ 在实际操作中无法客观确定，因此上述定义及公式在实际操作中并不适合用来评估检索结果的查全率，更具有操作性的专利检索查全率评估公式如下：$r = \text{num}(S' \cap S)/\text{num}(S')$，其中，$r$ 为查全率，$S$ 为待评估专利文献集合，$S'$ 为查全样本专利文献集合，$S' \cap S$ 表示 $S'$ 与 $S$ 的交集，$\text{num}()$ 表示集合中文献的数量。

在查全率评估中，查全样本专利文献集合 $S'$ 的构成非常关键，将会直接影响到查全率评估结果的可靠性。要使查全率评估结果具有较高的可信度，查全样本专利文献集合 $S'$ 必须同时满足以下三个条件：

一是 $S'$ 集合中的每一篇专利文献都必须要与检索主题相关，即 $S'$ 集合中的所有专利文献都应该是有效文献，要满足这个条件，需要检索人员在获取初步的 $S'$ 集合后有一个人工筛选的过程，把 $S'$ 集合中一些无关检索主题的专利文献排除在 $S'$ 集合之外。

二是在获取 $S'$ 集合的检索过程中，必须基于完全不同于初步检索过程中所使用过的检索要素表达来构建检索式，即用于获取待评估专利文献集合 $S$ 的检索要素表达与用于获取查全样本专利文献集合 $S'$ 的检索要素表达之间不能存在交集，否则会出现用子集检验全集的查全率的现象，而产生逻辑上的谬论。例如，在检索无人机飞行控制主题时，使用了"UAV"这一主题词，则"UAV"不能再用于构建获取 $S'$ 集合的检索式。

三是 $S'$ 集合中要有合理的样本数，因为从本质上讲，查全率评估属于一个抽样调查，其实质上是检验一个有效文献集合的子集中有多少已经被待评估专利文献集合所包含。一方面，若查全率评估样本集的样本数量过小，则不能全面反映待评估专利文献集合的全貌，导致评估结果失真，另一方面，若查全率评估样本过大，则带来过大的工作量，将失去抽样调查的本意。因此，应当根据待评估专利文献集合的总量来确定一个比较合理的样本数量。通常而言，若待评估专利文献集合的总量在 5 000 篇以下，则样本数量不应低于总量的10%；若待评估专利文献集合的总量在 5 000 篇以上，则样本数量不应低于总量的5%。

基于上述条件，构建查全样本专利文献集合 $S'$ 的常用方法有以下几种：

(1) 基于重要申请人或重要发明人来构建查全样本专利文献集合。用于构建查全样本专利文献集合的重要申请人应满足以下条件：①该申请人的申请量应当足够大，若一个申请人所产生的样本容量过小，可以使用多个申请人的专利文献来构建查全样本专利文献集合；②该申请人的专利申请只分布在特定技术领域，能够方便地检索确定。基于重要发明人的构建方法类似于重要申请人的构建方法。

(2) 基于重要专利来构建查全样本专利文献集合。可以搜集前期技术调研以及企业调研中获得的涉及侵权、诉讼以及行业技术发展中的基础专利、核心专利或标准必要专利等重要专利作为查全样本专利文献集合。

（3）基于引用/被引用文献来构建查全样本专利文献集合。可以用所阅读的专利或非专利文献中搜集的引用/被引用专利文献作为构建查全样本专利文献集合，也可以用追踪检索的方式来获得引用/被引用专利文献，并通过人工阅读来筛选获得有效文献。

此外，可用于构建查全样本专利文献集合的方法还包括：基于中英文反证来构建查全样本专利文献集合、基于年代来构建查全样本专利文献集合、基于不同的检索工具来构建查全样本专利文献集合、基于技术特征来构建查全样本专利文献集合、基于图表分析对比法来构建查全样本专利文献集合等。

2）查准率

通常意义上的查准率被定义为：被检出的相关文献量与被检出的文献总量的比值，用公式表示为：$r = a/(a + c)$，其中，$r$ 为查全率，$a$ 为被检出的相关文献数量，$c$ 为被检出的不相关文献数量，即误检的文献数量。虽然被检出的相关文献数量 $a$ 能够通过一定的时间获取到，但工作量一般是巨大的，可操作性不强。更具可操作性的专利检索的查准率评估公式如下：$p = num(T')/num(T)$，其中，$p$ 为查全率，$T$ 为待评估专利文献集合中的抽样样本，$T'$ 为 $T$ 中与检索主题相关的专利文献集合，$num()$ 表示集合中文献的数量。

查准率可通过上述对待评估专利文献集合进行抽样统计的方法进行评估，为了保证评估结果的科学性与客观性，抽样过程应当注意以下规则：

（1）多样性和随机性。常见的抽样方法包括：按年代分布抽样、按技术分支抽样、按申请人或发明人抽样、按国家/地区分布抽样、随机抽样。需要注意的是，在抽样过程中，应尽量避免采取单一的抽样方法而应当采取多种抽样方法随机地抽取评估样本，以保证其客观性。

（2）足够大的样本容量。对于待评估的专利文献集合而言，如果其总量在 5 000 篇以下，则抽样数量应不少于总量的 10%；如其总量在 5 000 篇以上，则抽样数量应不少于总量的 5%。

此外，检索结果的评估还应当遵循一定的流程原则，对于技术主题类检索项目，应先查全后查准，而对于技术方案类检索项目，应优先关注查准率。

8. 检索策略的调整及二次检索

世界上没有完美的检索策略，只有不断接近完美的检索策略。因此，在整个检索过程中，调整检索策略是不可避免的，而且往往需要多次调整，以不断提高检索结果的查全率和查准率。

针对不同的评估结果，检索策略的调整方向也是不一样的。如果评估结果是查全率不合格，那么检索策略的调整方向主要有补充检索要素，补充表达形式，补充关键词、同义词、缩略语及近义词等主题词，补充一般相关的分类号，调整单个检索式，以及调整主题词在文献中的检索位置，如将原先限定在标题中检索的主题词扩大到摘要及权利要求中检索，或者将原先限定在摘要或权利要求中检索的主题词扩大到说明书中检索等。

如果评估结果是查准率不合格，则检索策略的调整方向主要有去除干扰的主题词、调整分类不准确的分类号、利用主题词来限定一般相关的分类号、调整单个检索式，以及调整主题词在文献中的检索位置，如将原先限定在摘要或权利要求中检索的主题词缩小到标题中检索，或者将原先限定在说明书中检索的主题词缩小到摘要或权利要求中检索等。

检索策略调整后必然导致检索式的重新构建或优化，再利用优化后的检索式进行二次检索。二次检索的检索结果仍然要接受查全率和查准率的评估，评估流程与初次评估的流程基本相同。如果二次评估的结果符合了该检索项目的预期，即查全率和查准率都达到了一定的标准，那么就可以进入到下个步骤了。如果二次评估的结果还是不符合预期，则还得重复以上的工作内容，即调整检索策略与三次评估，直至最终的评估结果达到了本项目预设的指标为止。

9. 检索结果的筛选及获取

对于一个纯粹的检索项目（后期没有分析需求）或者要求不是特别高的检索项目，检索结果通过评估之后就可以直接获取、整理、汇总并导出检索结果了，获取到的检索结果文献集合也就是整个检索项目最终的检索结果文献集合。而对于一个分析项目的前期检索或者对结果要求很高的检索项目而言，检索结果通过评估并不是检索工作的终点，查全率和查准率都符合要求的结果文献集合也并不是最终的专利检索结果文献集合。在这种情形下，检索结果的筛选是获取最终专利检索结果文献集合的终极手段。一般而言，查全率和查准率都达到标准以后的结果文献集合已经很难再通过调整检索策略来剔除其中占比很少的不相关专利文献了。因此，检索结果的筛选主要借助检索人员的人工阅读来完成。检索人员通过一一阅读结果文献集合中的所有专利，来判断每一篇专利是否与检索主题相关，从而将不相关的专利文献尽量全部剔除出去，最终获得一个接近完美的专利检索结果文献集合。

最终的专利检索结果文献集合获得并导出后，检索人员应根据检索过程和检索结果撰写一个检索报告。一个检索报告的基本内容包括检索主题、检索项目背景、检索目的、检索范围（技术、地区、时间）、检索内容、检索工具及数据库、检索要素表，以及检索结果等。如果该检索项目是一个分析项目中的一部分，那么检索报告完成后将进入正式的项目分析阶段。

本文仅介绍了一般专利检索项目的基本操作流程，具体到每一个不同的专利检索项目，检索人员应根据其检索类型、项目目的、检索需求等条件的不同而制定差异化的检索工作流程。专利检索工作流程的制定应以实现项目整体的高效率和高质量为目标。

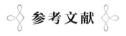

## 参考文献

[1] 谢顺星.专利咨询服务[M].北京：知识产权出版社，2013.

[2] 那英.企业创新与专利信息利用实务[M].北京：知识产权出版社，2014.

[3] 肖沪卫，瞿丽曼，路炜.专利战术情报方法与应用[M].上海：上海科学技术文献出版社，2015.

[4] 杨铁军.专利分析实务手册[M].北京：知识产权出版社，2012.

# 企业常用的十八种专利分析

赵佑斌

专利检索分析是企业知识产权管理的重要组成部分,专利申请的质量、专利组合的布局、诉讼走向的把控都需要以专利检索与分析报告为支撑。本文列出常用的十八种专利检索分析报告,每种都能有针对性地解决企业专利管理中遇到的问题。

## 一、可专利性检索分析报告

可专利性检索分析报告也称新颖性检索或查新,常用于专利申请前的检索,代理人和专利工程师对于申请方案的检索分析,有时能够从整体上评估能否授权,但具体能获得什么样的授权范围,就需要比较专业的可专利性检索,特别是在国际申请中,不能获得想要的权利要求范围损失是很大的。

## 二、无效稳定性检索分析报告

在专利诉讼中或许可谈判中,有力的对比文件是最重要的砝码,用于无效判定的对比文件永远在路上,没有最好,只有更好,只要付出足够的时间和拥有一定的技巧,对比文件总会不断地接近对方的专利,不断给对方施加压力。

## 三、侵权检索分析报告

在产品上市前进行的防侵权检索,有时也称专利自由实施分析(FTO),FTO严格来说是在上市前用来证明产品不侵权的专利分析报告,防止以后被诉故意侵权。一般的侵权风险分析只检索在相应区域的有效专利,FTO的检索分析则包括使用失效的专利以证明自由使用权。侵权检索分析的关键是要查全,由于权利要求范围往往大于实施例中产品特征本身,权利要求在语言描述上也不同于产品技术术语,有时还会出现核心专利在其他相近技术领域的情况,较容易漏检。

## 四、技术状态检索分析报告

技术状态检索,顾名思义,就是要了解该技术的目前状态,技术状态检索的报告形式也相对不固定,有时也和专利地图重叠,有时只需要罗列目前的专利和技术资料,不同的是,技术状态检索不但要检索专利文献,还要检索非专利文献。

### 五、专利预警检索分析报告

不同于产品侵权分析,预警分析侧重于在产品研发的前端,在产品成型前对专利风险的整体把握,避免到产品成型后做 FTO 时才发现有侵权风险,预警的目的在于让研发人员提前知道有哪些潜在的专利需要注意,避免重复研究或落入别人的专利权利要求范围。

### 六、竞争对手/合作伙伴的专利监控报告

专利监控报告主要监控竞争对手、合作伙伴在相应领域的专利情况,在很多领域,有力的竞争对手只有几个,有时自己的产品可能刚好就模仿了核心竞争对手的产品,对其专利的全面掌握更有利于进行专利风险管理,对合作伙伴特别是一些供应商的专利监控,能及时了解其申请的专利。

### 七、替代方案的专利检索分析报告

对于一项有众多专利组合布局的技术方案,进行技术方案的替代检索是节省研发成本的好方法,替代方案的检索关键在于精确找到能解决目前技术问题的现有方案。

### 八、专利购买检索分析报告

购买专利是加强自己专利组合的有效方案,特别是对于快速发展海外市场的企业,不可能完全依靠自己的力量去快速积累强大的专利组合,但如何买到企业最需要和最管用的专利,就需要有针对性的专利检索与分析才能保证。

### 九、专利反诉检索分析报告

在遭遇专利侵权诉讼时,反诉是常用的策略,但如何找到对方也侵权的专利,或者购买到对方也侵权的专利,专利检索的准确性无疑非常重要。

### 十、研发前的知识积累专利分析报告

这种报告就是大家常说的站在巨人的肩膀上,节省研发费用和避免重复研究的专利分析报告,也就是经常提到的专利地图的形式,通过对在先技术的把握,可以知道目前的技术方案,有时候也会通过技术功效图更细致地了解细分技术问题的解决方案。

### 十一、知识产权尽职调查报告

在并购中对知识产权进行尽职调查,专利的分析无疑是重要的,需要系统评估对方的专利权利法律状态、归属以及 FTO 问题。

### 十二、专利布局的检索与分析报告

打造什么样的专利组合,该在哪个方向申请专利才最有价值,哪些领域是热点、哪些领域是空白,最优的专利组合从来不会是跟踪研发被动形成的,强有力的专利组合需要知识产权管

理人员对自身和行业的专利状况有详细的了解，这些都需要系统的专利检索与分析。

### 十三、专利挖掘分析报告

对研发中遇到的技术问题的深度解读和检索，能为研发人员提供新的思路，比如在核电领域的点火器遇到点火速度的问题，解决这个问题在发动机点火器中就有很多成熟的方案，能为研发人员提供参考和启示，能对现有技术做出有价值的改进，需要说明的是挖掘分析报告，不同于替代方案的分析报告，替代的方案更注重现成的专利失效方案，而挖掘的分析更多是为研发人员或科学家提供某个技术问题的方案，这个方案可能是不成熟的，可能是在其他领域，需要科学家的智慧去进一步加工，挖掘分析报告是辅助参考的角色，但这种启示有时很重要。

### 十四、技术路线图分析报告

该报告提供系统的检索与分析，把握竞争对手、某一技术领域的技术发展路线图，可查看本公司的路线趋势与行业的趋势比较情况。

### 十五、专利强度和价值分析报告

打仗前，先要了解对方的实力，诉讼前也一样，万一对方在其他领域有能将自己一剑封喉的专利呢？检索分析某一公司、某一领域的专利组合的专利强度和价值，为进一步的商业活动提供参考。

### 十六、申请人或发明人合作关系的分析报告

这是申请人和发明人之间的合作关系报告，可为并购和企业招聘提供情报。

### 十七、在先技术抗辩的检索分析报告

遇到专利诉讼和专利勒索前，在先技术抗辩是个经济快捷的方法，拿到有力的在先技术摆到对方面前，会让对手的态度好很多，这是比无效更有效和更温和的手段。

### 十八、产品—专利映射检索分析报告

该报告主要了解自己的产品与专利的对应关系，这在申请量比较大的公司是比较难的一件事，在A产品上申请的专利可能对B产品更为重要，如果不知道B产品也需要这样的技术，很可能A产品的这件专利就会被放弃掉，比如防毒面具是一项看似普通的专利，该过滤技术对防毒面具可有可无，可能要被放弃掉，但却是抗雾霾口罩中最核心的专利，没有系统的检索分析是很难准确把握的。

当然专利分析报告不会固定在上述十八种形式上，比如还有专门的法律状态检索分析、引用检索、许可状况检索、诉讼情况检索与分析等，有时一份报告需要照顾到多个问题，在后续文章中笔者会根据读者兴趣谈谈其中的一些分析报告的制作方法和技巧。

# 怎么制作 FTO 报告

赵佑斌

FTO(free to operate)指的是技术实施人在不侵犯他人专利权的情况下自由实施,有时也称 right to use。FTO 分析在美国、中国、德国等国应用得比较普遍。与其他的专利分析报告相比,FTO 名称上看起来比较另类,翻译成中文是技术自由操作,导致人们在理解时扩大了概念范围,有时把商标侵权、技术合规等也放到 FTO 分析的范畴中。本文提及的 FTO 是指其最基本和普遍的定义,限定在专利风险分析的范围内。

FTO 与专利非侵权分析、专利风险分析、专利预警几种专利侵权相关的分析容易混淆,实际工作有时候会有重叠,但有时会在不同情况下应用。FTO 分析一般侧重于自由实施,侵权人在被诉专利侵权时,可以用 FTO 报告证明自己非故意侵权(willful infringement),以避免惩罚性赔偿,所以 FTO 分析既分析有效专利又分析失效专利的现有技术,目的在于证明当前技术可实施,不会侵犯他人专利权。专利非侵权分析(non-infringement)侧重在已经知晓相关专利的情况,将现有方案与已知晓的专利进行权利要求比对以判断是否侵权。专利风险分析一般只分析有效的专利,这点与 FTO 不同。专利预警一般用在产品处于研发前端未最终成型时。实践中这四种专利侵权相关的报告会有相互重叠交叉的地方,需要哪种分析取决于具体的商业目的。FTO 的主要目的是用于证明非故意侵权以避免可能的惩罚性赔偿。

## 一、何时进行 FTO 分析

侵权风险分析当然越早越好,但在研发的早期产品和概念还未形成,这时候可以进行专利预警,无法进行产品权利要求的比对,FTO 的分析可以贯穿整个产品开发过程,但原则上要求有确定的技术特征,否则与一般的专利预警无差别,最终的报告也无法用来证明非故意侵权。科学的做法是在产品研发前端有相应的专利预警,让研发人员知晓该领域的相应专利,在产品技术特征最终成型后进行 FTO 分析,这个时候 FTO 的结果侵权可能性已经很低,最后的步骤只是确认不侵权,否则在产品技术特征成型时确定侵权,这时候再修改和规避的代价会大很多。

## 二、FTO 报告有哪些要求

在美国司法实践中,有几个案例确定了避免故意侵权的原则,包括早期的尽职(dare care)原则和客观轻率(objectively recklessness)原则,在这两种原则之下,起诉方需要证明侵权方"极大可能知晓专利侵权情况"，侵权人通常可以用FTO报告规避故意侵权指控，显示自己尽到明显的注意义务，比如经过基本的专利检索、专利筛选、相关专利的权利要求比对等。

有意思的是，美国联邦法院在Halo Electronics V. Pluse Electronics案中否定了所谓的"客观轻率"的原则，而是将故意侵权的裁判权还给了地方法院[1]。在这种情形下，权利人指控故意侵权的难度实际上降低了，根据"客观轻率"的原则，被控侵权一方提供的FTO报告上没有提到相关的侵权风险，而原告在没有其他强证据的情况下，无法追究故意侵权责任，故意侵权的三倍赔偿也形同虚设。权利人完全可以"假惺惺"地让律师制作一份无相关专利踪迹的报告来规避可能的故意侵权指控。因此，故意侵权裁定回到地方法院，侵权一方被控故意侵权的可能性更大了，这就间接地要求企业在专利侵权风险预警上花更多精力，而不能像过去一样，拿一份律师签字的FTO报告就可以轻松地规避故意侵权了。在中国，FTO做到什么样的程度才能抗辩故意侵权指控，目前没有相关的案例可参考，但参照一般的专利侵权标准，检索需要较高的查全率，权利要求比对需要全面覆盖原则和等同原则，这些都需要反映到报告中，以证明尽了极大的注意义务。

### 三、如何进行FTO调查

**1. 确定产品的上市区域**

专利具有地域性，专利侵权的分析先要确定产品生产和上市的地区，这样可以有的放矢地减少实际的工作量和不必要的权利要求比对分析。

**2. 理解产品技术特征**

一个产品的特征可能有很多，即使一个全新的产品，也有很多标准件，不可能对每个特征进行FTO调查，一般只分析侵权可能性大、企业自身研究开发及产品上有创新的技术特征。专利侵权判断是需要产品特征与权利要求进行比对的，FTO的特征不能太宽。比如新产品是一台负离子电风扇，需要侵权分析的可能只有产生负离子的装置的某一部分。

**3. 全面的专利检索**

FTO的专利检索需要较高的查全率，关于检索的技巧本文暂时不介绍，这里需要强调的是，要避免故意侵权指控，检索需要达到基本的要求，比如行业常见的关键词、基本的分类，否则产品是负离子电扇，检索词里面连离子这个词都没有，这显然说不过去。

FTO的检索需要综合运用各种检索策略，保证查全率，避免漏检。对于权利要求的检索是重点，但FTO检索并不能只限于权利要求，因为权利要求的术语相对抽象，无法与具体特征对应，全文和其他部分的检索依然非常重要，FTO也需要关注失效的专利。

**4. 专利筛选**

筛选出最相关的专利，包括失效的专利和尚未授权的专利，所有相关的专利都应该放到关注目标中。专利的筛选需要筛选人对专利的技术有相当深入的理解，对可能较相关的专利分成若干等级。

在专利筛选过程中容易出现两种极端情况，一种是相关专利特别多，似乎风险较大，另一种是完全没有相关的专利，似乎风险很小。相关专利太多会导致后续的权利要求比对进入失控状态，导致风险无法管理，比如你发现一百个高度相关的专利，即使认真对每个专利比对了一番,但最后的结果可能依然不可靠,因为每个比对的误差综合在一起,已经使得最后的准确率大打折扣了,另外,FTO 报告中分析太多专利,反而使得故意侵权的可能性增大,需要明显注意和规避的专利也多了。

对于查询到的相关专利特别多的情况,需要进一步详细分析,剔除权利要求保护范围大量重复的不稳定申请,尤其是未经过审查的实用新型专利。对于检索到的相关专利特别少的情况,需要理清相关的技术脉络,确定与技术方案最接近的专利,让风险的距离清晰可见,比无关痛痒的"相关领域没有检索到相关专利"更有说服力。

5. 权利要求的比对

FTO 报告需要对检索的相关权利要求与产品特征有基本的比对,以确定相关产品特征是否落在检索到的专利权利要求范围内。侵权判断的原则包括全面覆盖原则与等同原则。

6. 结论

FTO 的结论需要特别谨慎,一般论述该技术是现有技术或者不侵犯任何相关专利的权利,尽量不出现侵权、风险高等描述。出现较高风险专利的情况,需要与相应的业务部门商量,写在 FTO 分析报告中的高度侵权和风险的结论有可能起到相反的效果。企业很多商业活动是明知风险而为之,很少会有完全无风险的情况,更重要的是对风险和收益的权衡。当然一份在侵权诉讼中能用得上的 FTO 报告,其结论当然以不侵犯任何专利权为最佳,否则报告中都明确写出了高风险,依然故意实施,故意侵权嫌疑大增,这也是 FTO 报告与一般的专利侵权风险分析报告的重要区别。

### 四、FTO 报告的模板

1. 背景介绍

介绍相关的技术特征,明确需要进行 FTO 分析的技术特征细节。

2. 产品生产、销售区域

3. 数据库的选择

4. 关键词和检索策略

列出一定数量的检索式,检索式一般包括关键词和分类(这里要注意的是,实际的检索策略可能展示的检索式差别很大,展示的可能仅是很少的部分,其目的在于显示 FTO 的检索尽到了对相当范围的考虑。

5. 相关的专利的筛选

列出可能相关的专利。

6. 权利要求比对

对相关性高的专利进行权利要求比对,注意比对需要考虑全面覆盖原则和等同原则(字面侵权和等同侵权)。

7. 结论

相应的技术是现有技术,不在相关的专利权利要求范围内等。

# 企业专利挖掘之"根"

凌赵华

专利挖掘在知识产权行业内算是一个老生常谈的命题了,关于它的概念、含义和方法论,也早有各路专家、学者、从业者进行过系统、深入、精辟的阐述。另外,专利挖掘也早已成为企业专利工程师的必备技能之一。本文仅是笔者基于自身工作经历思考总结的专利挖掘的心得体会,分享出来供大家交流探讨。

## 一、专利挖掘的对象

在企业中做专利挖掘工作,首先要找到合适的切入点,也就是挖掘工作的落脚点。很多新入行的专利工程师在面对专利挖掘工作时,经常会有一种无从下手的感觉,很大一部分是因为他们还没有找到挖掘工作的基本落脚点。

依据笔者的经验,专利挖掘工作中最合适的落脚点应该是挖掘对象,也就是专利挖掘的客体。一些传统的专利挖掘理论认为,专利挖掘的客体就是研发项目中的研发成果。这本身并没什么错,研发成果确实是专利挖掘工作中最重要及核心的挖掘对象。然而,如果仅仅认识到这一层面,对于实际专利挖掘工作的展开并无多大帮助。笔者认为,专利工程师越是把专利挖掘的对象具象化,后续专利挖掘工作的难度就会越小,专利挖掘工作的成效也会越大。

那么,我们就来看一下,究竟哪些客体能成为专利挖掘的对象,请参见图1。

第一,从研发成果角度出发,可以找到的挖掘对象包括:新的技术方案、项目创新点、新产品设计图和新产品样品等。

第二,从现有技术角度出发,能找到的挖掘对象包括:公司已申请或公开的专利、公司已上市的产品、竞争对手已公开的专利、竞争对手已上市的产品以及所属行业内其他公开发表的技术文献等。事实上,专利挖掘的对象并不止笔者列举的上述客体,比如,研发过程中遇到的技术问题有时也可以作为专利挖掘的对象,专利工程师们可以在各自的工作实践中发现并积累更多的专利挖掘对象。

## 二、专利挖掘对象的场景化应用

笔者之所以建议专利工程师先把挖掘对象具象化,是因为不同的挖掘对象适用于不同的应用场景,衍生出不同的专利挖掘方法,并达到不同的专利工作目的和效果。

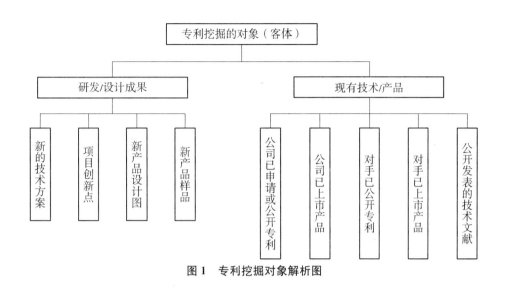

**图1 专利挖掘对象解析图**

1. 基于研发/设计成果进行专利挖掘的应用场景

一般而言,基于研发/设计成果进行的专利挖掘工作,大多是在专利布局策略的指引下开展的,或者是为了实施专利布局而进行的。因此,其应用场景较为单一,多数是为了保护公司新的研发成果,并给竞争对手将来进入这一市场领域提前设障。另外,该情形下专利挖掘的方法也较为传统和套路化。

稍有区别的是,针对新的技术方案和项目创新点进行专利挖掘,对于专利工程师的想象力和技术背景要求更高,因为在挖掘工作中会涉及创新点的方案化、创新点的纵向延伸和横向延伸、替代技术方案的扩展以及可申请主题的扩展等专利挖掘方法的运用。

而针对新产品进行专利挖掘,无论面对的是产品设计图还是样品或原型,更多的不是依靠发散性思维,而是依靠严密的逻辑性思维。因为在进行专利挖掘的过程中,专利工程师首先要对新产品进行系统性的结构拆解,一般而言,产品拆解到越小的单元,对后续的专利挖掘工作就越有利。专利工程师最终在面对一张产品结构树状图进行专利挖掘的时候,新产品上的各个创新点是一目了然的,因此这时的挖掘效率也是最高的,而且在挖掘中也不容易遗漏任何一个可专利点。

2. 基于现有技术/产品进行专利挖掘的应用场景

不同于第一种情形,基于现有技术/产品进行专利挖掘的应用场景显得更为丰富而复杂,其工作目的/效果更为多样化,其挖掘手段之间的差异性也越大。

1) 基于公司已申请或公开专利的专利挖掘

这类专利挖掘通常用于公司的补救型专利布局中。在实际操作中,一般先通过专利工程师对公司现有全部专利或某一业务板块的现有专利进行系统盘点,寻找公司当前专利布局中的漏洞或缺口,并将这些漏洞或缺口作为专利挖掘的突破口,在技术研发人员的协助下逐步形成完整的技术方案,从而完成专利挖掘以及后面的专利布局工作。

此外,在某些情况下,专利工程师也可以针对公司已申请或公开的某一件或几件特定专利,从微观层面入手,即从撰写、技术、法律、经济等几个角度来分析该专利的质量和价值,找出该专利的缺陷或改进点,并寻找一种或多种解决方案,继而完成专利挖掘工作。

2) 基于公司已上市产品的专利挖掘

与上一类专利挖掘相似,基于公司已上市产品的专利挖掘通常适用于查漏补缺型专利布局中。实际操作中,专利工程师一般先将标的产品和该标的产品的已申请专利做一对比,了解清楚该标的产品的哪些系统、模块、单元、装置、零部件和相关方法已经申请了专利,哪些方面还没有申请专利。专利工程师再从那些还未申请专利的方面入手,挖掘出之前遗漏的可以申请专利的创新点和改进部分,形成完整的技术方案,从而完成专利挖掘工作。

另外,针对公司已上市产品,专利工程师还可以换种思路来挖掘专利,即从该产品上市以后消费者或客户的反馈信息来发掘。一般来说,消费者或客户反馈的多数信息是针对该款产品的功能需求和功能缺陷的。很显然,这些关于产品的功能缺陷和新的功能需求可以作为专利挖掘很好的突破点,一旦在技术研发人员的协助下克服了这些功能缺陷或者实现了这些功能需求,那么,可申请专利的技术方案也就出来了,专利挖掘工作也就顺利结束。

3) 基于对手已公开专利的专利挖掘

以对手已经公开的专利作为专利挖掘的对象,其目的性和预期效果也比较明确,主要是阻截对手发展,挤占对手市场。这里也会涉及两种专利挖掘方法,一种是基于对手已公开的全部专利或某系列产品的全部专利进行分析后的专利挖掘,在这种情况下,其实是需要专利工程师分析竞争对手的专利布局现状,找出对手在专利布局中的空白点和薄弱点,并引导技术研发人员在这些技术空白点或薄弱点发力,最终配合完成可申请专利的多个技术方案,从而完成专利挖掘的整个过程。

另一种专利挖掘方法针对的是对手已公开的某一件或几件特定专利,例如,竞争对手在某个王牌产品上的几件核心专利或基础专利。针对对手核心或基础专利做专利挖掘的好处在于可以给对手的后续改进研发设障,或者作为将来和对方交叉许可或谈判的砝码。针对对手已公开特定专利的挖掘思路也有两条:一是尽量找出对手在该特定专利的专利撰写以及权利要求布局上的漏洞和失误,并利用新的技术方案去填补这些漏洞和失误;二是尽力去思考该特定专利中的可替换方案(替换其中的某个技术手段或技术特征,获得相同或相近的技术效果)和功能/结构优化改进方案(找到技术方案中新的技术问题,并解决该技术问题)。

4) 基于对手已上市产品的专利挖掘

同以对手已公开专利为挖掘对象类似,基于对手已上市产品的专利挖掘的主要目的包括给竞争对手下套、阻碍对手改进以及增加谈判筹码等。而有针对性的专利挖掘方法也有两种:一种是排查及分析对手已公开的该产品相关专利,挖掘在该产品上对手还未申请专利的相关部件和创新点,以及对手已经申请专利但专利公开不充分的相应部件或单元,通过逆向工程或反向设计等方式掌握对方产品相应部件的具体结构和功能原理,形成技术方案后申请专利。

另一种是站在消费者或客户的角度来研究该上市产品的功能表现和用户体验,找出该产品新的功能需求点或改善点，并在技术研发人员的协助下形成满足上述功能需求或完善功能体验的技术方案，从而完成整个专利挖掘过程。

5）基于公开发表的技术文献的专利挖掘

针对已经公开发表的技术类文献，包括学术论文、研究报告和专利文献等，并不限制这类技术文献的所有者或贡献者的所属范围，既可以是本公司，又可以是竞争对手，还可以是没有市场竞争关系的高校和研究院所等。利用这个资源作为专利挖掘的对象，一方面，在专利挖掘中的技术灵感（技术方案的起源）可以不受限制，因为这类资源足够充分；另一方面，也可以大大节省或缩短公司技术和产品研发的时间或周期。

需要注意的是，虽然这类资源极为丰富，使用起来的法律风险也较小，但专利工程师在以这类资源作为挖掘对象的时候切忌盲目，不可失去专利挖掘的目的和方向。在实际操作中，专利工程师应该先确定好每次专利挖掘的目的和方向，这往往与公司的专利布局策略有关。在确定好专利挖掘的具体目的和方向后（比如某次专利挖掘的重点是某个领域的某类技术方向），专利工程师可以先借助技术/专利情报检索及分析等方法来获取最相关的一些技术类文献，并梳理出基本技术脉络，然后在此基础上逐步挖掘和形成可申请专利的技术方案，完成专利挖掘的过程。

最后，专利工程师应当明白，在以公开发表的技术类文献作为专利挖掘的对象时（包括前述其他以现有技术/产品作为挖掘对象的情况），要保障最后形成的技术方案的可专利性是专利挖掘过程中关键的一环，因为专利挖掘并不是现有技术的简单组合，也不是漫无目的地付出劳动。

# 浅谈如何做好一份专利检索分析报告

凌赵华

知识产权作为产权化的智慧成果,是工业的催化剂,是经济的发动机,是生产力的关键要素。从国际层面来看,知识产权已经成为发达国家在全球范围内的重大利益关注点,成为国际政治、经济、文化竞争的重要工具,成为国际经济新秩序的重要组成部分;从国家层面来看,知识产权是国家竞争力的核心要素,产权化的知识所形成的无形资产,构成了知识资本,将创新成果从科技优势转化为市场竞争优势,是创新型国家的有力支撑;从企业层面来看,知识产权是企业生存和发展的战略资源,是企业生命力的体现,是在全球化进程中企业竞争的最高形式之一。

在各种知识产权形式中,无论从广义还是狭义角度理解,专利都被认为是其中最重要的一种知识产权,对科技创新、经济发展推动作用最为明显的一类知识产权。而对于企业尤其是科技型企业而言,专利活动尤其是专利检索分析工作始终贯穿在企业研发、生产、销售等日常经营管理活动中,专利检索分析工作开展得好坏,将直接影响企业科技创新活动的成效,进而影响到企业的整个经营发展状况。

## 一、定义

那什么是专利检索分析呢?不同的人可能会有不同的理解,但万变不离其宗,以下是笔者比较认同的一种定义方式:专利检索,是一个根据特定目的,通过检索式的操作,从专利数据库中萃取符合该特定目的的相应专利的过程;专利分析,是一个对专利说明书、专利公报中大量零碎的专利信息进行收集、整理、加工、分析,并利用统计学方法和技巧使这些信息转化为具有总揽全局及预测功能的竞争情报,从而为企业的技术、产品及服务开发中的决策提供参考的过程。

专利检索分析报告是专利检索分析工作成果的重要表现形式,能够充分展示专利检索分析工作的成果。专利检索分析报告是一个统称,根据不同的应用场景和项目目的,可以分为以下多种不同的报告类别:查新检索(新颖性检索)、专题检索(技术主题检索)、无效检索、防侵权检索、侵权分析、专利权稳定性分析、法律状态检索、同族专利检索、引文检索等。

## 二、建议

在实务中如何才能做好一份专利检索分析报告?笔者试着根据自己的从业经验,给出一些粗浅的建议,供企业和服务机构的相关从业人员探讨和交流。

如果有人说,令企业需要和满意的专利检索分析报告就是好的专利检索分析报告,恐怕没人会提出异议,关键是如何才能做出一份企业真正需要和满意的专利检索分析报告呢? 笔者试着从以下几个阶段分别给出几条建议:

1. 准备阶段

准备阶段是一个检索分析项目的定位阶段,在这个阶段,专利检索分析人员需要了解项目的类型和背景,确定项目的客体和目的,以及明确项目的检索范围等。以上这些步骤其实都是围绕一个目的展开,即了解清楚该项目(客户)的真实需求。很显然,了解清楚真实需求是开展专利检索分析工作的原始基础,也是做出一份好的专利检索分析报告的重要前提。

在实际工作中,项目需求方的联系人未必真正了解或者完全了解一个项目的完整背景和目的,因此也很难写出一份高质量甚至符合最低要求的项目需求书,这就需要专利检索分析人员主动去了解该项目的相关情况,不仅要跟项目需求方的联系人直接沟通,还要跟该项目相关的技术研发人员(如技术发明人、项目负责人、产品设计人等)沟通确认,最好是通过面对面交流的方式去了解清楚整个项目的来龙去脉和项目的最终目的。在有必要的情况下,专利检索分析人员还应该主动通过其他方式去调查发掘该项目的一些背景资料。

明确检索范围是准备阶段最重要的任务之一,专利检索分析人员要与项目需求方一起一一确定该项目的检索地区范围、语言范围、时间范围、文献类型范围、数据库范围以及技术内容范围。以上的每一个检索范围都会极大地影响后续的检索分析工作量和检索分析结果,因此需要需求方和服务方谨慎对待、达成共识。

2. 检索阶段

检索阶段是一个检索分析项目的基础阶段,在这个阶段,专利检索分析人员需要根据项目的检索目的和检索范围进行检索主题词和分类号的确定,检索要素表的编写,检索式的构建,以及检索的实施。

检索阶段有两个最重要的指标:检索结果的完整性和准确性。有的时候尤其是在有检索效率压力的情况下,很难保证同时达到这两个指标。这个时候需要专利检索分析人员根据项目实际情况做出权衡或平衡,其中最基本的考量因素是该项目的类型和目的。如果该项目是一个大型的产业专利分析项目,应更关注检索结果的完整性;如果该项目是一个查新检索或无效检索项目,则应更关注检索结果的准确性。对于那种必须同等关注检索结果完整性和准确性的项目,比如竞争对手技术竞争情报分析项目,一般可以采用"先保全,再抓准"的策略。

检索阶段大致可以分为专利检索和专利筛选两个步骤。而在实务中,为了达到特定的目的,这两个步骤一般会重复操作多次。专利检索分析人员需要不断地调试检索关键词和分类号以及构建不同的检索式以获得最佳的检索效果,即使是调试后获得了最佳的检索策略,也可能需要二次检索甚至三次检索。专利筛选是一个排除非相关专利、拣选目标专利的过程,有时也叫去噪过程。在专利筛选中,可根据项目具体情况选择批量筛选方式或逐一筛选方式进行。在做大型的专利检索分析项目时,一般会先进行批量筛选,再进行逐一筛选,这样既能保证工作效率又能保证结果的完整性和准确性。当然,在数据量不大的情况下，应尽量选择逐一筛选的方式。

3. 分析阶段

分析阶段是一个检索分析项目的核心阶段，在这个阶段，专利检索分析人员需要利用一定的分析工具和分析方法对专利检索得到的结果数据进行处理和整合，再进行可视化的展示；或者需要将检索结果与特定标的进行对比分析，参照一定的标准，通过合理的推断，得出一个有倾向性的结论。

对于产业专利分析项目而言，分析过程一般包含统计分析和技术分析两个阶段，统计分析可由一些专业的分析软件或分析系统直接来完成，以生成的图表来展示统计分析结果，比如以分类号划分的技术分支分析图表、申请人分析图表、地域性分析图表、法律状态分析图表等。但是，此类分析软件或系统的操作灵活性一般较差，图表的变化样式不多，一般较难满足个性化分析需求。因此，笔者建议统计分析图表最好也由专利检索分析人员来人工制作完成，一般利用 Excel 就能制作出很多个性化的统计图表，满足不同分析项目的需求。技术分析是专利检索分析人员对专利文献中的技术内容进行解读分析的过程。通过对技术内容的解读，可以对专利检索的结果数据进行更合理的技术分类，制作技术功效矩阵图，分析预测特定技术或不同技术分支的技术发展趋势，跟踪竞争对手的技术布局等。技术分析阶段不仅是分析阶段还是整个专利检索分析项目的核心阶段，是最能体现专利检索分析人员专业功底的部分，也是最能体现出一个专利检索分析报告质量高低的地方。另外，专利分析的结果不仅要可视化呈现，而且要尽量追求易视化。易视化的意思是分析结果不仅仅是简单地罗列，而要考虑到阅读分析报告的人的视觉感受。一般的要求是结果分析图表不仅有内容，还要简洁美观，一目了然。更高一级的要求是做成综合性的分析图表，即将原本几张图表中的内容信息整合到一张图表中展示，且这几项内容信息不是简单地叠加，而是有机地整合，最后在综合性分析图表中展现出来的是"1＋1＞2"的效果。

对于查新检索、无效检索、防侵权检索等项目而言，分析过程一般只有法律分析阶段，即依照相关的法律法规和判断(定)原则，将检索到的专利或非专利文献与项目标的进行比对分析，从而获得一个有倾向性的结论。

4. 撰写阶段

撰写阶段是一个检索分析项目的收尾阶段，在这个阶段，专利检索分析人员需要先构建专利检索分析报告的框架，再整合前面几个阶段的成果和其他信息，最后才开始撰写专利检索分析报告。

笔者认为，一份好的专利检索分析报告不应该仅仅是一份专利信息分析报告，也不应该只是一份技术信息分析报告，而应该是一份综合信息分析报告，这里的综合信息应包含专利技术信息、非专利技术信息(如科技论文、技术报告、专业技术书籍等)、产业信息、市场信息、法律诉讼信息等。因此，要撰写出一份好的专利检索分析报告，除了做好前面的准备、检索、分析三个阶段的工作以外，还要专利检索分析人员去收集、整理和分析上述提到的其他信息，特别是和专利信息最为密切的非专利技术信息。通过对非专利技术信息的分析，可以帮助专利检索分析人员进一步明晰特定行业或技术领域的技术发展趋势，尤其是某些行业的技术前沿，还可以帮助客户进一步分析所在行业内的竞争对手或潜在竞争对手,找到可能的技术合作伙伴。另外,产业、市场、法律诉讼等信息的补充可以帮助客户全面多角度地观察某一行业的发展趋势或潜力,全面地了解一个特定对象,为客户做出重大决策提供更可靠的依据。

最后,一份好的专利检索分析报告不仅仅是信息或者分析结果的展示,且应该在报告的最后部分根据项目目的给出合理化建议、对策、预案或应急方案等,这些建议或对策可以是具体化的,也可以是方向性的,甚至是无方向性的,并给出每种可能的对策以及对每种对策优劣势的客观评价。

## 三、结语

笔者认为,专利检索分析工作是一个技术活儿,而技术活儿都有一个共性:讲究技巧和经验。因此,专利检索分析人员应该多多钻研检索技巧,多多积累分析经验,只有实践才能出真知。

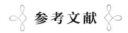 参考文献

［1］杨铁军.专利分析实务手册［M］.北京:知识产权出版社,2012.

［2］那英.企业创新与专利信息利用实务［M］.北京:知识产权出版社,2014.

［3］贺化.评议护航:经济科技活动知识产权分析评议案例启示录［M］.北京:知识产权出版社,2014.

［4］国家知识产权局.关于印发《关于加强专利分析工作的指导意见》的通知［Z］.2011.

［5］国家知识产权局.专利导航试点工程工作手册(第一版)［Z］.2013.

［6］吴坚.科技创新与知识产权［J］.知识产权,2007(6):19－22.

# 创新，也是可以玩的

房晓俊　张恒超

张恒超，专利代理师、律师。现为超凡知识产权服务股份有限公司解决方案总监。从事知识产权行业10年，拥有丰富的专利审查经验和知识产权实务工作经验，担任多个战略分析项目的总负责人。

问题普遍存在，而思维惰性却让我们在创新的时候裹足不前、畏首畏尾：

（1）我们只在感觉舒服的专业领域内寻找解决方案；

（2）依赖我们的生活经验或者文化背景；

（3）"我们总这么做"综合征；

（4）强调毫无证据的风险；

（5）成本不抵回报的假定；

（6）被信息传递过程消磨掉了。

## 一、创新的几种玩法

为撰写本文，笔者特意找来发明者感兴趣的几个问题来挑战一下我们的创新潜能，好，来看看问题吧：

（1）你会因什么而去创新？

（2）这些因素中，你最在意的是哪个？

（3）创新的过程中，你希望得到哪些支持，排除哪些干扰？

（4）创新的成果，你最希望得到的是什么？

如果你已经是发明人，不妨再想想如下的问题：

（1）你的问题从何而来？

（2）你的灵感从何而来？

（3）你对你做出的发明创造有何评价，即心得体会？

（4）你为保持创新的心态，一直关注哪些东西？

笔者常说：解决问题，要从问对问题开始；发明创造，要从问出傻问题开始。介绍几种创新的玩法吧：加一加、减一减、扩一扩、缩一缩、变一变、改一改、联一联、代一代、搬一搬、反一反。

看一张结构爆破图，可以用用形态分析法；看一段过程演示的动画，可以使使演绎发明法；像笔者这样惯性思维乱飘的人，喜欢用联想法；不走寻常路的人，可以选择逆向构思法；如果一个人玩得不过瘾，可以叫上一帮"疯子"一起玩，这就是头脑风暴法；如果你已经有了一个方案，可以用列举法把其他类似的方案都找出来；人与人交流、部门与部门沟通，信息交合法就诞生了；生活中喜欢观察的人，再送你6顶思考帽，这样就可以试试类比构造法；喜欢研究理论的人，发明问题解决理论（TRIZ）是最佳的推荐；各位不要怕创新失败，如果失败了，说明你一不小心用了试错法。

只要愿意想，总有一款方法适合你，只要愿意试，终会玩出一片天空来。

### 二、大小都是创新，布局亦是英雄

无所谓核心（专利）与否，有"米"下锅才是根本，要的是你最有灵感的那一瞬间……然后抓住它。

创新的个人在创新时，要尽力推翻这"五座大山"；创新的企业尽量不要给创新的个人制造这"五座大山"；它们是——主观、中庸、知足、规则和权威。

在《中国专利前景探讨》一文中，笔者已经谈到了 IPME 的专利布局问题，现在我们从另一个角度来看这个问题，会有不同的认识。

先说说知识链体系，这个词挺陌生的是吧，这个体系的灵魂是知识，知识从学习而得来，因记忆而沉淀，解决记忆沉淀多而无章的问题，需要分门别类和层次管理，共享交流也是知识发展的必由之路，因交流而思维开放，因沟通而相互启迪，因共享而检验知识的真伪疏漏，创新就这样渐渐自然地呈现出来了，创新既是继承又是开创，创新出生时只穿着"天使的衣服"，保护就是在这个时候给予这个婴儿最必要的关怀，这个婴儿不被保护，不长大成人，也就别指望其下一代会再次降临人间。看一下表 1，就明白笔者到底在说什么了：

表 1　知识链体系

| 知识链体系 | 学习 | 基础 | 学校、培训机构、书籍/视频自学 |
|---|---|---|---|
| | | 非专业 | 百度、谷歌 |
| | | 准专业 | 维基百科、知道、爱问 |
| | | 专业 | 中国知网、万方、微软学术 |
| | 存储 | 原始 | 左脑、右脑、记忆方法 |
| | | 辅助 | 纸笔、文档、照片、影像 |
| | | 硬件 | U 盘、硬盘、网盘 |
| | | 软件 | 有道云笔记、百度硬盘、金山网盘 |
| | 分类 | 梳理 | PINPKM |
| | | 专利检索 | 国知局、智慧芽、德温特 |

（续表）

| 知识链体系 | 管理 | 时间管理 | 日历提醒、时间提醒 |
|---|---|---|---|
| | | 项目管理 | PACD、戴明环 |
| | | 质量管理 | 6∑（DMAIC、DFSS） |
| | 共享 | 见面 | 沙龙、培训、聚会 |
| | | 非见面 | 视频会、电话、邮件、微信留言 |
| | 创新 | 发散式 | 手工脑图、头脑头暴、FreeMind |
| | | 定向式 | 奥斯本检核表法、5W2H提问法 |
| | | 系统式 | TRIZ、USIT |
| | 保护 | 技术保护 | 专利 |
| | | 表示保护 | 版权 |
| | | 图形保护 | 商标、版权 |
| | 流转 | 产权化 | 无形资产评估 |
| | | 证券化 | 质押融资 |
| | | 交易 | 转让、许可 |

创新保护，对于IPer来说就是申请个专利这么简单，但对于专利工程师而言就是专利布局的问题，不再是申请个专利那么简单了。一如笔者之前说过的，"埋地雷是为战争准备的，布局也是为IP战争准备的，别以为专利布局很时髦，真的爆炸可是一场战争的开始"，布局就是尽你所能让竞争对手无路可走。

专利工程师，已经细分为专利管理工程师、专利支持工程师、专利情报工程师和专利开发工程师，作为专利人才体系的新分支——专利开发工程师，要涉及专利开发任务（当然不会像研发工程师那样需要做大量工程化的工作），具体如创新开发、专利挖掘、风险规避、专利布局等工作，及其策划、控制与指导。

怎么让对手无路可走？体现在专利战略上，是进攻型、防守型还是平衡型，对于进攻型就是在于技术功能全覆盖，分为原理性布局、（产品/技术特征）结构性布局和混合性布局3类；对于防守型就是要对自己产品的全覆盖，分为围篱性布局、迷惑性布局和巩固性布局。对于平衡型专利战略下的专利布局则更难把握，它需要在进攻方面体现出倾轧性，而在防守方面体现出稳固性。操作不当，就会无所适从，样子很好看，但经不起实战。

在专利布局之前，专利开发工程师需要做好3种基本功：①创新的方法和创新的技能，TRIZ理论九大系统是必需的基础；②各类情报的积累、分析和识别本行业的技术发展趋势与路线特征、专利申请趋势与策略特征、产品（尤其是竞争对手）开发趋势与策略特征；③探究市场应用前景和预测技术功能趋势，掌握市场需求动态趋势，识别并策划创新以及与竞争企业专利交织的区域分布，挖掘提炼目标区域内的专利开发需求与机会特征，跟踪研发项目的技术/专利障碍风险问题，提供创新协同支持，为知识产权风险规避、应对方案设计提供创新支持。

专利创新和专利布局都不是什么轻松的活儿。

对于做专利创新的你来说，相信在你的记忆里，在你的那些专利方案的创新过程中，或开心、或痛苦、或舒畅、或挫折……这些情感和你的智慧结晶会凝结在你的青春岁月里，值得自己去慢慢回味，同时也值得同行们去驻足体会、欣赏及思考。

对于做专利布局的你来说，做个幕后英雄是你必然的宿命，让你体会到别人永远也体会不到的"运筹策帷帐之中，决胜于千里之外""谈笑间，樯橹灰飞烟灭"快感，建立在比同行更多的付出之上，多学一些，多做一点，多想一步，循序而渐进。

来吧，一起来专利创新和布局的乐园玩吧！

相信你在这座乐园中留下的笑声和泪水，这么精彩的人生经历，不会让你后悔你的付出，我保证！

# 反创新型专利研究

李银惠

按专利使用目的不同，世界上的专利可分为三种。

第一种是正向研发的创新型专利，体现人类为了解决某个技术问题而做出的创造性技术贡献，具有技术价值（也就是同行们都倾向于使用这种技术）。所谓正向，指的是先有技术问题，然后为了解决这个技术问题而研发技术方案，从技术问题朝向技术方案，是为正向。

第二种是逆向的反创新型专利，是市场竞争主体为了避免竞争对手进入某个市场而人为创造出来的一些专利，这些专利所代表的技术，毫无技术价值（也就是同行们在正常情况下是不会采用这些技术的），但是却能排斥竞争对手进入某个市场。所谓逆向，指的是先编造技术方案，然后为这个技术方案赋予一个技术问题，看起来好像这个专利能解决技术问题，从技术方案朝向技术问题，是为逆向。

所谓反创新，指的是这种专利实际上限制了竞争对手进入某个行业，从而限制了行业内在这个技术方向上的进一步发展，抑制了整个人类社会某一方面的技术发展。专利制度有时候并不是促进技术创新的，而是反创新的。但不能因噎废食，吃饭也有不小心呛死的可能性，那也得吃饭。

第三种是乱向的不创新型专利，目的是赚政府资助，这种专利在特定历史时期有其积极意义，主要是锻炼了专利代理人队伍，但持续十多年的这个阶段快要结束了，随便两三个小伙就能开个专利代理机构的时代即将一去不复返。

上述第一种和第二种，其实都是专利的常规使用目的，但是第二种专利基本上很难遇到，并不常见。这就好像笔者所写的《专利禁忌魔法之四大邪术》一样，这些顶尖法术一般都是由顶级企业知识产权部的专家在内部使用的，根本流传不到专利代理机构的专利代理人手里。

一法通则万法通，让我们猜猜这个反创新型专利应该怎么做。

## 一、专利的根本目的

逆向的反创新型专利就是在市场竞争中，利用专利获得竞争优势的办法。如何打造逆向的反创新型专利布局，就是术的范畴。即便是懂得这个法，也懂得这个术，如果势不在，也没什么用。就好像雅虎、诺基亚、北电、柯达等公司，专利很多，甚至很多技术都是它们原创的，但经营不善，这些专利只能卖掉换钱。如果它们正常经营，从市场上赚到的钱，肯定远远比最终卖这些压箱底的专利更多。

专利的用处是，要么让竞争对手不能卖跟自己相同的产品，要么是让竞争对手就算是卖跟自己相同的产品，至少也不会影响自己正常的市场获利。至于竞争对手是否侵犯自己的专利权，自己是否侵犯竞争对手的专利权，根本无关紧要，重要的是赚钱。

归根结底，专利的根本目的是保障盈利，而不是保障不被侵权。

通过以下四个案例可以管窥反创新型专利的魔影。

## 二、案例之一：欧盟的儿童锁打火机

中国温州的打火机曾经占据整个欧洲市场，因为实在是便宜，导致欧洲的打火机制造商几近破产。于是，欧盟的打火机制造商们忽悠欧盟议会出具了这样的一个法案，要求所有在欧盟销售的打火机，必须安装有儿童安全锁装置，也就是增加一个让小孩子无法独立点燃打火机的装置。技术上很简单，温州打火机厂商可以不费吹灰之力就造出来，成本也会很低。问题是，各种关于打火机安全锁的专利都在美日欧企业的手里，如果温州打火机厂商要制造带有儿童安全锁的打火机，这些专利权人要收取比打火机的售价还要高的专利许可费。于是，中国温州的打火机就此退出了欧洲市场。

这个案例中的专利就是反创新型专利，打火机上装个锁，这玩意也能叫创新？走遍全世界，你看哪个国家会傻到在打火机上装个锁？没有任何市场推广价值。但就是这个技术，也能获得发明专利授权，而且授权数量还不少。

术是儿童锁打火机的专利布局。其实，笔者本人都可以有100种办法在打火机上装个锁，技术上没有任何难度。

势是能够说得动欧盟议会毅然决然颁布一项法案，理由是怕儿童玩打火机放火，能够说服欧盟议会，这是最关键的一步。但如果没有事先准备好足够数量的专利，就算是找借口也找不到啊。这个案例说明，有时候一些明明没什么市场推广价值的技术，也得申请专利。

## 三、案例之二：日本企业的外围专利

1960—1970年的日本制造业很发达，但自主研发实力不强，总是跟随着美国的脚步，模仿美国的技术。美国一直被日本抄袭，所以极力在世界范围内强化专利保护制度，以抵抗日本的抄袭。但日本人着实是厉害，在强大的专利保护制度下，依然有办法抄袭，主要就是两点：专利分析和外围专利。

说句题外话，专利制度或者知识产权制度，是商业问题，不是道德问题。日本女星深田恭子演过一部电影《下妻物语》，里面她爸就是靠卖假货发财的，才能支持她整天打扮成洛可可公主到处闲逛，历史上许多发达国家都曾经历过假货横行的年代，知识产权从业人员也要学点历史，对这一问题才能理解得更深刻。

笔者看到一些车评人总是批评国产车商抄袭进口车，笔者想说的是，既然外资车企在中国没有外观设计专利权，那就不叫抄袭，那叫借鉴。先借鉴，赚点钱，赚到钱了再研发，这才是正确的道路。在既没技术又没钱的时候，借鉴是最好的企业经营策略，不要盲目花钱搞创新。

转回正题，中国目前盛行各种专利预警分析技巧，笔者曾经也深入研究为什么欧洲和美国根本没人提专利分析报告，凡是专利分析专家，全都是日本、韩国最有名。笔者这才意识到，因为日韩在创新技术上是后发的，后发的要追赶，就必须分析先强者的漏洞，然后再加以改进和超越。

日本人擅长玩专利分析，分析完之后做外围专利布局。比如美国公司曾经发明了开天辟地的一种新材料，其制备工艺已经申请了专利。按照常理，日本公司就无法合法地到美国销售这种材料了。但日本公司为这种材料制造的各种产品申请了无数件外围专利。其结果就是日本公司不能使用这种材料的制备工艺，但美国公司也不能用这种材料制造各种产品，因为各种产品都会落入日本公司外围专利的保护范围。最终，美国公司只能与日本公司相互许可，平等地进行市场竞争。

在这个案例中，法是反创新型专利，因为用这种新材料去制造各种已有的产品，实在不算什么有创造性的工作。在材料的制造工艺已经公开的情况下，任何本领域的企业都可以很容易地制造各种产品，这些产品的专利不构成什么创新。

术是这些产品的专利布局，只要给足够的技术人员和专利代理人，以及专利代理费，笔者可以分分钟教会你怎么做专利布局。

势是日本企业在全世界范围内的攻城略地，依靠着更低的成本、更高的制造效率和更好的用户体验等企业经营方面的优势，日本企业有信心在没有专利方面的贸易壁垒的情况下公平竞争，打败美国公司。所以，日本人才愿意花费很多的精力、人力、财力，去打造一个足以反制核心专利的外围专利群。

能够在市场竞争中正面与美国公司交锋，这才是最关键的一步。有了这样的市场竞争能力，才能依靠外围专利打败核心专利。若企业自身的市场经营能力不行，专利玩得再好也是别人的嫁衣。

### 四、案例之三：邱则有的空心楼盖板

中国专利第一人邱则有的案例是笔者在很多文章中提到的。实际上，空心楼盖板这种技术也并不是他发明的，但他为这种技术所采用的零配件申请了7 000多件中国发明专利，其中3 000件左右获得授权，在全国范围内发生过120多件专利侵权诉讼，其中90%胜诉。其结果，就是他的企业主导了全国的空心楼盖板的建筑市场，以他为首的专利联盟具有行业定价权，成功地抑制了低价竞争，提高了整个行业的利润率。当然，换个角度的话，也许正是因为他的专利联盟的存在，导致了空心楼盖板技术在整个建筑行业普及率不高，因为专利联盟抬升了空心楼盖板的价格。

在这个案例中，法是反创新型专利，笔者曾经仔细研究过这7 000件发明专利申请、3 000件授权发明专利和120件专利侵权诉讼。从专利文本质量上来说，每个专利都写得比较粗糙，但笔者在《拿什么来拯救专利质量》这篇文章中也说过，没有完美的专利，只有完美的专利布局。实际上，这7 000多件发明专利申请，单独拿出来说，每一件专利都是看起来没什么用的东西，无非就是建筑工地水泥浇筑过程中所采用的一些模壳件，每一种专利模

壳件,笔者都可以轻易地找到100种替换方式以避免侵权。问题就是,人家已经把笔者可能采用的100种替换方案都写在这3000件授权发明专利中了,结果就是笔者还是被打败了。

术就是,到底采用什么样的专利布局手段,把小小的建筑零部件,扩展到7000多件发明专利申请?这个问题说起来很简单,无非就是寻找惯用手段的替换嘛,只要提供充足的技术人员、专利代理人和专利代理费,自然能够实现。

更具体一点说,是因为邱则有具备了三位一体的条件。他本人就是公司老板,他的建筑公司本来就做得很好,他具备商业上的判断力和决定权;他又是技术人员出身,在技术上也具有判断力和决定权;同时,他还真正懂专利,在专利上也具有判断力和决定权。想想普通公司做专利布局是一个什么状态。老板只能根据下属的汇报判断专利写得好不好,自己根本看不出来什么道道,而且实际上也没空看。技术人员只知道写技术交底书,并不知道这个技术的市场推广前景。专利代理人只管这个专利能不能授权,至于可替代技术方案和专利整体的布局,完全没有能力干预,而且费用上也不允许。在商业、技术和专利三个方面相互割裂,恐怕很难做出真正有效的专利布局。

势就是他的公司本来就经营得蛮不错的,而且空心楼盖板这个建筑技术还是有其独特应用价值的,具有一定的市场前景,并不是可有可无的技术。

在这个案例中,作为术的专利布局是最关键的一步。

### 五、案例之四:打印机墨盒的专利垄断

打印机的品牌很少,在国内看到比较多的就只有惠普、佳能和爱普生三个品牌,此外还有联想,但实际上是日本Brother公司代工的。打印机行业还有个非常奇怪的现象,打印机一台200元,但新买一个墨盒就要50元,也就是说,那么大一台的打印机,竟然只值四个小小的墨盒的钱!

非也非也!打印机与吉列剃须刀采用了相同的市场策略,剃须刀的刀柄极其便宜,真正赚钱的是作为消耗品的刀片。打印机的价格几乎相当于白送,但墨盒的售价远远超过其制造成本。实际上,一个墨盒的制造成本仅为几块钱而已,但售价上百,这门生意的利润率可以媲美奢侈品香水。

按理说,墨盒这种玩意,无非就是个塑料制成的墨水瓶,附带个与打印机通信的信号电路即可,中国企业可以分分钟制造出来。但这并不是单纯墨盒的问题,而是打印机的技术垄断和墨盒的专利垄断共同造成的。

最开始的时候,中国厂商在技术上是没有能力制造打印机的,但制造墨盒的技术是绰绰有余的。因此,美日的打印机企业把墨盒与打印机的通信和连接等方面的特定技术要求都申请了墨盒的专利。这些技术要求本来并不构成什么创新性,只不过是与打印机进行通信与连接的技术要求而已。但这样下来,中国企业凡是想要制造能与这几个美日品牌的打印机通用的墨盒,就必然要用到这些并没什么创新技术的专利。所以,即便在技术实力上已经足够,依然无法进入墨盒制造这个行业。而美日的这些打印机企业,在打印机技术本身已经无从进步,因此它们的一切研发目标都变成了如何编造出各种稀奇古怪的打印机与墨盒的通信方式,以尽可能地维持墨盒的垄断地位。

在这个案例中，法是反创新型专利，美日的打印机企业在打印机和墨盒上申请的很多专利并非是技术创新，而是要人为地制造专利困难，尽可能地搞出不同方式的墨盒，以延长专利的持续时间，维持高额垄断利润。

术是如何费尽心机地编造这些看起来挺有用，但实际上没什么技术价值的专利。往好听了说，这也是专利布局的一种形态。

势是美日企业在打印机制造技术上的垄断性，在中国企业自己还不具备打印机制造的能力时，就必须按照人家的游戏规则来玩。

幸好，珠海的民族品牌打印机"奔图"早就上市销售了，技术与专利方面的垄断虽然被打破，但市场知名度还远远不够，需要继续努力。

## 六、结语

对于反创新型的专利战略，企业运营者首先要考虑势，行业大势和企业态势，所处的行业至少是技术比较重要的行业，所在的企业至少是技术比较领先或者有一定技术优势的企业。这并不意味着一定要求技术领先全世界，其实只要沾点边就足够了。实话说，笔者觉得专利跟技术的关系其实并没有那么紧密，跟市场竞争的关系更紧密。

适合采用反创新型专利战略的企业着实不多，势这一条已经淘汰掉99%的企业了。

最关键的问题恐怕是术的问题，如何进行反创新型的专利布局，是真正需要专利从业人士下苦功认真钻研的事情。首先，笔者认为至少专利代理人与技术人员要合二为一才行，也就是专利代理人要彻底了解整个行业和整个企业的技术情况，不是那种纸面上比较了解，到了现场连个零件叫什么都不知道。毕竟达到商业、技术和专利三位一体的程度，几十年来也就邱则有一人而已，要不然怎么叫中国专利第一人。但专利与技术的合二为一，还是有较多的可能性的。这一点，台湾企业比较擅长，因为台湾企业的知识产权经理常常是企业内部的技术人员出身，就在企业内部挖专利、写专利、答审、复审无效和诉讼，长期只从事本企业内的技术领域专利业务，对技术和专利都非常了解。

其次，笔者感觉阻碍专业水平提高的主要问题，从来都不是资料的缺乏，而是自己的懒。你看还是不看，邱则有的7 000件发明专利就在那里，不躲不闪；你读还是不读，打印机墨盒的几万件专利还在那里，不离不弃。在专利布局这一术上，笨功夫恰恰就是最好的功夫，一天读10篇专利，大约700天就读完了，实际上刚开始每天读10篇，在读得很熟之后，一天读100篇也做得到。不建议读墨盒的专利，因为打印机墨盒的主战场在美国，而不是中国，如果你英文比较好，去读美国的墨盒专利可能更管用，记住要一字不落地读完。

# 专利规避的几个实操必要步骤

李银惠

故事的由来,是这样子的:笔者之前帮一个长期服务的老客户规避过一些国外的专利,突破了国外竞争对手的专利堵截。这次,作为研发总负责人的老板,匆匆忙忙把笔者叫来,要申请一个颠覆整个行业的技术效果发明专利。这个机器他们已经试验了一个多月,有各种配件的变形以及最终产品效果的照片比较,笔者很快就理解了技术方案,回去招呼大家开始写。

我们的专利撰写程序非常严格,审核初稿的时候必须提供检索到的对比文件,所以发明授权率稳定在 75%。负责撰写的专利代理人迅速检索到了一篇非常接近的英文 PCT。笔者的判断是,这篇对比文件毫无疑问破坏了创造性,于是终止撰写,并将这篇英文 PCT 发给客户。

客户并不只是申请专利而已,该产品已经在设计和准备销售了,必须考虑这个 PCT 的威胁。

于是,此时轮到笔者上场了!

## 一、必要步骤一:翻译

先把这篇英文 PCT 翻译成中文,用中文去思考如何规避,不能拿着一篇英文专利想对策。

## 二、必要步骤二:判断专利稳定性

如果是规避已经授权的发明专利,不用花太多时间去考虑专利稳定性,直接按照权利要求 1 的保护范围进行规避即可,工作量少些。据笔者估算,即便是规避授权的发明专利,我方专利依然有 10% 的可能性被无效掉。

如果是实用新型和外观设计专利,反而工作量更大,因为需要花费更多时间考虑权利稳定性。有的实用新型的权利要求 1 保护范围稍微写得大了一些,这会使得规避设计很复杂。直接按照权利要求 1 的保护范围去规避,由于保护范围太大,规避难度太大,会给企业的实际生产增加太多成本。

如果考虑权利要求 1 可能被无效掉,那么就需要先确认一下权利要求能够被无效掉多少条,相当于增加了一份无效宣告分析的工作量。保护范围不确定的专利,最难进行规避设计。

这件专利是申请不到一年的英文 PCT，当然并没有在任何国家授权。但笔者可以确定的两件事情是，①它肯定会进入中国，这篇专利的权利人恰恰就是该客户在国际上唯一的竞争对手，中国市场对它来说是至关重要的；以及②它的最大保护范围顶多就是权利要求 1 的范围，只要能够规避开权利要求 1，就可以确保不侵权。据笔者判断，权利要求 1 的授权可能性也比较高，这确实是一个行业内原创的技术方案，与笔者的客户不谋而合。

当然，规避权利要求 1 的难度相当大，欧美顶级公司的专利质量都特别好，权利要求 1 常常写得无限大，充满了功能性限定，而实施例和从权却写得极其具体，恨不得有几个螺丝钉都写得清清楚楚。

### 三、必要步骤三：确认我方目的

其实，针对该案例，规避设计仅仅是一个很重要但非常不紧急的事情。因为欧美顶级公司的操作习惯大多是把发明申请拖延到期限的最后一天才进行下一个步骤，尽可能延迟自己的发明专利授权，让自己的专利悬而未决的状态持续的时间越长越好，根本就不希望尽早得到授权。因此，作为一个申请不久的 PCT，30 个月时间可进入国家阶段，再经过 2 年的国内实质审查，意味着通常情况下这个专利可能在四五年之后（比如 2022 年）才会在中国或者其他国家获得授权。

作为一个有档次的企业，客户自然不会等待那么久之后才去规避，因为他们现在就打算卖这个产品了。他们的产品几乎是与这个竞争对手的同类高端产品同时期出现在国际市场。

规避的目的自然是，改变我方产品的技术方案，确保我方产品不会落入对方专利的保护范围，以避免在市场上受到对方专利的威胁。但是在规避设计的过程中，必然会产生新的技术方案，这个新的技术方案常常是一种截然不同的创新，一般可以申请新的发明专利。

因此，确认我方目的是两个，①规避：确保产品规避侵权，②授权：确保我方新申请发明能够得到授权。

### 四、必要步骤四：对技术人员和老板的宣讲

笔者很明确地知道，老板和工程师肯定不会非常详细地读过这篇专利的中文译文（他们都忙得很，根本没空看，也看不懂）。所以笔者要先花 15 分钟，把这篇专利的权利要求 1 和说明书公开的技术内容做个概述，再阐述我们面对的两个问题：①规避：产品规避侵权，②授权：自己申请专利能授权，以明确本次会谈的目的。

在与客户的面谈过程中，笔者打开了电脑，连接了投影仪，要求在座各位先听笔者讲 15 分钟，然后再开始讨论问题，确保话题在笔者的控制之下。

针对第①个问题（规避），笔者总结了权利要求 1 的四个必要技术特征，并且把它们分成了两类，第一类是笔者认为绝无可能更改或者取消的技术特征（1）和（3），因为这两个技术特征是同类产品的通用结构，第二类是可以做出修改或者取消的技术特征（2）和（4）。此外，由于这四个技术特征是非常明显的功能性限定，所以笔者还将这四个技术特征在说明书中的实施例列了出来。例如，技术特征（2）是驱动装置，实施例中分别采用了气缸与伺服

电机,技术特征(4)是取件装置,实施例中分别采用了机械手和吸盘。

然后,笔者对在座各位说,规避侵权有两个方向:第一,取消技术特征(2)或者(4)中的一个,这两个技术特征只要缺少任意一个,肯定可以规避侵权,但是,这个可能性很小很小。第二,技术特征(2)或者(4)中的实施例,可以不采用任意一个实施例。依照专利司法解释中关于功能性限定的条款,功能性限定的实际保护范围以实施例中的具体结构为保护范围,而不是以权利要求中的功能性限定为保护范围,但这种规避方式并不稳妥,还是存在侵权风险。

针对第②个问题(授权),笔者将专利说明书中公开的各种比较重要的技术特征总结了8个,对在座各位说,要想自己的发明专利授权,就必须尽可能不采用这篇专利中已经公开的这8个技术特征,并且要增加在这篇专利中并不存在的技术特征。

### 五、必要步骤五:新技术方案的提出、否决与确认

前四个步骤都是笔者一个人搞定的,这是基于笔者对客户及其所在行业的理解与经验,而步骤五客户参与了进来。笔者要说,真正的专利规避肯定不是专利代理人完成的,如果有哪个专利代理人天真地向你吹牛说,他能帮你做规避设计,那么他是实实在在的天真(也就是根本不懂专利规避)。

举个例子,假如权利要求1包含了一个必要技术特征"转动轴是倾斜的",专利代理人会说,把转动轴改成水平的,就能规避侵权。技术人员可能说,如果转动轴是水平的,这个机器就没法用了。所以,规避设计必须受到技术原理的限制,而技术原理掌握在技术人员脑中,专利代理人一般不懂。就算专利代理人做过某技术领域的工程师,但也不可能懂得其他技术领域的原理。

专利规避的第一公理:专利规避是由技术人员完成的,专利代理人只是确认是否可以规避。

在笔者宣讲完毕之后,客户提出了很多种规避技术方案,笔者一一否决。

终于,客户提出了一个笔者看起来也觉得可以规避的技术方案,但笔者认为其实依然有风险。如果对方的专利代理人是诉讼实操经验很丰富的专家的话,风险还是有的。只是,这种概率比较低,仅仅具有丰富的诉讼经验还不够,还必须有丰富的本技术领域的经验,才能看得出来侵权风险。笔者明确告知了客户,这种规避方式还有侵权漏洞,并提出了对该漏洞的法律解决方案,从诉讼实践的角度给专利权人增加难题,使之无法举证,从而间接地规避了侵权。

最终,由于客户提出了新的规避设计的技术方案,该技术方案本质上是截然不同的技术思路,第②个问题(授权)竟然迎刃而解,不需要额外讨论了。以这个规避设计的技术方案去申请发明,笔者认为授权率是100%。

### 六、结语

步骤一很费时间,步骤二和步骤三,只花了1小时时间(因为笔者轻车熟路,很有经验),步骤四和步骤五与客户在一起花了2小时,一个价值上亿甚至更多的商业问题,就解决了。

在结语中笔者还要指出一些专利规避的难点问题。

（1）产品是否侵权，或者专利是否有效的判断，不是一个有确切答案的科学判断，没有人能够保证一定侵权或者一定不侵权，明显风马牛不相及的产品和专利不需要规避设计，不是本篇文章的讨论范围。也就是说，任何规避设计方案只有一个相对的规避可能性，而不具有绝对性。所以，不要过于自信，给客户打包票。

（2）无效宣告（判断专利有效性）和侵权诉讼的实践经验，对于专利规避设计应该是必备。笔者个人觉得，在没有做过无效宣告和侵权诉讼实践之前考虑的专利规避，与笔者现在考虑的专利规避，不是一个思路。

（3）沟通能力是个关键能力，尤其是现场互动的能力，整个场面笔者 hold 住。不能想象，规避设计用 email 或者微信、QQ、电话来回沟通技术方案的情形，这样做事情，双方都要崩溃了，时间拖延到无限长也搞不定。现场沟通需要更快速的反应和更充分的经验，对专利代理人的专业素质要求更高，因为现场没有太多思考时间。

# 专利诉讼的七种武器

李银惠

创造性是专利制度的基石，笔者见过有文章把创造性的考量因素提出了40多个，可惜笔者一个也没记住，自己也就总结了4个而已，能确保自己在任何情况下都记得住。

天同律师事务所给接诉讼案件制定了步骤，之前是40多个，后来改成33个，不知道之后还改不改。

所谓秘诀，都是个人总结，一家之言，不太可能放之四海而皆准。笔者所说的七种武器，也就是个人总结而已，既不是搞懂了就一定能打赢专利诉讼，又不是一丁点儿搞不懂就不能赢专利诉讼。

七种武器是古龙的七篇短篇小说集《七种武器》，第一种武器是长生剑，实则是一笑，无论有多么大困难都要笑一笑；第二种武器是孔雀翎，实则是信心；第三种武器是碧玉刀，实则是诚实；第四种武器是多情环，实则是仇恨；第五种武器是离别钩，实则是相聚；第六种武器是霸王枪，实则是勇气；第七种武器是什么？"没有，没有武器就是有武器，有武器就是没有武器。"

古龙很爱故弄玄虚，可是古龙很酷！

笔者所总结的专利诉讼的七种武器，是细读、多聊、饱和、焦点、案例、模拟、可视化，其实这个总结跟专利诉讼并没有太大关系。因为，所有的诉讼，都同样应当考虑这七个问题。

## 一、第一种武器：细读

细读，笔者强调的是在所有的文字证据中，细致地寻找可能对自己有利的线索，应当一个字一个字地细抠，不要一掠而过；不要重视某些文字，而轻视另一些文字。

1. 细读专利

专利是否侵权以及是否维持有效，以权利要求书的内容为准，而不是以说明书为准，这是基本原理。但是在此基础上，如果天真地以为，只有权利要求书有用，说明书和其他文件就没用了，那就真的天真了。实际上，对于专利的保护范围可能有影响的文件，还有一大堆呢，并不是我们想象的，只要专利一授权，专利的保护范围就确定了。

可能对专利的保护范围有影响的文件，除了权利要求书之外，还包括：

（1）说明书和附图；

（2）审查所使用的对比文件；

（3）授权过程中，审查员发出的审查意见和专利申请人的意见陈述；

（4）当事人自己的陈述；

（5）鉴定或者勘验报告；

（6）继续提供的现有技术的文件。

专利诉讼，很大程度上就是死抠字眼的过程，由于一两个字词的解释不同而导致案件结果截然不同的案例还真不少。

"A上安装有可转动的B"，这句话在专利诉讼上就可能引起一场口水大战。"可"字，至少有两种含义，第一种，B的功能本身就是转动的，所以B是"可"转动的；第二种，B安装于A，正常工作状态下是不转动的，但需要B转动的时候，B是"可"转动的。如何理解"可"字，那需要看说明书和了解该产品正常的工作方式。可惜，根据中国目前专利的撰写水平，多半是查遍说明书上上下下，"可"字表示什么，完全没提。

仔仔细细地读，你才能找到对自己有利的地方。

2. 细读证据

笔者感觉，在原告提供的证据中，完全可能存在对被告有利的文字；被告提供的证据中，完全可能存在对原告有利的文字。当事人一方的代理律师，通常都要尽可能地咬文嚼字，字斟句酌，尽可能说服法官做出对自己有利的判决。

中国专利侵权诉讼中的被告一般不举证，只需要否定原告的证据就可以了。所以仔细阅读对方证据的事情一般是被告律师要做的。侵权诉讼中的文本证据主要是两种，一种是专利文件和专利权评价报告，证明权利稳定，另一种是专利侵权行为的证据，一般肯定有一份公证书，淘宝天猫的卖家作为侵权诉讼的被告已经撑起了半边天，所以一般是网页公证书。

对于网页公证书，细读是最重要的，要把涉及能证明侵权事实的具体页码和内容，独立挑出来，明确列出来，不要到了法庭上就一句话：证据3是公证书，证明侵权。而应该说：证据3的公证书的第65页的第三行第四张图片，与涉案外观设计完全相同，第88页第4行第二句话开始，证明涉案产品销量巨大。

## 二、第二种武器：多聊

多聊，笔者强调的是要多跟当事人或者其他相关人等口头沟通，了解现实情况，这对于专利尤其重要，因为绝大多数技术内容，单凭专利文件本身是不足以说明问题的。更重要的是，打专利官司从来就不是为了技术问题，打专利官司是为了争夺市场份额，是市场问题。作为专利律师，如果不了解专利所在行业和市场竞争情况的话，是行不通的。而这些内容，更不是仅细读专利文件就能掌握的。

1. 多聊技术

不止一个人说专利文件很难懂，读起来很拗口，是不是法律语言就是要让专利写得一般人看不明白，那倒不是，笔者的理解，专利文件其实应当尽可能写得通俗易懂，谁都看得明白才好。而之所以写得一般人看不明白，是因为法律术语要求严谨，就好像一个关于"可"字的例子，专利文件比较难懂，主要是为了避免出现技术术语不清楚的情况而形成的行业习惯。

专利虽然要求技术公开，但很多技术细节是无法从专利文件中搞清楚的。甚至由于专利写得比较差，专利文件可能与实际产品根本不是一回事。

有这么个专利，写的是"A 接头和 B 管体套着 C 保温层，并通向 D 过滤器"，但实际上，真正保护的产品是：A 接头连接 B 管体，B 管体再接 D 过滤器，B 管体套着 C 保温层。因为 A 接头根本不需要保温，A 接头要是套了保温层的话，就插不进去了。

你要是不跟客户多聊聊，你哪里会知道，原来这是个写得文字质量极差的专利，连产品本身的技术方案都没有写明白，这就是笔者所说的不及格专利，详见《拿什么来拯救专利质量》第十二小节。

此种写得很差但产品很不错的专利，面对无效宣告该怎么办？建议静静等死，就别出去丢脸了。

只看专利文件，搞不懂真正的技术；不真正地搞懂技术是什么，在确权诉讼上，就没办法为专利权辩护。同样，在侵权诉讼上，你也就没办法向法官说明等同技术为何等同，为何是相同的作用。

2. 多聊行业

原告给了一张产品系统构成明细表，显示每个部件的价格是多少，从而证明该产品系统总价是 80 万元。当被告代理律师不了解这个产品的时候，就说：因为原告只提供了一张纸而已，这个产品明细表的真实性无法确认，因此不能作为证据使用。但实际上，如果被告代理律师很清楚行业内情况的话，就知道，原告要求赔偿 50 万元，但这一件侵权产品价格也就是 80 万元，根据这个产品明细表计算一台产品的营业利润也就只有 15 万元，这还不是扣除税款、财务成本和管理成本的净利润。而且，这种产品在销售的时候都是两台一起卖，两台才卖 80 万元，但被查封的涉嫌侵权产品只是成套销售的两台中的其中一台。那么，营业利润应当是 15 万元的一半才对。

如果被告律师了解了这些行业秘闻，就应当不否认原告的该证据的真实性，反而是承认了更好。即便被告败诉，判决的赔偿额最多也不过七八万元而已，远远低于原告的诉讼请求 100 万元。

### 三、第三种武器：饱和

饱和，笔者指的意思是，进行攻击的时候应当考虑到全部理由，进行防守的时候也要考虑到全部抗辩理由；攻击的时候应当尽可能提供更多证据，防守的时候也尽可能提供更多证据，都不要因为觉得十拿九稳就放松了要求。实际上，任何诉讼都没有十拿九稳的，无论多小的，看起来多确凿的案子，都可能翻船。原因是，只要是人做的事情，就不可能不出问题。

1. 理由饱和

不要因为觉得某个理由极其靠谱就忽略了其他理由。这一点尤其体现在确权诉讼中，虽然专利被无效的理由 90% 都是因为创造性，但也别忘了其他几个理由，主要是充分公开和说明书支持。这主要是因为，目前中国专利的平均水平不高，绝大多数专利并非为了保护而申请。这些专利根本都不好好写，即便是希望好好写的，但因为专利代理人根本也不知道什么样的专利才叫好专利。

在侵权诉讼中,侵权的理由只有一个,就是落入权利要求保护范围内,但抗辩的理由有很多,比如现有技术、先用权、过境、合法来源、不侵权抗辩、无效宣告。笔者认为,能尝试的就多尝试几个,同时提供证据,而不要只认准一条路。

2. 证据饱和

证据也要饱和,即便你认为不具备真实性,可以很轻易地被对方或者法官认为不能采信的证据,你只要有的话,就应该提供。

侵权诉讼的被告,在网上找到大量与涉案外观设计专利完全相同的图片,这包括:本行业的商业论坛、淘宝、天猫、亚马逊的销售商品、QQ空间上传的图片、行业数据库内的查询结果。这些文件,从专业的律师的角度看,没一个有用的。因为目前法院对于网络证据的认定是很保守的,一般都不会认定其公开日期。那么,难道律师就不提供这些证据了吗?当然要提供,因为即便是法官不认可网络证据的真实性,但这些大量的现有技术的表达,也会影响法官的内心确认。

## 四、第四种武器:焦点

焦点与饱和刚好是相互对应的。饱和指的是,乱打一通,不知道哪个会有效,反正都搞上去。焦点恰恰相反,知道哪个是有效的,知道绝大多数理由和证据都是无效的,最终让法官内心确认的常常是某一个东西的印象,而不是所有东西形成的印象。作为律师,应当猜测和预估会对法官造成最大影响的一个点,尽力强攻这一个点,而不是平均用力。

以上面的例子为例,那么多现有技术的证据,论坛、QQ空间都不太可能会被认定为现有设计。强攻的一点当然是销售记录。因为,销售记录虽然作为网络证据是不能认定其形成时间的,但淘宝天猫网络平台可以出具证明,将网络销售证据的交易时间做附加证明,增强了证明力,法官就一定会采信。当然,要求腾讯公司或者行业数据库的运营公司对内部数据的产生时间出具官方证明的话,法官也会采信。

在诉讼过程中,法官通常在质证和法庭辩论终结后,总结出双方争议的焦点。在判决书中,也经常出现双方争议焦点的段落。这一部分的争议焦点,与本文提及的焦点,不是一回事。判决书中的法官认定的焦点,一般只是官话套话,谁也不知道法官真正在想些什么。因为绝大多数专利侵权诉讼案件的法官总结焦点都是差不多的,第一是否中止诉讼,第二被告是否实行了现有技术,第三被告是否施行了侵权行为,第四假如侵权应当赔偿多少钱。这些内容都是例行公事。

笔者在这里强调的,是如何争取法官的内心,就好像谈恋爱一样,你到底哪一点打动了你的女神。表面上,女神希望你长得高、长得帅、长得壮、有钱、对她好、工作稳定、家庭地位高,这些都是官话套话。实际上,女神看上你的那一瞬间,可能仅仅因为下雨天帮她打伞自己却被淋湿了。

法官也是一样的道理。哪个理由,哪个证据,才是让法官把心里的天平偏向你的原因,这就是应该努力强攻的焦点。但是,如何确定焦点呢?笔者认为应当结合其他武器综合确定。比如,你需要第五种武器看案例,你需要第六种武器模拟法庭,你需要第七种武器可视化,你需要现场察言观色,观察法官的表情。

### 五、第五种武器:案例

每个人初学写专利的时候,都难免要检索一下别人的同类技术专利是怎么写的。律师也是,在新接触一种案件的时候,先检索一下同类诉讼案件的判决书是怎么判的。从案例中学习,那是非常好的归纳学习法,很直观,也很有效。但笔者觉得,其实检索案例还有一个很重要的目的,就是不同法官的法律观点也有差异,不同法院的法律观点也是有差异的,要通过案例检索的方式,了解法官的倾向。

一个被全世界律师广泛传颂的事实是,美国得州东部地方法院是最倾向于专利权人的,所以如果专利权人在这个法院起诉,更容易胜诉,更容易获得较高赔偿。同样的道理,专利权人如果在欧洲有发起侵权诉讼的意图的话,也一定会在德国法院起诉,因为既便宜,对侵权人的惩罚力度也大,且速度快。

#### 1. 为了学习而检索案例

在不懂的时候,可通过看案例来学习,但对于资深律师来说,案例检索还有一个重要目的就是了解具体的法官和法院对于某些观点的倾向性意见。有人可能会说侵权诉讼不就是"全面覆盖原则+等同替换原则"吗,这还有什么倾向不倾向的。非常正确,之前我就是这么想的,我以为法律已经解决了一切问题了,为一切问题都规划好了判决结果。任何一个人只要按照法律规定,就可以把事情的正义与邪恶分辨清楚,做出合理合法的判决。事实却完全不是这么回事,现在我的理解是:法律、司法解释、行政法规、地方规章,就好像一张一张网格逐级缩小的渔网,确实能将很多案件都包括在内,做到有法可依。但是,无论渔网的网格怎么缩小,都是有网格的,都是有漏洞的,要弥补这些漏洞,就靠法官个人了。

#### 2. 为了了解法院和法官的学术倾向而检索案例

一些法律事实非常清楚,也有明确的法律规定或者判例的绝大多数专利诉讼案件,确实可以做到在任何法院、碰到任何法官,判决结果都差不多,只要他真正遵从法律和司法解释的规定。但是,事情总是有例外,每年法律都在变化,司法解释也在增加,就是在适应新情况的发展。但在新情况出来之后,新的法规还没有确定的时候,只能是靠法官的判断了。

笔者认为,案例学习80%的内容是某个专业方向的法律,可能有20%是要总结出目标法院和法官的判决倾向,从而更有针对性地知晓第四种武器——焦点,应当如何使用。

这也就是为什么资深律师厉害的原因,因为资深律师每年接触的法官可能有上百人次,不需要查案例就可以随口说出来某个法官的学术倾向、经典判例和性格特点,知道每个法官喜欢听什么,喜欢看什么。所以,资深律师的胜诉率高也和这个有关系。

值得一提的是,天同律师事务所蒋勇律师说的三大诉讼法宝就是案例检索、模拟法庭和可视化。本文所述七种武器的后三种,就与蒋律师说的三大法宝一模一样,笔者只是阐述一下这三大法宝的重要性,并简述一下操作方式。

### 六、第六种武器:模拟

笔者觉得之所以要搞个模拟法庭,原因是人的思维有局限性。当你作为专利权人的代理人的时候，你会觉得专利的一切技术特征都是很厉害的，实现了旁人无法企及的技术效果。当你作为无效宣告请求人的代理人的时候，你会觉得专利的一切技术特征都是现有技术，都是容易想到的，都是没啥用的。当你作为原告的代理律师的时候，你会觉得被告的涉案产品完全跟专利一模一样，一点区别都没有。当你作为被告的代理律师的时候，你会觉得全世界所有的产品都是这样做的，都比专利的申请日早，而且自己产品的每个地方都跟专利不一样，就算只有棱角不同，别的都相同，也会认为产品完全不相同。

要打破这种思维上的惯性，只有模拟法庭才行，这就是常常强调要换位思考的原因。但是，真正做到换位思考是很难的，所以要搞一个模拟法庭。在专利侵权诉讼的模拟中，法官应当找一个根本不懂技术的流程部文员来当，因为法官当然是不懂技术的，就看原告被告的代理人如何表达了。在专利确权诉讼的模拟中，应当找一个有经验的本行业的专利代理人作为复审委员会，懂点技术，但能不偏不倚地判断专利是否存在创造性。

笔者真的做过类似的试验，试验的结果是，模拟法庭的判断结果还真挺准的，与经典案例中法院的终审判决是相同的。笔者所做的是把案例描述清楚之后，让听众们自动分成力挺原告或被告的两组，让每个人说一段话以支持自己的观点，待他们都陈述清楚之后，找流程部文员做法官，判断一下是否认为侵权。

## 七、第七种武器：可视化

可视化在专利诉讼方面非常重要。原因是技术内容真的很难表达。屡次出现，你指手画脚地说这个产品是怎么回事，但法官看半天，要求再说一遍。

可视化技术最简单的实现方式就是出庭的时候带个投影仪和幕布，将自己的专利或者涉案产品做成动画片，通过剖面图或者动作图的方式表达清楚技术内容。

1. 可视化的技术手段

1）图表顶百句

用图或照片来表达技术，用表格来表达数据。

2）PPT顶千言

照片、图纸和文字，还有思维导图，甚至音乐、录像，集成在一起，可以用"PPT＋投影仪"的形式。

3）动画顶百图

做动画片其实没有律师想象的那么难，主要还是因为律师绝大多数都是文科出身，会觉得麻烦，其实一点都不难。因为，你让客户的技术人画好了，律师只要动动嘴。现在的三维绘图软件，比如 ProE 和 Solidworks，本来就带有动画功能，甚至 PowerPoint 也是带有动画功能的。

2. 可视化的场合

如果把可视化仅仅局限于庭审现场就太低级了。

1）接案可视化

其实在客户选择律师的时候，就应该动用可视化的手段。因为客户也不懂啊，也需要你把问题表达清楚。

2）庭审可视化

表演给法官或者复审委员会看。

3）思维可视化

表演给自己看，在自己思考案件线索的过程中，边思考边画图表。

## 八、结语

每一个诉讼案件都应该做成一个艺术品，每一个专利申请都应该写成一件精品。作为专利代理人或者律师竭尽全力办理好每一个案件，是很幸福的事情。

专利的春天，不是由一两个巨额赔偿的案件为标志的。每个专利人都把自己的案件办到极致，才是春天。社会大势短时间内无法改变，我们只能致力于提升自己的专业度。

# 论专利侵权的认定

任丽媛

任丽媛,现为上海申浩律师事务所律师、上海政法学院校外法律实践导师。曾在《时代经贸》《上海政法学院学报》等发表专业论文,上海电台《问律师》节目特邀嘉宾。

未经专利权人的许可,擅自实施专利权人的专利权,是专利侵权行为。在我国,对专利侵权的认定主要有三个步骤,分别是:第一,从形式上判断,是否侵犯专利权的行为;第二,分析涉案专利的权利要求,并确定专利的保护范围;第三,将涉案的专利权利要求与被控侵权产品的技术方案进行对比,判断是否落入专利权的保护范围。就目前的立法现状而言,规定的并不是很详细,步骤中有些问题不是非常明确,比如在确定专利权的保护范围的时候需要对权利要求进行解释,如何进行解释,解释的规则为何;遵循"全面覆盖原则"和"等同原则"将涉案专利的权利要求和侵权专利的技术方案进行对比,其各自的要求又为何。

## 一、专利侵权的认定

专利侵权行为侵犯的是一项有效的专利,对专利侵权的认定首先需要考虑专利的特点,从专利的时间线特点和地域性特点进行考虑。其次专利侵权是指被控侵权人未经专利权人的许可实施专利,且没有法律的相关规定如强制许可等等,具有违法性。再次,侵犯专利权的行为目的在于生产经营。最后,根据我国《专利法》的相关规定,只要行为人实施了专利,就侵犯了专利权人的权利,因此我国将专利侵权的行为限制于直接侵权行为,且是一种严格责任,无须考虑侵权行为人的主观过错。

## 二、权利要求的解释范围

判断是否真的造成专利侵权,其前提在于准确地判断专利权的保护范围,从而更好地划分专利权人行使专利权和社会公众对自身权利行使的界限。根据我国《专利法》的规定,确定专利权的保护范围,是以权利要求为准,说明书和附图用来解释权利要求。因此在专利侵权判断中,对权利要求做出准确的解释显得极为重要。我国《专利法》对专利权的权利要求解释做了相关的规定,但是较为粗略笼统,在实践操作中会产生较多的问题,尤其是在司法实践中,不同的法院对权利要求有不同的解释标准和方法。有的法院贯彻全面覆盖原则,对权利要求做出过于字面的解释,从而不能准确理解其真正的含义,这就容易使专利权利要求的保护范围过小;有的法院又过度坚持等同原则,将相对人的行为划分至权利要求的保护范围之内,扩大了专利权的保护范围从而损害了社会公众的权利。因此对专利权的权利要求的解释,其范围过大过小都会产生不利的后果,从而动摇专利法制度。

因此在对权利要求进行解释的时候,应该以授权公开的专利文献中记载的权利要求为准,在对权利要求进行解释的时候,遇到模糊不清的情形,则需要查阅说明书的内容。如果一项技术方案在说明书中有记载,但是并未记载在权利要求书中,此时在解释权利要求时就不应该将该项技术特征纳入专利权的保护范围之内。并且,当出现权利要求的内容和说明书的内容不相同时,应该以权利要求书的内容为准。说明书和附图可以用来对权利要求中的技术特征的含义进行更为准确的解释,从而确定权利要求中技术特征的真实准确的含义。除此之外,附图也可以用来解释权利要求,更加直观地解释权利要求,但是附图反映的内容不能以此来限制权利要求中的技术特征。

### 三、侵权判定方法的阐述

在我国专利侵权认定时,有两种判断方法,分别为字面侵权判定方法和等同侵权判定方法。这两种判定是在法院对涉案的专利权利要求做出准确的解释后,划定专利权的保护范围,再做出进一步的对比。在对比判定之前,需要确定专利权利要求所记载的技术方案中的必要技术特征,同时确定被控侵权物的技术特征,并将两者的技术特征进行对比。在字面侵权判定方法中,对比发现两者之间的技术特征完全相同,或者两者的技术特征是具体概念和一般概念之间的关系,即专利权利要求的技术特征使用的是一般概念,而被控侵权的产品使用的是具体的概念,此时被控侵权的产品的权利要求落入专利权的权利要求范围之内,此时被控侵权的产品侵犯专利权。除此之外,即使被控侵权产品的必要技术特征多于专利权权利要求中所载的必要技术特征的数量,但是这种情况仍然落入专利权的保护范围。

而等同侵权判定方法的关键点在于被控侵权产品的技术特征和专利权利要求中所记载的技术特征相比存有非实质性的区别,被控侵权的产品做了非实质性的变换或者替换。在实践中,和专利权利要求的技术特征完全一样的现象较为少见,因此等同侵权的判断方法则很有必要存在。在实务界,对等同侵权有着较为固定的解释,即以基本相同的手段,实现基本相同的功能,达到基本相同的效果,同时同领域的技术人员可以通过联想获得,此时则属于专利侵权的情形。

### 四、结语

专利侵权行为判断具有复杂性,在实务过程中则应该注重对专利权利要求进行解释,准确划定保护范围。同时,在将侵权产品和涉案专利进行对比时,对比的是专利权利要求中所记载的所有的技术特征和被控侵权产品的必要技术特征,而不能将专利产品和侵权产品进行对比。在判定方法的实施过程中,应当一一对照技术特征,尤其是在使用等同侵权的判定方法时,区别是否为基本相同的手段,所要实现的是否为基本相同的功能,所达到的效果是否基本相同。

# 集成电路布图设计专有权
# 判定之必要布图配置解析

樊 磊

樊磊,现供职于北京集创北方科技股份有限公司知识产权与标准部,组建公司知识产权管理团队,构建知识产权管理体系。在显示、通信等集成电路设计与应用领域从业十余年,具备技术研发与项目管理背景。荣获"40 位 40 岁以下企业知识产权精英"称号。

集成电路布图设计专有权作为工业版权的一种[1],不同于专利权和版权,具有其特点。在专有权判定过程中,应考虑布图设计对应的电子功能,进行前置功能与必要布图配置判断,并与在后的布图设计独创性判断相结合。

本文对集成电路、集成电路布图设计以及集成电路专有权的保护客体进行阐述,并介绍了集成电路电子功能的性质,提出了必要布图配置的规则,并列出必要布图配置与必要技术特征的区别。此外,对集成电路布图设计的独创性进行研究,并与著作权法的独创性、专利法的创造性对比,结合案例分析必要布图配置规则的适用,以及前置功能与必要布图配置同在后的布图设计独创性判断结合的路径。

## 一、关于集成电路布图设计的定义

1. 集成电路布图设计专有权的客体

《集成电路布图设计保护条例》(以下简称《条例》)[2]中关于集成电路的定义,限定了基片材料、涉及元件和互联线路,并涉及特定电子功能。在判定集成电路布图设计时,应满足集成电路的规定。

首先,该定义限定了布图设计所属领域为集成电路;若对所属领域不做限定,则可能将其他布图设计引入集成电路布图设计的范围。如电子信息产业普遍使用的印制电路板(PCB)布图的设计过程中也涉及三维配置,但 PCB 布图设计不在目前《条例》的保护范围内。

其次,该定义限定了集成电路布图设计专有权的客体为三维配置。从其外在表现来看,一般呈现为几何图形的形状、大小,以及其三维空间的位置关系(可对应三维坐标)与互联关系。几何图形在三维空间的相对位置关系对应布局，几何图形间的连线对应布线。几何图形、三维空间的叠层、连线具有特定的电学功能和性能，会受到工艺、材料的限制。就其本质而言，三维配置实质上是一组特定数据或信息集合，其中包含工艺信息、材料信息、元件及其互连信息、位置信息、结构信息，并隐含功能和性能信息。该客体是抽象的客体，可认为是功能性作品(functional works)[3]。

最后，该定义涵盖了集成电路布图设计内容、创作目的、创作过程。从内容上，指出了集成电路布图设计所包含的要素。从创作目的上看，该定义指出了该三维配置是为制造集成电路而准备的。从创作过程上看，该定义涵盖了集成电路布图设计的创作过程。

2. 集成电路布图设计的工业实用性与复制行为

作为功能性作品，集成电路布图设计具有工业实用性。虽然这种工业实用性目前没有在《条例》中进行明确定义，但上述定义涵盖了集成电路布图设计的目的，给出了工业实用性的指向。参看工业品外观设计的工业实用性，可以看到《专利法》[4]中对外观设计的定义，对于工业实用性给出了要求。集成电路布图设计的工业实用性，最基本的体现是布图设计能够被复制。《条例》规定的复制包含布图设计层面的行为，以及根据布图设计制造集成电路的行为。《条例》将复制限定于重复制作，从设计与制造角度进行规范，与布图设计的载体尚不能对应。目前，涉及集成电路布图设计的载体包括纸件、电子件、集成电路样品。对于通过纸件、电子件复制布图设计，则体现为复印、印刷、拷贝等方式制作文件副本；对于通过集成电路复制布图设计，则体现为将布图设计用于晶圆制造形成光掩膜或光罩(mask)，进而加工芯片。不同的复制行为，实质上是三维配置信息及其载体的转换，表现为布图设计本身的重复制作，以及布图设计同类或不同载体的转换。

笔者建议，可将《条例》所述的复制，调整为重复制作布图设计或者含有该布图设计的载体的行为，这样可以涵盖《条例》第十六条所述的复制件，也为不同载体间的转换提供了依据，有助于解决现行《条例》下确认集成电路布图专有权关于布图设计载体准用性的争议，并为以后可能出现的新型载体形式预留适用空间。

3. 功能的性质

从集成电路发展的历程来看，集成电路布图设计也是为集成电路的设计或制造而服务的，必然对应某种功能实现，这也符合集成电路布图设计作为功能性作品之一的定位。在集成电路设计专有权的判定过程中，应对集成电路执行的电子功能予以充分考量。《条例》所述的电子功能，应具备有效性、层次性、独立性、关联性、完备性、测度性等性质。

## 二、必要布图配置与独创性

1. 必要布图配置

结合《专利法》和《专利法实施细则》[5]、《专利审查指南》[6]以及《条例》，可以导出必要布图配置的规则，其内容可以表述为：受保护的布图设计的最小设计单元或其组合，应当记载执行电子功能的必要布图配置。

1) 最小的设计单元或其组合

设计单元的划界与其执行的电子功能密切相关，具体划界可结合功能的层次性与独立性。最小的设计单元应具有较为明显的独立性,具有某种相对独立的电子功能,且具有明显的设计独立性[7]。

2)必要布图配置

必要布图配置是指布图设计为实现其电子功能所不可缺少的三维配置。判断某一布图配置是否为必要布图配置,应当从所要执行的电子功能出发并考虑布图设计的整体内容与设计单元的划界,不应简单地将布图设计中的共用配置直接认定为必要布图配置。判定的主体同样为布图设计创作者和集成电路制造者。

2. 独创性

具有独创性的布图设计首先应是创作者自己的智力劳动成果。此外,在实际设计中,可能存在常规设计、非常规设计,若以布图设计中仅包含单个最小设计单元为例,则当该最小设计单元为非公认的常规设计时,其具备独创性。

若以存在两个最小设计单元为例,构成了前述最小设计单元组合的情况,依照常规设计与非常规设计的组合,至少存在以下三种方式:

(1)非常规设计 + 常规设计;

(2)非常规设计 + 非常规设计;

(3)常规设计 + 常规设计。

对于前两种情况,应至少存在一个非公认的常规设计,满足《条例》第四条第一款的规定;对于第三种情况,则需判定该组合作为整体是否满足第四条第一款规定,即常规设计组合作为整体是否为非公认的常规设计,即独创性审查的整体判断原则[8]。

对于存在多个最小设计单元的情况,可以参照两个最小设计单元的情况,分为均为常规则设计,或至少包含一个非常规设计两大类。同样,对于前者,应满足《条例》第四条第一款的规定;对于后者,需判定该组合作为整体是否满足第四条第一款规定。

3. 必要布图配置与必要技术特征

专利法意义上的必要技术特征,是指发明或者实用新型为解决其技术问题所不可缺少的技术特征,其与本文提出的必要布图配置相比存在以下差异:

首先,二者针对对象不同。必要布图配置针对布图设计的配置信息,而必要技术特征针对技术特征,可以体现利用了自然规律的技术手段。

其次,二者创设目的不同。必要布图配置是布图设计为实现其所声称的电子功能,而必要技术特征是为解决发明或者实用新型所声称的技术问题。

最后,二者对保护范围影响不同。必要布图配置包含在最小设计单元或其组合之中,不同最小设计单元的位阶是相同的;而必要技术特征仅包含在独立权利要求中,影响最宽的专利保护范围。

4. 独创性与创造性

著作权法意义上的独创性,主要是指作品创作这一智力活动,由作者独立完成,体现作者一定的个性内容[9]。《条例》规定的独创性,也包含这层含义,即该布图设计是创作者自己的智力劳动成果。此外,《条例》规定的独创性对创造性高度有一定要求,即在创作者创作时,该布图设计在布图设计创作者和集成电路制造者中不是公认的常规设计。

上述创造性高度低于专利法意义上的创造性高度。根据《专利审查指南》第二部分第四章的规定，专利创造性要求专利技术方案相对于现有技术非显而易见，与现有技术相比能够产生有益的技术效果。在专利创造性判断"三步法"的适用过程中，非显而易见性的判断对应于是否存在技术启示的判断。不存在技术启示的情形包括：所述区别特征不属于公知常识；区别特征未在另一份对比文件中披露；区别特征为另一份对比文件中披露的相关技术手段，该技术手段在该对比文件中所起的作用与该区别特征在要求保护的发明中为解决该重新确定的技术问题所起的作用不同，甚至给出相反的技术教导等。

布图设计受工艺制程、材料、电气规则、物理规则、工业实用性等诸多因素限制，可选择的创造性路径有限，这也是制约其创造性高度的重要原因。在创造性高度的判断方面，仅对其非公知性做出要求，即非公认的常规设计，具体应包括：不属于在申请日或首次商业利用日之前（以较前日期为准）公众能够获知的布图设计，也不属于在创作布图设计时布图设计创作者和集成电路制造者能够从布图设计领域的教科书、技术词典、技术手册、通用标准、通用模块等资料中获取的设计，以及根据所执行的电子功能和基本的设计原理可以直接且毫无疑义地得出的设计。其中，创作布图设计时的终止日期可理解为创作完成日，不晚于申请日或首次商业利用日（以较前的日期为准）。

### 三、案例简析

#### 1. 第 JC0012 号集成电路布图设计撤销案

以国家知识产权局原专利复审委员会第 JC0012 号案件为例。按照该案审查决定⑩所述，专有权人意见陈述认为，该布图设计独创性部分体现在三个模块。先不论这三个模块是否具有独创性，可知该布图设计至少对应三个设计单元：补偿电路单元、ESD 单元、修整单元。一般来说，这三个设计单元实现的功能复合度较低，对应比较基础且相对独立的功能，可作为最小设计单元。

从布图设计创作者和集成电路制造者的角度，对于补偿电路单元，布图设计为实现其电子功能（线电压补偿），不可缺少的三维配置是 CONT 层显示信息。由于缺少这一必要布图配置，从而无法执行电子功能。对于 ESD 单元，CONT 层显示信息不是必要布图配置，可由其他配置信息得知 ESD 功能如何实现。对于修整单元，该单元对应功能不涉及 CONT 层，CONT 层显示信息不是必要布图配置。

该布图设计中的共用配置包含 CONT 层，但 CONT 层显示信息在不同的最小设计单元中，不一定均为必要布图配置。

#### 2. 昂宝诉智浦芯联案

以江苏省高级人民法院对该案的二审判决为例，根据民事判决书所述，昂宝公司提交的布图设计图样中，仅有两个金属层，也未见其申请的保密图层，因此其缺少《条例》规定的集成电路所述有源元件，从布图设计创作者和集成电路制造者的角度，也无法推知具体的有源或无源元件位置及其互联关系等配置信息，因而缺少实现其电子功能所不可缺少的三维配置，不满足必要布图配置规则。

3. 南京日新集成电路布图设计专有权权属纠纷案

南京日新集成电路布图设计专有权权属纠纷案是与国内首例集成电路布图侵权纠纷行政裁决案关联的案件。在该案中,对于权利归属的判定,存在是否将对集成电路布图设计做出实质性贡献局限于参与布图设计环节的争议[10]。

根据《条例》第七条的规定,集成电路布图设计专有权是建立在受保护的布图设计基础上的,因此应明确受保护的布图设计及其载体,并依此审查权属纠纷双方对此布图设计所做的贡献。结合必要布图配置规则,可以转换为对于必要布图配置和非常规设计的实质性贡献判定,从而将实质性贡献与动态设计过程的匹配和界定转换为实质性贡献与相对稳定的静态设计结果的匹配和界定,同时兼顾功能与设计的对应关系。

## 四、结论

集成电路布图设计的独创性有别于《著作权法》的独创性和《专利法》的创造性,必要布图配置也与必要技术特征有显著区别。随着集成电路设计、制造、分析等技术的发展,作为工业版权的一种,集成电路布图设计以其功能性作品获得专门的法律保护,在今天看来依然是十分必要的。然而,现行《条例》也呈现出一些不适应当前集成电路布图设计专有权确权与维权需求之处。加强集成电路公共数据库的建设、完善数据公开和获取方式,进一步明确权利边界的解释、界定和判定规则,探索设立法定赔偿与惩罚性赔偿等,有助于体现《条例》保护集成电路布图设计专有权、鼓励集成电路技术创新、促进科学技术发展之立法本义。

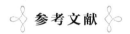 **参考文献**

［1］郑成思.工业版权与工业版权法［J］.法学研究,1989(01):34-38.

［2］《集成电路布图设计保护条例》2001年4月2日公布,2001年10月1日起施行。

［3］U.S. Congress, Office of Technology Assessment. lntellectual Property Rights in an Age of Electronics and Information［R］. Washington, DC: U.S. Government Printing office, 1986: 7-8.

［4］《中华人民共和国专利法》1985年4月1日起施行,2008年修正。

［5］《中华人民共和国专利法实施细则》2001年7月1日起施行,2010年修订。

［6］《专利审查指南》2010年版,2019年修改。

［7］沈丽.集成电路布图设计专有权撤销审查标准的适用［EB/OL］.［2019-11-27］. http://www.iprchn.com/Index_NewsContent.aspx? NewsId=109932.

［8］《集成电路布图设计审查与执法指南(试行)》2019年4月发布。

［9］冯晓青.著作权法［M］.北京.法律出版社,2010.

［10］曹志明,王志超.集成电路布图设计专有权保护相关问题研究——国内首例侵权纠纷行政裁决案件引发的思考［J］.知识产权,2018(07):60-67.

# 知识产权春天的到来，离不开对商业化维权的遏制

## ——从"版某版"系列维权案说开去

杨敏锋

杨敏锋，律师、专利代理人考试培训讲师、北京知识产权法研究会专利法专委会委员、上海市闵行区知识产权协会知识产权专家库特聘专家。现供职于北京观永律师事务所，执业领域涵盖专利、商标和版权。

2020 年无疑是知识产权的"大年"，《专利法》和《著作权法》都完成了修订，最高人民法院先后发布了 9 个与知识产权相关的司法解释。知识产权侵权案件赔偿数额的高低，无疑是确定知识产权保护强度的一个重要指标。在这次修订之后，专利、商标和版权的法定赔偿上限统一为 500 万元，全部引入了惩罚性赔偿和文书提供令制度，众多业内人士也都期待今后的侵权案件赔偿数额能够明显提高，期待知识产权春天的又一次到来。

### 一、一桩平平无奇的案件

在这样的形势下，一份赔偿金额为 60 元、律师费为 50 元的著作权侵权纠纷的判决书[1]被爆出，引起业内人士的热议。不少业内人士质疑，难道知识产权就这么不值钱？知识产权的春天到底还能不能到来？[2]

这份引发热议的判决书所涉及的案件，主要情况如下（见图 1）：

2008 年 3 月 4 日，王某在全球品牌网上发表涉案作品《7-11 便利店"俘获"消费者的秘密》，文章字数为 1 485 字。

2011 年 2 月 12 日，亿网公司名下的国际企业网转载了涉案文章。

2013 年 7 月 2 日，版某版公司（真实公司名隐去，特此说明）注册成立。

2013 年 7 月 5 日，王某和版某版公司签署许可合同，将包括涉案作品在内的众多文章的信息网络传播权专有使用权许可给版某版公司，许可期限为 2013 年 7 月 5 日—2018 年 7 月 4 日。对于发生在该期间和该期间之前的侵权案件，版某版公司有权以自己的名义对涉案作品主张信息网络传播权。

2016 年 4 月 22 日，版某版公司因"成立后无正当理由超过 6 个月未开业的，或者开业

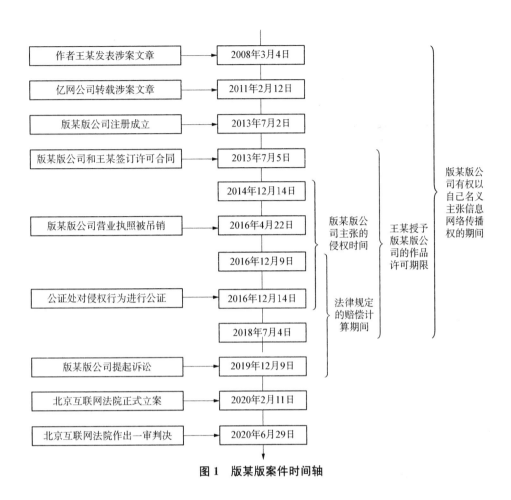

**图1 版某版案件时间轴**

后自行停业6个月"，被北京市工商局海淀分局吊销营业执照。[3]

2016年12月14日，版某版公司的代理人在公证处对涉案文章公证取证。

2019年12月9日，版某版公司在北京互联网法院对亿网公司提起诉讼，要求亿网公司赔偿损失7000元及律师费3000元。

2020年2月11日，北京互联网法院正式立案。

在审理过程中，版某版公司明确，其主张的侵权时间为公证之日往前推两年，即2014年12月14日至2016年12月14日。

在本案中，版某版公司未提供经济损失和律师费数额的证据，最终法院酌定赔偿金额为60元，律师费50元。

## 二、一个情理之中的判赔

粗略一看，本案的判决金额似乎远远低于预期。原告版某版公司在其之前提起的一系列著作权侵权诉讼中，赔偿金额（包括合理费用在内）有5000元[4]、4000元[5]、3160元[6]、3100元[7]、3000元[8]、2900元[9]、2800元[10]、2500元[11]、2320元[12]、2300元[13]、2000

元[14]、2 100 元[15]、2 000 元[16]等。当然，判决数额在 2 000 元以下，甚至不到 1 000 元的案例数量更多，如有案件的赔偿数额为 1 800 元[17]、1 300 元[18]、1 000 元[19]、850 元[20]、500 元[21]等。不过可以肯定，本案的判决金额创下了新低。在加强知识产权保护的大背景下，这份判决似乎显得有点"不合时宜"。

不过，根据 2020 年 4 月出台的《北京市高级人民法院关于侵害知识产权及不正当竞争案件确定损害赔偿的指导意见及法定赔偿的裁判标准》（以下简称《裁判标准》），本案的判决符合该标准的规定。

根据《裁判标准》第 2.8 条，文字作品的赔偿数额可以参考稿酬金额进行计算，基本赔偿标准为原创作品按照 80 元至 300 元/千字。涉案作品为 1 485 字，赔偿额在 118.8～445.5 元之间。本案的赔偿数额，是在千字 80 元的标准上，直接再打五折。

不过，前述《裁判标准》第 2.16 条还规定，原告大量购入低价值文字作品，批量提起诉讼，可以对照前述基本赔偿标准，酌情降低赔偿数额。版某版公司于 2019 年 12 月 4—13 日，在北京互联网法院提起了 156 件案件，无疑属于批量诉讼的范畴。根据本条，批量诉讼赔偿金额打五折也无可厚非。

当然，这里仅讨论了赔偿额，未涉及律师费。关于律师费的问题，我们将放在下文中继续讨论。

### 三、一批忙中出错的起诉

俗话说，魔鬼都在细节之中。如果我们仔细梳理本案的相关事实，会非常诧异地发现，本案 60 元的赔偿金额其实已经很给力了。

在本案中，版某版公司起诉时间是 2019 年 12 月 9 日，这是为了避免超过诉讼时效。著作权侵权案件的诉讼时效从知道或者应当知道侵权行为之日起算，而本案公证之日 2016 年 12 月 14 日就是知道或者应当知道侵权行为之日。2017 年 10 月 1 日《民法总则》生效后，诉讼时效变为 3 年，版某版公司需要在 2019 年 12 月 14 日之前提起诉讼。

版某版公司赶在 2019 年 12 月 9 日提起诉讼后，根据《最高人民法院关于审理著作权民事纠纷案件适用法律若干问题的解释》第二十八条，如果侵权行为在起诉时仍在持续，侵权损害的赔偿数额应当自权利人向人民法院起诉之日起向前推算 2 年计算。由于《民法总则》第 188 条将诉讼时效改为 3 年，故这里往前推 2 年改为 3 年。也就是说，版某版公司可以主张的侵权期间为 2016 年 12 月 9 日至 2019 年 12 月 9 日。

现在问题来了，版某版公司从作者王某处获得的维权期间是 2018 年 7 月 4 日之前。超过此期间的侵权行为，版某版公司并无权利主张。那根据这个限制，该公司能够主张的期限变为 2016 年 12 月 9 日至 2018 年 7 月 4 日，总共将近 19 个月，期限缩水了 47%。

不过，本案中版某版公司主张的侵权时间为公证之日往前推 2 年，即 2014 年 12 月 14 日至 2016 年 12 月 14 日期间。如果该公司在公证之后马上起诉，当时适用 2 年的诉讼时效，那这样的主张没啥问题。不过，由于公证和起诉间隔过长，这里就出现了问题。

司法权是中立被动的权力，法官在只能根据当事人的主张进行判决。既然当事人主张的期限为 2014 年 12 月 14 日至 2016 年 12 月 14 日，那法官也只能根据法律规定的期限和当事所主张的期限的交集来进行计算，符合条件的也就是 2016 年 12 月 9 日—12 月 14 日，共 6 天时间。6 天时间 60 元，每天 10 元。这个赔偿标准无疑非常高。按照该算法，侵权时间为 1 年有 3650 元，3 年则高达 10950 元。当然，本案判决书中并没有进行前述推理，不知主审法官是否有考虑上面的因素。

### 四、一份商业维权的战绩

可能有人会奇怪，为什么版某版公司在公证后 3 年才提起诉讼，就不怕超过诉讼期限吗？也许是因为什么事情耽搁了，也许是忙不过来。在"知产宝"数据库中检索发现，从 2014 年至今，该公司共有 622 篇著作权纠纷案例，其中一审 551 篇，二审 71 篇；裁定 481 篇，判决 141 篇。这些案件基本上都由同一位律师代理。考虑到有的案子没有进入诉讼，以调解书结案的案件不会上网，判决书上网率也不是百分之百，故实际案件数量还会更多。

需要顺便提及的是，版某版公司在 2016 年 4 月 22 日被北京市工商局海淀分局吊销营业执照，但这也并未阻止该公司继续大量提起诉讼。在部分案件中，有被告质疑版某版公司的主体资格，法院对该问题未进行详细回应，但指出版某版公司在关联案件中未主张成立清算组。

分析公开的判决可以发现，版某版公司应该就是属于那种为商业维权而生的公司。该公司 2013 年 7 月 2 日成立后，于 7 月 5 日分别同胡某、王某和田某三位写手签订了《信息网络传播权许可使用合同》，获得了这三位写手所写的大量文章的许可权后，开始所谓的维权之旅。这些文章字数从 725～10405 字不等，平均字数为 2716 字[22]。在众多诉讼中，版某版公司主张的赔偿数额基本上都是 7000 元，律师费则为 3000 元。另外，该公司还短暂尝试过用该公司法定代表人田某某拥有的摄影作品版权起诉百度公司。

"知产宝"公开的判决书显示，版某版公司从北京开始诉讼试水，逐步扩展到上海、浙江、河南、广东、江苏、天津、福建等地。在大部分案件中，版某版公司都获得胜诉，获得数百元到数千元不等的赔偿。在这些案件中，版某版公司基本上都未提供律师费发票，只有极少数案件据此拒绝支持律师费[23]。不过，由于大部分判决并未将律师费和赔偿金额分开，故两者的具体金额难以进行计算。在赔偿金额和律师费分开计算的部分判决中，不少判决充分体现了对律师工作的尊重，如有案件损害赔偿额为 320 元，律师费为 2000 元[24]；有案件损害赔偿额为 160 元，律师费为 3000 元[25]。值得注意的是，有判决指出原告起诉前先和被告进行协商，协商不成才起诉，故律师费是合理的[26]。言下之意可能是如果不协商直接提起诉讼，那就不合理，律师费可能就不会获得支持。

版某版公司遭遇败绩的案件主要包括以下情形：①网络服务提供者抓取图片并存储在其网络服务器中不构成侵权[27]；②侵权主张的证据不足[28]；③获得的授权有争议，不过该案经过再审获得胜诉[29]；④被控侵权作品只存在部分相似，不构成侵权[30]；⑤网站用户上传，网站所有者不构成直接侵权[31]；⑥作为权利基础的文章为抄袭而来，不存在独创性[32]；⑦数据库经营者纳入电子数据库的文章，已经获得作者的授权[33]。

版某版公司作为商业维权者，在成本控制上也做得很专业，主要体现在：①文章普遍重复利用，如《7-11 便利店"俘获"消费者的秘密》[34]《如何让企业文化传播彰显生命力》[35]分别起诉了 4 个不同被告，《谁动了奥运会赞助商的奶酪》[36]起诉了 5 个，《一张餐卡里的企业文化》[37]起诉了 6 个。②公证书反复使用，一份公证书上固定了来自不同网站的数十篇（甚至更多的）文章，从而可以在不同案件中重复利用，如"（2015）京方圆内经证字第 00549 号"公证书在 12 份一审判决中被提到，"（2016）京精诚内经证字第 02724 号"则在 47 份一审判决中有提及。考虑到很多未进入诉讼程序的案件以及协商撤诉的案件都不会提及具体文章名称和公证书编号，判决书中也有很多未提及公证书编号，故实际上版某版公司对诉讼材料的重复利用率会更高。

另外，版某版公司在起诉时基本上采用化整为零的战术，一般不会在短时间内在一家法院提起过多的诉讼，绝大部分控制在二三十件以下，以免引起法院重点关注。不过也有例外，如 2016—2017 年在天津市和平区法院提起了 122 件诉讼。在 2019 年 12 月，由于即将超过诉讼时效，故版某版公司在数天内向北京互联网法院提起了 156 件案件。在这批案件中，有 31 件案件通过判决结案（知产宝上能检索到的判决书为 27 件），10 件调解结案，撤诉和按撤诉处理 115 件。在判决结案的案件中，赔偿数额普遍不高，经济赔偿数额则从 40 元到 400 元不等，平均为 128.9 元；律师费则除 2 件为 100 元之外，其他都是 50 元。

这批案件的律师费是否合理，可以根据律师实际的工作量和复杂程度来计算。重复数百次的案件，起诉状和证据早已形成模板，被告一方基本上不会聘请律师，甚至会缺席审理，代理律师并不需要付出复杂的专业劳动。十多件案子，集中处理的话，准备诉讼文件、立案和庭审各花 1 天也就差不多了。

考虑到前述活动普通文员都可胜任，故法院可能是按照北京市平均工资来计算。2020 年北京市全口径城镇单位就业人员平均工资为 106 168 元，按照一年 250 个工作日计算，每天的工资为 424.67 元，则 3 天的工资标准为：$424.67 \times 3 = 1\,274.02$ 元。这 27 件案件的律师费共计 1 450 元，略高于前述标准。

## 五、一幅触目惊心的图景

版某版公司的数百件诉讼案件，揭开了著作权商业维权诉讼的冰山一角。对大部分知识产权律师来说，善良可能限制了大家的想象力，并没有意料到商业维权案件已经走得非常遥远。在专利、商标和著作权领域，商业维权都存在，但著作权领域最为突出。2019 年，地方各级人民法院共新收知识产权民事一审案件 399 031 件，比 2018 年上升 40.79%。其中，新收专利案件 22 272 件，同比上升 2.64%；商标案件 65 209 件，同比上升 25.41%；著作权案件 293 066 件，同比上升 49.98%[38]。著作权案件占总量的 73.44%，其增长率也远高于专利和商标案件。

著作权案件的井喷，那些批量提起诉讼的"巨头"功不可没。以北京互联网法院为例，从该院 2018 年 9 月 9 日成立至 2019 年 8 月 31 日，共受理著作权权属、侵权纠纷 26 607 件，其中案量排名前五的当事人就共有 16 760 件，其中优图佳视公司 4 641 件，河图创意公司 3 279 件，蓝牛仔公司 3 188 件，全景视觉公司 2 883 件，生命时报社 2 769 件[39]。仅仅这五家公司的案量，就占了总数的 62.99%。在此类案件中，原告主张的权利和诉讼请求、证据组合方式等，在不同案件中呈现出高度一致性，类型化特点明显[40]。

在全国范围内，商业维权案件更是遍地开花。以 2019 年为例，在"知产宝"数据库中，全景视觉共 7 077 份，优图佳视公司 2 872 份，蓝牛仔影像公司 2 136 份，汉华易美公司 1 289 份，河图创意公司 395 份。需要强调的是，这里优图佳视公司、蓝牛仔影像公司、河图创意公司等公司检索到的案件数量还小于北京互联网法院的案量统计，说明能够检索到的只是其中一部分，实际上的案件数量还会更多。也许，2019 年 29.3 万件著作权民事案件中，商业维权案件可能就占了一半。

商业化维权的泛滥，恐怕与著作权法的立法宗旨并不一致。著作权制度保护创新，但如果有人将法院当作提款机的按钮，将诉讼作为谋取利润的商业模式，那恐怕就走向了反面。随着知识产权保护强度的不断加大，赔偿金额也不断提高，也给商业维权带来了更大的利润空间。2020 年《著作权法》修改后，法定赔偿金额提高到 500 元至 500 万元。赔偿金额设定下限，也会给商业维权者带来更多的利益期待。在 2021 年 6 月 1 日新《著作权法》实施后，著作权侵权案件可能还会进一步增长。毕竟公众的知识产权意识比较薄弱，网络上未经许可转载的他人文章，或文章配图未获得授权的多不胜数，案件数量可谓无穷无尽。

不过，如果此类案件充斥法院，那还是我们所期待的知识产权春天吗？很多律师同行都抱怨过案件审理周期太长，大量商业性维权案件的涌现无疑是其中的一个重要原因。当轻微的伤风感冒都跑去协和医院看病的时候，危重患者恐怕排上一天的队都挂不上号。商业化维权行为如果不能有效遏制，大量的知识产权权利人都会受到影响。

### 六、一个亟须解决的难题

商业化维权毕竟也是维权，如果不是侵权行为泛滥，哪里会有商业化维权的空间。的确，维权是正当行为，但过度维权就会走向反面。干涸的田地需要获得雨水的滋润，但长时间的暴雨也会引发洪灾。不过，这里的度不好把握，故商业化维权处于灰色地带，理论界和司法界对此都存在争议。在《著作权法》的修改和最高人民法院新司法解释的制定过程中，相关条款的变动就充分体现了这一点。

2020 年 6 月，全国人大常委会法制工作委员会公布的《著作权法（修正案草案）》中，规定了两个禁止权利滥用的条款，一是第四条规定著作权人"不得滥用权力影响作品的正常传播"；二是第五十条规定"滥用著作权、扰乱传播秩序的，著作权主管部门可以进行责令改正、警告、没收非法所得、罚款等行政处罚"。这里的"滥用著作权"可能就包含了商业化维权在内的诸多行为。不过这两个条款受到普遍的反对，最终被删除。

2020 年 8 月，最高人民法院发布《关于加强著作权和与著作权有关的权利保护的意见（征求意见稿）》，其第十五条规定："有力打击投机性诉讼牟利行为。加强著作权诉讼维权模式问题研究，充分利用中国裁判文书网等信息化平台，及时掌握批量化诉讼维权动态……"不过在出台的正式文本中，该条款也被删除。

在对商业化维权的定性存在众多争议的情况下，需要综合各种途径来解决问题。如北京互联网法院为从源头上减少图片类商业维权案件，提出了以下解决对策：①充分发挥司法的指引作用。积极引导适用小额诉讼、多元调解等程序，快速高效解决纠纷；通过裁判规则，引导图片版权的商业价值实现途径回归市场；进一步加大损害赔偿的梯度化和差异化，鼓励原被告进行举证或说明理由。②加强版权纠纷的协同治理。建立专门的集约化线上图片交易市场，推动版权公示和交易机制的变革；改革作品登记和交易公示制度；强化版权保护意识，遵守诚实信用原则；网络服务平台重新定位角色，承担版权保护的社会责任[41]。

在各项对策中，司法引领作用应该是重中之重。案件的繁简分流，促进多元调解手段等措施，其效果都存在极限。如果不能在源头遏制案件的飞速增长，最终恐怕还是治标不治本。商业化维权都是以追逐利益为目标，那么消减其利润空间就是有效遏制此类案件的不二法门。如北京市高级人民法院颁布的《裁判标准》第 2.16 条，就将"原告大量购入低价值文字作品，批量提起诉讼"作为酌情降低赔偿数额的情形。

在侵犯知识产权案件中，赔偿数额要和知识产权的市场价值相适应。以图片类案件为例，北京市高级人民法院《裁判标准》第 4.3 条规定美术作品的法定赔偿参考赔偿额度为单张 800～3 000 元，第 5.3 条规定摄影作品为单张 500～2 000 元。普通权利人起诉的案件，在权利人实际损失、侵权人的违法所得和权利使用费难以计算的情况下，只能通过法定赔偿来确定。此时，适用前述标准确定赔偿数额没有问题。

不过，商业维权公司虽然基本上都是主张法定赔偿，但由于图片许可价格都很容易查明，故应当优先参照许可费来计算。网络文章的配图，单张图片的授权费用也就 40 元左右[42]。如果按照许可费的 3 倍计算，单张图片也就 120 元而已。这个价格也许才是图片公司一张图片的正常赔偿价格。如果某图片公司没有正常的市场许可价格，完全是通过以诉讼获得赔偿为主，那可以参考行业平均价格。

随着大众知识产权意识的日益提高，异化现象也难以避免。在专利和商标领域，相关部门分别制定了《关于规范专利申请行为的若干规定》和《规范商标申请注册行为若干规定》用来遏制非正常申请。2019 年《商标法》修改后，明确规定不以使用为目的的恶意商标注册申请，应当予以驳回。不过，著作权自作品创作完成之日起产生，无法在授权确权程序中进行遏制，司法保护可能是遏制此类商业维权行为的唯一有效路径。如果在新《著作权法》实施之前，不能通过一系列判决给商业维权者明确的指引，打消他们不合理的预期，那等到更多的案件涌入法院后，纠正此类行为恐怕会付出更高的代价。

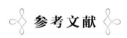

## 参考文献

［1］参见北京互联网法院(2020)京 0491 民初 4947 号民事判决书。

［2］参见 Ipcode："判赔 60 元律师费 50 元，知产春又来?"，载"知产库"微信公众号，2020 年 12 月 2 日。

［3］参见北京市工商行政管理局海淀分局京工商海处字(2016)第 D237 号决定书。

［4］参见广州市越秀区人民法院(2017)粤 0104 民初 12277 号民事判决书。

［5］参见杭州市拱墅区人民法院(2017)浙 0105 民初 5907、5910 号民事判决书。

［6］参见北京市朝阳区人民法院(2014)朝民(知)初字第 46143 号民事判决书。

［7］参见天津市和平区人民法院(2017)津 0101 民初 4063 号民事判决书。

［8］参见广州市越秀区人民法院(2017)粤 0104 民初 12273～12776 号民事判决书，深圳市宝安区人民法院(2016)粤 0306 民初 3322 号民事判决书。

［9］参见东莞市第一人民法院（2017）粤 1971 民初 15651 号民事判决书。

［10］参见东莞市第一人民法院（2017）粤 1971 民初 15650 号民事判决书。

［11］参见北京市朝阳区人民法院（2015）朝民（知）初字第 3271 号民事判决书，北京市西城区人民法院（2016）京 0102 民初 24212 号民事判决书，深圳市南山区人民法院（2016）粤 0305 民初 1169 号民事判决书。

［12］参见北京知识产权法院（2015）京知民终字第 00482 号民事判决书。

［13］参见天津市和平区人民法院（2017）津 0101 民初 4065 号民事判决书。

［14］参见廊坊市中级人民法院（2016）冀 10 民初 233 号民事判决书，北京知识产权法院（2015）京知民终字第 666 号民事判决书。

［15］参见北京市西城区人民法院（2016）京 0102 民初 24211 号民事判决书。

［16］参见北京市昌平区人民法院（2015）昌民（知）初字第 1369 号民事判决书，河北省廊坊市中级人民法院（2016）冀 10 民初 233 号民事判决书，广州市天河区人民法院（2017）粤 0106 民初 17674 号民事判决书。

［17］陕西省榆林市中级人民法院（2019）陕 08 民初 47 号民事判决书。

［18］参见广州知识产权法院（2018）粤 73 民终 1031 号民事判决书。

［19］参见北京市高级人民法院（2019）京民再 16 号民事判决书。

［20］参见北京知识产权法院（2017）京 73 民终 1074 号民事判决书。

［21］参见北京知识产权法院（2020）京 73 民终 1939 号民事判决书。

［22］有 3 篇文章的字数在判决书中未提及，这里指的是判决书中有明确提到字数的文章的平均字数。

［23］参见北京市朝阳区人民法院（2014）朝民（知）初字第 46150 号民事判决书，北京市丰台区人民法院（2014）丰民（知）初字第 19268～19269 号民事判决书，北京市昌平区人民法院（2015）昌民（知）初字第 1365、1367、1370、1371 号民事判决书，杭州市滨江区人民法院（2015）杭滨知初字第 643 号民事判决书。

［24］参见北京市朝阳区人民法院（2014）朝民（知）初字第 46141 号民事判决书。

［25］参见北京市朝阳区人民法院（2014）朝民（知）初字第 46143 号民事判决书。

［26］参见广州互联网法院（2019）粤 0192 民初 767、768、770、772 号民事判决书。

［27］参见北京市海淀区人民法院（2014）海民初字第 5488～5492，6465～6469 号民事判决书，北京市第一中级人民法院（2014）一中民（知）终字第 8151～8155、8158～8162 号民事判决书。

［28］参见北京市海淀区人民法院（2015）海民（知）初字第 6080、6082、6083 号民事判决书。

［29］参见北京市海淀区人民法院（2015）海民（知）初字第 3920～3023 号民事判决书，北京知识产权法院（2016）京 73 民终 475～478 号民事判决书，北京市高级人民法院（2019）京民再 16 号民事判决书。

［30］参见河北省廊坊市中级人民法院（2016）冀 10 民初 232 号民事判决书，河北省高级人民法院（2017）冀民终 369 号民事判决书。

［31］参见上海市闵行区法院（2017）沪 0112 民初 12124、12126 号民事判决书。

［32］参见广州互联网法院（2019）粤 0192 民初 769、771 号民事判决书。

［33］参见天津市和平区人民法院（2017）津 0101 民初 4063 号民事判决书，天津市第一中级人民法院（2018）津 01 民终 9600 号民事判决书。

［34］参见北京市西城区人民法院（2016）京 0102 民初 24212 号民事判决书，广州市天河区人民法院（2017）粤 0106 民初 17660 号民事判决书，北京互联网法院（2020）京 0491 民初 4919、4959 号民事判决书。

［35］ 参见北京市海淀区人民法院(2015)海民(知)初字第 3921 号民事判决书,北京市丰台区人民法院(2014)丰民(知)初字第 19268 号民事判决书,北京市朝阳区人民法院(2014)朝民(知)初字第 46141 号、(2015)朝民(知)初字第 3271 号民事判决书。

［36］ 参见东莞市第一人民法院(2017)粤 1971 民初 15650 号民事判决书,北京互联网法院(2020)京 0491 民初 4921、6195、6215、6233 号民事判决书。

［37］ 参见北京市海淀区人民法院(2014)海民(知)初字第 23287 号民事判决书,北京市朝阳区人民法院(2014)海民(知)初字第 23287、46143 号民事判决书,河北省廊坊市中级人民法院(2016)冀 10 民初 231 号民事判决书,天津市和平区人民法院(2017)津 0101 民初 4065 号民事判决书,广州市天河区人民法院(2017)粤 0106 民初 17673 号民事判决书。

［38］ 参见最高人民法院:《中国法院知识产权司法保护状况(2019)》。

［39］ 参见《北京互联网法院审判白皮书》,第 3～4 页。

［40］ 参见北京互联网法院:《调研报告全文|探究图片版权争议成因　共促纠纷源头治理》,载"北京互联网法院"微信公众号,2020 年 7 月 7 日。

［41］ 参见北京互联网法院:《调研报告全文|探究图片版权争议成因　共促纠纷源头治理》,载"北京互联网法院"微信公众号,2020 年 7 月 7 日。

［42］ 如"图虫创意"的"标准授权"模式下,单张图片费用为 40 元,3 张为 150 元,10 张为 290 元,50 张为 1 350 元,1 000 张为 2 600 元。此类图片可用于网络配图和出版印刷(不可用作封面或封底)。

# 高新技术企业的知识产权布局研究

## 吴 帅

吴帅,知识产权管理体系审核员、塑料行业高级工程师、专利管理工程师、技术经纪人。现为上海申浩律师事务所知识产权和科技咨询顾问。曾获共青团上海科技青年金点子二等奖、上海市软件服务明星、宝山区创新之星、上海市软件企业经营明星等荣誉。

知识产权对企业的发展具有重要的作用。一方面,科技型中小企业想要掌握市场竞争的主动权,关键在于加强自主知识产权保护,从而提升企业无形资产的价值,最终打造核心竞争力。另一方面,企业进行项目申报、高新技术企业认定需要从知识产权类型、数量、获取途径、取得时间、与主营产品核心相关等方面进行布局,用来证明企业开展的研发活动产生了成果并且证明企业技术成果的先进性。

对于高新技术企业而言,创新是其发展的灵魂。高新技术企业的产品或服务,往往具有较高的科技含量,大多属于创新型产品或创新型技术服务。高新技术企业在创新的发展主线下,必然会形成大量的知识产权创新成果,这些无形资产是高新技术企业资产的重要组成部分,是企业重要的核心竞争力,能够为企业带来巨大的社会效益和经济价值。知识产权是企业技术创新能力的外在表现形式之一,也是高新技术企业一项非常重要的指标。正确地认识知识产权在高新技术企业认定中的重要性,对申报高新技术企业起着至关重要的作用。

### 一、高新技术企业认定中常见的知识产权问题

问题1:提交申请时使用的知识产权数量不足,满足不了3年15个以上的要求,能申请高新技术企业吗?

解答1:所谓6个以上知识产权就能申请高新技术企业或者1个发明专利抵6个实用新型专利,这些说法在2016年改版后的高新技术企业认定要求里都是不全面和不准确的,会影响创新能力评价分值。另外,3年刚好15个知识产权,也仅能保证基本分值,如果想要获得较为理想的分值,需要与企业实际情况匹配,使用尽可能多的知识产权。

问题2:知识产权获得的时间在近3年前后,取得时间较为集中,能申请高新技术企

业吗？

解答 2：规范化良态化的知识产权管理，宜在研发项目完成的中后期申请知识产权保护，即近 3 年中每年都会产生一定量的知识产权，且根据高新指引，考核的是近 3 年的知识产权获得情况，所以原则上早于前 3 年或申报高新技术企业当年申请或转让的专利、知识产权或不予计分；另外，知识产权获得要有延续性。企业所有知识产权获证的时间都是同一时间段，会被质疑为临时包装，不被认可或分数极低。

问题 3：与企业主营业务不匹配，对核心技术的支持作用不强，符合申请条件吗？

解答 3：申请高新技术企业的硬性要求是企业主营产品的核心技术符合八大领域要求，各领域的知识产权类型都是不一样的，如：发明专利和植物新品种匹配生物医药、新材料领域；计算机软件著作权和集成电路布图匹配电子信息、高新技术服务领域；实用新型和外观设计匹配先进制造领域等，企业对自己的核心技术匹配适合的知识产权类型是十分重要的，多种形式的保护也是获得较高分值的途径之一。

问题 4：知识产权的权属不明确或者是同一知识产权有多个权利人时怎么办？

解答 4：高新技术企业是单体资质，所以在申请高新技术企业及高新技术企业资格存续期间，知识产权有多个权属人时，只能由一个权属人在申请时使用，不少集团企业内的关联公司已经不能通过共享的方式分别申请高新资质。所以，多个权利人联名申请的知识产权明显不适合于在高新技术企业认定时使用。

问题 5：企业成立 2~3 年，可以在申报高新技术企业前一年集中申请多项知识产权吗？

解答 5：自 2021 年开始，国家知识产权局对集中申请多项知识产权的突击申报行为，列入申请异常名单，名单中的知识产权将会被严格审查，导致驳回率提高或审批缓慢。企业如要申请高新技术企业，最好要制定企业知识产权战略，前期技术收集、储备和汇总，中期的知识产权申请开题、撰写和申报，最终的修改、维护和维权等，都需要企业经过细致的考虑，才能符合高新技术企业的申报要求。

出现上述这些问题，主要是因为一来企业不重视专利申请；二来为了申请专利而申请专利，只注重数量；三是忽略了技术核心，用一些细枝末节的技术进行专利申请；四是不具备知识产权全局意识，缺乏规范化管理。

## 二、高新技术企业认定申报中有关知识产权的要求

（1）高新技术企业认定所指的知识产权须在中国境内授权或审批审定，并在中国法律的有效保护期内。知识产权权属人应为申请企业。

（2）一票否决权：不具备知识产权的企业不能认定为高新技术企业。

（3）发明专利（含国防专利）、植物新品种、国家级农作物品种、国家新药、国家一级中药保护品种、集成电路布图设计专有权等按Ⅰ类评价。

（4）实用新型专利、外观设计专利、软件著作权等（不含商标）按Ⅱ类评价，在申请高新技术企业时，仅限使用一次。

（5）排他性权属要求：在申请高新技术企业及高新技术企业资格存续期内，知识产权有多个权属人时，只能由一个权属人在申请时使用。

（6）申请认定时专利的有效性以企业申请认定前获得授权证书或授权通知书并能提供缴费收据为准。

（7）发明、实用新型、外观设计、集成电路布图设计专有权可在国家知识产权局网站（http://www.sipo.gov.cn）查询专利标记和专利号；国防专利须提供国家知识产权局授予的国防专利证书；植物新品种可在农业部植物新品种保护办公室网站（http://www.cnpvp.cn）和国家林业局植物新品种保护办公室网站（http://www.cnpvp.net）查询；国家级农作物品种是指农业部国家农作物品种审定委员会审定公告的农作物品种；国家新药须提供国家食品药品监督管理局签发的新药证书；国家一级中药保护品种须提供国家食品药品监督管理局签发的中药保护品种证书；软件著作权可在国家版权局中国版权保护中心网站（http://www.ccopyright.com.cn）查询软件著作权标记（亦称版权标记）。

（8）国家科技部最新要求，企业软件著作权的授权时间如为当年，将通不过国家科技部审查。

## 三、常用知识产权介绍

1. 发明专利

发明，是指对产品、方法或者其改进所提出的新的技术方案。《专利审查指南》指出，技术方案是指对要解决的技术问题所采取的利用了自然规律的技术手段的集合。技术手段通常是由技术特征决定的。发明必须是技术方案，而且必须是新的技术方案。

2. 实用新型专利

实用新型是指对产品的形状、构造或者其结合所提出的适于实用的新的技术方案。专利法中对实用新型的创造性和技术水平要求较发明专利低，但实用价值大，在这个意义上，实用新型有时会被人们称为小发明或小专利。

3. 外观设计专利

对产品的形状、图案或其结合以及色彩与形状、图案的结合所做出的富有美感并适于工业应用的新设计。外观设计是指工业品的外观设计，也就是工业品的式样。

4. 软件著作权

软件著作权人对开发完成的软件作品，通过向登记机关进行登记备案的方式进行权益记录/保护，并获得软件著作权登记证证书。

5. 常用知识产权解析

发明专利从申请到取得证书/授权通知书至少需要两年，企业在申报发明专利时要提前做好规划。对于时间有限的企业，可以考虑采用受让的方式取得发明专利，转让手续办理时间一般为一个月左右。

实用新型专利、外观设计专利从申请到取得证书/授权通知书一般需要6～12个月，适合每年周期性申请。

软件著作权从申请到取得证书一般需要2～3个月，软件开发类企业适用较多，其他企业可以酌情申请，但要确保与主营业务的相关性。

知识产权的授权年份应当截至申报高新技术企业的上一年度，因政策调整部分申报当年获得授权的知识产权(如软件著作权),将被视为无效知识产权。

## 四、知识产权与企业创新能力评价

根据《高新技术企业认定管理工作指引》(国科发火〔2016〕195 号)的规定,高新技术企业认定中企业创新能力评价主要从知识产权、科技成果转化能力、研究开发组织管理水平、企业成长性等四项指标进行评价。各级指标均按整数打分,满分为 100 分,综合得分达到 70 分以上(不含 70 分)为符合认定要求。四项指标分值结构如表 1 所示:

**表 1　高新技术企业认定的四项指标分值结构**

| 序号 | 指标 | 分值 |
| --- | --- | --- |
| 1 | 知识产权 | ≤30 |
| 2 | 科技成果转化能力 | ≤30 |
| 3 | 研究开发组织管理水平 | ≤20 |
| 4 | 企业成长性 | ≤20 |

知识产权作为高新技术企业认定中的重要一环,其评分标准总分高达 30 分,其具体评价指标如表 2 所示。

**表 2　知识产权在高新技术企业认定的具体评价指标**

| 序号 | 知识产权相关评价指标 | 分值 |
| --- | --- | --- |
| 1 | 技术的先进程度 | ≤8 |
| 2 | 对主要产品(服务)在技术上发挥核心支持作用 | ≤8 |
| 3 | 知识产权数量 | ≤8 |
| 4 | 知识产权获得方式 | ≤6 |
| 5 | (作为参考条件,最多加 2 分)<br>企业参与编制国家标准、行业标准、检测方法、技术规范的情况 | ≤2 |

通过上述评分标准中可以看出,Ⅰ类知识产权在技术的先进程度及知识产权数量中具备评分优势,另外知识产权的获得方式可以通过自主研发、受让、受赠和并购中的一种或者多种方式获得,但想要获得高分必须具备自主研发的知识产权。

## 五、知识产权与科技成果转化能力评分

### 1. 科技成果转化能力评分标准

在高新技术企业认定中的企业创新能力评价部分,除知识产权,科技成果转化占比也是 30 分,同样起着举足轻重的作用。科技成果转化的细化得分标准如下:

依照《促进科技成果转化法》,科技成果是指通过科学研究与技术开发所产生的具有实

用价值的成果(专利、版权、集成电路布图设计等)。科技成果转化是指为提高生产力水平而对科技成果进行的后续试验、开发、应用、推广直至形成新产品、新工艺、新材料,发展新产业等活动。

科技成果转化形式包括:自行投资实施转化;向他人转让该技术成果;许可他人使用该科技成果;以该科技成果作为合作条件,与他人共同实施转化;以该科技成果作价投资、折算股份或出资比例;以及其他协商确定的方式。

由技术专家根据企业科技成果转化总体情况和近3年内科技成果转化的年平均数进行综合评价。同一科技成果分别在国内外转化的,或转化为多个产品、服务、工艺、样品、样机等的,只计为一项。

转化能力强,科技成果转化数量≥5项(25～30分);转化能力较强,科技成果转化数量≥4项(19～24分);

转化能力一般,科技成果转化数量≥3项(13～18分);转化能力较弱,科技成果转化数量≥2项(7～12分);

转化能力弱,科技成果转化数量≥1项(1～6分);转化能力无,科技成果转化数量0项(0分)。

2. 知识产权在科技成果转化能力评分中起到的作用

科技成果是知识产权的客体,而知识产权是科技成果的产权表现形式。上述标准中提到的"具有实用价值的成果(专利、版权、集成电路布图设计等)"即知识产权,而科技成果转化就可以理解为知识产权(科技成果)转化为产品(服务)。

知识产权作为科技成果的产权表现形式及证明材料,每项知识产权在科技成果转化的过程中只能使用一次。一项知识产权对应多种产品(服务)或多项知识产权对应一种产品(服务)的情况,视为重复转化,在评分时只计为一项科技成果转化。

由此可知,如需达到科技成果转化能力评分的最高标准,即3年内科技成果转化的年平均数≥5项,企业需至少具备年平均数≥5项的知识产权(3年即15项)

## 六、知识产权与研究开发

研究开发活动是指为获得科学与技术(不包括社会科学、艺术或人文学)新知识,创造性运用科学技术新知识,或实质性改进技术、产品(服务)、工艺而持续进行的具有明确目标的活动。不包括企业对产品(服务)的常规性升级或对某项科研成果直接应用等活动(如直接采用新的材料、装置、产品、服务、工艺或知识等)。

研究开发活动所形成的成果为上文中提及的科技成果,科技成果的产权表现形式及证明材料为知识产权。

企业研究开发费用为研究开发活动中所产生的费用,需要符合研究开发费用的归集范围,并达到《高新技术企业认定管理办法》中明确的研发费占比条件。

企业近三个会计年度(实际经营期不满三年的按实际经营时间计算,下同)的研究开发费用总额占同期销售收入总额的比例符合如下要求:

(1)最近一年销售收入小于5 000万元(含)的企业,比例不低于5%;

（2）最近一年销售收入在5 000 万元至2亿元（含）的企业，比例不低于4%；

（3）最近一年销售收入在2亿元以上的企业，比例不低于3%。

从上述要求可以看出，研发费用需达到企业销售收入的一定比例，对于销售收入达到一定规模的企业来说，其需要开支的研发费也是相当惊人的，这就要求与研究开发活动对应的知识产权的数量及质量也应该适当提升，比如1～2项Ⅱ类知识产权，来匹配几百万元的研发项目显然是不合理的。

## 七、知识产权与高新技术产品（服务）

高新技术产品（服务）收入是高新技术企业进行研究开发活动后，实现科技成果转化的重要标志之一，是衡量企业科技创新能力水平的重要标准之一，也是高新技术企业最重要的判断指标之一。它体现了企业产品的技术先进程度。

2016 年以来，科技部、财政部和国家税务总局对《高新技术企业认定管理办法》及其工作指引进行了重新修订，明确了高新技术产品（服务）的定义。即高新技术产品（服务）是指对产品（服务）主要竞争优势发挥核心支持作用的关键技术，属于《国家重点支持的高新技术领域》规定范围的产品（服务）。

简单地说，关键技术符合《国家重点支持的高新技术领域》规定的产品（服务），即高新技术产品（服务），而产品（服务）关键技术的证明材料亦是知识产权。换而言之，知识产权必须符合《国家重点支持的高新技术领域》的规定。

在《高新技术企业认定管理办法》中明确了近一年高新技术产品（服务）收入占企业同期总收入的比例不低于60%，当企业高新技术产品（服务）收入达到一定规模时，一般认为与高新技术产品（服务）对应的知识产权的数量及质量也应该适当提升，比如仅凭2～3 件Ⅱ类知识产权，来匹配千万级销售规模的高新技术产品（服务）显然是不合理的。

## 八、结语

由于申请知识产权的目的不同，对专利的数量、质量、获得时间等要求也不同。

首先，要提前计划好预申报的项目，根据项目申报时间，提前准备好专利，一般发明专利授权时间为18～36 个月，实用新型专利授权时间为6～12 个月，所以至少要提前1年甚至3 年进行专利储备。

其次，根据拟申报的项目要求及选定的领域，按照公司的实际生产经营情况进行准备，如是为高新技术企业认定储备专利，就需要严格把控授权时间及专利对主要产品的支持作用；所有的专利都要围绕公司核心产品的相关生产技术进行专利布局。

最后，控制好Ⅰ类和Ⅱ类知识产权的比例，一个好的知识产权组合，核心专利是1 项或者多项Ⅰ类知识产权结合一定数量的Ⅱ类知识产权；Ⅰ类知识产权含金量高，有较高的应用价值，但是审核要求高授权周期长，所以实用新型专利、外观设计专利、计算机软件著作权这些Ⅱ类知识产权在高新技术企业认定申请中的作用毋庸置疑。

# 浅谈商标的撤销

吴 帅 韦志刚

韦志刚,专利代理师、商标代理人、技术经纪人。先后创办上海责代知识产权代理有限公司、上海互顺专利代理事务所(普通合伙)。

生命之所以珍贵,因为它不可复制。而这句话,对商标也同样适用。

近年来,我国企业的商标保护意识越来越强:2020 年,全国申请总量为 9 116 454 件,注册总量为 5 576 545 件,有效注册量为 28 393 188 件。对比 2019 年,申请数量增长了 20%,商标申请进入了高速发展阶段。已经申请的商标元素,从汉字上看:无论是寓意较好的常用词语还是个体姓氏,都已有一大半被注册为了商标。从英文上看:较为朗朗上口的单音节词,也已被注册得差不多了。一些其他语言,如韩文、日文等寓意好的词汇也被瓜分。数字、图形方面的注册也不示弱:各种图形要素分类检索后,均会有诸多注册信息。毫不夸张地说,对于商标这种即将耗尽的资源,新企业的注册将变得越来越难——被拒比例高,复审成功率低。商标耗尽,意味着新企业更难与在位企业竞争。在位企业的重心,或许也将因此由勤力创新转移到"靠商标吃商标"。

经调查,在已经核准注册的商标中,有一部分企业申请人已经注销。但是在国家知识产权局官网中,已注销企业所申请的商标(核准注册的)显示仍然有效。我们知道,商标的基本功能是识别和区分商品和服务来源。商标法意义上的商标使用应具有识别性,只有使用商标的商品进入流通领域,商标的识别功能才能发挥。如果商标注册人已不存在,则该商标无法进入流通领域,该商标区分商品和服务来源的功能亦随之丧失。因此,对于因商标权利人已不存在而丧失商标应有功能的商标而言,因无法在市场上流通,则相关公众通常不会将该商标与其他商标相混淆。但是这种情况,国家工商总局与国家知识产权局并未进行衔接,企业注销后,国家知识产权局在注销后的一段时间内未主动注销该企业名下的商标。因此,在商标申请阶段的实质审查中,仍然将已注销企业申请的商标作为在先引证商标,只有在商标行政审查或者诉讼过程中,才会认定引证商标不构成在先障碍。这不光给申请人造成了财力的浪费,更严重的是影响一个商标、一个产品或者服务的诞生。

面对这种商标注册难、资源滥占用的现状,申请人如何得到自己心仪的商标所有权呢?

根据《商标法》第四十九条的规定，商标的撤销事由：商标注册人在使用注册商标的过程中，自行改变注册商标、注册人名义、地址或者其他注册事项的，由地方工商行政管理部门责令限期改正；期满不改正的，由商标局撤销其注册商标。注册商标成为其核定使用商品的通用名称或者没有正当理由连续三年不使用的，任何单位或者个人可以向商标局申请撤销该注册商标（简称"撤三"）。这一规定对申请人来说，是一个取得商标权非常好的途径。因此，为了正常商业活动需要，商标撤销案件数量也有了大幅度提升，很多企业经过"撤三"，确实取得了商标权。但是，"撤三"有些也成为商业竞争打击对手的重要武器。在"撤三"案件中，不乏有些被"撤三"申请人正在使用的商标，但是可能由于被申请人无法接收到"撤三"送达证据、商标的使用不规范、商标使用证据不完整等原因，把企业非常重要的商标撤掉了，导致无法使用，给被申请人造成了严重的损失。

"撤三"程序，真的是让我欢喜让我忧。法律是用来保障和维护权利的，如果利用法律来钻空子，那就是没有道德。而目前，过分强调使用功能而忽略善意保护，可能导致对诚实信用原则的破坏和不正当竞争的保护。设立"撤三"制度的立法目的在于促使商标注册人积极使用其注册商标，避免商标资源的闲置和浪费。所谓撤销只是手段而非目的，而处于商标局行政审核阶段的"撤三"并无证据交换程序，所以该阶段的审查程序并不十分严格。商标局在审核答辩人提供的使用证据时，仅从其提交的相关证据材料进行主观证据采信。"撤三"申请人却无法接触证据，既无法得知对方答辩内容又无法进行质证。"撤三"申请人只有经历撤销复审和行政诉讼阶段，才可能接触答辩所提交的相关证据。此种制度设置方式，无形中又增加了申请人的成本，同时进一步造成了行政、司法资源的浪费。而商标局审核人员主观判断证据材料的真实性、合理性、合法性，缺乏专业性，例如，何为"撤三"答辩中的使用，何为有效的答辩证据等，并非仅通过商品名称简单认定，需要结合商品销售市场和消费者的一般观念的要素来判断。该规则对于专业性要求较强，非专业人士、实际经营者、业内人士，则难以通过主观判断予以合理认定。

综上，完善商标"撤三"制度，迫在眉睫。如设立防御性商标特殊保护制度、增加商标不使用的合理理由等。其实，也可以参考一些国家（如美国）的商标审查制度，从根本上重视商标的使用，以商标的实际使用为基础，由申请人提供商标使用证据，这样可以从根源上杜绝商标的盲目申请，有效地控制资源，维护商标申请秩序。

最后提醒申请人：商标申请后，要保留有效的商标使用证据，以防止他人撤销。商标申请不易，且申且珍惜。

# 如何应对商标被抢注

## 张霄

张霄,现为上海广昱知识产权代理有限公司资深知识产权顾问、商标代理人。曾为樱桃小丸子、奥特曼、名侦探柯南商标在中国的申请布局及维权做出了突出的贡献。

市场的竞争归根到底是品牌之争。在互联网日益成为创新驱动先导力量的情况下,随之而来的是人们对于优秀品牌的"围攻":对产品的模仿、对商标的模仿。这就使得很多辛辛苦苦经营了多年的品牌,被别人抢先注册了商标,导致蒙受损失,踏上曲折的维权之路。那么,当您发现商标被抢注了该怎么办呢? 是向抢注人妥协,花大价钱去购买吗? 这当然不是维权的正确方式,这反而让更多的职业注标人会看到商机,助长了抢注人的威风,扰乱了市场正常秩序。那么,当商标被抢注以后,应该怎么办呢?

商标抢注并不是一个确定的法律概念,也没有一个统一的界定标准。商标抢注可以分为广义的商标抢注和狭义的抢注两种情况。广义的抢注字指的是:商标注册申请人未经许可,将他人依法取得或依法享有的权利客体作为商标申请注册的行为。这些权利包括商标权、姓名权、肖像权、著作权、外观设计专利权等。狭义的商标抢注指的是:商标注册申请人未经在先商业标识使用者的许可,将其商业标识(如未注册商标、域名、商号等)申请商标注册的行为。无论是广义的还是狭义的抢注,均可以采取如下方式取得注册。

## 一、对尚未注册成功的商标,可以提出商标异议

《商标法》第三十三条 对初步审定公告的商标,自公告之日起三个月内,在先权利人、利害关系人认为违反本法第十三条第二款和第三款、第十五条、第十六条第一款、第三十条、第三十一条、第三十二条规定的,或者任何人认为违反本法第四条、第十条、第十一条、第十二条、第十九条第四款规定的,可以向商标局提出异议。

商标异议就是指对某商标的基本核准,根据商标法明确提出抵制建议,规定撤销。如果想拿回的商标尚处在初步审定阶段,那么可以在公告日起3个月之内向商标局提出异议,需要申请人提供的相关材料和收集的证据足够充分并且真实有效,商标局经过审查后,会根据实际情况来决定该商标是否能够予以注册。在异议程序中,证据资料的准备至关重

要。如果是因为代理人或者代表人抢注的，需要收集与代理人或者代表人的业务往来协议、发票、邮件等，或者其他文件，如商标授权许可协议、在先使用证据等。如果是因为侵犯在先权抢注的，需要收集所有权人在先使用证据、商标影响力证据等。以上两种情况的异议申请人必须是利害关系人。而如果因为是《商标法》禁止使用名称进行异议申请的，则可以是任何人提出异议，无限制。

现列举经过异议程序取得商标权的案例如下：

"樱桃小丸子"及其形象可谓家喻户晓，而该商标持有人日本动画株式会社，并未在作品创作完成后，即刻向中国国家商标局提出商标申请。杭州小丸子食品有限公司，看准商机，进行抢注，申请了第 8831039 号商标，经审理公告。由于该图形由日本动画株式会社及关联公司独创，该商标的图形与"樱桃小丸子"卡通人物形象在头部特征、表现形式等方面相近，已经构成实质性近似。因此，在该商标公告后，日本动画株式会社及关联公司向国家商标局提出异议申请，并列举了在先著作权、进出口音像批准单、大量报纸及杂志等媒体报道资料等证据资料。经过异议、异议复审程序，最终裁定第 8831039 号商标不予注册。

通过本案可以看出，《商标法》中的不得侵犯他人的在先权，不仅仅是指商标权，还包含了著作权等。只要证据完整真实，确实能够证明其在先的影响力和知名度，申请人是可以排除恶意申请的在先障碍，取得注册权的。以下为第 8831039 号商标的异议复审决定书，由于涉及案件当事人隐私，截取部分（见图 1）：

## 二、已经注册成功的商标，可以提出无效宣告申请

《商标法》第四十四条 已经注册的商标，违反本法第四条、第十条、第十一条、第十二条、第十九条第四款规定的，或者是以欺骗手段或者其他不正当手段取得注册的，由商标局宣告该注册商标无效；其他单位或者个人可以请求商标评审委员会宣告该注册商标无效。

第四十五条 已经注册的商标，违反本法第十三条第二款和第三款、第十五条、第十六条第一款、第三十条、第三十一条、第三十二条规定的，自商标注册之日起五年内，在先权利人或者利害关系人可以请求商标评审委员会宣告该注册商标无效。对恶意注册的，驰名商标所有人不受五年的时间限制。

注册商标的无效宣告，是指商标主管机关对于违反商标法的规定而不应获得注册的已注册商标，按照法律程序宣告其无效的制度。

如果被抢注的商标已经过了 3 个月的公告期获得核准注册了，此时申请人可以依据《商标法》第四十四条的规定，请求国家市场监督管理总局商标局宣告该注册商标无效。

《商标法》对无效宣告申请有 5 年的时间限制，即如果某件商标获得注册时间超过 5 年，就不能以被抢注为由申请无效宣告了（驰名商标不受此时间限制）。

无效宣告申请实际是在抢注行为发生后，错过了异议期的一个救济条款，只是发生在系争商标已经注册完成时，其证据的相关准备和异议程序的证据准备情况相同。

现列举经过无效宣告程序取得商标权的案例如下：

"溙美"为上海溙美医疗科技有限公司的企业名称核心词，该名称为原创，非既有词

我委认为，《商标法》第九条已体现在《商标法》相关条款之中。根据当事人事实、理由及请求，本案焦点问题为：

一、《商标法》第三十一条所指的在先权利是指系争商标申请注册日之前已经取得的除商标权以外的其他权利，包括著作权等。本案中，申请人提交的证据可证明，"樱桃小丸子"作品及其主要人物形象图形作品于被异议商标申请注册日之前已创作完成，日本动画株式会社在中国大陆地区以法人作品著作权人的身份已取得了著作权登记证书，上述公司将上述作品及人物形象的全部海外业务委托、授权给关联公司日本动画国际株式会社，经日本动画国际株式会社授权，本案申请人在中国大陆地区享有上述作品及人物形象的著作权以及追究侵权者的责任等权利；同时，上述作品及其人物形象已通过电视、报纸以及作为商标组成要素等方式在中国大陆地区等地公开发表。被异议商标的图形与上述作品中的"樱桃小丸子"卡通人物形象在头部特征、表现形式等方面相近，已构成实质性近似。被申请人申请注册被异议商标的行为已构成对他人现有在先著作权的损害，违反了《商标法》第三十一条有关"申请商标注册不得损害他人现有的在先权利"的规定。

二、被异议商标图形与引证商标图形在人物形象、头部特征等方面相近，已构成近似商标。被异议商标指定使用的仿皮等商品与引证商标核定使用的购物袋、小皮夹等商品在功能、用途、销售渠道等方面具有较强关联性。同时考虑引证商标具有较强的独创性和显著性等因素。被异议商标与引证商标并存注册和使用于上述商品上，易引起消费者对商品来源产生混淆误认。被异议商标与引证商标已构成了使用在类似商品上的近似商标，构成了《商标法》第二十八条所指的情形。

三、鉴于引证商标于被异议商标申请注册日之前在第18类商品上已申请注册，且我委已适用了《商标法》第二十八条的规定不予被异议商标核准注册，本案无适用《商标法》第三十一条有关"申请商标注册也不得以不正当手段抢先注册他人已经使用并有一定影响的商标"的规定进行审理之必要。

四、被异议商标标识本身不具有有违公序良俗或易对我国社会公共利益或公共秩序产生消极负面影响的情形，不属于《商标法》第十条第一款第（八）项所指的不得作为商标使用的标志。

五、申请人提交本案的证据不足以证明被申请人申请注册被异议商标采用了《商标法》第四十一条第一款所指的"以欺骗手段或者其他不正当手段取得注册"的情形。《商标法》第四十一条的其他规定属于程序性条款，我委在此不予单独评述。

综上所述，申请人所提异议复审理由成立。

依据《中华人民共和国商标法》第二十八条、第三十一条、第三十三条、第三十四条的规定，我委裁定如下：

被异议商标在复审商品上上不予核准注册。

**图1　商标异议复审决定书截图**

汇,该公司成立于2013年,致力于氢医疗器械的研究,是行业的佼佼者,并被相关公众知悉。中衍管理咨询(上海)有限公司,于2018年抢注了第29441295号 **潓美科技 HUIMEIKEJI** 商标,并成功核准注册。上海潓美医疗科技有限公司向国家商标局提出无效宣告申请,并举出了其在先申请他类商标、企业影响力、在先字号权以及中衍管理咨询(上海)有限公司恶意注册其他有知名度商标的证据,经审理,第29441295号商标最终予以无效宣告,上海潓美医疗科技有限公司夺回本该属于自己的商标权。

通过本案可以看出:即使是抢注人存在侥幸,躲过商标局的审查,成功注册了抢注商标,只要证据和理由充分,确实能够证明对方的恶意抢注行为,是可以成功维权的。以下为第29441295号无效宣告裁定书,由于涉及案件当事人隐私,截取部分(见图2):

我局认为,1、申请人主张争议商标的申请注册侵犯其在先字号"潓美"的在先权利,并构成以不正当手段抢注申请人在先使用并有一定影响的商标。但本案中,申请人提交的在案证据尚不能证明在争议商标申请注册日之前,其"潓美"字号及商标已在与争议商标指定的第9类计算机等相同或类似的服务上在先使用并达到具有一定影响的程度,进而不能认定争议商标的注册会使相关公众将之与申请人相联系,从而对商品来源产生混淆误认。因此,争议商标的申请注册未构成2013年《商标法》第三十二条所指损害他人在先字号权及以不正当手段抢先注册他人已经使用并具有一定影响的商标之情形。

2、2013年《商标法》第十条第一款第(八)项调整的是商标标识本身对公共利益或公序良俗有不良影响的情形,而本案争议商标标识未对公共利益产生消极、负面的影响,不属于该项规定所指情形。

3、申请人称被申请人及其关联公司恶意大量囤积商标,其行为违反公序良俗原则,扰乱了商标注册秩序并援引2013年《商标法》第四十四条第一款的规定。对此,我局认为,根据我局查明的事实,被申请人及其关联公司申请注册了七百余件商标,涵盖的商品和服务类别广泛,已超出正常的商业使用需要,其中亦有包括"JMEN""五丰尚食""甘城子"等多件与他人知名商标、标志相同或近似的商标。且被申请人对其及其关联公司申请注册大量商标的行为没有作出合理解释或说明。据此,我局认为被申请人大量注册商标的行为已明显超出正常的生产经营需要,扰乱了正常的商标注册管理秩序,有损于公平竞争的市场秩序。因此,争议商标的注册已构成2013年《商标法》第四十四条第一款"以其他不正当手段取得注册"所指情形。

综上,申请人无效宣告理由部分成立。

依照2013年《中华人民共和国商标法》第四十四条第一款以及2019年《中华人民共和国商标法》第四十四条第三款、第四十五条第二款和第四十六条的规定,我局裁定如下:

争议商标予以无效宣告。

图2 无效宣告裁定书截图

### 三、商标"撤三"

《商标法》第四十九条　商标注册人在使用注册商标的过程中，自行改变注册商标、注册人名义、地址或者其他注册事项的，由地方工商行政管理部门责令限期改正；期满不改正的，由商标局撤销其注册商标。

注册商标成为其核定使用的商品的通用名称或者没有正当理由连续三年不使用的，任何单位或者个人可以向商标局申请撤销该注册商标。商标局应当自收到申请之日起九个月内做出决定。有特殊情况需要延长的，经国务院工商行政管理部门批准，可以延长三个月。

商标撤三指撤销注册商标连续三年停止使用，简称"撤三"。如果被抢注商标在注册三年后没有使用的话，任何公司及个人都可以向商标局提出撤销该商标的申请，企业主可以关注其动向，看商标是否有人使用，是否按照核准注册的范围使用。如果商标"撤三"成功，那么该商标的抢注人则自动失去了该商标的商标权，无法继续在商品或服务范围内使用该商标，则申请人可以立刻申请，通过"撤三"程序夺回本该属于自己的商标权。

现列举经过"撤三"取得商标权的案例如下：

上海觉莲斋文化传播中心为一家培训公司，计划申请第 41 类"觉莲斋"，但是晋江海明文化创意产业运营管理有限公司申请在先的第 15958237 号"莲觉"对其构成了申请的障碍。经查，该公司并不从事培训相关服务，因此，上海觉莲文化传播有限公司向商标提出了"撤三"申请，成功排除在先障碍，最终取得第 41 类的核准注册。以下晋江海明文化创意产业运营管理有限公司申请信息来自商标网（见图 3）：

| 莲觉 | 商品/服务 | | | |
| | 类似群 | | | |
| 申请/注册号 | 15958237 | 申请日期 | 2014年12月17日 | 国际分类 | 41 |
| 申请人名称（中文） | 晋江海明文化创意产业运营管理有限公司 | | | |
| 申请人名称（英文） | | | | |
| 申请人地址（中文） | 福建省泉州市晋江市梅岭街道中路海明商务中心 | | | |
| 申请人地址（英文） | | | | |
| 初审公告期号 | 1480 | 注册公告期号 | 1492 | 是否共有商标 | 否 |
| 初审公告日期 | 2015年11月20日 | 注册公告日期 | 2016年02月21日 | 商标类型 | 一般 |
| 专用权期限 | 2016年02月21日 至 2026年02月20日 | | 商标形式 | |
| 国际注册日期 | | 后期指定日期 | | 优先权日期 | |
| 代理/办理机构 | 厦门忠君商标事务所有限公司 | | | |
| 商标流程 | 点击查看 | 商标状态 | 无效(仅供参考) | | |

莲觉
申请/注册号：15958237
国际分类：41

打印

商标流程状态

| 申请/注册号 | 业务名称 | 环节名称 | 结论 | 日期 |
|---|---|---|---|---|
| 20190000056089 | 撤销连续三年停止使用注册商标 | 撤销商标通知发文 | 结束 | 2020年03月31日 |
| 20190000056089 | 撤销连续三年停止使用注册商标 | 受理通知书发文 | 结束 | 2019年11月14日 |
| 20190000056089 | 撤销连续三年停止使用注册商标 | 提供证明通知发文 | 结束 | 2019年11月02日 |
| 20190000056089 | 撤销连续三年停止使用注册商标 | 补正通知发文 | 结束 | 2019年08月29日 |
| 20190000056089 | 撤销连续三年停止使用注册商标 | 申请收文 | 结束 | 2019年07月22日 |
| 15958237 | 商标注册申请 | 注册证发文 | 结束 | 2016年05月05日 |
| 15958237 | 商标注册申请 | 受理通知书发文 | 结束 | 2015年04月10日 |
| 15958237 | 商标注册申请 | 申请收文 | 结束 | 2014年12月17日 |

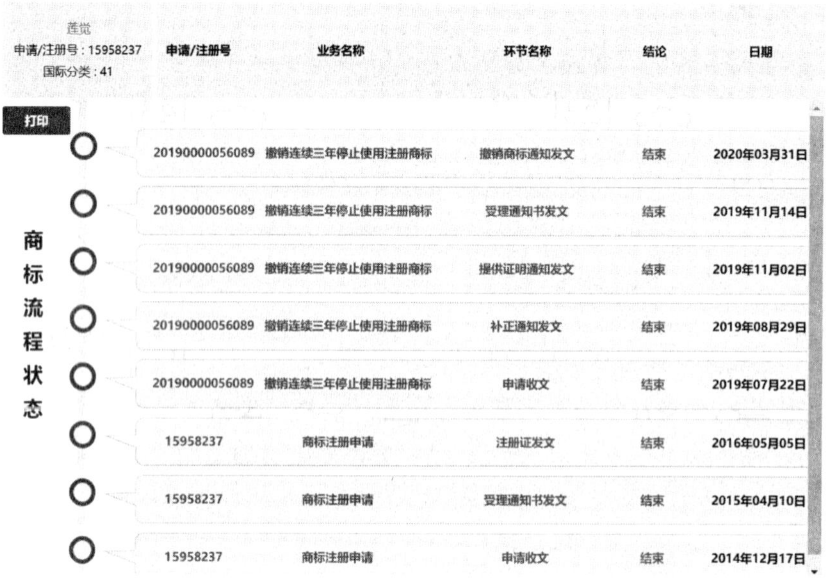

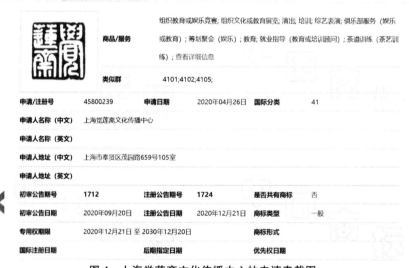

**图 3 晋江海明文化创意产业运营管理有限公司申请信息截图**

上海觉莲斋文化传播中心经过撤三后的申请情况如图 4 所示。

| | | | | | |
|---|---|---|---|---|---|
| 商品/服务 | 组织教育或娱乐竞赛；组织文化或教育展览；演出；培训；综艺表演；俱乐部服务（娱乐或教育）；筹划聚会（娱乐）；教育；就业指导（教育或培训顾问）；茶道训练（茶艺训练）；查看详细信息 | | | | |
| 类似群 | 4101;4102;4105; | | | | |
| 申请/注册号 | 45800239 | 申请日期 | 2020年04月26日 | 国际分类 | 41 |
| 申请人名称（中文） | 上海觉莲斋文化传播中心 | | | | |
| 申请人名称（英文） | | | | | |
| 申请人地址（中文） | 上海市奉贤区茂园路659号105室 | | | | |
| 申请人地址（英文） | | | | | |
| 初审公告期号 | 1712 | 注册公告期号 | 1724 | 是否共有商标 | 否 |
| 初审公告日期 | 2020年09月20日 | 注册公告日期 | 2020年12月21日 | 商标类型 | 一般 |
| 专用权期限 | 2020年12月21日 至 2030年12月20日 | | | 商标形式 | |
| 国际注册日期 | | 后期指定日期 | | 优先权日期 | |

**图 4 上海觉莲斋文化传播中心的申请表截图**

以上案例不难看出，通过“撤三”的途径，排除在先申请的障碍，可以更有效地利用闲置商标资源，为我所用。

商标作为企业形象和产品的标志，是企业长期发展的一种无形资产，企业应该在成立初期，注重保护自己的知识产权，做好知识产权布局，对内将商标申请好。对外定时监控是否有存在抢注自己商标的行为,及时提出异议、无效等请求以排除障碍、消除影响。与此同时,保留好商标的使用证据,防止他人恶意撤销。做到知己知彼、百战百胜。只有这样,才能避免商标被抢注这类事件再次发生,从而可以继续发展。

# 由吉利德 CEO 的回应，谈瑞德西韦专利的几点法律问题

赵青，专利代理师、司法鉴定人、副研究员。现为上海申浩律师事务所知识产权团队负责人，担任上海市知识产权服务中心、上海交通大学凯原法学院知识产权授课老师，华东理工大学法学院校外导师，上海市知识产权局首批知识产权技术咨询专家。

今天，看到朋友们转发的吉利德科学公司（Gilead Sciences，Inc.）的 CEO 丹尼尔·奥戴（Daniel O'Day）在 2020 年 2 月 5 日的一场公司会议上的讲话，讲话的主要意思如下："专利不是我们的首要使命。在和我们专利同事讨论之后，我会说，就跟我们其他药品一样，吉利德在全世界很多国家拥有很强的专利壁垒，这不仅仅包括化合物，也包括用途专利，应用于冠状病毒也包含在内。这次我们不会卷入专利争议。我们会找到方法去帮助病人。当然我们也会保护我们的专利权利，跟这个过程独立开。但是，患者永远是第一位！"

吉利德 CEO 的回应，在笔者看来，有两层意思，第一层意思是当下患者是第一位的；第二层意思是吉利德有关瑞德西韦（Remdesivir）在全世界很多国家拥有很强的专利壁垒，包括化合物，也包括用途专利，吉利德会保护自己的专利权利。第一层意思，我们已经欣喜地看到了 2 月 6 日开始的由吉利德牵头国内多家机构参与的，在中日友好医院进行的首批 270 患者的瑞德西韦治疗 2019 新冠肺炎的临床实验。第二层意思，吉利德关于瑞德西韦的专利布局和专利保护是非常有底气的。

在中国专利数据库中用专利权人（专利申请人）为"吉利德科学 or 吉利德科学"进行检索，可知迄今发明专利（申请）已公开的就有 395 项，当然这个数字是包括瑞德西韦在内的多种药物的中国发明专利（申请）的状况。其中涉及瑞德西韦化合物的专利是中国发明专利 CN103052631B，专利名称为"用于治疗副黏病毒科病毒感染的方法和化合物"，目前有效。涉及瑞德西韦的药物用途专利也有多项，吉利德 CEO 在回应中提及的涉及冠状病毒用途的专利申请是 CN108348526A，专利申请的名称为"治疗沙粒病毒科和冠状病毒科病毒感染的方法"，目前还在实质审查阶段，尚未授权，这项发明专利申请请求保护的是瑞德西韦广泛的抗冠状病毒感染的药物用途，能否授权、授权的专利保护范围有多大，尚不可知。

接下来，笔者想就瑞德西韦抗冠状病毒感染，具体到抗 2019 新型冠状病毒（2019 - nCoV）感染的专利（申请），谈几点法律意见。

## 一、申请主体、申请客体、申请时机分析

2020 年 2 月 4 日，武汉病毒研究所的官方网站上发布了消息："瑞德西韦（Remdesivir，GS - 5734）是核苷类似物，目前在刚果（金）开展治疗埃博拉出血热的 Ⅱ 期和 Ⅲ 期临床研究。磷酸氯喹（Chloroquine）于 20 世纪 40 年代起用于治疗疟疾，后用于治疗类风湿性关节炎等。上述两种药物在细胞水平上有效抑制 2019 新型冠状病毒感染的初步结果此前已通过多种形式向国家和省市相关部门报告。为服务于疫情防控，合作双方单位联合声明：在上述具有抗 2019 新型冠状病毒作用的药物中，我们对于国内已经上市并能够完全实现自主供应的药物磷酸氯喹，不申请相关专利，以鼓励相关企业参与疫情防控的积极性；对在我国尚未上市，且具有知识产权壁垒的药物瑞德西韦，我们依据国际惯例，从保护国家利益的角度出发，在 1 月 21 日申报了中国发明专利（抗 2019 新型冠状病毒的用途），并将通过 PCT（专利合作协定）途径进入全球主要国家。如果国外相关企业有意向为我国疫情防控做出贡献，我们双方一致同意在国家需要的情况下，暂不要求实施专利所主张的权利，希望和国外制药公司共同协作为疫情防控尽绵薄之力。"

这则消息一直处于热议中。

有的评议说：瑞德西韦被武汉病毒所"抢注"了发明专利。"抢注"这个词不适用于专利，因为专利需要审查才能获得批准，而非注册制，如果喜欢"抢"这个词，可以称之为"抢先申请"更加合适。武汉病毒所目前是刚刚申请，这一科研成果还称不上"发明专利"，仅仅是一项"中国发明专利申请"。这项"中国发明专利申请"所请求保护的也不是"瑞德西韦"这个化合物或者说这个药物本身，而是"瑞德西韦"在抗 2019 新型冠状病毒（2019 - nCoV）方面的用途，这项发明专利申请请求保护的仅仅是"瑞德西韦"的一个新的药物用途（术语为"新适应证"）。

这则消息中提及"暂不要求实施专利所主张的权利"，试问一项发明专利申请还没有获得授权，哪有什么权利可以主张！

瑞德西韦抗"2019 新型冠状病毒"（2019 - nCoV）感染这一科研成果申请发明专利，在申请主体、申请客体、申请时机上完全没有问题。

我翻阅了绝大多数的媒体报道，"美国传来首例新冠病毒确诊病例康复的消息，吉利德科学公司的广谱抗病毒药物瑞德西韦发挥了意想不到的效果"，所涉及的时间均为 2020 年 1 月 31 日之后。

如果，在这项发明专利的申请日（2020 年 1 月 21 日）之前没有任何专利文献和科技文献，公开过"瑞德西韦"有抗 2019 新型冠状病毒（2019 - nCoV）方面的用途。那么，这一科研成果作为一项"新的技术方案"——请求保护"瑞德西韦"有抗 2019 新型冠状病毒（2019 - nCoV）方面的用途，申请发明专利，完全没有问题。

专利申请的主体没有问题，是武汉病毒所的科研人员首先发现的，而且是职务发明。

专利申请的客体也没有问题。发明专利，不仅保护新产品，也同样保护新方法、新用

途。特别在药物专利领域，不仅有化合物专利、制剂专利、晶形专利、中药组方和中药活性成分等产品专利，还包括药物制备工艺专利、药物用途专利等。

药物的新用途专利，是指对已知药物发现了某一不为人知的新用途时，我们可以仅针对这一新用途本身来申请专利，从而使得其他人不经许可不能将该药物应用于这一用途。比如通过专利独占市场最成功的"伟哥"专利，就是药物的新用途专利的典范。因此，这项发明专利申请，请求保护"一种已知化合物的新适应证"，当然是专利法可以授权的主题，客体也没有问题。

专利申请的时机也没有问题，它在申请日前并没有成为现有技术，为社会公众所熟知。

虽然笔者没有看到这项发明专利申请的申请文件（如果专利申请人不请求提前公开的话，法定公开时间是专利申请日起 18 个月即 2021 年 7 月 21 日；如果专利申请人请求提前公开的话，根据专利局初步审查所用时间推测，社会公众最快能在 2020 年 5 月下旬在中国专利数据库中检索到这项发明专利申请的公开文本），不过根据经验，也能够推测出这项发明专利申请的权利要求（即请求保护的技术方案）应该是："瑞德西韦在制备抗 2019 新型冠状病毒感染药物中的应用""瑞德西韦在制备预防或治疗 2019 新型冠状病毒感染药物中的应用"，或者是"瑞德西韦在制备抗冠状病毒感染药物中的应用，所述的冠状病毒为 2019 - nCoV"等等，基本上大同小异。

## 二、能否成为一项发明专利，还不一定

瑞德西韦抗 2019 新型冠状病毒（2019 - nCoV）感染这项发明专利申请能否得到授权，成为一项发明专利，还不一定。

这项发明专利申请是专利法可以授权的主题，并且在申请日前没有成为现有技术公知即具备了新颖性，但是能不能获得发明专利授权，还真是个未知数。

前文已引用了中国《专利法》第二十二条，笔者个人觉得这项发明专利申请在专利审查过程中，还有两个很难迈过去的坎，一个坎叫实用性（是指该发明能够制造或者使用，并且能够产生积极效果）；另一个坎叫创造性（是指与现有技术相比，该发明具有突出的实质性特点和显著的进步）。

先说实用性这个坎，要迈过去不容易。虽然笔者没有看到这项发明专利申请的申请文件，但根据论文报道和这则消息下方公开的数据可知，这项发明专利申请仅提供了细胞层面的实验结果，即"在 Vero E6 细胞上，瑞德西韦对 2019 - nCoV 的半数有效浓度 EC50 = 0.77 uM/L（微摩尔每升），选择指数 SI 大于 129；磷酸氯喹（Chloroquine）的 EC50 = 1.13 uM/L，SI 大于 88，说明上述两种药物在细胞水平上能有效抑制 2019 - nCoV 的感染，其在人体上的作用还有待临床验证"。由于武汉病毒所的科研人员第一时间获得了 2019 - nCoV 病毒株，他们通过不断地筛选各种药物对病毒的抑制效果，看看哪些药的抑制效果好，并且在论文发表前快速提交了专利申请。细胞层面的实验结果，可信度如何，从事药物研发的朋友们肯定比较清楚。没有动物实验，没有临床实验，没有机理研究，仅凭目前的实验数据要让专利审查员相信"本发明能够产生积极效果"——很难！

再说创造性这个坎，要迈过去更加不容易。在这项发明专利申请的申请日之前，已有

大量的专利文献和科技文献报道过，瑞德西韦对 SARS、Mers（中东呼吸综合征病毒）、Ebola（埃博拉病毒）、甲型流感等有治疗效果，吉利德自己就有很多专利（申请）。而且专家普遍认为瑞德西韦对 2019－nCoV 有抑制作用的机理就是目前公知的能够阻断病毒 RNA 的复制，与这些现有技术相比，如何让专利审查员相信"本发明具有突出的实质性特点和显著的进步"——非常难。

笔者也看到业内同行，大部分认为本发明专利申请无授权前景。

### 三、万事皆有可能

有句话叫万事皆有可能，放在这件事上也是可以成立的。

这种可能性能够变成现实，一是来自专利法中的优先权制度，专利申请人可以在 2021 年 1 月 21 日前重新提交一份中国发明专利申请，要求现在这件发明专利申请的优先权，并补充实验数据，专利申请人也可以在 2021 年 1 月 21 日前提交 PCT 国际申请的同时，补充实验数据；二是根据《中美第一阶段经贸协议》今后的落地和实施，药品专利补充数据就有可能会逐渐放宽条件和要求。

中国《专利法》第二十九条规定："申请人自发明或者实用新型在外国第一次提出专利申请之日起十二个月内，或者自外观设计在外国第一次提出专利申请之日起六个月内，又在中国就相同主题提出专利申请的，依照该外国同中国签订的协议或者共同参加的国际条约，或者依照相互承认优先权的原则，可以享有优先权。

申请人自发明或者实用新型在中国第一次提出专利申请之日起十二个月内，又向国务院专利行政部门就相同主题提出专利申请的，可以享有优先权。"

瑞德西韦抗 2019 新型冠状病毒（2019－nCoV）感染这项发明专利申请如果能够授权，能否实施、如何实施，武汉病毒所说了不算。

如果笔者认为的可能性最终变成现实，也就是这项发明专利申请授权后，中国的专利权人拥有的权利是：他人未经同意，不得将瑞德西韦用于抗 2019 新型冠状病毒感染。

而瑞德西韦的化合物专利还在吉利德科学公司手里，大家有兴趣可以在中国专利数据库中用专利权人（专利申请人）为"吉里德科学公司"检索并了解下，其中的中国发明专利 CN103052631B，专利名称"用于治疗副黏病毒科病毒感染的方法和化合物"，已将瑞德西韦的化合物专利权牢牢地掌握在手中。

药物的用途专利，如果药物的化合物专利没有或过期，可自由实施。

药物的用途专利，如果药物的化合物专利还在有效期内，必须得到化合物专利权人的同意，才能实施。

中国《专利法》第五十一条规定："一项取得专利权的发明或者实用新型比前已经取得专利权的发明或者实用新型具有显著经济意义的重大技术进步，其实施又有赖于前一发明或者实用新型的实施的，国务院专利行政部门根据后一专利权人的申请，可以给予实施前一发明或者实用新型的强制许可。"

## 四、后续进展

本文写于 2020 年 2 月，经过两年时间，此事进展如何，现摘录两条如下：2022 年 2 月 19 日进展信息 1：吉利德科学公司名称为"治疗沙粒病毒科和冠状病毒科病毒感染的方法"的中国发明专利申请 CN108348526A，经过三次审查意见的答复未能授权，2022 年 2 月 18 国家知识产权局专利局发出了驳回决定，目前的法律状态为"驳回等待复审"。

2022 年 2 月 19 日补进展信息 2：以专利申请人为"中国科学院武汉病毒研究所"，专利申请日为"2020 - 1 - 1 至 2022 - 2 - 19"，在中国专利数据库中，未检索到"瑞德西韦用于抗新型冠状病毒感染"相关的中国专利（申请）。